Hanna Strack

Die Frau ist Mit-Schöpferin

Eine Theologie der Geburt

Christel
Göttert
Verlag

1. Auflage 2006

Lektorat: Bettina Bremer, Rüsselsheim
Titel: Christine Traiser, Darmstadt (unter Verwendung der folgenden Abbildungen: Zwei Hebammen bei der Geburtshilfe, Terakottagruppe aus dem Heiligtum einer Geburtsgöttin, Cypern 6./5. Jh. v. Chr.; »Die Seele und ihr Zelt«, Hildegard von Bingen, Vision 12. Jh.; »Marias Geburt«, Fresko von Giovanni da Milano, Florenz, 13. Jh.; Ausschnitt aus dem Wandbild »Las Lechugeras« von Juana Alicia, San Francisco 1983)
Satz: Kerstin Weber, Büttelborn

www.christel-goettert-verlag.de

ISBN 3-922499-85-6

Dank

Mein Dank gilt Prof. Dr. Wolfgang Steck, der meinen Plan, mich nach Jahren der Praxis wieder dem Studium zuzuwenden, positiv aufnahm.

Mitgliedsfrauen der Europäischen Gesellschaft für theologische Forschung von Frauen (ESWTR) haben mich in vielen Gesprächen unterstützt, besonders danke ich Dr. Angela Berlis, PD Dr. Dr. Andrea Günter, Dr. Brigitte Enzner-Probst, Dr. Elisabeth Hartlieb, Dr. Elisabeth Naurath, Prof. Dr. Lucia Sutter Rehmann, Dr. Hildburg Wegener. Die Präsidentin des Bundes Deutscher Hebammen e. V., Magdalene Weiß, begleitete meine Gedanken mit ihrem Interesse an der spirituellen Seite des Hebammenberufes. Dr. Angelica Ensel, Hebamme und Ethnologin, bestärkte mich mit ihrem großen Interesse an diesem Thema. In der Kirchengemeinde Pinnows haben Renate und Henning Hingst Teile des Manuskriptes geduldig angehört. Anregende Gespräche zu den Wurzeln weiblicher Symbolik konnte ich seit Jahren mit Ilse Sonnenburg führen. Susanne Schniering lenkte meine Gedanken und Wortwahl hin zur Situation all der Frauen, die ein Kind verloren haben. Kolleginnen und Freundinnen gaben mir durch ihre Geburtsberichte Sicherheit in meinen Urteilen, stellvertretend nenne ich Maria Patsch-Kohlert.

Einen ganz großen Dank richte ich an die Hebammen, die zu einem Interview bereit waren: Annerose Friedrich, Dorthe Koebcke-Friedrich, Regine Lagies, Dagmar Saeckel, Kerstin Sattler, Siv Nylund und an die Hebammen, die mir auf Tagungen und Kongressen Anregungen gaben. So schrieb mir die Hebamme Cornelia Chiandetti-Arnold: »Die feministische Theologie sollte sich dieses aktuellen und für die Frauen lebensnahen Themas mehr widmen. Es ist für Hebammen gut, dass Sie diese Arbeit angegangen sind.« Die Hebamme Annerose Friedrich lud mich ein, bei einer Hausgeburt in der Badewanne dabei zu sein, und so hat mir Daniela

Wachowiak in Schwerin das unvergessliche Erlebnis zuteil werden lassen, Zeugin beim Ankommen eines Kindes in dieser Welt zu sein.

Schließlich verdanke ich meiner Mutter, Maria Heinrich, das Interesse an diesem Thema. Sie sprach immer mit Hochachtung von der Hebamme – s'Hebamme Bäsle, wie sie im Schwarzwald genannt wurde –, die in den dreißiger Jahren die vier Hausgeburten im Pfarrhaus in Weiler/Villingen begleitet hatte. Ihr setzte sie in den fünfziger Jahren mit einem kleinen Aufsatz ein Denkmal.

Alle Kritik an diesem Buch und alle Anregungen zu einzelnen Aspekten sind mir willkommen, denn sie können dazu beitragen, durch eine Theologie der Geburt die Würde der Frauen und die Ehrfurcht vor der Individualität jedes Neugeborenen zu fördern.

Ohne das Engagement der Verlegerin Christel Göttert und der Lektorin Bettina Bremer hätte das Buch nicht erscheinen können. Ihnen ein herzliches Dankeschön!

Pinnow/Schwerin im Mai 2006 Hanna Strack

Inhaltsverzeichnis

Wegen dieser Einzigartigkeit,
die mit der Tatsache der Geburt gegeben ist,
ist es, als würde in jedem Menschen noch einmal
der Schöpfungsakt Gottes wiederholt und bestätigt.
Hannah Arendt[1]

Hebammen haben einen lustvollen Beruf,
wie es keinen zweiten gibt.
Das Privileg, an der Quelle des Lebens,
der Kraft sich aufhalten zu dürfen,
kann sie ein Leben lang nähren.
Magdalene Weiß[2]

Einleitung

»Eine Frau, wenn sie gebiert, so hat sie Schmerzen, denn ihre Stunde ist gekommen. Wenn sie aber das Kind geboren hat, denkt sie nicht mehr an die Angst um der Freude willen, dass ein Mensch zur Welt gekommen ist.« (Joh 16,21) Der johanneische Jesus verwendet die Erfahrung einer Frau während der Geburt, um die Neuschöpfung zu veranschaulichen, die seine Wiederkunft bringen wird. Dabei spricht er beides an, die Tiefendimension der Geburtserlebnisse im Umschlag von Schmerzen und Angst zur Freude und die schöpfungstheologische Bedeutung des Gebärens, das Ankommen eines neuen Menschens.

Dieses Buch wendet sich dem Prozess der Geburt selbst zu, der diesem Gleichnis Jesu zu Grunde liegt. Die Erfahrungen während der Geburt sollen theologisch durchdacht und in der Gegenwart zur Sprache gebracht werden.

Dazu bedarf es eines dreifachen Perspektivenwechsels. Mit der Philosophin Hannah Arendt soll das Geborensein und nicht die Sterblichkeit des Menschen als existentielle Grundkategorie verstanden werden. Der Blick richtet sich auf die Natalität statt auf die Mortalität.

Ein zweiter Perspektivenwechsel betrifft das Bild der Frau als eine zu disziplinierende, das seine Ikone im Eva-Mythos hatte. Mit den biblischen Texten soll Eva und mit ihr alle Frauen als Mutter aller/alles Lebendigen gesehen werden. Damit wird es möglich, das Gebären als Begegnung mit dem Heiligen zu interpretieren, entgegen der patriarchalen Tradition, in der die Geburt unrein ist und das Heilige beschmutzt.[3]

Die dritte Voraussetzung für dieses Buch ist die Erkenntnis, dass Gebären nicht nur ein physiologischer Vorgang ist. Das Ankommen eines Kindes ist vielmehr in allen Gesellschaften eingebettet in eine Geburtskultur, die auch die religiöse Erfahrung, ihre Deutung und Rituale mit einbezieht. In unserer Gesellschaft ist diese Geburtskultur geprägt von dem Glauben an eine vermeintliche Sicherheit durch die Apparatemedizin. Dabei bleibt die Sicherheit, die die Medizin selbst gewährt, unberührt.

Der schöpferische Prozess der Geburt ist, von wenigen Ausnahmen abgesehen, in allen Gesellschaften ein Zusammenwirken von Mutter und Geburtshelferin. Die androzentrische Theologie musste sich daher der Hebammen bedienen, um auch im Geburtszimmer gegenwärtig zu sein. Das wird an den Themen Nottaufe und Seelsorge gezeigt. Diese Theologie hatte nicht die konkrete Erfahrung von Frauen im Blick und sie erwies sich als frauenfeindlich. Deshalb muss sie dekonstruiert werden. Damit ist der Punkt erreicht, an dem die Grundlage für eine frauengerechte Theologie der Geburt gelegt werden kann.

Mütter und Väter haben nur wenige Geburtserfahrungen, Hebammen dagegen sehr viele. Deshalb stütze ich mich im Rahmen von fokussierten Interviews auf die Aussagen von Hebammen. In sechs Gesprächen mit frei praktizierenden Hebammen und durch die Begleithefte zum Video »Väter bei der Geburt« ergab es sich dank Begriffen wie »Ergriffenheit, Grenzerfahrung, Schmerzen, Tod und Trauer, Raum und Zeit« überraschend, die Geburtserfahrungen als Begegnung mit dem Heiligen und als Schöpfungsgeschehen zu interpretieren.

»Die Frau ist Mitschöpferin durch die Kraft und die Gelassenheit und den Mut.« Diese Worte der Hebamme Regine Lagies aus

Ribnitz-Damgarten geben den Anstoß zu einer Schöpfungstheologie der Geburt.

Es werden also zwei Ziele verfolgt:

Erstens wird die Grundlage für eine Theologie der Geburt erarbeitet. Diese kann nur aus Frauenerfahrungen und deren Artikulation durch Frauen selbst erstellt werden.

Zweitens werden die Erfahrungen während der Geburt als eine Begegnung mit dem Heiligen interpretiert.

Indem beide Ziele miteinander verknüpft werden, entstehen die Strukturen einer phänomenologisch begründeten Theologie der Geburt.

Daraus ergeben sich Konsequenzen für das kirchliche Handeln, auf die am Schluss hingewiesen wird. Zwei Segensliturgien und meditative Texte veranschaulichen die Bedeutung des Themas für die Gemeindepraxis.

Der schöpferische Prozess der Geburt meint nicht, dass Frauen auf die Mutterrolle festgelegt werden sollen. Auch Frauen, die keine Kinder geboren haben, sind vollwertige Frauen trotz der Worte aus 1. Tim 2,15: »Frauen werden selig durch Kindergebären.«

Das Schöpfungsereignis »Geburt« ist auch nicht qua definitionem ein Ereignis des Glücks und der Seligkeit, nicht nur weil es auch noch in Mitteleuropa sehr viele Fehlgeburten und andere traumatische Erfahrungen für die Frauen gibt. Die Verhältnisse, in denen Frauen in den sehr armen Ländern gebären müssen, können entsetzlich sein. Sei es, dass das Kind im Schmutz der Favelas geboren oder am Straßengraben einer afrikanischen Großstadt liegen gelassen und von Würmern befallen wird. Auch der Geburtsbericht aus dem Konzentrationslager Birkenau, der im Anhang abgedruckt ist, ist ein bewegendes Beispiel für die erschreckende Seite des Gebärens.

Jedes menschliche Wesen ist aber in einem schöpferischen Prozess zur Welt gekommen. Jede Person wurde im Leib ihrer Mutter empfangen, hatte die Gebärmutter als erste Heimat. Dort wuchs das Kind nicht nur äußerlich, es empfing auch die ersten Sinneseindrücke von Freude und Schmerz, von Musik und Tanz. Es erschrak mit der Angst der Mutter zutiefst oder es lächelte, wenn es sanft berührt wurde. Es brachte aus dem Mutterschoß die Sehnsucht nach dem Paradies mit, es erfuhr den ungeheuren Druck bei der Geburt, wenn es in den Gebärmutterhals geschoben wurde und sich hinaus in die Weite drehte. Die Hände der Hebamme waren die ersten Hände, die es hielten und es an die Brust der Mutter legten. Der Vater wurde nach der kurzen und lustintensiven Erfahrung der Zeugung zur sozialen Bezugsperson. Seine Gegenwart im Geburtszimmer führt zu einem neuen Geschlechterverhältnis, doch dies darf nicht in einen neuen sozialen Druck ausarten.

Die Perspektive auf die Geburt aus Frauensicht ist in der Philosophie und in der Theologie des Abendlandes neu. Das Geborensein des Menschen verschwand hinter der Aufmerksamkeit, die auf Tod und Sterben[4] gerichtet war, es verschwand hinter einem frauenfeindlichen Eva-Mythos und es verschwand im letzten Jahrhundert hinter der vom Glauben an die Technik geprägten Geburtsmedizin.

Da Hebammen eine bedeutende Rolle während Schwangerschaft, Geburt und Wochenbett spielen, sind ihre Erfahrungen grundlegend für eine menschenwürdige, weil frauengerechte Geburtskultur und -theologie. Die Theologie der Geburt wird deshalb hier aus der Perspektive von Hebammen entfaltet. In der Gegenwart ist diese Rolle jedoch – auch von Hebammen – auf den Beistand während der Geburt reduziert worden und nur wenige Frauen suchen das Vertrauen einer Hebamme schon während der Schwangerschaft. Diese Entwicklung des Hebammenberufes wird in den folgenden Kapiteln dargestellt. Zunächst aber ist es notwendig, diese Studie in den Bezugsrahmen dreier Perspektivenwechsel zu stellen:

- von der Mortalität zur Natalität als anthropologischer Grundkonstante,
- vom Eva-Mythos zum biblischen Eva-Bild,
- von der medikalisierten Geburt zu einer Geburtskultur.

Der anthropologisch-theologische Bezugsrahmen

Perspektivenwechsel: Mortalität – Natalität

Hatten Philosophie und Theologie den Menschen als ein sterbliches Wesen und sein Leben als ein Vorlaufen zum Tode gesehen, so wendet sich heute das Interesse von der Sterblichkeit und Mortalität zur Geburtlichkeit und Natalität. Das Leben gilt es nun zu beschreiben als die Chance des Neuanfangs und immer wieder neu Anfangenkönnens. Damit rückt auch die Geburtskultur in das Blickfeld.

Mit diesem Perspektivenwechsel folge ich dem philosophischen Ansatz von Hannah Arendt. In ihrem Werk »Vita activa oder Vom tätigen Leben« taucht an verschiedenen Stellen der Begriff »Natalität«[1] auf, den sie selbst auch einmal mit »Gebürtlichkeit« oder »das Geborensein«[2] übersetzt. Damit greift sie eine Formulierung von Martin Heidegger auf: »Existenzial verstanden ist die Geburt nicht und nie ein Vergangenes im Sinne des Nichtmehrvorhandenen ... Das faktische Dasein existiert gebürtig, und gebürtig stirbt es auch schon im Sinne des Seins zum Tode.«[3]

Im Gegensatz zu Heidegger folgert Hannah Arendt nicht, dass das Zwischen von Geburt und Tod von der Sorge als Grundbefindlichkeit geprägt sei. Natalität ist vielmehr die Voraussetzung dafür, dass etwas Neues in die Welt kommen kann. Der Sitz dieser Erkenntnis im Leben liegt bei Hannah Arendt im Nachdenken über den totalitären Staat des Nationalsozialismus und ihr persönliches Schicksal. Die Philosophin, von der Gestapo verfolgt, musste Deutschland fluchtartig verlassen, kam in Südfrankreich einige Wochen in ein Konzentrationslager und konnte zusammen mit ihrer Mutter und ihrem Mann über Lissabon die USA erreichen. Sie stellte sich die Frage, wie nach 1945 ein Neuanfang möglich sein könne. So wird für sie die Natalität zur zentralen politischen Kategorie als Hoffnung auf einen Neuanfang in den düsteren Zeiten des totalitären Weltverlustes.[4]

Diese Hoffnung schlägt sich nieder in ihrem Werk »Vita activa oder Vom tätigen Leben«. Dort geht sie den Bedingungen für menschliches Handeln nach und entdeckt hierfür die Geburtlichkeit als Grundbedingung, als Kategorien bildendes Faktum. Ihr Thema ist: »Was wir tun, wenn wir tätig sind«,[5] wobei sie drei Formen des Tätigseins unterscheidet: die Arbeit, das Herstellen und das Handeln. Die Arbeit sorgt sich um das Lebensnotwendige, sie ist Subsistenzarbeit. Das Herstellen von Dingen antwortet auf das Angewiesensein des Menschen auf Gegenstände. Das Handeln entfaltet sich in der Politik. Menschen handeln, indem sie einen Neuanfang setzen: »Sprechend und handelnd schalten wir uns in die Welt der Menschen ein, die existierte, bevor wir in sie geboren wurden, und diese Einschaltung ist wie eine zweite Geburt, in der wir die nackte Tatsache des Geborenseins bestätigen, gleichsam die Verantwortung dafür auf uns nehmen.«[6] Nicht geboren zu sein ist deshalb »das Furchtbarste, was man von einem Menschen sagen kann.«[7]

Damit hatte Hannah Arendt den Anstoß dazu gegeben, die Geburt aus der verborgenen Sphäre des Privaten oder Klinischen herauszuholen und für Philosophie und Theologie fruchtbar zu machen. Dieser im abendländischen Denken von seinem Ansatz her vernachlässigte weibliche Lebenszusammenhang kann so seine ihm zustehende Würde und Bedeutung wiedergewinnen.

Natalität ist bei Hannah Arendt die ontologische Voraussetzung für das Handeln. »Ohne diese Fähigkeiten des Neubeginnens, des Anhaltens und des Eingreifens wäre ein Leben, das, wie das menschliche Leben, von Geburt an dem Tode ›zueilt‹, dazu verurteilt, alles spezifisch Menschliche immer wieder in seinen Untergang zu reißen und zu verderben ... dass Menschen nicht geboren werden, um zu sterben, sondern im Gegenteil, um etwas Neues anzufangen.«[8] Mit seinem Anfang, *initium*, fügt der Mensch sich in das Bezugsgewebe des Lebens ein, »so dass sowohl die Enthüllung des Neuankömmlings durch das Sprechen wie der Neuanfang, den das Handeln setzt, wie Fäden sind, die in ein bereits vorgewebtes Muster geschlagen werden und das Gewebe so verändern, wie sie ihrerseits alle Lebensfäden, mit denen sie innerhalb des Gewebes in Berührung kommen, auf einmalige Weise affizieren.«[9]

Dieses Neubeginnenkönnen ist ein Wunder: »Das ›Wunder‹ besteht darin, dass überhaupt Menschen geboren werden, und mit ihnen der Neuanfang, den sie handelnd verwirklichen können kraft ihres Geborenseins. Nur wo diese Seite des Handelns voll erfahren ist, kann es so etwas geben wie ›Glaube und Hoffnung‹«. Hierin liegt auch die spezifische Bedeutung der Geschichte Jesu, der ein »Geborener« ist.

Die Bedeutsamkeit dieses Blickwechsels von der Mortalität zur Natalität mögen die abschließenden Worte Hannah Arendts verdeutlichen: »Dass man in der Welt Vertrauen haben und dass man für die Welt hoffen darf, ist vielleicht nirgends knapper und schöner ausgedrückt als in den Worten, mit denen die Weihnachtsoratorien die ›frohe Botschaft‹ verkünden: ›Uns ist ein Kind geboren.‹«[10]

Hannah Arendt thematisiert nicht, dass die Geburtlichkeit, das Geborenwerden, eine Erfahrung von Frauen ist. Was es heißt, dass die Grundbedingung des Handelns darin liegt, von einer Frau geboren zu sein, erwähnt sie nur an zwei Stellen am Rande ihres Werkes.

Über die Frau und ihre Stellung in der griechischen Gesellschaft stellt sie in einer Anmerkung zur Analyse der griechischen Gesellschaft fest: »Aristoteles nennt das Leben der Frau direkt *ponätikos* ... Aus diesem Grund auch behandelt er die Frauen und die Sklaven in der Politik zusammen. Sie gehören zu der gleichen Kategorie.«[11] Die Arbeiter dienen mit ihrem Körper dem Lebensnotwendigen und so auch die Frauen, »die ebenfalls durch ihren Körper das physische Fortbestehen der Gattung gewährleisten«.[12] Beide müssen deshalb im Verborgenen leben, nicht weil sie Eigentum waren, sondern weil ihr Leben von der körperlichen Arbeit bestimmt ist. Nur der freie Bürger ist demnach ein Mensch.

Hannah Arendt folgt jedoch nicht dem griechischen, sondern dem hebräischen Denken. Denn »nichts liegt dem Alten Testament ferner als die Verachtung des klassischen Altertums für die Mühe und Plage des schieren Lebens, für die Arbeit und das Gebären«.[13] Die Verbindung von Subsistenzarbeit und Gebären findet sie auch in den Fluchworten in Gen 3. In der Übersetzung von Buber/Rosenzweig heißt es: »In Beschwer sollst du Kinder gebären – in Beschwer sollst du essen alle Tage deines Lebens.« (Gen 3,16 und 19) Damit werden Buber/Rosenzweig der hebräischen Vorlage gerecht, die für die Worte *Arbeit* und *Schmerzen* dasselbe Wort verwendet: *'äbäz*. Beides dient dem Leben, dem Individuum und der Gattung in der »doppelten Mühsal des Arbeitens und Gebärens.«[14] Als solches sind Subsistenzarbeit und Geburtsarbeit im Alten Israel anerkannte Grundlagen des menschlichen Lebens.

Wenn aber, so Hannah Arendt, christliche Theologen diesen Text so missverstehen, dass Arbeit eine Folge des Fluches ist, orientieren sie sich am griechischen Denken. Denn im biblischen Text selbst wird nicht der Mensch, sondern der Acker verflucht.[15] Und wieder gehören Arbeit und Gebären zusammen, wenn Hannah Arendt die Worte für Arbeit in den europäischen Sprachen untersucht: »Die Worte für ›Arbeit‹ ... bedeuten ursprünglich ›Mühsal‹ im Sinne einer Unlust und Schmerz verursachenden körperlichen Anstrengung und bezeichnen auch die Geburtswehen.«[16]

Aus der Hinwendung zum hebräischen Weltverständnis, das Arbeit und Gebären nicht negativ besetzt, konnte der neue Blick auf die Natalität entspringen. In diesem Weltverständnis mag auch der Grund dafür liegen, dass die Schriftsteller und Redakteure der hebräischen Bibel viele Geburtsszenen aufgenommen haben: Rebekka gebiert die Zwillinge Esau und Jakob (Gen 25,19-26), Rahel gebiert Benjamin (Gen 35,16-20), Tamar gebiert die Zwillinge Perez und Serach (Gen 38,27-30), die Hebammen Schifra und Pua schützen die hebräischen Jungen und damit den neugeborenen Moses (Ex 1,1-21), Rut gebiert Obed (Rut 4,13-14).

Als Metapher für das Gericht Gottes oder für die Neuwerdung in der Endzeit wird das Gebärmotiv in den prophetischen und apokalyptischen Büchern benutzt. Die Wehen der Endzeit gehen dem Heil voraus. »Wie wirst du stöhnen, wenn dir Schmerzen und Wehen kommen werden wie einer in Kindsnöten.« (Jer 22,23)[17]

Für eine frauengerechte Theologie der Geburt kommt einer Bemerkung Hannah Arendts eine große Bedeutung zu: »Wegen dieser Einzigartigkeit, die mit der Tatsache der Geburt gegeben ist, ist es, als würde in jedem Menschen noch einmal der Schöpfungsakt Gottes wiederholt und bestätigt.«[18] Die theologischen Konsequenzen, die Hannah Arendt allerdings nicht zieht, liegen in der Schöpfungstheologie. Die Frau ist Mit-Schöpferin Gottes, Gott kooperiert mit der Frau.

Der Begriff »Natalität« hat den Charakter einer Initialzündung bekommen. In verschiedenen Richtungen wird er rezipiert. Ich stelle einige Beispiele vor.

Der Schweizer Philosoph Hans Saner,[19] der Natalität mit »Geburtlichkeit« in Angleichung an »vorgeburtlich« übersetzt, fragt in seinem Vortrag über die philosophische Bedeutung der Geburt nach den Gründen der Geburtsvergessenheit und Todesversessenheit und nennt diese Situation einen anthropologischen und logischen Skandal.[20] Das Wesen der Geburtlichkeit liegt für Hans Saner in der Freiheit. Die Geburt ist ein soziales Geschehen, das Grundlage für Beziehung ist: »Ich werde geboren von einem (sic!) anderen und ich zeuge oder gebäre einen anderen.«[21] Sein Interesse gilt dann nicht der Gebärenden oder der Hebamme, sondern dem Kind als dem Neuanfang, auf dem alle Hoffnung liegt. Deshalb, so folgert Saner, lässt Herodes aus Angst vor dem Neuen die Kinder in Bethlehem ermorden.[22]

Elisabeth Moltmann-Wendel rezipiert Hannah Arendts Begriff Natalität, um die theologischen Konsequenzen aufzuzeigen.[23] Ihre Inanspruchnahme der Geburtlichkeit für die Theologie überwindet die alte Leib-Seele-Dichotomie. Sie kann die Theologie auch aus der Erbsündenfalle holen, die den Menschen »ihre Ursegnung, die sie mit ihrer Schöpfung erfahren haben, vergessen lässt.«[24] Ein weiterer Anknüpfungspunkt für die Theologie ist die Geburt Jesu als das Wunder des Neuanfangs schlechthin. Schließlich ist die Dankbarkeit dafür, überhaupt geboren zu sein, die Hannah Arendt betont, fruchtbar zu machen für eine »Spiritualität, durch die das Diesseits neu erschlossen werden kann.«[25]

Die Philosophin Annegret Stopzcyk geht einen Schritt weiter zum Ereignis der Geburt selbst. Wohl zum ersten Mal wird die Geburtserfahrung einer Frau zur philosophischen Erkenntnisquelle. »Ich möchte das Wort ›Geburtlichkeit‹ zu Ehren kommen lassen, denn es enthält den Keim einer sehr weiblichen Weltsicht und philosophischen Perspektive, im Sinne einer Sophia- oder Weisheitssuche.«[26] In diesem Rahmen können die Geburtsschmerzen und die ekstatischen Erlebnisse unter der Geburt ernst genommen werden, denn »Schmerzen dieser inneren naturhaften Art bergen Erkenntnisgeheimnisse, die uns mit der Lebenskraft in vorher nicht gekannter Weise in Berührung bringen können.«[27] Annegret Stopczyk erkennt auf Grund ihrer eigenen Erfahrung, dass uns heute eine Geburtskultur fehlt und wir für das tief greifende Geschehen des Gebärens keine Sprache haben.[28]

Die Philosophin und katholische Theologin Andrea Günter betrachtet Hannah Arendt unter anderem in Verbindung mit Walter Benjamin und arbeitet die Gemeinsamkeiten und Unterschiede beider heraus.[29] Hannah Arendt hatte Walter Benjamins »Geschichtsphilosophische Thesen« in die USA gerettet und greift diese auf, indem sie den Unterschied zwischen der auf die Vergangenheit konzentrierte Geschichtsphilosophie und dem auf die Offenheit der Zukunft ausgerichtete Verständnis von Politik beachtet. Politik als Anfangen sieht Hannah Arendt im Geborensein und In-der-Welt-Sein der Menschen in Form von Generationen begründet. Während Walter Benjamin die »Hand Gottes« als »messianische Kraft« hinter allem Geschehen erwägt, betont Hannah Arendt die menschliche Kraft des Anfangens als Grund der Hoffnung auf Veränderungen. Es sind das Handeln-in-Verschiedenheit und die Fähigkeit zu Verzeihen, die die Erlösung bringen. »Insofern liegt bei Arendt das Versprechen und die Möglichkeit zu Veränderung in der Natalität der Person begründet.«[30] Andrea Günter zieht die Linie weiter über Hannah Arendt hinaus und fragt danach, was es für eine Person heißt, von einer – bestimmten – Frau geboren zu sein. Denn mit dem Moment der Geburt ist es die Bezogenheit auf die Mutter, die den Anfang eines Menschen und in der Folge Hoffnung und Zukunft ermöglicht.

Eine systematisch-theologische Rezeption des Anstoßes von Hannah Arendt findet sich bei Karin Ulrich-Eschemann. In ihrem Buch »Vom Geborenwerden des Menschen. Theologische und philosophische Erkundungen« übernimmt sie den phänomenologischen Ansatz mit dem Blick auf das Geborenwerden und weitet ihn aus auf das Von-einer-Mutter-Geborenwerden. Von hier aus untersucht sie verschiedene theologische Positionen: Was bedeutet das Geborensein Jesu für das Geborensein des Menschen? Wie sind die Brüche und Verfehlungen zu verstehen? Kann die Hoffnung auf einen Neuanfang mit Hannah Arendt nur auf dem Geborensein begründet sein? »Das Geborensein kann so das sein, was es wirklich ist: geschenktes Dasein und der Anfang des Lebens in Hoffnung. Von der Auferstehung und der Hoffnung her leben, lässt es nicht mehr nur zu, vielmehr fordert es dazu auf, unser Leben von der Geburt her zu verstehen als das geschenkte Leben in Hoffnung.«[31] Diese Hoffnung gründet in der Auferstehung Jesu, die dem Tod die Macht nimmt, über das Leben zu bestimmen.

In unserem Zusammenhang ist es von Bedeutung, dass Karin Ulrich-Eschemann von der Kooperation Gottes[32] mit der Mutter, als Partnerin Gottes bei der Geburt, beim schöpferischen Tun spricht. Dies wurde aus dem Muttersein Marias entwickelt, in das Maria nicht willenlos einstimmt. »Maria, die Mutter Jesu – in orthodoxer Frömmigkeit als Gottesgebärerin verehrt – ist aktiv daran beteiligt, dass der Gottessohn zur Welt kommen kann: Sie lässt diesen Jesus in ihrem Leib werden und bringt ihn zur Welt.«[33] Ich möchte nun noch einen Schritt weitergehen und das Gebären als ein Beziehungsgeschehen zwischen Gebärender, Kind und Hebamme in den Blick nehmen. Was ereignet sich im Geburtszimmer aus der Perspektive der Hebammen, die viele Geburten leiten? Mit welchen Kategorien kann ich dies theologisch deuten? Was heißt das Von-einer-Frau-Geboren-Werden in Bezug auf die Schöpfungstheologie?

Perspektivenwechsel: Eva-Mythos – Biblische Eva

Der zweite Perspektivenwechsel für eine Theologie der Geburt aus der Perspektive von Hebammen betrifft die Konstruktion von Weiblichkeit. Es gilt, sich von dem androzentrischen Frauenbild zu lösen und einem Frauenbild zu folgen, das auf der Selbstartikulation von Frauen beruht. Das Selbst- und Fremdbild der Gebärenden und der Hebammen in Europa ist jedoch geprägt von dem Frauenbild der abendländischen Kultur- und Gesellschaftsgeschichte. Gerade im Ereignis rund um die Geburt spielte in der Vergangenheit explizit und spielt bis in die Gegenwart hinein implizit die christlich-androzentrische Konstruktion von Weiblichkeit eine bestimmende Rolle. Für die religiöse Erfahrung im Rahmen des Gebärens ist es eine grundlegende Frage, ob Frauen der männlichen Definitionsmacht gehorchen oder ihre eigene Sprache finden.

Über den Einfluss des traditionellen Frauenbildes auf das Erleben von Frauen heißt es in einer Studie über Frauenerfahrungen in Kliniken: Frauen »haben mit Recht Zweifel: Was sind eigentlich eigene weibliche Bedürfnisse und Vorstellungen, und was sind fremde, männliche, ins eigene Ich gelangte Selbstanteile? Ist Körpererfahrungen, Gefühlen und Trieben überhaupt zu trauen, enthalten sie sichere, zur Weiblichkeit gehörende Erfahrungen oder von außen eindringende Vorstellungen, mit deren Hilfe man kontrolliert werden könnte? Solche Verunsicherung kann soweit gehen, dass Frauen sich selbst von der Möglichkeit abschneiden, wirkliche Erfahrungen zu machen.«[34]

Wie im psychischen oder seelsorgerlichen Bereich wirkt das Frauenbild auch in der Abhängigkeit von der männlichen Medizin, deren Siegeszug es erst ermöglicht hat. Auf die damit zusammenhängenden Probleme weist der langjährige Leiter der Abteilung »Mutter-Kind-Gesundheit« des Regionalbüros für Europa der Weltgesundheitsorganisation (WHO), Marsden Wagner, hin: »Mit Recht setzt sich eine emanzipierte Frau dafür ein, nicht unter der Herrschaft von Männern zu stehen. Dies ist in einer männlich-chauvinistischen Gesellschaft ein besonders schwieriges Unterfangen. Frauen in ›Macho‹-Kulturen, die ihre Kinder in Kliniken zur Welt bringen, können auf sehr unterschiedliche Arten unterdrückt werden und vermittelt bekommen, dass sie nicht wichtig sind und nicht frei, sondern unter dem Einfluss von Krankenhauspersonal stehen, das häufig aggressiv ist und beispielsweise von ihnen verlangt, während der Wehen keine lauten Töne von sich zu geben. Wenn eine Frau das medikalisierte, männlich dominierte Betreuungs-Modell mit seiner selektiven Information akzeptiert, gibt sie jegliche Möglichkeit auf, ihren Körper unter ihrem Einfluss zu behalten und ihre Entscheidungen selbst zu treffen.«[35]

Einer selbst bestimmten Erfahrung des Gebärens stand in der christlichen Kultur der Eva-Mythos entgegen. Diese Konstruktion von Weiblichkeit als eine »frauenfeindliche Ideologie zur Ausbeutung von Frauen«[36] hat ihre Grundlage in der Interpretation der Eva-Stellen in Gen 2 und 3. Wie kam es zu dieser Wirkung eines biblischen Textes und wie ist der Textbefund tatsächlich?

Im Mythos von Eva als der Verführerin, der einer vorurteilsfreien Exegese aber nicht standhält, wurde dieses Frauenbild verdichtet. »Kein Text der Bibel oder einer anderen heiligen Schrift hat solche Wirkungen gehabt auf das, was als christliches Frauenbild bezeichnet wird, wie die drei ersten Kapitel der Bibel.«[37]

Als Ikone wird Eva zu einer Projektionswand für die Weiblichkeitsvorstellungen, die im Interesse des Mannes und zur Unterstützung seiner Macht vom späten Israel bis in die Gegenwart bestimmend waren[38]. Der Inhalt dieses Konstruktes ist:

- Das Weibliche ist verführerisch. Die Frau wird erotisiert und dämonisiert.
- Die Aufgabe der Frau ist es, dem Mann zu dienen.
- Die Frau unterliegt einer zeitlich unbegrenzten Strafe in Form von Schmerzen bei jeder Geburt.
- Die Frau kann selig werden durch Kindergebären und Ertragen der Schmerzen.
- Unter Androhung von göttlichen Strafen müssen Frauen sich fügen, dieses Frauenbild internalisieren und danach leben.[39]

An Stelle des frauenfeindlichen Mythos soll nun aus dem Textbefund die positive Bedeutung Evas als Mutter alles Lebendigen gefunden werden. Hier wird eine radikal andere Eva vorgestellt. Dem Namen Eva liegt das hebräische *hawwa* zugrunde, das in der LXX und in der Vulgata mit Eva übersetzt und zum Eigennamen erhoben wird. *hawwa* kommt in der Bibel viermal vor, je zweimal in der hebräischen Bibel und im Neuen Testament: Gen 3,20; 4,1; in Gen 4,25 wird sie erwähnt als »sein Weib«; 2. Kor 11,3; 1. Tim 2,15.

Und 'adam nannte den Namen seiner Frau hawwah, denn sie ist (wurde) die Mutter alles/aller Lebendigen. (Gen 3,20)

hawwah ist hier die dritte Bezeichnung für die Frau in der jahwistischen Schöpfungsgeschichte nach *'adam* (allgemein Mensch) und *ischa* (Frau). Das Wort *hawwah* wird in diesem Vers etymologisch erklärt, kann aber auch mit dem Wort *Jahwe* zusammengehören oder mit dem aramäischen *Hiwja* (Schlange). Da es älter ist als der literarische Kontext, können sumerische Vorstellungen mit herangezogen werden. Es kann sich um die Göttin Nin-Ti oder Nin-Tu handeln, die als »Herrin des Gebärens« auch im Gilgameschepos erscheint. »Es liegt ein alter Name der ›Urmutter‹ als Mutter allen Lebens vor, wie er auch Sir 40,1 von der Erde überliefert ist. Wie die Mutter Erde, so bringt *hawwah* alles Leben hervor.«[40]

Und 'adam erkannte hawwah, seine Frau, und sie wurde schwanger und gebar Kain. Und sie sprach: hervorgebracht habe ich (kaniti) einen Mann (is) mit (Hilfe) Jahwes ('et-jahwe)! (Gen 4,1)

kaniti hat eine Parallele in Spr 8,22: Die Weisheit spricht dort: *Jahwe kanini* (Jahwe schuf mich.) *is* ist der erwachsene Mann und nicht das Kind. Daraus kann geschlossen werden, dass es sich hier um eine sehr alte Schöpfungsaussage handelt. »Die Frau stellt sich hier, was die Schöpfung angeht, Gott an die Seite und ist stolz auf ihr Werk.«[41] Auch die Namensgebung durch die Mutter lässt auf ein hohes Alter des Textes schließen. Bei *hawwah* handelt es sich um einen Titel, der dem Redakteur vorlag und den er im Zusammenhang mit dem Strafspruch Gen 3,16 zur Unterwerfung der Frau verwendete.

Brigitte Kahl[42] weist hin auf Gen 4,25: *Adam erkannte nochmals sein Weib, und sie gebar einen Sohn. Da rief sie seinen Namen: Schet, Setzlich! denn: gesetzt hat Gott mir einen anderen Samen für Habel, weil Kajin ihn erschlug. (Übersetzung Buber-Rosenzweig)*

Die Wirkungsgeschichte des Eva-Mythos beginnt bereits in den alttestamentlichen Apokryphen und setzt sich dann im Neuen Testament fort. Sie kann hier nur an einigen Eckpunkten aufgezeigt werden. Die älteste Belegstelle ist Jesus Sirach 25,24: *»Von einer Frau nahm die Sünde ihren Anfang, ihretwegen müssen wir alle sterben.«* Schon hier wird übersehen, dass der Begriff »Sünde« nicht in Gen 2 und 3, sondern zuerst in Gen 4 für die Tat des Kain verwendet wird. Dieser Satz ist Teil einer apokryphen Tradition, die in der christlichen Literatur oft zitiert wird. So der Midrasch in 1. Tim 2,13-15: *»Denn Adam wurde zuerst gemacht, danach Eva. Und Adam wurde nicht verführt, die Frau aber hat sich zur Übertretung verführen lassen. Sie wird aber selig werden dadurch, dass sie Kinder zur Welt bringt, wenn sie bleiben mit Besonnenheit um Glauben und in der Liebe und in der Heiligung.«*

Dieser Text steht im Widerspruch zur Rechtfertigungslehre des Paulus. Sollte das sola fide, die Rechtfertigung des sündigen Menschen vor Gott allein aus dem Glauben, von Paulus nur für

Männer gedacht sein? In einem einseitigen Bezug auf Gen 3 vergleicht Paulus Eva mit den falschen Aposteln: *»Ich fürchte aber, dass wie die Schlange Eva verführte mit ihrer List, so auch eure Gedanken abgewendet werden von der Einfalt und Lauterkeit gegenüber Christus.«* (2. Kor 11,3) Die misogyne Einstellung der Kirchenväter setzt diese Wirkungsgeschichte fort. Mit dem Hexenhammer und seinen mehr als zwanzig Auflagen von 1485 bis in das 20. Jahrhundert ist eine weite Verbreitung dieses Gedankengutes gegeben. Dort wird das lateinische Wort für Frau, femina, folgendermaßen interpretiert: »fe« stehe für »fides« (Glaube) und »mina« bedeute »minus« (weniger), demnach sei »femina«also: die weniger Glaubende.[43]

Das nachreformatorische Bürgertum gibt mit seiner Bibelfrömmigkeit diese Interpretationen weiter bis in das 20. Jahrhundert hinein. So schreibt Adolf Schlatter, der als Professor für Neues Testament in den zwanziger Jahren des 20. Jahrhunderts Generationen von Pfarrern geprägt hat, in seinem Kommentar zum 1. Timotheusbrief: »Es ist ihm (sc. Paulus) dabei nicht nur der relative Vorrang des Mannes von Wichtigkeit, sondern auch die größere Zugänglichkeit der Frau für die Verführung. Dass sie es war, die in die Übertretung fiel, bestimmt bleibend, solange die Übertretung weiterwirkt, ihr Verhältnis zu Gott und zur Welt.«[44]

Helen Schüngel-Straumann resümiert: »Dass gerade die älteste Bezeichnung, die ursprünglich einmal die höchste Stellung für die Frau ausgedrückt hat, später verwendet wurde, um aus ihr den Namen EVA abzuleiten mit allen Konsequenzen, ... erscheint damit als besonders grotesk.«[45]

Eine unkritische und polemische Übernahme dieses androzentrisch-christlichen Frauenbildes findet sich im Rahmen der Diskussion über die Hausgeburten und freiberuflichen Hebammen wieder, so in der »Fibel und Plädoyer für die Hebammenkunst« von Alfred Rockenschaub, des Direktors der Semmelweisklinik in Wien. Nachdem er die Stellung der Hebamme im griechischen Altertum positiv gewürdigt hat, fährt er fort: »Welch ein Gegensatz zu jenen Kulturen, in denen nicht eine junge naturverbundene

Göttin hilfreich der Gebärenden die Angst nimmt, sondern ein mürrischer Gott die Frauen ›in Schmerzen gebären‹ heißt; und Götter (in Weiß) mit Drogen das Bewusstsein trüben und so das Hochgefühl der natürlichen Geburt vereiteln.«[46] Rockenschaub zieht die Verbindung zur klinischen Geburtsmedizin, die eine Subordination der Frau bedeutet, gleichgültig ob die der Hebamme oder der Gebärenden.[47]

Perspektivenwechsel: medikalisierte Geburt – Geburtskultur

Der dritte Perspektivenwechsel, den diese Studie mit vollzieht, betrifft die Frage nach einer rechten Gestaltung des Gebärens, nach einer neuen, diesem Schöpfungsereignis angemessenen, menschenwürdigen Geburtskultur. Denn »alles um Schwangerschaft und Geburt ist eine in hohem Maße kulturell bedingte Angelegenheit – wie diese von der Gesellschaft wahrgenommen wird, wie Frauen die Geburtsschmerzen aushalten, wie die Geburt von der Betreuungsperson geführt wird.«[48]

Seit den sechziger Jahren des letzten Jahrhunderts sind die Geburten in die Kliniken verlegt worden und aus dem sozialen Gefüge verschwunden. Die kulturelle und die mythische Bedeutung von Schwangerschaft, Gebären und Wochenbett und vom Ankommen eines neuen Menschen sind in Vergessenheit geraten.

Das konnte umso leichter geschehen, als das Christentum die körperlichen Erfahrungen von Frauen aus seiner Bildersprache und aus seinen Ritualen ausgeklammert hatte. Im Englischen umfasst der Begriff »childbearing behaviour« die Gesamtheit aller die Schwangerschaft, die Geburt und das Wochenbett betreffenden Vorstellungen, Bräuche und Verhaltensweisen.[49] Ich verwende hierfür den Begriff »Geburtskultur« und meine das Verhalten, die Wertvorstellungen, Rituale und Mythen rund um das Gebären.

Seit den 70er Jahren des vorigen Jahrhunderts wird in Fachkreisen darum gerungen, die kulturellen Aspekte der Geburt wieder zu erforschen und danach zu handeln. Denn »mit dieser Weltsicht einer medizinisch-technischen Machbarkeit hat aber der Mythos von Schwangerschaft und Geburt seine sakrale Dimension verloren und in der zunehmenden Profanisierung zu einer Enteignung des Körpers der Frau geführt.«[50] Was geschieht bei der Geburt über das rein Biologisch-Physiologische hinaus?

Der Begriff »Kultur« enthält drei Ebenen:

1. Auf der soziokulturellen Ebene fragt der Begriff nach dem gesellschaftlichen Umgang mit der Schwangerschaft, Geburt und dem Wochenbett, d. h. nach dem Ankommen des neuen Menschen in dieser Welt. Er fragt weiter nach den Beziehungen zwischen den Eltern, zwischen Mutter und Kind, zwischen Hebamme und Mutter. Auch die kulturelle Wertung des Wehenschmerzes gehört hierzu. Dieser soziokulturelle Bereich wird entscheidend mitgeprägt von der Struktur des Gesundheitswesens, der Facharztdichte und der Rolle der Hebamme, wie Beate Schücking in ihrer Studie über die Geburten in acht europäischen Ländern feststellt.[51]
2. Der zweiten Ebene, der theologischen oder allgemein gesprochen der spirituellen Ebene, ist die vorliegende Arbeit verpflichtet. Wie ist das Ankommen eines neuen Menschen in dieser Welt zu interpretieren? Ist es Gottes Schöpfungshandeln? Kann die Mutter Mit-Schöpferin genannt werden? Erleben die Beteiligten im tiefen Ergriffensein eine Begegnung mit dem Heiligen? Während TheologInnen sich am ethischen Diskurs um Embryonenforschung, pränatale Diagnostik und (Spät-) Abtreibung beteiligen, sind die systematisch-theologischen Fragen bisher wenig diskutiert worden.[52] Die Geburt steht im kirchlichen Handeln hinter der Taufe zurück. Das Taufwasser verdeckt den Blick auf das Fruchtwasser.[53]
3. Eine dritte Ebene bildet die metaphorische Verwendung der Geburt im Symbolsystem der Sprache. Geborenwerden, neu An-

fangen, Durchbruch und Schmerzen für Neues, die Parallelität von Geburt und Tod, diese Metaphorik ist in den apokalyptischen Texten und Büchern reichlich vorhanden. Die amerikanische Theologin Sallie McFague schreibt über das Denkmodell »Gott als Mutter«: »Der körperliche Akt des Gebärens ist die Basis, von der aus das Denkmodell seine Kraft ableitet, denn hier berührt es den Bereich der großen Symbole des Lebens: Blut, Wasser, Atem, Sexualität und Nahrung. ... Und dennoch ist unsere erste Geburt, zumindest im Christentum, seltsam unbeachtet geblieben; um es noch anders zu sagen: Der Schöpfung, d. h. der Geburt des Universums und all seinen Lebewesen, wurde nicht die Bildersprache zugebilligt, die die Tradition so bereitwillig für die Erlösung, die Transformation und Erfüllung der Schöpfung, gebraucht. Warum ist dies der Fall? Ein Grund dürfte sicherlich sein, dass das Christentum, von weiblicher Sexualität schon immer abgestoßen, zwar gewillt war, die zweite, die ›spirituelle‹, Erneuerung der Existenz, nicht aber die erste, ›körperliche‹ Geburt mit der Geburtsmetapher zu veranschaulichen.«[54]
Sie wird heute, von Ausnahmen wie Nelly Sachs[55] abgesehen, weder in der Dichtung noch in der Theologie aufgenommen.

Ist die High-Tech-Geburt – eine Kultur? Im weitesten Sinne des Wortes kann die medikalisierte Geburt eine Kultur genannt werden. Heute bestimmen technische Medizin und ihre immer neuen Errungenschaften das Geburtsgeschehen. Die Ultraschalluntersuchungen, die von werdenden Eltern als »Babyfernsehen«, d. h. als erste Begegnung mit dem Kind, verstanden werden, und das vermeintlich risikolose Angebot einer Wunschsectio, das Ärzteschaft und Kliniken propagieren, sowie das Vertrauen in die Technik, das sie bei sich selbst unterstellen und bei den Frauen fördern, zielt ab auf eine Heilsbotschaft. Denn der Frau, die die im Mutterpass vorgezeichnete Abfolge von Tests, Untersuchungen und Behandlungen befolgt, wird versprochen, als Ergebnis eine Geburt ohne Kompli-

kationen und ein gesundes Kind zu bekommen. Geburt ist hier ein pathologischer Vorgang, der einer Risikoverwaltung bedarf und der zur Suche nach Sicherheit wird. Hierauf antwortet die Medizintechnik mit dem Heilsversprechen. In dieser Techno-Kultur werden Frauen doppelt unterworfen. Sie erfüllen die Forderungen der Geburtsmedizin und fühlen sich schuldig, wenn sie diese vernachlässigen. Es fehlt dabei an Transparenz. Frauen werden nicht zum selbst bestimmten Tun angeleitet. Da diese Kultur gekennzeichnet ist durch Macht, Herrschaft und Unterwerfung unter die Technik, kann sie nur als eine pervertierte Kultur bezeichnet werden.
Die Rituale der Geburtsmedizin sind:

- dreimaliger Ultraschall
- Blutabnahme
- Urinprobe
- gegebenenfalls Fruchtwasseruntersuchung
- Kardiotokogramm (CTG)
- Wehenmittel
- Dammschnitt
- Wunschkaiserschnitt

Die Historikerin Barbara Duden[56] bringt die Kritik am pseudoreligiösen System dieser von Ärztinnen und Ärzten begleiteten Schwangerschaft und hierarchisch geleiteten Kreißsaalgeburt zum Ausdruck und nennt diese Rituale eine »Liturgie der Geburt« aus einer »Interaktion des Frauenkörpers mit der technisch gerüsteten Institution.«[57] Dahinter steht eine Glaubensform, die Ängste, Mythen und Zwangshandlungen schafft. »Dieser Glaube verengt das Verständnis der Geburt auf das mit ihr verbundene Risiko, macht die Schwangere mitverantwortlich für die Risikoverwaltung und damit die Teilnahme der Schwangeren an diesen Zeremonien zur Verpflichtung.«[58]

Das alles führt zu einer Geburt, die nicht mehr im Zusammenwirken von Frauen, sondern in einem Zusammenwirken von Mensch und technisch gerüsteter Institution geschieht. Das Kind, das so geboren wird, nennt Barbara Duden einen Kyborg, ein Zwitterwesen zwischen Mensch und Computer, eine Synthese aus Genom und Technik.[59] Dies hat zu einer Anspruchshaltung bei den werdenden Müttern geführt, wie Kreißsaalhebammen berichten. Die Klinik wird als Dienstleister verstanden, die die Geburt möglichst schmerzfrei und komfortabel durchführen soll.

Eine kleine Gruppe von Frauen und Hebammen, ca. zwei Prozent, hat den Wechsel vollzogen und praktiziert während Schwangerschaft, Geburt und Wochenbett eine Beziehungskultur. Die Bezeichnungen sind verschieden: humanisierte, frauenfreundliche, mother-friendly, hebammenbegleitete oder menschenwürdige Geburtskultur.

Die Geburten dieser Gruppe finden im Geburtshaus, zu Hause oder mit einer Familienhebamme, die Belegbetten in der Klinik hat, einer so genannten »Hausgeburt in der Klinik«, statt. Das erste Modellprojekt eines von Hebammen geleiteten Kreißsaales wurde vor einigen Jahren in Bremen errichtet. Die vertraute Umgebung schafft Geborgenheit und vermindert die Ängste, wodurch Komplikationen verhindert werden und der Geburtsprozess positiver erlebt werden kann. Die Paare werden bei ihrer neuen Identitätsfindung zur Elternschaft begleitet.

In diesem geschützten Rahmen kann auch eine spirituelle Erfahrung möglich werden, wie die Auswertung der Interviews im zweiten Teil dieser Studie zeigt.

In den Anfängen der neuen Geburtskultur ist der Beruf der Geburtsbegleiterin, der Doula,[60] geschaffen worden.[61] Ihre Aufgabe ist es, der Frau zu dienen und sie zu schützen.

Von der »Coalition for the Improvement of Maternity Services (CIMS)« wurden Kriterien für eine frauengerechte Geburtskultur in einem 10-Punkte-Programm veröffentlicht.[62] Der 3. Punkt ist in unserem Zusammenhang wichtig: »Kulturell-kompetente Betreuung anbieten; also Glauben, Werte und Bräuche der Frauen sensibel berücksichtigen.« Wahlfreiheit der Frau in Bezug auf Begleitpersonen, Gebärpositionen, Information über die Abläufe, Weglassen von nicht notwendigen Prozeduren, nicht-medikamentöse Schmerzbekämpfung und Unterstützung des Stillens sind weitere Forderungen.

Beate Schücking hat 1993/94 in einer Studie[63] die Geburten in acht europäischen Ländern vor Ort durch Befragungen erhoben und verglichen. Sie berichtet, dass Holland in mancher Hinsicht eine Ausnahme darstellt. So heißt dort die Grundphilosophie: »Kinder kriegen ist das Normalste von der Welt«, weshalb es überdurchschnittlich viele Hausgeburten gibt. Holland ist das einzige Land mit einer ausgeprägten »Wochenbettkultur«. Die »Kramverzorgster« sind ein gut organisiertes ambulantes Pflegesystem, ganz auf die Bedürfnisse der Frau zugeschnitten, und Menschen aus der Nachbarschaft und dem Freundeskreis begrüßen die Mutter im Wochenbett in ihrem von außen geschmückten Haus bzw. in ihrer Wohnung.[64] Zusammenfassend stellt Beate Schücking fest, dass die Traditionen in Ost- und Westeuropa sehr verschieden sind, z. T. noch vom Sozialismus geprägt. Den größten Einfluss hat das herrschende Gesundheitswesen. Es ist zu beobachten, dass die Trennung von Geburtshilfe und Geburtsmedizin zu geringeren Interventionsraten führt, eine höhere Dichte an Fachärzten dagegen zu größerer Medikalisierung. Die Bedürfnisse und Erfahrungen der gebärenden Frauen werden – außer in Holland – wenig berücksichtigt. Doch die Sensibilität auf Seiten der Frauen und Familien wächst.

Auf ethnomedizinische und historische Studien stützt sich der folgende Fragenkatalog, dem die Antworten aus drei verschiedenen Geburtskulturen zugeordnet wurden. Diese Übersicht ermöglicht den Blick für Phänomene der Geburtskultur, die verloren gegangen waren. Aus der Vielzahl von Kulturen wurden die drei charakteristischen ausgewählt:

- die vor-medizinische Geburtskultur,
- die High-Tech-Geburtsmedizin,
- die beziehungsorientierte Geburtskultur.

Diese Vereinfachung führt besonders in der ersten Kategorie zu Ungenauigkeiten, da die von Männern bestimmte Geburt und die selbstbestimmte Geburt in der Solidargemeinschaft der Frauen zeitlich miteinander konkurrieren. Das führt teilweise zu einer Doppelbeantwortung. Eine weitere Differenzierung im europäischen Vergleich wäre notwendig, soll aber der Übersichtlichkeit wegen hier wegfallen.

Fragen zur Geburtskultur	**Traditionelle Geburt**	**Klinikgeburt**	**Hebammenbegleitete Geburt**
Wie wird die Frau begleitet in Schwangerschaft, Geburt und Wochenbett?	Durch Mutter, Nachbarinnen, Hebammen, weise Frauen, die mit der Mutter auf die Geburt warten und sie und das Kind dann umsorgen.	Durch Arzt/Ärztin, Mutterpass für die Untersuchungen des medizinisch-technischen Apparates, Krankenkassen, Kreißsaalhebammen	Begleitung und Vertrauensbeziehung zur Hebamme von Schwangerschaft bis Wochenbett, Krankenkassen
Wie wird der Kontakt geschaffen?	Der Vater holt die Hebamme. Sie kommt zu Fuß, zu Pferd, mit dem Fahrrad, per Pferdeschlitten.	Arzt/Ärztin, Kreißsaalhebamme im Schichtdienst	Die Frau besucht die Hebamme, nimmt an Vorbereitungskursen und Einzelgesprächen teil.
Wo gebiert die Frau?	Im Zelt, Stall, auf dem Feld, am Wegesrand, auf der Ofenbank, im Ehebett, in der Küche, im Bad, auf dem Boden, auf dem Schoß des Mannes	Auf dem Klinikbett, in der Wanne im Kreißsaal, per Kaiserschnitt im OP	In der heimischen Badewanne, im Ehebett, im Geburtshausbett, in der Klinik
Wer ist bei der Geburt dabei?	Frauen aus der Verwandtschaft und Nachbarschaft, zwei Hebammen, weise Frauen	Ärztin/Arzt, Hebamme, Kinderschwester	Ein oder zwei Hebammen, Vater, Mutter, Freundin
Welche Gebärhaltung nimmt die Frau ein?	Stehen, Gehen, Hocken, auf allen Vieren, ca. 1550–1850 auf dem Gebärstuhl	In Rückenlage auf dem Bett	Die Frau wählt nach ihrem Wohlbefinden.
Welche Einstellung zum Frauenkörper gibt es?	Die Frau ist schwach, Gott wird alles tun, ihr Körper ist Objekt.	Die Frau ist krank, Arzt/Ärztin müssen helfen, ihr Körper ist Objekt.	Die Frau ist stark und leistet die Geburtsarbeit, ihr Körper ist Ort der neuen Schöpfung.
Welches Frauenbild haben die Beteiligten?	Die Frau ist Sünderin, ist schwach.	Die Frau ist Patientin, sie gebiert nicht, sie wird entbunden.	Die Frau ist stark, selbstbestimmt, Mitschöpferin des Kindes.

Fragen zur Geburtskultur	Traditionelle Geburt	Klinikgeburt	Hebammenbegleitete Geburt
Welche Rolle hat der Vater?	Holt die Hebamme, schafft Wasser herbei, bleibt außerhalb des Geburtszimmers, bewirtet die helfenden Frauen nach der Geburt	Bringt die Frau zur Klinik, wartet, ist hilflos	Unterstützt die Frau, leidet mit, erlebt intensive Gefühle, trennt die Nabelschnur durch
Wer hat die Entscheidungsgewalt?	Nachbarinnen, Helferinnen, Hebammen, die Frau, im Mittelalter die Geschworenen Frauen	Ärztinnen/Ärzte, Hebammen, anderes Klinikpersonal	Die Frau und notfalls die Hebamme, die in der Vorbereitung vieles abgesprochen hat
Wie wird auf die Schmerzen reagiert?	Im christlichen Abendland: Schmerzen sind Strafe für die Übertretung, dienen der Seligkeit.	Schmerz ist negativ besetzt und wird nach medizinischer Indikation bekämpft.	Schmerzen werden erlebt als Quelle neuer Kraft und Energie, sind für die Geburtsarbeit und hormonelle Umstellung notwendig.
Was geschieht mit der Plazenta?	Vergraben unter einem Baum, Verbrennen, als apotropäischer Gegenstand, Beilage in die Kindbettsuppe gegen Depressionen	Wird verkauft an Pharma- und Kosmetikindustrie oder zusammen mit amputierten Körperteilen verbrannt	Nach Absprache im Garten vergraben, auch getrocknet und zerrieben als Medizin getrunken, als Heilmittel gegen Verbrennungen
Welches frauenrechtliche Brauchtum gibt es?	Die rituelle Solidargemeinschaft hilft und feiert	Schwangerschafts- und Rückbildungsgymnastik	Vorbereitungsgruppen mit der Hebamme, Nachtreffen, tröstlicher und heilsamer Kreis
Welche Unterstützung erfährt die Familie in dieser Zeit des Überganges?	Besuche, Gespräche, Rituale	Keine öffentliche Unterstützung, Austausch mit Frauen aus der Gymnastikgruppe	Beratung und Begleitung durch die Hebamme
Wie wird das neue Leben begrüßt?	Segen, Gebet, Kindbettzeche	»Ich gratuliere.«	Kerzen, Blumen, Sekt, bonding, Taufe oft Monate oder Jahre nach der Geburt
Wer kündigt das neue Leben der Gesellschaft an?	Nachbarn und Verwandte durch Schmücken des Hauseingangs, Wochenbettkultur	Annonce per Post und in Zeitung, in der DDR: Namensgebung, kirchlich: Taufe	Nur im privaten Rahmen
Welche religiöse, mythische Dimension wird angesprochen?	Vorchristlich: Schöpfungsmythen, christlich: Gottes Schöpfung und Geschenk	DDR und BRD seit ca. 1950: Vertrauen in Medizin und Technik, Mythos der Machbarkeit	Geburt als spirituelles Erlebnis, als Ergriffenheit, als Begegnung mit dem Heiligen

In den folgenden Kapiteln werden die einzelnen Aussagen begründet. Sowohl die Fragestellungen als auch die Antworten sind bedeutsam als hermeneutischer Zugang zu den Phänomenen rund um die Geburt.

Zusammenfassung

Um eine Theologie der Geburt entwerfen zu können, die von Erfahrungen von Frauen ausgeht, ist es notwendig, den anthropologisch-philosophischen und theologischen Rahmen zu bestimmen.

Durch den dreifachen Perspektivenwechsel von der Mortalität zur Natalität als Grundkategorie menschlichen Lebens, vom Eva-Bild der schwachen und sündigen Frau zum Eva-Bild der Mutter aller Lebendigen und von der medikalisierten Geburt zur Geburtshilfe kann die Geburt phänomenologisch erfasst werden. So wird der Blick frei für den schöpferischen Prozess des Gebärens in der Beziehungsarbeit zwischen Gebärender und Hebamme.

Zur Geschichte des Hebammenberufes – Die Beziehung von Kirche und Hebamme

Die Geburt eines Kindes geschieht in der Beziehungsarbeit zwischen mindestens drei Menschen: der Mutter, der Hebamme und dem Kind. »Die Somatik der Frau ... ist so angelegt, dass sie, wenn ihre Zeit gekommen ist, der Hilfe einer anderen Frau bedarf.«[1] Hebammen leiten sehr viele Geburten, Mütter haben dagegen nur wenige Geburten erlebt. Hebammen kennen viele sehr unterschiedliche Geburtsverläufe und können Konsequenzen daraus ziehen. Sie sind sehr nahe am Wunder des neuen Lebens, an der Schwellensituation der Familie zu einer neuen Identität und auch sehr nahe an Tod und Trauer. Deshalb sind Aussagen von Hebammen authentische Quellen für die existenziellen und spirituellen Erfahrungen rund um Schwangerschaft, Geburt und Wochenbett. Hebammen stehen dem Geburtsgeschehen am nächsten und können Auskunft geben über die Bedingungen, unter denen Geburt stattfindet. Sie sind Zeuginnen für die spirituelle Seite der Geburt. Davon sprechen auch die Beziehungen zwischen Kirche und Hebamme in den vergangenen Jahrhunderten, wenn auch unter umgekehrten Vorzeichen der männlichen Definitionsmacht.

Zunächst wird deshalb ein Überblick über die Geschichte des Hebammenberufes gegeben – unter Berücksichtigung des Verhältnisses zwischen Kirche und Hebamme.

Zum Sprachfeld »Hebamme«

Wenn hier ausschließlich das Wort »Hebamme« benutzt wird, so ist dies eigentlich eine unzulässige Verkürzung, denn es gibt eine unübersehbar große Zahl an Benennungen für Frauen, die die Gebärende begleiten und unterstützen. Das lässt Rückschlüsse zu auf die besondere soziale und auch spirituelle Rolle, die diese in der Gesellschaft innehatten. Aus heutiger Sicht ist diese Vielfalt erstaunlich, denn der Begriff »Hebamme« zur Bezeichnung der geburtshilflichen Tätigkeit ist jetzt im deutschen Sprachraum der einzige gebräuchliche. In den Gesetzestexten steht lediglich noch aus Gründen der Gleichberechtigung das männliche Pendant »Geburtspfleger«.

»Hebamme« kommt ursprünglich von dem althochdeutschen »hefihanna« und bedeutet »aufheben«. Die Hebamme hob das Kind von der Erde auf und überreichte es dem Vater, der es anerkennen oder ablehnen konnte und damit über Leben und Tod entschied.[2] Früh wurde das Wort volksetymologisch mit Amme in Verbindung gebracht. Mirja Virkkunen hat in einer wortgeografischen Untersuchung gezeigt, dass im deutschen Sprachraum 500 Namen für Geburtshelferinnen zu finden sind.[3] Sie umschreiben die Tätigkeiten wie Mutter Griepsch (greifen) in Mecklenburg, sie sind Verwandtschaftsnamen wie Ahne, Eller (Großmutter) oder Gevatterin, sie sind Bezeichnungen der Pflege und Wartung wie Bademutter, Windlmutter. Es sind Begriffe, die die Lebenserfahrung ansprechen wie Frömauer (frö bedeutet: weise) oder das gemeinsame Feiern nach der Geburt wie Kindelbiermutter. Andere Worte drücken die Eile aus wie Hurreweible oder die Überraschung wie Pardauzmutter, manche Benennungen beziehen sich auf die Gebärende selbst wie Wehmutter, Notweib, Kramfrau (Wochenbettfrau) oder auf das Kind wie Kindleweib oder Storchentante.

Im Mittelalter finden sich Namen für Hebammen in besonderen Tätigkeitsbereichen, so z. B. die Brechen-Heb-Amme, die im Brechenhaus, dem Pestkrankenhaus, den Gebärenden beistand.[4] Geschworene Frauen, oberhändige Frauen oder geniete[5] Frauen sind die leitenden Hebammen, die bei schweren Fällen zu Rate gezogen wurden und Prüfungen sowie Streitschlichtungen vornahmen.[6] Bademoeme war diejenige Frau unter den Nachbarinnen, die das Kind zum ersten Mal badet. Die nachrückenden Hebammen, die schon »mitgehen«, hießen in Zürich Spetthebammen[7] oder Stuhlweiber, weil sie den Gebärstuhl tragen mussten. Engelmacherinnen wurden Hebammen genannt, wenn das Kind gestorben war, oder wenn die Hebamme betrunken war, ein Problem, das immer wieder erwähnt wird, vermutlich wegen der Feiern nach der Geburt.

Im außerdeutschen Sprachraum unterstreichen die Namen für die Hebamme ihre kulturelle und spirituelle Bedeutung, so das niederländische vroedvrouw (weise Frau), das französische sage femme (weise Frau), auch das englisch midwife (weise Frau). Das norwegische jordemuor (Erd-Mutter) weist auf die Mutter Erde hin, das mexikanische comadrone (Mit-Mutter) oder partera (Teilnehmende) auf die Vertrauensbeziehung. Wir finden in Estland ämmaemand (Schwiegermutter), in der Mongolei Nabelschnurfrau Eh Barigtsch (Mutterhelferin) oder Eh barigtsch huieneedz (Bauchnabelmutter). Im alten Japan hieß die Geburtshelferin san ba (Geburt + alte Dame), im alten China wen-po (standfeste, ruhige Frau) oder shou-sheng-po (die Frau, die die Geburt in Empfang nimmt). Im alten Rom gab es drei Namen entsprechend der Tätigkeit: obstetrix (die die Geburt leitet, indem sie Widerstände beseitigt), nutrix (die beim Stillen hilft) und ceraria (Priesterin, die die Geburtsrituale durchführt). In einem indonesischen Dialekt wird die Hebamme spirituelle Frau genannt, weil sie vor einer Geburt fastet und betet. Die Weltgesundheitsbehörde WHO spricht von traditinal birth attendant (traditioneller Geburtsbeistand).

In der neueren Literatur finden wir Ausdrücke für Hebammen, die die besondere Bedeutung des Berufes ausdrücken, jedoch nicht praktisch verwendet werden: Anwältin des Lebens,[8] Türhüterin des Lebens,[9] Expertin lebensweltlichen Wissens und Akteurin in einem sozialen Drama,[10] Fachfrau für Mutterschaft.[11]

Es würde genügen, alleine diesen unterschiedlichen Ausdrücken nachzugehen, um den Blick zu öffnen für die besondere soziale und spirituelle Position der Geburtshelferinnen in der Gemeinschaft, in der sie lebten und arbeiteten.

Darstellung des Hebammenberufes in sechs Phasen

Das Gebären und das Beistehen beim Gebären, die Geburt und die Rolle der Geburtshelferin, diese sensible Beziehungssituation ist im Rahmen einer gesamtgesellschaftlichen Kulturgeschichte zu sehen. Im vorherigen Kapitel wurde deutlich, dass es eine unzulässige Verengung wäre, sie in den Rahmen einer Medizingeschichte zu stellen. Der Begriff »Beruf« soll hier so weit gefasst werden, dass er im Sinne von »Berufung« zu verstehen ist. Erst in der Neuzeit wird der engere Sprachgebrauch im Sinne einer Anstellung und bezahlten Tätigkeit verwendet.

Den folgenden Ausführungen liegt die Arbeit von Gernot Böhme zugrunde, der die Geburtshilfe im Zusammenhang der Unterscheidung von wissenschaftlichem und lebensweltlichem Wissen untersucht. »In den Ärzten und Hebammen haben wir charakteristische Träger der jeweiligen Wissensformen und in der Verwissenschaftlichung der Geburtshilfe das Produkt ihrer jahrhundertelangen Auseinandersetzung.«[12] Böhmes Kriterien für die Geschichte des Hebammenwissens und der ärztlichen Geburtsmedizin ergeben sich aus folgenden Fragen:

- Wie hängen Wissen und Person zusammen?
- Zu welchem Erfahrungstyp gehört das Hebammenwissen?
- In welchem Zusammenhang geschieht die Wissensvermittlung?
- In welcher Beziehung stehen die Hebammen und Ärzte zur Natur?

Ich folge den von Böhme erarbeiteten vier Phasen des Hebammenberufes und ergänze sie am Anfang durch die vorhistorische Phase der Hebamme als Priesterin, die wissenschaftssoziologisch der ersten Phase von Böhme zuzuordnen wäre. Ihr kommt jedoch im Rahmen dieser Arbeit eine besondere Bedeutung zu, deshalb wird sie gesondert dargestellt. Am Schluss führe ich die Einteilung von Gernot Böhme weiter durch die Phase der freiberuflichen Hebamme der Gegenwart.

Erste Phase: Die Hebamme als Priesterin

Um eine Grundlage dafür zu schaffen, die Aussagen von Hebammen als Quelle für eine Theologie der Geburt in Anspruch zu nehmen, möchte ich eine kurze Übersicht über biblische und kirchengeschichtliche Beispiele für die priesterliche Rolle von Hebammen geben. Sie soll auch der Transparenz des hermeneutischen Zirkels dienen, der sich ereignet zwischen der Einstellung der Kommentatoren zu Geburt und Hebammenarbeit einerseits und den Ergebnissen ihrer Exegese andererseits. Im Folgenden werden daher die Ursprünge der Beziehung zwischen Geburt und Religion, Hebamme und Kirche untersucht.

Erich Neumann hat in seiner systematischen Sammlung der Symbole der Großen Mutter gezeigt, dass Erkenntnisse über die Lebenswelt in der Frühzeit der Menschen am Leitfaden der Ur-Symbole des Unterbewussten gewonnen werden können.[13] Da Fruchtbarkeit und Gebären erfahren werden als Grundlage und Bedingung menschlichen Lebens, bilden der Mutterleib und der Muttermund im Symbolsystem der Großen Göttin die Grundlage für die Symbole Tempel und Tor. »So wie der Tempel das weibliche bergende Haussymbol der Großen Göttin als Spätentwicklung der Höhle ist, ist das Tempel-Tor als der Eingang in die Göttin ihr Schoß, und die unzähligen Eingangs-, Tür- und Schwellenriten der Menschheit sind Ausdruck dieses numinosen weiblichen Ortes.«[14]

Die Geburt als Schöpfungsakt, als Neuerschaffung menschlichen Lebens durch die Gebärende, verlangte einen angemessenen Raum, der als sakraler Ort verstanden wurde. Erich Neumann vermutet: »Der früheste heilige Bezirk der Urzeit ist wahrscheinlich der, in dem die Frauen geboren haben. Er ist der Ort, an dem die ›große weibliche Göttin‹ herrscht, und von dem – wie noch in späten weiblichen Mysterien – alles Männliche ausgeschlossen ist. Nicht nur, dass überall – bis in die Moderne hinein, von den Ur- und Frühkulturen ganz zu schweigen – der Geburtsort ein Sakralort des weiblichen Lebens war, es ist auch evident, dass er im

Mittelpunkt aller Kulte stehen muss, die der großen weiblichen Göttin als Herrin der Geburt, der Fruchtbarkeit – und des Todes geweiht sind ... So wurde das primitive Gitter, der Abtrennungsraum des weiblichen Geburtsbezirks zum Zeichen für den heiligen Bezirk überhaupt und das Geburtsgeschehen vorbildlich für das Wiedergeburtsgeschehen«.[15]

So stehen Geburt und Religion vom Beginn der Menschheit an in enger frauengerechter Verbindung. Doch mit dem Siegeszug des Patriarchats, mit der Abwertung des Frauenkörpers und mit der Kontrolle der Frau entlang des Maßstabs androzentrischen Denkens und Glaubens wird diese Verbindung aufgehoben, das Sakrale wird vor der vermeintlichen körperlichen Unreinheit der Frau geschützt. Mit der männlichen Definitionsmacht im religiösen Bereich und mit dem Siegeszug der Universitätsmedizin über die Geburtshilfe in der Neuzeit wird die totale Kontrolle des Geburtsgeschehens durch Männer erreicht.

Auf die ursprüngliche Nähe von Geburt und Hebammenarbeit zur Religion, zur Welt der Gottheiten und zum priesterlichen Amt verweisen folgende Beispiele:

a) Auf Cypern wurde eine Terrakottagruppe in der Nähe eines Tempels gefunden, die eine Geburtsszene zeigt. Zwei Hebammen helfen der Frau, die eine stärkt ihren Rücken, die andere kniet vor ihr, um das Kind auf ihre Hände gleiten zu lassen. Geburten, so die Erkenntnis, haben in Tempeln stattgefunden.

Abb. 1: Terrakottagruppe aus dem Heiligtum einer Geburtsgöttin. Cypern, 6./5. Jahrhundert, Nikosia, Cypern-Museum[16]

Die Philosophin Annegret Stopzcyk entwirft folgende Szene: »Die Frauen gingen in den Tempel, um zu gebären. Menschen, die selbstverständlich daran glauben, dass sie in Wiedergeburtszyklen wieder auf die Erde kommen, schätzen die Hebamme anders ein als Menschen, für die die Geburt nur ein vorübergehender Akt ist. Aus den gnostischen Schriften, wie der ›Pistis Sophia‹, wird deutlich, dass die Hebamme wie eine Priesterin die kosmischen Zeichen auf der Haut der Neugeborenen habe lesen können. Die Hebamme wurde in der Antike wohl als ›Einweiserin‹ ins Leben gesehen, aber sie half auch beim Sterben ... Sokrates' Mutter Phainarete war Hebamme,[17] sein Vater war der Bildhauer Sophronikos. Da beide Berufe zu damaliger Zeit noch Tempeldienste waren, nehme ich an, dass seine Eltern priesterliche Ämter innehatten und zur Adelsschicht gehörten«.[18]

b) Auch Göttinnen gebären und bedürfen der Hebammen. Deshalb gab es Göttinnen als Beschützerinnen und Herrscherinnen von der Zeugung bis zur Geburt. Göttinnen, die mit der Geburt in Zusammenhang standen, seien hier genannt:[19]

Griechisch: Maìa, Eileithyien, Adamantheia; ägyptisch: Isis, Nephtys, Heket, Meschenet; römisch: Candelifera, Carmenta, Diana, Eudonia, Antevorta, Artemis (Thessalien), Vagitana; Ephesos: Intercidona; irisch: Biddy, Luaths, Lurgann, Mannion, Hebamme der Jungfrau Maria wird Brigit; indisch: Ban-Chuideachaidh Moire; chinesisch: Bhavani; Bixia Yüanchün; lettisch: Dekla; italisch: Egeria; hawaianisch: Haumea; hebräisch: Jocebed, Mirjams Mutter; kretisch: Kynosura; keltisch: Mabb; Shakespeare: Königin Mag, Hebamme der Feen; sumerisch: Mami; syrisch: Ermutu; schwedische Samen-Lappen: Sar-Akka, Uks-Akka, Madder-Akka; sibirisch: Umaj; etruskisch: Uni.

Zwei Bildbeispiele belegen die Rolle von Göttinnen:

Abb. 2: Detail aus einer monumentalen Malerei im Pharaonengrab Ramses VI. in Theben West (1145-1137 v.Chr.)[20]

Die Göttin Nut bringt mit Hilfe der beiden Hebammen Isis und Nephtys ihren Sohn Horus zur Welt. Die Scheibe, in die Re als Kind eingezeichnet ist, symbolisiert sowohl den Uterus der Mutter als auch die Sonne, die das königliche Kind am Himmel repräsentiert.

Abb. 3: Altbabylonisches Terrakottarelief der Ninchursanga, »Herrin der Geburt«, »Mutter der Götter« und »Mutter aller Kinder« (um 1800 v. Chr.)[21]

Das Bild zeigt Ninchursanga, die Göttin der Geburten. Sie trägt ein kostbar gefältetes Kleid, an der linken Brust nährt sie ein Kind. Hinter ihren Schultern ist ihr Wahrzeichen, der Kinderkopf. Zu beiden Seiten hocken die mageren Fehlgeburten, über ihnen das ›Omega‹-Zeichen der Göttin, das Symbol der Gebärmutter. Das Bild bringt den Wunsch zum Ausdruck, dass die Göttin auch diese armseligen Menschen schützen möge.

c) Im alten Rom gab es drei Berufsbezeichnungen der Hebammen für drei Tätigkeitsbereiche: obstetrix – Leiterin der Geburt, nutrix – Stillhelferin, ceraria – Priesterin für die Geburtsrituale. »Die Hebamme opfert ... Als Frau Scribonia nun bei der Gebärenden ankam, hatten die Wehen eingesetzt – und beim Hausaltar brannten bereits die Kerzen zu Ehren der Göttinnen Juno Lucina und Diana, jener Göttinnen, die hilfreich den Römerinnen bei der Geburt beistanden. Elektra: ›Ich gebar ... opfere für mich wie der Brauch es befiehlt.‹ Klytämnestra: ›Das ist die Pflicht der Frau, die dich entbunden hat.‹«[22] Hebammen, die in diesem sakralen Raum arbeiteten, standen im Dienst der Geburtsgöttin.

d) In der Edda, die die Tradition der germanischen Religion wiedergibt, wird die Tätigkeit der Hebamme Oddrun in »Oddruns Klage« beschrieben. Oddruns Geburtshilfe besteht im Singen eines mächtigen Zauberliedes: »... vor Borgnys Knie / kam sie hilfreich: / kräftig sang sie / kundig sang sie, / mächtigen Zauber, / der Maid Heidreks.« [23]

e) Ethnologische Arbeiten zeigen die religiöse Dimension des Gebärens. »Das Gebären und Geboren-Werden wird im Bewusstsein der Aboriginal als ein heiliger Prozess wahrgenommen, der mit großer Vorsicht behandelt werden muss.«[24] Und aus dem Gebiet des fernen Ostens: »Die malayischen Semai halten noch heute alle Hebammen für heilig, weil sie am Geist der Ersten Hebamme teilhaben, die im höchsten der sieben Himmel lebt.«[25]

Ein weiterer Hinweis auf die priesterliche Funktion der Hebamme findet sich in einem Aufsatz über die Ausbildung von Hebammen in Ecuador: »Ihre Rolle war zur Zeit der Eroberung durch die Spanier in vielen Ländern die einer priesterlichen, auch rituellen Geburtshelferin, die oft von höheren Mächten für diese Aufgabe bestimmt wurde.«[26] In Guatemala bei den Quichés, einer Maya-Ethnie: »Die Hebamme genießt hohes Ansehen und bildet mit den anderen Heil-Spezialisten eine Gruppe. Voraussetzung für die Aufnahme des Berufs ist die göttliche Bestimmung, auch Schicksal *(destino)* genannt.«[27]

f) Auf einen religiösen Kontext von Geburt und Geburtshilfe lassen auch die volkstümlichen Namen für die Hebammen, »Perchtlmutter«, in Oberbayern »Beachtfrau«, schließen. Sie gehen zurück auf die Göttin Perchta, die auch Holla heißt. Beide sind im Volksglauben Kinderbringerinnen und gehen auf die wilde Fruchtbarkeitsgöttin zurück.[28]

So sind in vielen Kulturen und Religionen Göttinnen Schutzherrinnen der Frauen für Fruchtbarkeit, Geburt, Öffnung des Schoßes und in Hebammenfunktionen. Für katholische Frauen galten bis ins frühe 20. Jahrhundert noch die Heilige Anna und die Heilige Margareta als Schutzheilige und Helferinnen bei der Geburt.

Hebammen im Alten Israel

Für unsere christlich-abendländische Tradition ist natürlich die Bibel sehr wichtig. Deshalb werden im Folgenden die Texte des Alten Testamentes, der hebräischen Bibel, über Hebammen nach deren priesterlicher Funktion ausführlicher untersucht. Die Wirkungsgeschichte der frauenfeindlichen Texte zur Geburt (Gen 3,16 und 1. Tim 2,15), die besagen, dass die Frau unter Schmerzen gebären müsse und dadurch selig werde, ist bis heute für alle, die die christliche Theologie unkritisch übernehmen, allein maßgebend, während die Texte einer selbst bestimmten Geburtskultur von Frauen im Alten Israel entweder nicht bekannt sind oder androzentrisch kommentiert werden. Das soll an der Auslegung von zentralen Bibelzitaten aufgezeigt werden, die die Hebamme als

Priesterin oder als Gottesbild zeigen und ihr weisheitsethisches Handeln thematisieren.

Die Hebamme spricht das priesterliche Heilsorakel

Als die Hirtin Rahel, die Frau von Jakob, ihren zweiten Sohn Benjamin am Wegesrand gebar, sprach ihre Hebamme zu ihr: »Fürchte dich nicht, denn auch diesmal wirst du einen Sohn haben!« (Gen 35,17) Den gleichen formelhaften Satz sprachen die Frauen, die um die Schwiegertochter des Eli waren. Deren Mann Pinehas und ihr Schwiegervater waren gestorben und die Lade war in die Hände der Philister gelangt. Als die Schwiegertochter des Eli nach der schlimmen Nachricht überraschend gebar, sagten die Frauen: »Fürchte dich nicht, du hast einen Sohn geboren.« (1. Sam 4,20)

Ich will hier nicht auf die inhaltliche Begründung, warum kein Grund zur Furcht bestehe, eingehen, da die Aussage in Gen 35,17 und 1. Sam 4,20 »denn auch dieses Mal ist es ein Sohn« von zeitbedingten gesellschaftlichen Normen, d. h. der Forderung nach einem männlichen Nachkommen, geprägt ist. Stattdessen soll die Struktur dieser Sätze untersucht werden. Interessanterweise entspricht »Fürchte dich nicht, denn ...« genau dem priesterlichen Heilsorakel. Joachim Begrich hat in seiner Studie über das priesterliche Heilsorakel[29] Texte aus dem Jesajabuch analysiert: »Das Orakel beginnt gewöhnlich mit den Worten ›fürchte dich nicht‹ ... so schließt sich unmittelbar ein begründender Satz an, der mit *ki* eingeleitet wird«[30]: »Fürchte dich nicht, denn ich habe dich erlöst!« (Jes 43,1b-2), »Fürchte dich nicht, denn ich bin mit dir!« (Jes 41,10-13)

Das Heilsorakel hat seinen Sitz im Leben in der Klage des Einzelnen im Tempel. Eine Person hatte im Heiligtum vor Jahwe ihr Klagelied angestimmt. Wenn ihre Klagen und Bitten erschöpft waren, sprach ein Priester zu der betenden Person die Zusage, dass Jahwe sie erhört habe und Hilfe nicht fern sei. Dieses Heilsorakel, das der Priester sprach, galt als ein unmittelbares Wort Jahwes. Im jüdischen Volk muss diese Beistandszusage der priesterlichen Rede in den Jahren des Exils, in denen es fern vom Jerusalemer Tempel lebte, sehr stark verwurzelt gewesen sein. Nur so ist es zu verstehen, dass die Herzen der Zuhörenden mit dieser ihnen vertrauten Formel die Botschaft des Propheten Jesaja aufnehmen konnten.

Neben der historischen gibt es eine tiefer liegende theologische Bedeutung des Orakels. Das *jr'* lässt auf die Erfahrung des Numinosum tremendum schließen. An verschiedenen Stellen wird der ursprünglich numinose Charakter der Gottes-Furcht, des Erschauderns vor dem Heiligen, noch deutlich.[31] Deshalb kann *jr'* mit »erschauern« übersetzt werden. Es findet sich immer dort, wo die Gegenwart Gottes beschrieben wird. Das »Fürchte dich nicht – erschrecke, erschauere nicht!« ist die Antwort auf die Begegnung mit dem erschreckenden Aspekt der Gottheit.[32]

Die Formel *al tira* – »fürchte dich nicht« – kommt in den Schriften des Ersten oder Alten Testamentes sowohl in Geburtssituationen als auch in rein theologischen Aussagen vor. Männliche Interpreten, denen das Gebären eine fremde Welt ist, die die Arbeit der Hebamme mit der der Krankenschwester verwechseln und sich eine religiös eigenwertige Frauenkultur nicht vorstellen können, erklären die Äußerungen der Hebammen zu einem profanen Wort. Es sei von Hebammen nicht als Heilsorakel, sondern als Trost in Alltagssituationen benutzt worden. Die Textstellen Gen 35,17 und 1. Sam 4,20 werden so bagatellisiert. Hans-Peter Stähli bewertet das »Fürchte dich nicht, denn ...« der Hebamme und der helfenden Frauen als ein zur feststehenden Formel gewordenes, allgemeines Trostwort.[33] Claus Westermann schreibt hierzu: »Es ermöglicht einen tiefen Einblick in die Empfindungen der Menschen ..., wenn die Helferin bei der Geburt angesichts der Qualen der Wöchnerin (sic!) ihr zuruft: ›Sei getrost‹ (sonst meist ein Wort Gottes) ... Der gleiche Zuruf in der gleichen Situation 1. Sam 4,20, es wird eine für diese Situation geprägte Wendung sein.«[34]

Die Erzählungen aus Gen 35 und 1. Sam 4 legen jedoch den Schluss nahe, dass jeweils ein Heilsorakel gesprochen wurde und die Sprecherin dabei zugleich die Rolle einer Priesterin oder Prophetin innehatte. Die Formel »Fürchte dich nicht, denn ...!« wurde in eine Situation hineingesprochen, die von Furcht und Schrecken in der Begegnung mit dem Göttlichen gekennzeichnet war. Solche Situationen waren für Rahel das schwere Gebären ihres Sohnes Benjamin am Wegesrand und für die Schwiegertochter des Eli das Gebären ihres Sohnes Ikabod unter einem Schock.

Das Heilsorakel war nicht an die Figur des Priesters gebunden, denn »der Prophet nimmt für seine Botschaft die gleiche Autorität und die gleiche Forderung auf Glauben in Anspruch, die das priesterliche Heilsorakel im Kultus erhebt und die ihm der Klagende bereitwillig zollt.«[35] Die Hebamme sprach hier wie eine Priesterin oder Prophetin. Diese Deutung wird unterstützt durch die Einleitungsformel *omer* – es sprach –, die sowohl beim priesterlichen Heilsorakel als auch beim Zuspruch der Hebamme das Gotteswort einleitet.

Eine andere Interpretation gibt Gerda Weiler. Sie sieht in der Rahel-Erzählung eine matriarchale Kultlegende, die zu einer patriarchalen Familiengeschichte umgearbeitet wurde. Demnach ist Ephrat, in dessen Gebiet Rahel ihren Sohn gebar, der »Kultort der matriarchalen Kultheroin Rahel, der Urmutter des Stammes Benjamin, seiner Herrin und Göttin.«[36] Nach dieser Auslegung wäre die priesterliche Rolle der Hebamme noch ersichtlicher, eine Konsequenz, die Gerda Weiler aber nicht zieht.

Hebammenarbeit ist symbolwürdig für das Göttliche

Psalm 22,10+11:

10 a: Denn du – du hast mich hervorgezogen aus dem Mutterschoß *bätän*

10 b: und hast mir Vertrauen gegeben an der Brust meiner Mutter *schade immi*

11 a: Auf dich bin ich geworfen von Mutterleib *rächäm* an,

11 b: vom Mutterschoß meiner Mutter *bätän immi* an bist mein Gott du.

Psalm 71,6:
6 a: Auf dich habe ich mich gestützt vom Mutterschoß *bätän* an,
6 b: aus dem Mutterleib meiner Mutter *memäh immi* hast du mich gelöst.

Die in diesem Gebet zur Sprache kommenden Worte gehören in das Wortfeld Frauenkörper, Schwangerschaft, Gebären und Stillen. Für die Gebärmutter gibt es im Hebräischen drei Worte:

bätän: In Ps 139,13 ist es der Raum, in dem Gott den Menschen webt, und in Jes 49,1 das Zentrum der Persönlichkeit, in dem Gott den Propheten beruft. »Es ist das Innere im Menschen, wo er die geistigen Eindrücke aufnimmt.«[37]

meäh ist das Leibesinnere und wird in Jes 49,1 parallel zu *bätän* verwendet.

rächäm meint »eine sich vom Höheren zum Niederen erstreckende Liebe«.[38] Es ist ein Wort des Gebetes, sowohl in der Klage als auch in dem Bekenntnis der Zuversicht. *rächäm* ist der Ausgangsort allen Lebens, auch das Meer kommt von dort.[39] In vier Fünftel der Fälle ist Gott das Subjekt. Im Plural meint *rächemim* die Gefühle, die mit der Gebärmutter verbunden sind: die des Erbarmens, denn dort ist das Lebewesen ganz von der Zuwendung der Mutter abhängig. *rächäm* bedeutet demnach all das, dessen das Kind bedarf.

schad bedeutet Kind. Es trinkt bis zu drei Jahren von der Mutterbrust, eine Voraussetzung dafür, dass das Kind am Leben bleibt. Das kommt in dem sehr frühen Segenstext zum Ausdruck, in dem auch beide Ausdrücke – *rächäm* und *schad* – verwendet werden: »Von dem Allmächtigen seist du gesegnet mit Segen oben vom Himmel herab, mit Segen von der Flut, mit Segen der Brüste *schadaim* und des Mutterleibes *rächäm*.« (Gen 49,25)

Schwangerschaft, Geburt und Wochenbett setzen die Hebamme als handelnde Person voraus. Folgende Topoi der Psalmstellen weisen auf die lebensweltliche Erfahrung der Geburt:

a) Die Zeit des Geschaffenwerdens, des Angewiesenseins und der Gefahren.

b) Das Gebären als ein Herausgezogenwerden.

c) Das Stillen als Lebensgrundlage in den ersten drei Jahren.

Die Kommentatoren haben nicht erkannt, dass diese Bilder ihren Ursprung in der Geburtserfahrung haben. Klaus Seybold sieht auch hier Gott im Bild eines Vaters.[40] Hans Joachim Kraus erwägt die Möglichkeit einer königlichen Adoptionsformel.[41] Schließlich erkennt er die Parallele zu der Psalmstelle, die auch vom Mutterleib spricht: »Eine andere Auffassung der Aussagen in 10 und 11 könnte von Ps 139,13ff aus (im Rekurs auf die Schöpfung des Menschen) eingeleitet werden.«[42]

Eine Ausnahme bildet Frank-Lothar Hossfelds Kommentar zu Ps 71,6: »Man hat den Eindruck, dass die konkrete Aussage aus Ps 22, wo Jahwe die Rolle einer Hebamme übernommen hatte, hier etwas gedämpft wird, obwohl es das Ziel solcher Vertrauensaussagen bleibt, nämlich die ungebrochene Beziehung zwischen Jahwe und dem Beter von Anfang an zu unterstreichen.«[43]

Im Aufbau des Psalms als eines Klagegebetes des Einzelnen sprechen diese Verse das Bekenntnis der Zuversicht aus.[44] Die Person, die den Psalm betet, ist sich ihres Geborenseins bewusst. Sie erkennt sowohl in ihrem Geborensein den Grund ihrer Existenz, als auch in der Geburtshilfe den ersten Schutz vor Lebensgefahr. So findet sie Zuversicht in einer äußerst beklemmenden Situation.

Jesus hat nach Matthäus (27,46) und Markus (15,34) am Kreuz diesen Psalm gebetet: »Mein Gott, mein Gott, warum hast du mich verlassen?« (Ps 22,2) Virginia R. Mollenkott argumentiert: »Da der Psalm mit den Worten beginnt, die Christus am Kreuz ausgerufen hat ... und viele quälende Einzelheiten enthält, welche die Kreuzigung treffend beschreiben, nimmt das Bild von der Hebamme eine zusätzliche Schärfe an. Wir können uns vorstellen, dass Jesus zur Stunde seiner eigenen qualvollen ›Geburtswehen‹ am Kreuz versucht hat, sich selbst zu trösten, indem er daran dachte, dass Gott die Hebamme gewesen war, die ihn aus dem Leib seiner eigenen

Mutter herausgezogen hat. Da Gott ›vom Mutterleib ab‹ bei ihm war, hat sich Jesus ebenso wie der Psalmist vermutlich zu der Hoffnung berechtigt gefühlt, dass Gott nicht ›abseits‹ stehen würde, wenn ›niemand da ist, der hilft‹.«[45]

Die Hebamme als Bild für Gott kann nur verstanden werden auf dem Hintergrund einer Geburtskultur, für die die Geburt ein sakrales Ereignis war und bei der die Hebamme eine priesterliche Funktion innehatte. Diesen Gedanken werde ich später wieder aufnehmen und weiterführen, wenn ich die christologischen Konsequenzen einer neuen Theologie der Geburt entfalte.[46]

Hebammen handeln auf Grund einer weisheitlichen Ethik

Ex 1, 15-22:

15: Und es sprach der König von Ägypten zu den hebräischen Geburtshelferinnen, deren Name der einen Schifra und der zweiten Pua war.

16: Und er sprach: Beim Gebärenhelfen bei den Hebräerinnen seht ihr an den Gebärsteinen, ob es ein Sohn ist, dann tötet ihn, ist es eine Tochter, lasst sie leben.

17: Und die Geburtshelferinnen fürchteten GottElohim und taten nicht, wie der König von Ägypten gesagt hatte, und sie ließen die Neugeborenen am Leben.

18: Und der König von Ägypten rief die Geburtshelferinnen und sprach zu ihnen: Warum tut ihr dies und lasst die Neugeborenen am Leben?

19: Und die Geburtshelferinnen sagten zu dem Pharao, nicht wie die ägyptischen Frauen sind die lebensstarken Hebräerinnen; ehe die Geburtshelferin kommt, haben sie schon geboren.

20: Und Gutes tat GottElohim den Geburtshelferinnen und das Volk mehrte sich und erstarkte sehr.

21: Und es geschah, weil die Geburtshelferinnen GottElohim fürchteten, machte er ihnen Häuser.

22: Pharao gebot all seinem Volk und sprach: Jeden neu geborenen Sohn werft in den Fluss, aber jede Tochter lasst am Leben.[47]

Diese Erzählung von den beiden Hebammen Schifra und Pua[48] in Ex 1,15-22 ist hier eingefügt, um das Zusammenspiel der Frauen zur Rettung des Moses als Erlöser zu zeigen. Der Kontext der Erzählung ist also von der Geburtsgeschichte des Moses her gedacht.

»Geburtshelferin« ist die dem Hebräischen nachempfundene Übersetzung. Die Namen Schifra und Pua bedeuten »Schönheit« und »Glanz«. Sie können als schmückende Frauennamen gesehen werden, auf dem Hintergrund des religiösen Bezugs in Ägypten können die Namen und die Zweizahl jedoch auch hinweisen auf einen mythischen Ursprung der Erzählung. Manche Auslegerinnen beziehen die Namen auf das Tätigkeitsfeld: »Das Kind schön herrichten.«

Der Text wirft einige Fragen auf: Handelt es sich um Geburtshelferinnen der Hebräer oder um hebräische Geburtshelferinnen? Dies kann von der Grammatik her nicht geklärt werden. Die rabbinische Auslegung sieht in den beiden Hebammen die Stamm-Mütter des Priestertums und des Königshauses. »Häuser« meint im Alten Israel die Familiensippe, der der Erzvater vorstand. Insofern ist es hier eine Besonderheit, dass Frauen ein »Haus« bekommen. *jaas* wird gerne mit »segnen« übersetzt, heißt aber wörtlich »machen, bauen«.

Das Wort »Hebräer« wird hier zum ersten Mal verwendet. Warum wird es nicht näher eingeführt? Die Namen der Hebammen sind bekannt, warum nicht der des Pharao? Könnte diese Erzählung ursprünglich eine Legende gewesen sein mit dem Thema: List der Frauen? Oder geht sie auf eine matriarchale Hebammen-Tradition oder auf eine noch ältere Kultlegende zurück? Ist sie erst konzipiert in der David-Zeit, um die Frauen zu mehr Geburten zu überreden?[49] Kennt der Verfasser die Zehn Gebote? Wenn nicht, soll der Text dann ein Beispiel für Gottesfurcht vorstellen? Die

Hebammen handelten nicht nach einem Gebot, sondern aus Gottesfurcht, was auf eine weisheitliche Tradition schließen lässt. Der Name Jahwe wird erst im übernächsten Kapitel eingeführt, hier wird Elohim verwendet.

Diese Reihe von offenen Fragen deutet darauf hin, dass es sich um einen Text handelt, der eine eigenständige Tradition hatte, bevor er in die Bibel aufgenommen wurde, und diese Tradition würde hineinreichen in eine Beziehungsstruktur von Geburt und Religion.

Im Rahmen einer Theologie der Geburt interessiert mich die Frage: Was sagt der Text aus über die soziale und religiöse Stellung von Hebammen? Deshalb soll zunächst die Geburtskultur untersucht werden. Die Szene spielt in Ägypten unter Hebräerinnen. Es stoßen also zwei Geburtskulturen aufeinander. Aus dem Alten Israel wissen wir nur:

– von der Mühsal der Geburtsarbeit,[50]
– dass die Hebamme und die bei der Geburt helfenden Frauen das Heilsorakel sprachen,[51]
– dass eine Hebamme die Erstgeburt bei Zwillingen bestimmen konnte,[52]
– dass es Fehlgeburten gab.[53]

Über die Geburtskultur in Ägypten informiert der Papyrus Westcar. Er berichtet von der schweren Geburt der Ruddenet, der Frau eines Re-Priesters. »Die Göttinnen aber traten in das Gemach der Ruddenet und verschlossen hinter sich die Türen. Isis stellte sich vor die Kreißende, Nephtys hinter sie, und Heket stand ihr zur Seite, um die Geburt zu beschleunigen. Da wurden unter dem Spruch der Isis die drei Knaben Userkaf, Sahure und Keku geboren. Sie trugen aber schon ihr goldenes Namensschild mit den Königsnamen und den Kopfschmuck aus Lapislazuli, als sie aus dem Mutterleibe traten. Mesechnet aber sprach über jedem den Segen: ›Ein König, der das Herrscheramt in dem ganzen Lande ausüben wird.‹ Chnum aber verlieh allen Knaben einen gesunden Leib.«[54] In den ägyptischen Tempelanlagen gibt es »Geburtshäuser«[55] für Göttinnen, denen jeweils zwei Hebammengöttinnen zur Seite standen.

Für die Geburt wurde in Ägypten eine Wochenlaube errichtet. Die Gebärende hockte auf einem Stuhl aus Ziegelsteinen. Eine der Hebammen unterstützte sie in ihrem Rücken, die andere kniete vor ihr. So konnte diese das Geschlecht des Kindes zuerst erkennen. Nach der Geburt wurden drei Lebenstests gemacht: 1. Wenn das Gesicht des Kindes nach unten hing, bedeutete es, dass es sterben wird. 2. Wenn das Kind eine Gabe des Getränkes aus Plazenta und Milch ausbricht, ist es nicht lebensfähig. 3. Wenn die Stimme des Neugeborenen *mebi* sagt, wird es sterben, wenn es *nii* sagt, wird es am Leben bleiben.[56] Von hier aus ist der Todesbefehl des Pharao zu verstehen: Die Hebamme, die vor der Frau kniet, sieht als erste das Geschlecht. Dann kann sie den Lebenstest machen, einen negativen Befund feststellen und das Kind unversorgt liegen lassen, sodass es stirbt.

Ist die Szene beim Pharao ein Ausdruck des Humors, wie einige Ausleger vermuten? Dann würde es sich um einen Schwank handeln nach dem Motto: Weiber überlisten den König. Ich rechne diese Erzählung jedoch der weisheitlichen Ethik zu. Die Weisheit als göttliche Gestalt und als ethisches Prinzip ist sowohl in Ägypten in der Personifizierung der Göttin Maat als auch in Israel als Mitschöpferin und weibliche Seite Gottes[57] verehrt worden.

Weisheitsethik erkennt in der Natur das ordnende Prinzip. Weisheitsethik appelliert an die Einsicht und fordert nicht Gehorsam gegenüber einem Gebot. Weisheitsethik hat keinen apodiktischen oder konditionalen Charakter, sie ist Situationsethik. Die Gottesfurcht vor GottElohim ist demnach nicht im Sinne eines Gehorsams zu verstehen, sondern als Einsicht in die Würde und Unantastbarkeit des Lebens.[58] Die Hebammen benutzten für ihre List eine Lüge, die hier positiv beurteilt wird. So kann die List als weisheitliches Handeln verstanden werden: »Seid klug wie die Schlangen und ohne Falsch wie die Tauben.«[59] Schließlich gehört es zur Weisheitsethik, den Zusammenhang zwischen Tun und Ergehen zu erkennen. »Weise ist, wer sein Leben so einrichtet, dass es zu einem guten Ende führt.«[60] Die Hebammen werden für ihre List und ihre Zivilcourage von Gott mit Gutem belohnt, sie bekommen Häuser, das bedeutete große Familien. »Das, wofür Hebammen da sind, nämlich bei einer Geburt das Ausgeliefertsein der Frauen zu schützen, ihr Vertrauen nicht zu missbrauchen und dem Leben zu dienen, ist hier ihr präziser Inhalt.«[61]

Schifra und Pua gehören in die Reihe der »Vorbilder der personifizierten Chokmah (Weisheit).«[62] Die Nähe der beiden Hebammen zur Welt der ägyptischen Göttinnen weist ebenfalls hin auf deren frühe priesterliche Stellung.

Die Rezeptionsgeschichte zeigt, dass die Erzählung von der androzentrischen Theologie als Mahnung zur Gottesfurcht und zum ethisch vorbildlichen Handeln verwendet wird –, das bedeutet auch zum Gehorsam gegenüber den kirchlichen und kommunalen Obrigkeiten. So werden in der Muster-Hebammenordnung des Dr. Lonicerus, Frankfurt am Main 1573 Schifra und Pua als Begründung für die Mahnung zitiert, dass die Hebammen nicht aus Kundinnenneid versäumen, eine zweite Hebamme zu Rate zu ziehen.[63] Im »Unterricht vor die Heb=Ammen/oder Bade=Mütter In der Stadt Braunschweig/Sampt deren Eyde« von 1686 wird Ex 1 herangezogen, damit die Hebammen ihre Arbeit hoch einschätzen und in großer Gottesfurcht verrichten sollen. Dann folgen Anweisungen zum Gebet und zur Geburtshilfe gemäß den Anordnungen der Kommunen und Pastoren.

Die Hebamme Justina Siegemund begründet den besonderen Auftrag ihrer Berufskolleginnen in ihrem Hebammenanleitungsbuch von 1690[64] mit Schifra und Pua. Auf dem Titelblatt steht das Motto: »An Gottes hilff und Seegen / Geschickten Hand bewegen / Jst all mein Tuhn gelegen.« Dem folgt an der Stelle der üblichen Ermahnungen das Zitat aus Exod. 1,20.21: »GOtt that den Wehe-Müttern gutes. Weil die Wehe-Mütter GOtt fürchteten / bauete Er ihnen Häußer. Das ist: Er segnet sie in ihrem Beruff und belohnet ihre Treue.«[65] Der schwedische Arzt Johann von Hoorn nimmt 1715 die beiden biblischen Hebammen in den Titel seines Hebammenlehrbuches.[66]

Heute kennen die Pastoren diese Erzählung nicht mehr, denn die Lutherische Liturgische Konferenz hat diesen Abschnitt nicht in die Reihe der Bibeltexte aufgenommen, die in Gottesdiensten vorgelesen werden, in die so genannte Perikopenordnung. Deshalb wird über diesen Text auch nie gepredigt.

Die Erzählung wird dagegen in der kirchlichen Frauenarbeit und in der feministisch-theologischen Exegese rege rezipiert,[67] seitdem sie 1986 in die Weltgebetstagsordnung, geschrieben von den Frauen Australiens, aufgenommen worden ist.

Der Sinn der Geschichte wird unter verschiedenen Gesichtspunkten gesehen: die Mütter des Exodus, die Retterinnen des Moses, starke Frauen der Bibel. Frauen sind subversiv, sie durchbrechen den Todeskreis des Pharao mit dem Lebenskreis, sie haben einen tollkühnen Mut, ihre Gottesfurcht setzen sie in Frauenlist um, sie sind Frauen, die sich trauen, Anwältinnen des Lebens. »Sind Frauen die besseren Menschen? Sie tun, was in ihrer Macht steht, um Leben, männliches Leben, zu retten ... wo erleben wir, dass ganz verschiedene Frauen für eine Sache aufstehen? ... Wann bringen Frauen Mut (V 17) und List (V 19) auf? Wie gehen Männer mit ihrem Teil an Verantwortung um, lassen sie bloß die Frauen machen? Wann greifen sie ein und wie?«, so fragt Ellen Kiener in ihren Predigtgedanken zu diesem Text.[68]

Ein Bezug zu real existierenden Hebammen wird nicht festgestellt. Eine Ausnahme bildet ein Vortrag von Karin Ulrich-Eschemann: »Vom Geborenwerden des Menschen«. Sie erzählt die Geschichte von Schifra und Pua nach und vergleicht den Druck zum Töten, den der Pharao ausübt, mit dem Druck zur Abtreibung als Folge der Pränatalen Diagnostik selbst bei kleinster Schädigung. Sie zitiert aus der Hebammenzeitschrift: »Hebammen begleiten seit Jahren die dunkelste Seite von Pränataler Diagnostik, den Schwangerschaftsabbruch durch Geburtseinleitung. Am Ende der Kette der Diagnostik ohne Therapiemöglichkeit, die mit hohem Aufwand betrieben wird, erfahren wir einen unwürdigen, konzeptlosen Umgang mit den betroffenen Frauen, Paaren und Kindern. Wir wissen um die Traumatisierung dieser Frauen, um die Auswirkungen der Traumata auf ihre Gesundheit, auf folgende Schwangerschaften und Geburten. Wir erleben einen seit 1995 verstärkt betriebenen Fetozid (intrauterine Tötung) des Kindes, das nicht lebend zur Welt kommen soll, als eine für uns unerträgliche Zuspitzung der ethischen Problematik Pränataler Diagnostik.«[69]

Die »Aktion Schifra&Pua«, eine Privatinitiative von Hebammen, nimmt den Bezug zur Bibelstelle aus Ex. 1 bewusst auf. Sie informiert darüber, dass es in der BRD keine rechtliche Grundlage dafür gibt, dass Hebammen bei Spätabtreibung nach Pränataler Diagnostik mitarbeiten.[70]

Die Erzählung von Schifra und Pua ist ein Beleg dafür, dass Hebammen im Dienst der göttlichen Weisheit standen. Um 1500 v. Chr. (mündliche Überlieferung) und um 1000 v. Chr. (schriftliche Fixierung) hatten Hebammen demnach eine hohe soziale, ethische und religiöse Stellung. Sie handelten in Ehrfurcht vor GottElohim.

Patriarchale Macht endete am Eingang zum Geburtsraum und bediente sich deshalb der Hebammen. Menschen, die betroffenen Frauen und ihre Familien, biblische Autoren und Redakteure, haben Hebammen zugetraut, mit Einsatz ihres Lebens die Neugeborenen zu schützen und den mächtigsten Herrscher zu überlisten.[71]

Spuren der priesterlichen Rolle der Hebamme in der Kirchengeschichte

Wenige Beispiele sind uns erhalten, die zeigen, dass die Vorstellung eines priesterlichen Amtes der Hebamme untergründig auch in späterer Zeit erhalten blieb. An vier Texten soll diese These belegt werden:

a) Die Hebammenarbeit erfährt eine Würdigung in der Kirchenordnung des Herzogtums Preußen von 1569. Zwischen Abschnitten grober Anschuldigungen wird überraschend die Hebammentätigkeit dem ersten Glaubensartikel zugeordnet: »Erstlich, dass sie ihres amtes warnehmen und gut achtung geben, darinnen sie irem lieben gott die hende bieten, durch welche er die frucht, so er geschaffen, vom mutterleib in dies elende leben füret, und also dies werk wahrhaftig ein heilig, göttlich werk ist, so zu der schöpfung gehöret unseres herrn gottes, nach dem ersten artikel unseres christlichen glaubens.«[72]

b) Ein Circularschreiben des Oberkirchenrates in Mecklenburg von 1855[73] an die Pastoren betrifft den »geistlichen Nebenberuf« der Hebammen. Es sei notwendig, so der Oberkirchenrat, den Hebammen »eine klare Anschauung von der christlichen Seite ihres Berufes zu vermitteln, und ihnen Anleitung zu geben, wie sie denselben in geistlicher Weise zu Frommen und Trost der Leute auszuüben haben ... von den Schriftstellen 1. Mose 1, 27.28; 3, 16; Joh 16, 21; 1. Tim 2,15 auszugehen und namentlich die Capita: wie und warum Gott Schmerzen auf jede Gebärerin gelegt habe? wie aber dennoch Kindersegen ein wahrhaftiger Gottessegen sei. da Gott in diesem Wege nicht allein die Menschheit erhalten, sondern auch Sich eine ewige Kirche sammeln wolle? warum es nicht genug sei, daß das Kind geboren, sondern weiter erforderlich, daß es durch die Taufe wiedergeboren werde? was von in der Geburt ohne Taufe sterbende Kinder zu halten sei: daß ihretwegen im Hinblick auf 1. Tim 2,4 der Gnade Gottes voll zu vertrauen sei, ob auch wir die Wege der Gnade nicht wissen, – zu umfassen haben.«[74]

Am Schluss des Circularschreibens wird ein frauenrechtlicher Brauch erwähnt, der darauf hinweist, dass es neben der androzentrischen Theologie und kirchlichen Verkündigung immer eine Tradition der Frauen gegeben hat: »Wohl aber läßt sich hinsichtlich des Empfangs des geborenen Kindleins mit Gebet eine bestimmtere Vorschrift geben, und sei in dieser Beziehung einer Sitte erwähnt, die sich noch in mehreren Gegenden unseres Vaterlandes erhalten hat: daß nämlich die Hebamme, wenn sie an dem Kinde die ersten nothwendigen Ausrichtungen ihrer Kunst gethan hat, ehe sie es ankleidet, dasselbe auf den Schooß nimmt, und über denselben laut, so daß alle Anwesenden mit beten können, das Vater unser und den Segen spricht, – eine Form, die alles Nöthige und kein Zuviel zu enthalten scheint. Doch soll derselben nicht in dem Sinne, sie obligatorisch zu machen, erwähnt, vielmehr auch für anderes Raum gelassen sein.«

Wie ernst diese liturgische Handlung der Hebamme gemeint ist, zeigt die anschließende Warnung »... daß man den Hebammen keine Formen vorschreiben darf, welche ihre bezügliche Thätigkeit als eine pastorale oder gar sacramentale erscheinen ließen.«

c) In der Literatur zu frauenrechtlichem Brauchtum werden andere Segenshandlungen von Hebammen genannt. So sagt in Dörfern des südöstlichen Spessarts die Hebamme nach dem Taufakt einen Spruch für Gesundheit und Wohlergehen des Kindes und »alle gegenwärtigen Weiber respondieren mit lauter Stimme: ›Das geb Gott. Amen‹. Dann verlassen sie die Kirche und gehen sofort nachhause.«[75] In anderen Gegenden sagen die Frauen: »Das walte Gott! Amen«. Eva Labouvie beschreibt ein Initiationsritual im Saarland, das der Aufnahme einer neuen Frau in die rituelle Hilfs- und Festgemeinschaft der Frauen diente. Die Hebamme segnete dabei die Neue mit Wasser.[76]

d) In der keltischen Spiritualität hat sich ein Segen erhalten, den Mutter und Hebamme gemeinsam dem Kind spenden. Dieser Segen galt als die erste Taufe.

Ich netze deine Stirn mit heiligem Wasser,
mit drei Tropfen netze ich sie
und taufe dich im Namen der Dreifaltigkeit.

Die Kraft des Windes sei mit dir,
die Kraft des Mondes und der Sonne.
Die Güte des Meeres sei mit dir,
die Güte der Erde und des Himmels.

Die Liebe der Menschen sei mit dir
und Freundlichkeit und nie ein Harm.

Mögest du einst ruhen in weichen Kissen
in den Händen des Herrn, deines Erlösers.[77]

Zweite Phase: Die Hebamme als Mitglied in der rituellen Hilfs-, Not-, Trost- und Festgemeinschaft der Frauen

»Geburtshilfe ist dem Ursprung nach die Hilfe, die sich Frauen untereinander bei der Geburt leisten«,[78] so kennzeichnet Gernot Böhme diese nach seinem Konzept erste Phase des Hebammenberufes. Es ist die Gruppe der verheirateten Frauen der Gemeinde, unter denen sich immer eine findet, die besonders geschickt und kompetent ist und zu der die Frauen Vertrauen haben. Schon bevor es ein festes Amt der Hebamme gab, vermutet Gernot Böhme, war die Hebammenwahl das konstituierende Element dieser Solidargemeinschaft. Er ordnet die Hebamme in dieser Phase ihres Berufsstandes dem lebensweltlichen Wissen und dem alteuropäischen Weisheitswissen zu. Dieses Wissen basiert auf persönlicher Lebenserfahrung und Einsicht in die Gesetzmäßigkeiten der Natur. Während die spätere Geburtsmedizin die Bedingungen und den Ablauf der Geburt zu beeinflussen suchte, unterstützte die Hebamme dieses Wissenstypus die Gebärende dabei, die Natur auszuhalten und ihre eigene Kraft zu spüren. »Sie war Akteurin in einem sozialen Drama und konnte ihren Part nur kompetent übernehmen, wenn ihr von ihrer Klientin und den anderen Frauen das nötige Zutrauen entgegengebracht wurde.« Diese Hebamme ist »Expertin lebensweltlichen Wissens.«[79]

Den Begriff »rituelle Hilfs- und Festgemeinschaft der Frauen« prägte Eva Labouvie.[80] Zunächst war es die kollektive Sorge um Mutter und Kind, dann aber auch das rituelle Feiern, das diese Frauengruppe verband: Weiberzechen, auch Kindlbier, Kindbettzeche, genannt.[81] Diese Gemeinschaft der verheirateten und verwitweten Frauen in den Dörfern leistete die Subsistenzarbeit, feierte ihre eigenen Feste und bildete so, wie wir sehen werden, eine Parallelkultur zur offiziellen kirchlichen Hausvater-Frömmigkeit. Zu dieser Subsistenzarbeit gehörten gemeinsames Brotbacken, Kranke pflegen, Feste ausrichten, Tote bestatten und die Begleitung der Nachbarin während ihrer Schwangerschaft, beim Gebären und im Wochenbett.

Die Hebamme als Mitglied dieser Gruppe war die Initiationsmeisterin für die Aufnahme der neu verheirateten Frauen. »Sie hatte einen sozialen, symbolischen und rituellen Platz in der Dorfgemeinschaft, damit aber gleichzeitig die Position einer mit besonderen Fähigkeiten, dem einzigen weiblich besetzten Gemeindeamt und einer ungewöhnlichen Macht ausgestatteten weiblichen Person im ländlichen Bereich.«[82] Die Hebamme des Vertrauens wurde durch eine Wahl bestimmt, deren Ergebnis in manchen Gegenden im Gottesdienst bekannt gegeben wurde. Vertrauen und Zutrauen waren die bindenden Elemente zwischen Gebärerin und Hebamme.

Das Zusammenwirken der Frauen bei der Geburt begann schon Tage vor der Niederkunft mit dem »Begreifen« der Mutter und der Beratung. Durch Zuruf wurden zwischen fünf und zehn Frauen dann zur Geburt geholt. Sie verteilten ihre Zuständigkeiten und wechselten sich während der Wehen mit der Betreuung ab, sie warteten ab und folgten dem Rhythmus der Natur, versorgten den Haushalt, reichten selbst gesammelte Kräuter und Naturmedizin. Bei der Geburt stützte eine der Frauen den Rücken der Gebärerin, die Hebamme kniete vor ihr und nahm das Kind auf. Sie holten und beurteilten die Plazenta, reinigten die Mutter, legten das Kind auf ihren Bauch und nabelten es ab. Eine war zuständig für das erste Bad, eine andere für die Kindbettsuppe.

»Eine Geburtssituation beanspruchte alle Sinne sowohl der Gebärenden wie der helfenden Frauen und ihrer Hebamme. Man musste sich auf schnelles Entscheiden und Handeln einstellen, brauchte Körperkraft und Geduld, besprach sich untereinander und mit der Kreißenden, beobachtete und tastete, lauschte den Geräuschen, die vom Leib der Mutter und vom Kind ausgingen. Mit dem Austritt des Kindes aus dem Leib, welches entweder von der Geburtshelferin oder einer verwandten Frau ›empfangen‹ und danach ... ›abgelöst‹ wurde, begann eine zweite wichtige Phase des Geburtsablaufes ... War das Neugeborene ›aus der Geburt‹, legte man es seiner Mutter zunächst auf den Bauch, während anschließend die Nabelschnur abgebunden und durchtrennt wurde.«[83]

Die Frauen begleiteten die junge Mutter auf der Schwelle zu einer neuen Identität als Mutter und die Familie im Umgang mit ihrem neuen Mitglied. Bei schwierigen Geburten berieten sie sich, nottauften das Kind, mussten gegebenenfalls das tote Kind oder die tote Mutter waschen und beerdigten sie auch.

Schließlich feierten sie nach getaner Arbeit das Ankommen eines Kindes in ihrem Dorf. Das Kollektiv der verheirateten und verwitweten Frauen des Ortes beging im Umfeld der Geburt rituell eine Reihe von Festen:

- die Hebammenwahl
- die Initiation einer neuen Frau in die Gemeinschaft[84]
- die Kindbettzeche
- das erste Bad
- die Taufe
- das Ende des Wochenbettes

»Am Ende der Wochenbettzeit feiert die Wöchnerin nach dem ersten Kirchgang, der ›Aussegnung‹, ein Frauenfest. An der öffentlichen kirchlichen Feier nehmen die Hebamme, Nachbarinnen, Freundinnen, Bekannte und mancherorts alle Dorfweiber teil. Im Anschluss an die Segnung werden die Beteiligten bewirtet. Bei der

›Hervorsegnung der Wöchnerin‹ begleiten sie alle befreundeten Frauen in die Kirche. Die Kindsmutter dankt Gott und bittet um Segen und Schutz.«[85]

Eine Fülle von Material zu diesem Thema ist bei Reinhard Worschech nachzulesen: »Da Geburt und Taufe besondere und eigene Feste des engen Verbandes der Frauen bilden und sich hier frauenrechtliches Brauchtum am reinsten und deutlichsten erhielten ... Es ist eine selbstverständliche Tendenz des Bedürfnisses der verheirateten Frauen, dem Lebensabschnitt, der für sie bestimmt, maßgeblich und am wichtigsten erscheint, festliches Gepräge zu geben, ihn zu erhöhen und aus dem Alltäglichen herauszunehmen. In diesem Funktionsbereich haben Aufnahme- und Hänselbräuche als Formen der rechtlichen Eingliederung einer Neuverheirateten, die durch die Geburt ihres ersten Kindes erst als vollwertiges Mitglied in die geschlossene Gemeinschaft der Weiber aufgenommen wird, den rechten Platz.«[86]

Für Eva Labouvie geht die Aufgabe der Frauengemeinschaft über die Geburtshilfe hinaus: »Wie bei den Totenbräuchen und bei der Geburtshilfe war es zentrale Aufgabe der Frauengemeinschaft, den rituellen Übergang von einer in die andere Welt, von einer in die andere Lebensphase oder in eine andere soziale Gruppe verbindlich für alle zu initiieren und zu gewährleisten.«[87]

Auf zeitgenössischen Bildern, insbesondere auf den Darstellungen der Geburt Marias im Bilderzyklus »Marienleben«, dem Wochenbett ihrer Mutter Anna, werden die verschiedenen Tätigkeiten der Frauen simultan gezeigt.

Abb. 4: Albrecht Dürer 1511: Zyklus Marienleben[88]

Auf dieser Radierung von Albrecht Dürer bringen zwei Frauen die Kindbettsuppe der Wöchnerin ans Bett. Vor dem Bett ruht sich eine Frau von der Anstrengung der Geburtshilfe aus, links im Bild feiern Frauen bereits die »Kindbettzeche«, während vorne rechts die Bademutter das Kind zum ersten Mal badet. Im Ganzen sind zehn Frauen helfend anwesend.

Abb. 5: Fresco von Giovanni da Milano, um 1235, in S. Croce, Florenz

Auch das Fresco von Giovanni da Milano lässt anschaulich eine Szene im Geburtszimmer miterleben: »Eine spätmittelalterliche Darstellung der Geburt Mariens zeigt die verschiedenen Dienste, die – harmonisch abgestimmt – ausschließlich von Frauen in häuslicher Umgebung verrichtet werden: Das Baden und Wickeln des Säuglings, die Reinigung der Mutter, das Herbeiholen von Speisen für die Wöchnerin sowie die Vorbereitung zum Stillen durch die Amme.«[89]

Da die Frauengemeinschaft auch für die Nottaufe zuständig war, werden diese Geburtshelferinnen als feste Gruppe in den Kirchenordnungen des 16. Jahrhunderts erwähnt. Sie heißen dort z. B. »christliche matronen«[90] oder »altfrauen«.[91]

Weitere Belege für die »rituelle Hilfs- und Festgemeinschaft der Frauen« sind die zahlreichen Verbote, mit denen die Autarkie der Frauen bekämpft wurde. In den neuen Kirchenordnungen der Reformation schlägt sich die Sorge um die zu große Freiheit der Frauen nieder.[92] Aus einer sei hier zitiert: »... so sollen hinfüro nicht mehr, dann drei gevattern gebeten, und hierüber niemandes zugelassen werden. Es sol auch das gefresse und grosser unkost, so an vielen enden, und sonderlich auf den dörfern bei der kindertaufe gewönlich gehalten worden, abgeschafft werden.«[93]

Diese Verbote ziehen sich hin von der Mitte des 15. bis ins 18. Jahrhundert und bestehen aus Kontrolle und Disziplinierung durch Beschränkung der Zahl, der Zeit, der Getränke, der Lebensmittel und der Festkleidung. Erst im 19. Jahrhundert scheinen die Verbote gewirkt zu haben.

Im Alten Israel und in der jungen Kirche war diese Solidargemeinschaft der Frauen vermutlich so selbstverständlich, dass sie selten zur Sprache gebracht wurde. Mit einem geschärften Blick lassen sich in der Bibel drei Stellen erkennen, in denen diese Gemeinschaft eine Rolle spielte: Die erste ist die bereits erwähnte Szene, als die Schwiegertochter des Eli ihr Kind gebar. Die Frauen, die um sie standen, sprachen zu ihr: »Fürchte dich nicht, du hast einen Sohn geboren!«[94] Zweitens die Namensgebung des Sohnes von Rut und Boas: »Und die Nachbarinnen gaben ihm einen Namen ...«[95] Drittens lässt das Gleichnis vom verlorenen Groschen auf eine Frauengemeinschaft schließen, die den wiedergefundenen Groschen feiert: »Wenn sie ihn gefunden hat, ruft sie ihre Freundinnen und Nachbarinnen und spricht: Freut euch mit mir.«[96] Luise Schottroff kommentiert: »Frauennachbarschaften spielen im Alltag der Frauen damals eine große Rolle: Frauen bereiten gemeinsam Teig, sie kochen gemeinsam, leihen sich Geräte aus und – wie dieser Text zeigt – sie teilen Freuden und Sorgen miteinander. So kurz das Gleichnis auch ist, es ist eine wichtige Quelle für Frauengeschichte ...«[97]

Luzia Sutter Rehmann untersuchte das Gebärmotiv in der Apokalyptik und kommt zu demselben Ergebnis: »Wir haben zwar kaum sozialgeschichtliches Material über diejenigen Frauen gefunden, die als Nachbarinnen, Freundinnen, Dienerinnen, Schwestern, Mütter u. a. unzähligen Gebärenden Hilfe leisteten. Dennoch wurde deutlich, dass, wenn immer möglich, Frauen in ihren schwersten Stunden beigestanden wurde.«[98]

Solidargemeinschaft der Frauen – Hausvaterreligion: Zwei Parallelkulturen

Diese Frauenkultur, die weit über die Geburtskultur hinausging, wird in der Kirchengeschichte nicht thematisiert. Dennoch bildet sie eine Parallel- oder Subkultur zur »bürgerlich-protestantischen Hausfrömmigkeit«, wie sie für den protestantischen Raum beschrieben wird.[99] Für die Beziehung zwischen Kirche und Hebamme spielt diese Parallelkultur eine große Rolle, deshalb soll sie hier näher betrachtet werden.

Bis zu Beginn des 19. Jahrhunderts gab es diese parallelen Kulturen: Auf der offiziellen Seite eine Hausvaterfrömmigkeit, an der Basis und in der Dorfgemeinschaft die rituelle Hilfs-, Not- und Festgemeinschaft der Frauen. Das »Haus« ist die Gemeinschaft der Großfamilie, später der Kleinfamilie, und ihres Personals, eine private Gruppe, in der das Individuum beheimatet ist. Die Solidargemeinschaft der Frauen hat dagegen öffentlichen Charakter und transzendiert die Familienstruktur. Die einzelne Frau hat ihre Rolle innerhalb der Gruppe. Während hier Männer nicht zugelassen sind, ordnen sich Frauen in der Hauskultur der praxis pietatis des Mannes unter. Dieser repräsentiert die Familie, hält Hausandachten[100] und lädt zu Familienfesten ein. Die Frauen des Hauses arbeiten ihm zu, verrichten die Subsistenzarbeit unter Mithilfe der Frauengruppe.

Während in der Hausvaterreligion der häusliche Alltag ritualisiert wird in Morgen- und Abendgebeten, Tischgebeten, Andachten, sodass der Hausvater als hauseigener Pfarrer agiert,[101] begleiten und feiern die Frauen in ihrer Gemeinschaft die Übergänge bei Geburten und Todesfällen.[102] In der Hausvaterfrömmigkeit wurde die reine Wort-Gottes-Theologie der Orthodoxie und des Pietismus gefordert und gepflegt, wogegen die Frauengemeinschaft sich auch der so genannten »abergläubigen« Praktiken und verschiedener Rituale bediente. Diesen Praktiken, die zum Teil einfache Sympathie-Handlungen waren wie das Knotenlösen, wird ein eigenes Kapitel gewidmet.[103]

Während die Kirche bei Beerdigungen von Neugeborenen unterschied zwischen Kindbetterkindern[104] und Kindern, zwischen Getauften und Ungetauften, waren die Frauen ausnahmslos für alle zuständig in Bezug auf den Platz auf dem Friedhof und in Bezug auf die Bestattungssitten. So lautet ein Eintrag in einem Kirchenbuch: »Den 2. January starb an den Gichtern Susanne Maria, Jacob Hupperts töchterlein, so den 26ten Decembris geboren und getauft, und war des folgenden tags zur Abendglocke als ein Kindbetter Kind durch die weiber in der stille begraben.«[105]

Die Entwicklung der Stellung und Funktion der Hebamme führte weg von der Solidargemeinschaft der Frauen und hin zu ihrer Inanspruchnahme durch die Pastoren für die Seelsorge im Geburtszimmer. Die Geschlechterhierarchie in der Haus-Gemeinschaft beinhaltete eine Kontrolle der Frauen durch die Männer in ihrem sexuellen, wirtschaftlichen und religiösen Verhalten. Umso schmerzlicher musste es für die Hausherren gewesen sein, dass ihre Macht an der Tür zum Geburtszimmer endete. Das zeigt das bereits zitierte Circularschreiben des Schweriner Oberkirchenrates in Mecklinburg von 1855. Der Autor bedauert, dass die meisten Väter nicht in der Lage seien, die Hausandacht zu halten. Denn gerade bei der Geburt gilt, dass »es im häuslichen Leben der Christen wenige Momente giebt, in denen dem Hause Gottes Wort und Gebet weniger fehlen sollten, als demjenigen, wo dasselbe durch die Geburt eines Kindes erweitert wird: Ein Kind christlicher Eltern sollte nicht ohne Gebet, Bitte und Danksagung empfangen werden; die Stunde der Gefahr erfordert unter allen Umständen Tröstung aus Gottes Wort; der Dank um den fröhlichen Ausgang will seine Richtung gewiesen haben, seinen Ausdruck finden.« Da nun auch der Pastor selbst nicht zugegen sein kann, müssen die Hebammen instruiert werden. So »liegt es in der Natur der Sache, daß gerade hier der Pastor persönlich und direct nicht aushelfen kann. Aus diesen Ursachen hat von Alters her die Kirche, und haben auch die Kirchenordnungen unserer Kirche den Hebammen neben den Functionen ihrer Kunst einen geistlichen Nebenberuf zugewiesen und demzufolge verlangt, daß dieselben gottesfürchtige, christliche Personen, im Worte Gottes und namentlich in denjenigen Christenlehren, welche die mit ihrem Berufe zusammenhängenden Dinge (als Geburt, Geburtsschmerzen, Kindersegen, Taufe) angehen, wohl unterrichtet, und so im Stande sein sollten, da, wo sie ihre Kunst ausüben, nicht allein Anweisung zur Nothtaufe eintretenden Falles zu geben, sondern auch Vorbeterinnen zu sein, und in aller Einfachheit aus Gottes Wort Rath und Trost mitzutheilen.«[106]

Wir werden diese Entwicklung im Kapitel über die »christliche Hebamme« weiter verfolgen, da in der Inanspruchnahme der Hebamme als verlängerter Arm des Patriarchats ein Grund zu sehen ist für den Niedergang der Solidargemeinschaften der Frauen im 19. Jahrhundert – und damit für das Ende der theologischen Deutung der Geburt.

Dritte Phase: Die Hebamme als Amtsperson

Während in den ländlichen Gebieten noch lange die Solidargemeinschaft der Frauen der Gebärenden beistand, begannen im 15. Jahrhundert Städte und Gemeinden das Amt der Hebamme einzurichten.[107] Gernot Böhme definiert: »Ein Amt ist weder ein Gewerbe noch ein Beruf im modernen Sinne. Ein Amt ist die obrigkeitlich sanktionierte Verwaltung eines in bestimmter Weise gestalteten lebensweltlichen Zusammenhanges. Die Hebamme ist nun nicht mehr nur die, die aus eigener Erfahrung und Zuschauen ›weiß‹, wie ein Kind entbunden werden muss, sondern sie ›weiß‹ nun auch, wie die Geburt als sozialkultureller Vorgang zu gestalten ist.«[108] Die Sendordnung, die auf einen germanischen Brauch zurückgeht, hatte bestimmt, dass die Frauen der Gemeinde ihre Zustimmung zu neuen Hebammen geben mussten.[109] Hebammen hatten gegenüber dem Sendgericht einen Eid zu schwören und als Sendzeugen waren sie öffentlich vereidigte Anklägerinnen. Sie sollten die heimlichen Kinder melden, nottaufen und den Armen ebenso beistehen wie den reichen Frauen. »Die rechtsbegründende Eidesformel gehört dem Rechts- und Herrschaftsverständnis des Mittelalters an, während die Berufsordnung bereits den Obrigkeitsgedanken der frühen Neuzeit zum Ausdruck bringt.«[110]

Mit der neuen Phase des Hebammenberufes wurden die Hebammen zwar noch von Frauen gewählt, aber die Wahl fand nun unter Aufsicht der weltlichen und geistlichen Obrigkeit statt. Eine Prüfung befasste sich mit Fragen des Charakters, der Amtspflichten und der Taufe.[111] Die Hebammen mussten einen Eid schwören und Hebammenordnungen wurden erlassen.[112] Im Einzelnen wurden folgende Tätigkeiten verlangt:

- Tag und Nacht bereit sein
- Armen und Reichen gleichermaßen helfen
- Keine Gebärende verlassen, um einer reicheren Frau beizustehen
- Die Gebärende nicht zu einer schnelleren Geburt antreiben

- Bei Komplikationen die »geschworenen« Frauen zu Rat ziehen
- Keine Kindszerstückelung »ohne Rat und Befehl weiser Frauen«[113]
- Keine gefährlichen Instrumente verwenden
- Uneheliche Geburten melden
- Krankheit oder Tod eines Kindes durch Verschulden der Mutter melden
- Keine Konkurrenz zu Kolleginnen aufbauen
- Für beruflichen Nachwuchs sorgen
- Nüchtern sein
- Nicht über Erfahrungen reden
- Die Stadt nicht ohne Erlaubnis des Bürgermeisters verlassen
- Das Zungenband nicht selbst durchtrennen
- Die Nachgeburt vergraben[114]

Gebührenordnungen wurden festgelegt. Das Amt der Hebamme wurde in die Armenpflege eingebunden und die Hebamme wurde für die Geburtshilfe bei armen Frauen vom Rat der Stadt bezahlt.[115]

Das Tätigkeitsfeld der Geburtshelferin wurde so der männlich dominierten Obrigkeit unterstellt und einer Hierarchie eingefügt. Bis zur Einrichtung der männlichen Geburtsmedizin im 18. Jahrhundert lag jedoch die fachliche Aufsicht noch in Frauengremien. Dieses sind die »Geschworenen«, »oberhändige«,[116] »weise« oder »ehrbaren« Frauen aus den oberen Ständen, die bei der Vereidigung anwesend waren und die die Hebammen bei komplizierten Geburten zu rufen hatten.

Seit Ende des Mittelalters häufen sich Vorwürfe gegenüber den Hebammen. Sie seien Mörderinnen.[117]

Ilse Schulz schreibt dazu in ihrem Buch über Frauen im Gesundheitswesen der Stadt Ulm: »Scultetus beschreibt in seinem Lehrbuch auch Operationsmethoden von Ulmer Wundärzten und enthält sich dabei weitgehend kritischer Äußerungen an seinen nicht akademisch gebildeten Kollegen. Wenn es um Hebammen geht, ist von dieser Zurückhaltung allerdings nichts mehr zu spüren. In seinen Anmerkungen *›von Lösung oder Enezwyschneidung* *deß Bandes unter der zungen*‹ wendet er sich gegen den alten Brauch, dass entweder die Wehmütter mit ihrem Fingernagel oder die Barbiere es mit einem ›*gemeinen Laß-Eisen tun*‹. Schultheiß (der sich später Scultetus nannte; H.St.) geht mit den Hebammen wegen der Entzündungen, die durch das ›*Zerreißen*‹ des Zungenbändchens entstehen, schwer ins Gericht und scheut sich nicht, sie als Mörderinnen zu bezeichnen.«[118]

Weit verbreitet ist der Vorwurf, Hebammen seien alkoholanfällig. Es ist zu vermuten, dass dieser Vorwurf aus den Kindbettzechen abgeleitet wird. In der Kirchenordnung des Herzogtums Preußen von 1568 wird Hebammen dafür die Strafe des Jüngsten Gerichtes angedroht.[119]

Der Vorwurf der Trunksucht hält sich bis in das 19. Jahrhundert. So beschreibt Charles Dickens in seinem Roman »Martin Chuzzlewithe« die Hebamme Mrs. Gumps als immer angetrunken.

In dieser Phase des Hebammenberufes als Amtsperson beginnt die rigide Unterwerfung der Hebammen unter das männlich dominierte Gesundheitssystem, das bis heute in der Hierarchie im Kreißsaal wirksam ist. Diese zunehmend negative Einstellung zum Beruf der Hebamme auf Seiten der Ärzte wird durch die Theologie und die kirchliche Praxis untermauert. Damit wird eine frauengerechte Theologie der Geburt bis in die Gegenwart behindert. Kontrolle, Disziplinierung, Strafandrohung sowie die Forderung an die Hebammen, Frauen zu denunzieren, werden verstärkt. Die nächsten beiden Phasen bestätigen dies.

In den folgenden Jahrhunderten verlernen Frauen so, selbständig für sich zu entscheiden, ihre Gefühle und Bedürfnisse wahrzunehmen und einzufordern. Da es wenig sozialgeschichtliches Material zur Geburtskultur gibt, lässt sich nur vermuten, dass es trotzdem immer auch eine untergründige Frauenkultur gegeben hat.

Vierte Phase: Die Hebamme als traditioneller Beruf

Im Laufe des 18. Jahrhunderts wurde das Hebammenamt zu einem traditionellen Beruf umgewandelt. »Diese Entwicklung hat wohl im Wesentlichen drei Ursachen: nämlich die einsetzende Säkularisierung des gesamten Lebens, die Einführung spezifischer Ausbildungen und Diplome für Hebammen und die entstehende Konkurrenz zu männlichen Geburtshelfern.«[120] Da Frauen zu den Universitäten nicht zugelassen wurden, konnten Hebammen nur in Ausnahmefällen in Lehre und Forschung arbeiten.[121]

Hebammen kamen wegen der geringer werdenden sozialen Anerkennung zunehmend aus niederen Schichten. Weil ihre Dienste als Handarbeit galten und unterbezahlt waren, haben Frauen der Oberschicht den Hebammenberuf selbst nicht ergriffen und sich bei der Geburt ihrer Kinder zunehmend der männlichen Geburtshelfer bedient. Von Ärzten und Kirchenmännern wird zunächst immer wieder betont, in welch übler Lage sich das Hebammenwesen befinde. Die Vorwürfe lauteten auch hier: Mörderin, Trunksucht, Kolleginnenneid, Geburtsbeschleunigung.

Hebammenschulen und Gebäranstalten, auch Accouchierhäuser[122] genannt, wurden eröffnet und deren Besuch den Hebammen zur Pflicht gemacht. Während Ärzte und Obrigkeiten dies als Fortschritt priesen, urteilt Alfred Rockenschaub heute: »Mit der Einmischung der Wundärzte in die Geburt vor gut 300 Jahren verkam die Hebammenkunst zum Entbindungshandwerk.«[123] In den Accouchierhäusern lernten die Hebammen zunächst an Phantomen, so genannten Lederhuren, doch sie sollten auch an Patientinnen lernen können. Als »Unterrichtsmaterial« wurden schwangere Obdachlose und Dirnen kostenlos aufgenommen. Diese mussten dafür die schmerzhaften und erniedrigenden Untersuchungen über sich ergehen lassen.[124] Von Medizinern geschriebene Hebammenlehrbücher und entworfene Geburtsstühle wurden verpflichtend. Auf Grund massiver Beschwerden seitens der Frauen wurden die Geburtsstühle, auch Folterstühle genannt, nach ca. 100 Jahren wieder abgeschafft. Kreisärzte hatten die fachliche Aufsicht. Damit war die Geburtshilfe ganz in die Verfügung der männlich dominierten Geburtsmedizin übergegangen.[125] In den Hebammenschulen wurden zunehmend auch männliche Geburtshelfer unterrichtet, die in der Gehorsamshierarchie und in der Gehaltsliste jetzt über den Hebammen standen, sodass diese wieder die unterste Kategorie bildeten.[126]

Die Hebammen wurden für einen bestimmten Bezirk zugelassen und mussten dort Tag und Nacht, an Werk- und Feiertagen zur Verfügung stehen, vergleichbar mit der Arbeit der Bauern und Bäuerinnen. Ihre Familien mussten sie voll unterstützen. Die Hebamme nahm am sozialen, d. h. am gemeindlichen Leben teil.

Der Kontakt zwischen Hebamme und Kirche beschränkte sich immer mehr auf Kontrolle seitens der Pastoren und Zuarbeit seitens der Hebammen. In manchen Gegenden hatten die Hebammen auch die Taufe zu organisieren und die Paten zu bitten.[127]

Die Wertschätzung der Hebamme als »weiser Frau« verfiel mit dem Niedergang ihrer sozialen Stellung. Eine große Zahl von Selbstzeugnissen von Hebammen gibt einen Einblick in diese Phase des Hebammenberufes.[128] Sie zeigen alle das große Engagement der Hebammen, ihre oft gefahrvollen Wege zum Haus der Gebärenden, der Einsatz, den auch ihre Familie bringen musste, die Nähe zu sozialen Problemen und eine Frömmigkeit, die an der Not der Situation orientiert ist. Die Forderungen an eine christliche Hebamme von Seiten der Kirchenmänner betonen den Gehorsam gegenüber Arzt und Pfarrer.[129]

Diese Phase des traditionellen Berufes dauerte bis in die Zeit nach 1945.

Fünfte Phase: Die Hebamme als moderner Beruf

Nach dem Zweiten Weltkrieg entwickelte sich der moderne Beruf der Hebamme zusammen mit dem Aufkommen der Klinikgeburten. Der moderne Beruf ist gekennzeichnet durch:

- Ausbildung jetzt oft sehr junger Schülerinnen
- Geregelte Arbeits- und Freizeit
- Kreißsaal als gleich bleibender Arbeitsplatz
- Indifferenz gegenüber der persönlichen Lebensführung
- Weisungsgebundenheit gegenüber der Ärztin/dem Arzt
- Nebeneinander mehrerer Geburten
- Keine langfristige Vertrauensbeziehung zwischen Mutter und Hebamme
- Intervention und Verwaltung der Geburt
- Technisierung

»Ihre Tätigkeit hat mit ihrer moralischen Qualität und mit ihrer persönlichen Lebensführung nichts mehr zu tun. Sie ist der Vollzug spezifischer erlernter Berufskompetenzen in einer dafür vorgesehenen Arbeitszeit außerhalb ihres Lebensbereichs – nämlich in der Klinik.«[130]

Damit waren die Hebammen unmerklich auf die Seite der Geburtsmedizin getreten und die Erkenntnisse der Geburtshilfe blieben unbeachtet. In Holland und in den skandinavischen Ländern blieb die Betreuung der Schwangeren noch in Hebammenhänden, ebenso in der DDR. Die Geburt selbst wurde aber auch hier in der Klinik durchgeführt. Die entscheidende Wende hin zur medikalisierten Geburt in der BRD brachte der Deutsche Gynäkologenkongress 1966.[131]

Der Leipziger Psychiater Hans-Joachim Maaz kritisiert die Klinikgeburten in den sechziger bis neunziger Jahren, die Müttern, Kindern und Hebammen schadeten:

»Die Mutterlosigkeit in den Kreißsälen war erschreckend. Die Frauen wurden durch medizinische Autorität eingeschüchtert und von ihren Männern allein gelassen. Die Gebärenden waren einem Geburtsregime ausgeliefert, in dem wenig Verständnis für die seelischen und die Kontaktbedürfnisse eines Neugeborenen vorhanden war. Dass Kreißende bei der Geburt mit ihrer eigenen

Geburtsgeschichte in der seelischen Tiefe konfrontiert sein könnten, wäre in aller Regel als absurd abgetan worden. Aber durch eine Geburt können vielfache Ängste und Verlassenheitsgefühle reaktiviert werden. Durch das häufig ohnmächtige Ausgeliefertsein und die bange Frage nach dem Wohlergehen des Kindes werden eigene Erfahrungen mit dem Angenommen- und Willkommen-Sein unbewusst wiederbelebt. Ein mütterliches Verständnis für diese Situation wäre dringend erforderlich, aber das medizinische Regime war gerade bei Geburten selten einfühlsam und stellte die technische Seite ganz in den Vordergrund. Das Nicht-Einfühlen der Ärzte und Hebammen wurde mit Apparaten, Infusionen, Medikamenten und instrumentellen Eingriffen vollzogen. Man möge mir jetzt bitte nicht den Segen dieser technischen Möglichkeiten entgegenhalten, den kann ich ohne Einschränkungen bejahen und begrüßen. Es geht hier darum, wie oft und selbstverständlich etwas Unnötiges und letztlich Schädliches für das Kind getan wurde.«[132]

Die Kritik an dieser Entwicklung wird also auch von Männern vorgetragen. So urteilt Gernot Böhme, dass durch die Klinikgeburten »das Wissen von der Geburt in der Lebenswelt verkümmerte ... Faktisch verloren gegangen ist dabei das Wissen von der Geburt als einem biographischen Ereignis und einem sozialen Handlungszusammenhang.«[133] Die Abhängigkeit der Hebammen von Experten führt auf Seiten der Gebärenden zu einem Teufelskreis von Nichtwissen, Angst, vermehrten Komplikationen, Abhängigkeit. Es fehlt die Möglichkeit, sich ganz dem Vertrauen in die Hebamme hinzugeben. Der bereits erwähnte Leiter der Semmelweisklinik in Wien, Alfred Rockenschaub, setzt sich nun vehement für die Stärkung der durch Hebammen geleiteten Geburt ein. Er nennt sein Buch »Gebären ohne Aberglaube. Fibel und Plädoyer für die Hebammenkunst«, wobei er unter Aberglaube den Glauben an die vermeintliche Sicherheit durch die Apparatemedizin versteht: »Was man einst mit Auguren, Opfertieren und Weihwasser beschwor, macht man heute mit Ultraschall, Kaiserschnitt und Wehenmittel.«[134]

Alfred Rockenschaub fordert, dass der Beruf der Hebamme als ein Sozialberuf zu verstehen sei, und er plädiert für die abwartende Geburtshilfe. Mit Statistiken weist er nach, dass die Klinikgeburt wegen der fehlenden Vertrauensbeziehung zu mehr Komplikationen führt. Er bemerkt zu den Begriffen »Schwangerschaftskontrolle« und »Geburtsüberwachung«: »Schon rein sprachlich wird damit den Frauen bewusst oder unbewusst spürbar, dass das Ziel nicht dahin geht, sie persönlich zu betreuen und zu unterstützen, sondern ihre Schwangerschaft zu überwachen und zu kontrollieren. Die Einführung von Pässen und Zentren besorgen den Rest. Diese Abkoppelung ihrer Person vom Geschehen der Geburt ist für viele Frauen absolut beängstigend.«[135] Alfred Rockenschaubs Forderung heißt: »Das soziale Engagement als Antithese zur Geburtstechnologie wäre zum wissenschaftlichen Hauptthema der modernen Hebamme zu machen.«[136]

Sind Geburtshäuser oder die eigene Wohnung für eine Frau ein sicherer Platz zum Gebären, wenn sie in der Schwangerschaft keine Komplikationen hatte? Dies ist eine Schlüsselfrage, denn im Kampf zwischen dem medikalisierten und dem humanisierten Ansatz in der Geburtshilfe sind Geburtshäuser eine große Bedrohung für Ärzte und Krankenhäuser sowie für die Industrie, die die geburtshilfliche Technik herstellt. Weil die medikalisierte Geburt so teuer ist – mit einem kostspieligen Krankenhausaufenthalt, hoch bezahlten Geburtshelfern, die viele Hightech-Interventionen anwenden –, müssen Ärzte und Krankenhäuser die Öffentlichkeit und die Krankenkassen davon überzeugen, dass ihr Weg der einzig sichere sei. Die erste Verteidigungslinie gegen die geplante außerklinische Geburt ist, sie als unsicher abzustempeln.

In dieser Phase des Hebammenberufes gibt es keine Beziehung zwischen Kirche und Hebamme. Die androzentrischen Vorstellungen der Theologen von einer gehorsamen »christlichen« Hebamme hat die Kluft zwischen Lebenswelt und kirchlicher Welt unmöglich gemacht. Das wird im Kapitel über die christliche Hebamme näher ausgeführt. Nur im privaten Leben haben einzelne Hebammen heute eine Beziehung zur Gemeinde.

Außerdem hat die Geschichte des Hebammenberufes bisher gezeigt, dass die Geburt zur pathologischen Behandlung einer Krise verkommen ist. Damit können Frauen die spirituelle Seite und den schöpferischen Prozess der Geburt nicht mehr wahrnehmen. In dem Kapitel über die Geschichte der theologischen Äußerungen zur Geburt wird zudem klar, dass Frauenerfahrungen theologisch nicht gewürdigt werden, im Gegenteil sie werden unsichtbar gemacht oder negativ besetzt. Eine Theologie der Geburt, die die Frau als Mit-Schöpferin anerkennt, ist unmöglich geworden. Doch die nächste, die sechste Phase des Hebammenberufes weist auf einen Neuanfang hin.

Sechste Phase: Die frei praktizierende Hebamme

Gernot Böhme konnte in seinem 1980 erschienenen Aufsatz über das Wissen am Beispiel der Hebammenkunst die neuere Entwicklung noch nicht aufnehmen. Doch inzwischen haben einzelne Hebammen die Beschränkungen und Belastungen des Klinikbetriebes erkannt und Auswege gesucht. Auch Ärzten und Ärztinnen ist die Diskrepanz zwischen Anspruch und Wirklichkeit der Klinikgeburt verstärkt aufgefallen. Der Unterschied bzw. Gegensatz zwischen der klinikorientierten Geburtsmedizin und der hebammenorientierten Geburtshilfe liegt auf verschiedenen Ebenen.[137]

Natur ist in der Geburtshilfe das, was von sich geschieht, das Aufgehende, das Sich-Zeigende.[138] Die Hebamme soll durch Unterstützen, Zusehen, Zuwarten und Hilfe beim Aushalten auf die Natur reagieren. Dazu bedarf es ihrer Sinne: Sie soll sehen, hören, fühlen, riechen, schmecken und tasten.[139] So ist das Wissen in der Geburtshilfe ein Fühl- und Tastwissen, ein Wissen durch

Kontakt, Einfühlung, Anteilnahme und Ergriffensein.[140] Mit ihren Händen ertastet die Hebamme, wie das Kind sich im Mutterleib eingerichtet hat, und schon im Mutterleib unterscheidet sie kontaktfreudige und zurückhaltende Kinder.

Anders in der Geburtsmedizin. Hier ist die Natur das Störende, deshalb muss der Ablauf kontrolliert werden, Störungen vermieden und dafür Bedingungen geschaffen werden. Geburt ist pathologisch, ein Risiko. Das Wissen wird erworben durch elektronische Kurven, Überwachen und Kontrollieren und es ist ein Wissen, das gekennzeichnet ist durch die Distanz zwischen dem Erkenntnissubjekt und dem Erkenntnisobjekt.[141] Gelernt wird durch Anatomie und Analyse. Hebammen als Expertinnen des lebensweltlichen Wissens lernen dagegen durch Gestaltung und Praxis.

Beides ist aber wichtig: Vertrauen und Sicherheit. Deshalb kann hier mit einem Begriff aus der Physik »komplementäres Handeln« gefordert werden. Beide Seiten müssen und können zu ihrem Recht kommen: Wenn eine Frau auf Vertrauen setzt, muss sie die Sicherheitsfrage im Blick haben, wenn eine Frau auf Sicherheit setzt, muss sie die Vertrauensatmosphäre im Blick haben.

In der Geburtshilfe ist das Geburtsgeschehen eingebunden in den Lebenszusammenhang, während es in der Klinik in einem synthetischen Raum, einer abgetrennten Sinnprovinz stattfindet. Einige Hebammen haben deshalb eine freie Praxis allein oder als Gemeinschaftspraxis gegründet, andere ein Geburtshaus. Auch ein dritter Weg ist heute möglich, die so genannte Hausgeburt in der Klinik, d.h. die freie Hebamme hat Belegbetten in der Klinik und kann dort ihre Frauen entbinden. Vor einigen Jahren wurde in Bremen modellhaft ein hebammengeleiteter Kreißsaal eingerichtet. So kann komplementäres Handeln möglich werden.

»Um das Gebären ... als etwas erfahren zu können, was im positiven Sinne alle Kräfte und Fähigkeiten freisetzt, brauchen schwangere Frauen verständnisvolle, ermutigende, ihre Ängste ernst nehmende und kompetente Begleitung. Kurz: Sie sollen nicht nur als medizinisches ›Problem‹, sondern als ganzer Mensch wahrgenommen und unterstützt werden.«[142]

Die Hebammen, deren Interview-Antworten dieser Arbeit zu Grunde liegen, hatten Erfahrungen als Kreißsaalhebammen, denen sie jetzt kritisch gegenüberstehen:

Ich war mit Anfang 20 zu jung, um mir ein Bild zu machen. Ich hatte damals nur den Anspruch, Frauen begleiten zu wollen in ihrer schönen, besonderen oder schwierigen Situation, zu begleiten in einer schönen, warmen Atmosphäre. Die Kliniksituation war zu starr, zu kühl. Mein persönlicher Anspruch war das persönliche Begleiten, die anderen Kolleginnen wollten ihren Job ausfüllen, in dem sie Anerkennung spürten. Und da war die Medizin auch gerade richtig.[143] *... in der Klinik heißt es gleich »Herr Doktor«, da ist Gewaltenteilung.*[144] *Die Ausbildung war dann ganz schön hart. Alle 14 Tage dachte ich, ich höre wieder auf! Ich war ja 16 Jahre alt, als ich anfing mit der Ausbildung. Mir machte die Hierarchie zu schaffen. »Wir machen erst etwas aus dir...!« Es war die pure Schulmedizin. Andeutungsweise gab es mal Rücken massieren und wir Schülerinnen mussten am Bett der Frau bleiben, aber es war keine wirkliche Hilfe für die Frau, es ging nur darum, ob das CTG richtig läuft, Temperatur, Blutdruck usw. nur aus medizinischer Sicht. Auf die Bedürfnisse der Frau wurde nicht eingegangen.*[145] *... dass wir viele Frauen gleichzeitig begleiten mussten. Das heißt, die persönliche Begleitung fand vorübergehend nicht statt. Du musstest in einem Dienst von acht Stunden fünf Frauen gleichzeitig betreuen. Da fiel dann die Individualität weg, d.h. du funktioniertest nur noch. Wir als Klinikhebammen waren dem Arzt untergeordnet.*[146]

Die Begleitung der Schwangeren lag in der ehemaligen DDR in den Händen der Hebamme. Nach der Wende wurde das West-System übernommen, Frauen gingen sofort zum Gynäkologen oder zur Gynäkologin, die Mutterberatung entfiel ganz.

Diese Schwangerenberatung ging mit der Wende den Bach hinunter. Jeder Gynäkologe, der seit 1000 Jahren keine Schwangere angefasst hatte, kriegte dafür ein Jahr lang Geld! Die Qualität war nicht toll.

Mit 50 Jahren hab ich mir dann überlegt, ob ich 10 Jahre die Schnauze halten soll oder »Geburtshilfe« machen. »Geburtsmedizin« gehört dazu. Weil Frauen Kinder selbst bekommen, brauchen wir mehr Hilfe als Medizin! Je weniger man interveniert, desto besser geht es.

Diese Hebamme hat sich nach der Wende selbständig gemacht und begleitet Hausgeburten.

Ich sehe das so: Wenn die Frau es möchte und alles stimmt, dann ist die Hausgeburt richtig. Wir haben ein gut ausgebautes Rettungssystem und dichtes Kliniknetz. Die Kliniken sehen uns allerdings als Spinner. Jetzt wird in der Klinik bei jeder Geburt ein Arzt zugezogen, es sei denn, die Frau lehnt es ausdrücklich ab.

... Ein Schlüsselerlebnis war eine nicht ganz schöne Geburt mit einem geschädigten Kind. Es wurde mit der Zange geholt, der Schädel war beschädigt, also es hing mit der Geburtsmedizin zusammen. Ich fragte mich: Willst du das noch mitmachen? ... Ja, Familienhebamme nenne ich mich, weil ich natürliche Geburten leite.[147]

Das Vertrauensverhältnis zwischen Frau und Hebamme ist die Grundlage für die frauengerechte Geburt. *Hier hat man viel mehr Kontakt zu den Frauen, nicht nur unter den Schmerzen. Man lernt die Ängste und Sorgen kennen, hat Kontakt noch eineinhalb bis zwei Jahre nach der Geburt und auch beim zweiten Kind erfährt man, was z. B. aus der Beziehung geworden ist. Vielfach ist das Seelsorge. ... Die Frauen sprechen mehr über ihre Probleme, über das soziale Umfeld.*[148] Es ist ein gegenseitiges Zutrauen und Anvertrauen, das die Mailänder Philosophinnen affidamento[149] nennen. Im »Bericht von einer Hausgeburt« kommt dieses Vertrauensverhältnis zum Ausdruck, ohne dass es direkt benannt wird.[150] Eine bayerische Landhebamme nennt das: »Machen, wie ma fühlt, dass ma möcht!«[151]

Die Hebamme ist für viele Frauen eine Bezugs- und Vertrauensperson für diese besondere Zeit.[152]

Ich warte, bis das Kind kommen will. Die Frauen haben mich die Hausgeburt gelehrt mit ihrem Vertrauen, dass wir zusammen können und mit ihren negativen Erfahrungen mit der Klinikentbindung. Es ist ein Beistehen, das Gefühl geben, dass sie ihre Bedürfnisse verwirklichen können ...

Ich bin Beschützerin der Frau z. B. vor den Ärzten. Da ist ein Quäntchen Misstrauen nötig. Eine Frau will ja nicht, dass eine männliche Person, ein Arzt, zu ihr sagt: »Jetzt legen Sie sich so und so« ... Ich bin da Schlichterin.[153]

Im Ausgeliefertsein bekommt die Gebärende eine zuverlässige Begleitung. Eine Mutter, von Beruf Pastorin, schreibt:

... das besondere der Hebammen, ihre Durchsetzungskraft und vor allem um diese Bruchteile von Sekunden bei der Geburt, in denen es ganz feierlich wird, vollkommen das Leben und die Gefahr darum zu spüren ist, dann waren meine beiden Hebammen ganz konzentriert und kompromisslos, es gab immer einen tiefen Blick in die Augen und die kurze Zeit löste sich dann auf in letztes Pressen, Drücken und Ziehen und Durchflutschen. Von diesem Moment zwischen Leben und Tod haben mir manchmal auch Frauen in Taufgesprächen erzählt. Ich habe 1983 eine Tochter in Lüneburg und 1988 einen Sohn in Wietze geboren, beide zu Hause. Besonders meiner ersten Hebamme Frau Petersen danke ich für ihre Entschlossenheit beim vorgeburtlichen und entscheidenden Hausbesuch. »Das geht doch gut hier« waren ihre Worte. Theresa Schrader erlebte ich als etwas weicher, sich mehr um mich als Frau kümmernd.[154]

In der Freiberuflichkeit kann man als Hebamme arbeiten, indem man sich schon in der Schwangerschaft mit der Frau trifft und sie begleitet, d. h. also sich ihren Befindlichkeiten, Störungen oder der psychischen Situation der Frau nähern kann und damit sind wir auch ganz dicht am Leben dran. Schon der Werdeprozess wird von uns begleitet. Wenn die Frau sich gut fühlt, hat sie unsere Stärkung, und wenn sie sich nicht so gut fühlt, öffnet sie sich uns gegenüber. Das heißt, wir haben schon einen leichten Einfluss auf das werdende Leben. Wir können die Frau so motivieren, dass sie wieder zu ihren Wurzeln zurückkommt, d. h. in ihrer Fröhlichkeit oder in der Traurigkeit, denn es gibt ja auch traurige Verläufe ...

Begleitung in der Trauer, bei Gewalterfahrung ist möglich. *Wir begleiten die Frauen so intensiv, dass sie die vorangegangenen Fehlge-*

burten oder Totgeburten einfach durch uns besser verkraften können.[155] *Mir geht es darum, die Frauen kennen zu lernen, um Aufarbeitung, Problemlösung.* Dabei lässt die Hebamme sich ein auf den Rhythmus der Natur und begleitet das Paar über die Schwelle zur neuen Identität... *mir geht es darum, den natürlichen Ablauf der Geburt zu ermöglichen, die die Beziehung zum Kind unterstützt und nicht dazwischensteht. Ich meine die Arbeit an der Beziehung zwischen Frau und Mann. Die Männer verstehen sich oft selbst nicht mehr, besonders beim ersten Kind. Da kann ich beraten und begleiten. Die Geburt ist ein sehr ergreifendes Ereignis, aber das ist mir nicht mehr so wichtig in der Arbeit, sondern das Vorher und Nachher.*[156]

Der Wandel des Hebammenberufes – Untergang der Geburtskultur und ein neuer Mythos

Die Geburt ist ein menschliches Urdatum und »Ausgangspunkt jeder Analogie vom Anfang.«[157] Barbara Duden geht in ihrem Aufsatz »Die Ungeborenen. Vom Untergang der Geburt im späten 20. Jahrhundert« der Frage nach, warum denn die Geburtskultur, die dieses Urdatum gestaltet, in der Gegenwart verloren gegangen ist.

»Geburt war die Ur-Sache der Erscheinung (›epiphanie‹) eines erwarteten Kindes ... Geburt war Neubeginn.«[158] Die Geburt ist ein unvergleichliches Ereignis, weil es den Anfang selbst darstellt, denn »das Hervortreten des Kindes aus dem Schoß der Mutter mit Hilfe der anderen Frau bedeutete Menschwerdung.«[159]

Während in wenigen anderen Kulturen Frauen auch alleine gebären, gehört bei uns die Hebamme in dieses Geschehen, denn die Gebärerin bedarf der Hilfe einer anderen Frau, »das Kind kommt aus dem Schoß der einen in die Hände der anderen.«[160] Die Hebamme war eingebunden in das System von Mythen, Bräuchen und Praktiken des gemeinsamen Hoffens, Wartens und Tuns. Das Vertrauensverhältnis unter den beiden Frauen verhindert viele Komplikationen, wie neuere Forschungen zeigen. »*Wir arbeiten nicht mit der Angst der Frau, damit dann eine Risikoschwangerschaft draus wird und mehr Geld bringt!*«, sagt eine Hebamme im Interview.

Wie kam es zum Untergang dieser Geburtskultur? Haben Frauen sich nicht gegen ihre Entmündigung gewehrt? Barbara Duden sieht hinter dem Wandel die Suggestionskraft der verdeckten Rituale, sie erkennt einen neuen Mythos, ein neues Glaubensbekenntnis, ja eine neue Liturgie.[161] Der Glaubenssatz heißt nun: Schwangerschaft und Geburt sind Risiken ausgesetzt, die medizinisch-technisch gebannt werden müssen. Nun wird die Geburt »in ein dichtes rituelles Geflecht eingefügt, in dem sich die Mehrzahl der Frauen fast zwangsläufig verfängt.«[162] Den daraus resultierenden Ängsten wird wieder mit neuen Botschaften der technischen Medizin geantwortet werden.

Dieser Mythos hat eine eigene Liturgie, ein Einbinden durch Wort und Tat in einen übergeordneten Zusammenhang, wodurch Vertrauen entstehen kann: Der Mutterschaftspass ist sein Textbuch.

So entsteht eine Synergie des mütterlichen Organismus mit einer Vielzahl von technischen Interventionen. Die Hebammen, die Schwangere betreuen, müssen oft die Ängste wieder auffangen, die diese Liturgie des Machbarkeitswahnes hervorgebracht hat. Eine Hebamme sagt im Interview: »*Manchmal spielen die Gefühle der Frau verrückt, die Verunsicherung ist ein zusätzliches Risiko für das Kind.*«[163]

Eine Alternative dazu stellt Brigitte Enzner-Probst vor: »Schwangerensegnung als Sich-Bergen in einen gemeinsamen Mythos.«[164]

Die medizinischen Forscher der Nachkriegszeit entwickelten aber nicht nur Methoden zum Nachweis einer Schwangerschaft, sie machten das ungeborene Kind auch erstmals sichtbar. Anfang der 1970er Jahre wurde das erste Ultraschallgerät in einer Frauenklinik aufgestellt. Damals waren die Bilder noch sehr grob und nur für den geschulten Blick erkennbar. Seitdem ist das Verfahren enorm weiterentwickelt worden. Im Rahmen der üblichen Schwangerschaftsvorsorge gewährt es heute drei Mal den Blick auf das heranwachsende Kind im Mutterleib. Die Bilder sind so eindrucksvoll, dass manche Paare häufigere Untersuchungen verlangen und ein regelrechtes »Babyfernsehen« betreiben. Durch die Ultraschallbilder erhält das Ungeborene ein Gesicht, ein Geschlecht und oft schon einen Namen. Das ermöglicht den Eltern eine intensive Zeit der Vorbereitung und Vorfreude – vorausgesetzt, die Bilder sehen »normal« aus. Ist dies nicht der Fall, stehen Ärztinnen und Ärzte, vor allem aber die Eltern vor schwierigen Fragen: Wie sind die Untersuchungsergebnisse zu deuten? Sind die Eltern bereit, mit einem kranken Kind zu leben? Wollen sie die Schwangerschaft abbrechen oder nicht? In dieser Situation ist eine vertrauensvolle Beziehung zur Hebamme besonders wichtig.[165]

Väter bei der Geburt – ein neues Geschlechterverhältnis

Die Beteiligung der Väter bei der Geburt seit den letzten 20 Jahren ist ein Novum in der Geschichte der Menschheit und bedeutet eine wesentliche Veränderung sowohl im Geschlechterverhältnis in unserer Gesellschaft als auch für die Rolle der Hebamme. Eine Theologie der Geburt, die frauengerecht ist, wird auch die Frage nach den Vätern bei der Geburt mit einbeziehen.[166] Väter betonen gerne, dass sie bei der Zeugung doch auch als Mit-Schöpfer tätig waren. Doch diese Argumentation vernachlässigt den Körper der Frau, die Schwangerschaft, Geburt und das Stillen und stellt die besondere Bedeutung des Vaters als einer sozialen Bezugsperson in den Schatten.

Die frühere Nicht-Beteiligung der Väter bei der Geburt wurde kompensiert durch die so genannte Couvade. Es gab bei werdenden Vätern physische Symptome wie z. B. Zahnschmerzen, die während der Schwangerschaft ihrer Frau überdurchschnittlich häufig auftreten. Dabei nehmen Männer den Zusammenhang mit der Schwangerschaft nicht wahr. In anderen Kulturen legen sich Männer sogar ins Wochenbett. »Das ... Couvade-Syndrom muss eher als Ausdruck eben dieser Ausgeschlossenheit aus dem Geschehen angesehen werden und als Versuch, doch einbezogen zu werden«, erläutert die Psychologin Marianne Ringler.[167]

Es gibt verschiedene Erklärungsversuche: So schützt der Mann die Frau und das Kind vor bösen Geistern, das Ritual stärkt die Bindung von Vater und Kind, es ist ein Blitzableiter für die Ängste des Vaters.

Aus der Geschichte der Geburtskultur sind nur wenige Beispiele des Dabeiseins von Vätern bekannt.[168] Meist war die Aufgabe des Vaters das Einholen der Hilfe, der Hebamme, der Nachbarinnen – zu Fuß, mit dem Fahrrad, dem Traktor oder der Kutsche, dann das Wasser zu schleppen und nach der Geburt Essen und Getränke für die Kindbettzeche herbeizubringen. Die Arbeitsteilung in der Ehe sah vor für den Mann die Feldarbeit, für die Frau die Geburtsarbeit, wie der Beitrag von Laurel Thatcher Ulrich: »Ihre Arbeit – seine Arbeit. Geburtsberichte in Tagebüchern aus Neu-England im 18. Jahrhundert« zeigt.[169]

Die Anwesenheit des Vaters konnte auch eine Symbolische sein: »In der Normandie, so wurde erzählt, war es ein Brauch, dass die Hebamme den Vater rief und ihm das noch nackte Neugeborene entgegenstreckte. Der Vater zog daraufhin sein Hemd aus und umwickelte damit das Kind. Indem er dies tat, übermittelte er dem Kind in ganz konkreter Weise seine Körperwärme; doch gleichzeitig markierte er es auch mit dem ersten Zeichen der Sozialisation, einem Kleidungsstück, und ersetzte so jene fleischliche Hülle, in der das Kind im Bauch der Mutter geborgen war.«[170]

Mit der Veränderung im Geschlechterverhältnis und der Partnerschaften wurden in den sechziger Jahren des letzten Jahrhunderts Väter in den Klinikgeburten sporadisch zugelassen. Die Frauen lagen trotzdem oft stundenlang allein in den Kreißsälen.

Heute binden Hebammen die während der ganzen Geburt anwesenden Väter in das Geschehen mit ein: Sie leiten sie an, der

Frau den Rücken zu massieren, sie in der Wanne zu halten, schließlich die Nabelschnur durchzuschneiden. Das bedeutet einerseits eine stark symbiotische Beziehung des Paares, andererseits eröffnet es die Chance für die Väter, nahe am Schöpfungswunder dabei zu sein. Es darf aber nicht zu einem gesellschaftlichen Druck kommen, denn die Anwesenheit des Mannes kann die Geburt verzögern.[171]

Gefragt, ob sie die Geburt auch bei den Vätern und anderen Familienmitgliedern als existentielle Erfahrung wahrgenommen haben, antworten die interviewten Hebammen:

Für die Väter ist es die Erfahrung einer elementaren Gewalt, wie aus einem bisschen Nichts ein Mensch wird. Und wie viel Arbeit es kostet, um es auf die Welt zu bringen. Bei den Großeltern kommen oft die alten Geschichten hoch von ihren Geburten. Der Vater soll nicht ausgeschlossen werden, sondern akzeptiert, auch seine Emotionen sind wichtig, wenn er an die Grenze kommt, das muss man akzeptieren. Er hat ja die Frau noch nicht so erlebt, zärtlich, Hilfe suchend, wütend, vor Schmerzen schreiend, den Mann beschimpfend, anschnauzend. Es ist ein Wechselbad der Gefühle, aber auch keine Sicherheit, dass die Partnerschaft hält.[172]

Väter sind sehr gerne dabei. Auch wenn sie nicht im Kurs waren, sind sie nicht fehl am Platz. Es ist ja schwer für sie, wenn ihre Frau oder Freundin sich quält. Dann sind sie stolz, kümmern sich sehr um Frau und Kind, ja gerade auch um die Frau. Besonders beim Kaiserschnitt kommt die Frau an erster Stelle.[173]

Die Männer sind so berührt, sie wissen, es ist noch mehr als das Materielle, was sie umgibt, sie sind ergriffen von der Geburtserfahrung, sie sind emotional so weit, dass sie ihren Ursprung erkennen. Bei der Geburt ist die eigene Ursprünglichkeit so präsent wie nirgends anders.[174]

Durch das Dabeisein der Väter sind die Frauen stärker geworden. Sie gibt das Kind dem Mann ab.[175]

Es gibt viele Umstellungen, Eltern bleibt man ja ein Leben lang. Für die Väter ist es auch ergreifend, sie müssen eine geliebte Person leiden sehen, sie stecken nicht drin, sie haben Todesängste besonders beim ersten Kind, sie wissen nicht, wie es ausgeht, bei weiteren Kindern wissen sie dann schon, dass es gut ausgeht. ... Ich biete dem Mann an, die Nabelschnur durchzuschneiden, aber nicht alle wollen es. Ich sage es ihnen vorher: Überlegt euch, was ihr gerne habt, eine Kerze, Blumen, sie sollen sich vorher Gedanken darüber machen.[176]

Es gibt eine Veränderung beim Vater, eine andere Beziehung zur Frau. Die meisten Männer bereuen es nicht, bei der Geburt dabei gewesen zu sein. Sie haben eine andere Achtung und danken der Frau für das, was sie geleistet hat unter der Geburt.[177]

Der Video-Film »Beifahrer. Männer bei der Geburt«, den die Bundeszentrale für gesundheitlich Aufklärung herstellte, beschreibt verschiedene Aspekte der Gegenwart der Väter im Kreißsaal. Der Autor, der Sexualpädagoge Martin Gnielka, der zusammen mit Hebammen in der Familienbildungsarbeit Kurse zur Geburtsvorbereitung durchgeführt und die Väter-Gruppen geleitet hat, erwähnte in einem Gespräch, dass bei den anwesenden Männern das Geburtserlebnis als spirituelle Erfahrung am häufigsten erwähnt wurde.

Aus den Begleitheften zum Video[178] und einer Anleitungsbroschüre für Väter-Kurse seien hier einige Stellen zitiert:

Die Intensität des Gefühls: *Wer bereits eine Geburt miterlebt hat, weiß, wie gefühlsintensiv und unfassbar dieser Vorgang ist ... Zum ersten Mal das frischgeborene Baby im Arm zu halten ist für viele Männer ein bindungsstiftender Moment, der den Start ins Familienleben signalisiert: die »Geburt des Vaters« (Martin Greeberg 1994).*[179]

Geburt ist eine Grenzsituation, die bei werdenden Vätern viel in Bewegung bringt und sie in ein Wechselbad der Gefühle tauchen kann: Furcht gepaart mit Hilflosigkeit, (Mit)Leiden und tiefe Ergriffenheit, aber genauso große Erleichterung und unbeschreibliche Glücksgefühle können erlebt werden.[180]

Vor allem das erste Geburtserlebnis ist eine Erfahrung, die Männer mitunter wie einen Rausch beschreiben. Ist das Kind wohlbehalten auf die Welt gekommen, sind alle Ängste plötzlich wie weggeblasen und die Väter vom ›Wunder des Lebens‹ tief berührt. Die großartige Leistung der Partnerin, das gemeinsame Kind auf die Welt gebracht zu haben, lässt Männer staunend daneben stehen ... dann kam einfach nur noch Glück.[181]

Das aktive Dabeisein: *Dann kam dieses Kind raus ... und da kam dann wirklich alles aus mir raus, da war die ganze Angst irgendwie weg ... Dann kam einfach nur noch Glück ... Das sich anschließende Durchtrennen der Nabelschnur könnte natürlich genauso gut die Hebamme oder die Ärztin erledigen. Doch die Abnabelung von der Mutter stellt ein kleines, aber wichtiges Ritual für Väter dar ... immerhin hat er mit dieser Handlung am Ende einen Teil zur Geburt beigetragen, der symbolisch sehr wertvoll ist.*[182]

Das Problem der Ohnmacht: *Obwohl auch ihre Freude, ihr Stolz und ihre Ergriffenheit zu sehen sind, hadert Sven mit seiner Rolle während der Entbindung und Rolf spricht im Nachhinein vor allem von Psychostress ... dass Rolf und Sven wenig gute Erinnerungen an den Geburtsverlauf zurückbehalten ... Sie hatten Anteil an den Schmerzen ihrer Partnerinnen und konnten ungehemmt weinen, als ihr Kind auf die Welt kam ... Sie befanden sich ganz dicht am Wunder des Lebens.*[183]

Das gesellschaftliche Tabu: *Schwierigkeiten im Kreißsaal, aber auch tiefe Glücksmomente sind selten Gesprächsthema, schon gar nicht unter Männern. Positive wie negative Erfahrungen der Väter bleiben weitgehend geheime Verschlusssache und belasten schlimmstenfalls das Beziehungsklima junger Eltern.*[184]

Die Bedeutung für die Paarbeziehung: *Ein intensives gemeinsames Erleben der Geburt erleichtert vielen Paaren den Start ins Familienleben und gibt einer Partnerschaft Kraft für Anforderungen der neuen Rolle als Eltern ... Es ist die mystische Tiefe des Geburtserlebnisses, durch die Väter spontan eine liebevolle Beziehung zu ihrem Kind entwickeln und die deshalb ein besonders wertvoller Moment in der Vater-Kind-Beziehung bleibt.*[185]

Auf dem Hebammenkongress im Mai 2004 in Karlsruhe »Hebammenkunst. Erfahrung-Wissenschaft-Intuition« wurde von

Robert Richter, Diplom-Pädagoge, Referent für Männer- und Väterarbeit u. a. in Geburtsvorbereitung & Familienbegleitung, und Eberhard Schäfer, Diplom-Politologe und Referent für Väterarbeit, ein Seminar angeboten zum Thema: »Wie werde ich ein guter Vater? Was werdende Väter in der Geburtsvorbereitung brauchen.« Dort heißt es in der Ausschreibung: »Werdende Väter nehmen mit immer größerer Selbstverständlichkeit an Geburtsvorbereitungskursen teil. Das ist gut so und zeugt vom großen Interesse, das Männer an Fragen und Themen rund ums Vaterwerden zeigen. Eigene Männer- und Väterfragen kommen in der Geburtsvorbereitung jedoch üblicherweise nur am Rande vor. Sie verdienen aber mehr Aufmerksamkeit und eine geschlechtsbewusste Herangehensweise ... Werdende Väter sind mehr als nur Geburtsbegleiter ihrer Partnerin. Sie haben ein eigenes Interesse an allen Fragen rund ums Vater-Werden und Vater-Sein. Sie haben ein großes Interesse, diese Fragen auch ›unter‹ Männern zu besprechen.«[186]

Die symbiotische Geschlechterbeziehung mit dem Wunsch, alles gemeinsam zu erleben, führt auch zu einer Vernachlässigung von Frauenkulturen. Das zeigt das Beispiel, das eine Hebamme berichtet, die in Berlin muslimische Frauen begleitet. Die Großmutter zelebriert das erste Bad des Kindes wie eine heilige Handlung.[187]

Zusammenfassung

Dieser sehr verkürzte Überblick über die Geschichte des Hebammenberufes in sechs Phasen zeigt zum einen, dass die Geburt physiologisch so angelegt ist, dass es einer Geburtshelferin bedarf, und zweitens, dass die priesterliche Rolle der Hebamme mit dem Geburtsprozess eng verbunden ist. Und drittens wird deutlich, dass Hebammen über sehr viele Geburtserfahrungen verfügen, über mehr als Mütter und erst recht als Väter. Deshalb habe ich den letzten Teil des Buches, den Entwurf einer Theologie der Geburt, auf Interviews mit Hebammen aufgebaut.

Die Geschichte des Hebammenberufes macht zudem klar, dass der frauenfeindliche Eva-Mythos in den gesellschaftlichen Bereich und in die Gesundheitspolitik hineinwirkte, von der Selbständigkeit der Hebamme in priesterlichen Funktionen über die Gehorsamspflicht gegenüber den Anordnungen der Männer in Städten und Gemeinden bis zur Unterwerfung unter die männlich dominierte, technisierte Geburtsmedizin. Die schöpferische Kraft der Gebärenden wurde nicht wahrgenommen. Dennoch blieb eine Frauenkultur rund um die Geburt im Untergrund und in Spuren immer erhalten. Heute erobern sich Hebammen und werdende Mütter diesen Freiraum wieder zurück. Sie fördern die Kraft der Frau und ermöglichen, die spirituelle Seite der Geburt zu erleben. Sie finden aber bis jetzt noch kaum Unterstützung von Seiten der Theologie und der Kirche.

Im folgenden Kapitel soll die Auswirkung des Eva-Mythos[188] auf den Glauben und das Gewissen der Frauen beschrieben werden. Erst dann wird unübersehbar klar, dass eine Theologie der Geburt nicht an die Tradition anknüpfen kann, sondern neu entworfen werden muss – und zwar nicht als Doktrin über die Frauen, sondern als Ausdruck der Frauenerfahrungen selbst.

Die theologische Bedeutung des Hebammenberufes in der Geschichte

In der bisherigen historischen Betrachtung der Beziehung zwischen Hebamme und Kirche ging es besonders um die Frage, welche Inhalte die Hebamme als Seelsorgerin weitergeben sollte. Als weitere Fragen sind zu klären: Warum gibt es heute keine Beziehung zwischen Kirche und Hebamme? Ist sie ersetzt durch den Glauben an die medizinisch-technischen Abläufe und das Vertrauen in die pränatale Diagnostik?

Eine Geburt ist eingebunden in ein Symbolsystem. Die Anwesenheit des Symbolischen »zeigt sich vor allem in den Riten, welche den dramatischen Übergang, den eine Geburt bedeutet, in Szene setzen und welche in gewisser Weise einen Zugang zur Transzendenz darstellen.«[1] Diese Transzendenzerfahrung fand im Laufe der Jahrhunderte in sehr unterschiedlichen Erscheinungsformen ihren Ausdruck:

1. Der Sorge um das Wohlergehen von Mutter und Kind trug eine Vielzahl von apotropäischen und sympathetischen Handlungen als religiöses Brauchtum Rechnung.
2. Hebammen wurden mit der Nottaufe und
3. mit der Seelsorge beauftragt.
4. »Hexen Hebammen« wurde vorgeworfen, mit dem Teufel im Bund zu stehen.
5. Protestantische Frauen durften sich ausschließlich im Gebet und Kirchenlied der Hilfe Gottes vergewissern.
6. Das kirchliche Bild der christlichen Hebamme orientierte sich im 19. Jahrhundert am Bild der dienenden Frau.

Religiöses Brauchtum bei Schwangerschaft, Geburt und Wochenbett

Wie die Hochzeit und der Tod wurde das In-die-Welt-Kommen begleitet von Praktiken, deren Funktion es war, zu schützen und zu heilen, abzusondern und wiedereinzugliedern. Der praktische Nutzen, in manchen festgefahrenen Bräuchen auch Schaden, und die symbolische Bedeutung gingen dabei stets ineinander über. Die Zahl der in der Literatur genannten Rituale, Gegenstände und Gebete, und der Umgang mit ihnen, kurz die Menge all dessen, was kirchlicherseits als »Aberglaube« bezeichnet wird, ist unübersehbar groß. Der Begriff »Aberglaube« war dabei eine negative Wertung.

Die katholische Kirche unterschied zwischen zugelassenen und verbotenen Hilfsmitteln. Zugelassen war z. B. die Anrufung der Heiligen, verboten waren alle Praktiken, die die Hilfe von Dämonen beanspruchten oder Gegenzauber ohne christlichen Bezug.[2]

In der Fülle der Beispiele fallen drei Momente auf:

- eine ursprüngliche Nähe zur Natur in ihren Leben spendenden Kräften
- Passageriten des Aussonderns und Angliederns beim Übergang vom Stadium der Schwangeren zur Mutter und Wöchnerin
- körperbezogene Erfahrungen, bei denen alle Sinne angesprochen wurden

Die Nähe zur Natur

Die Anfänge des religiösen Brauchtums rund um die Geburt lagen in vorchristlicher Zeit. Dazu gehörten die Handlungen für oder gegen die Fruchtbarkeit. »Über verschiedene Sinnträger wurde sich an die lebensspendenden Kräfte der Natur gewandt.«[3] Brautleute wurden mit Reis überschüttet, rituelle Waschungen an heiligen Quellen oder das Trinken von Quellwasser sollte die Fruchtbarkeit der Frau fördern. Frauen suchten, um schwanger zu werden, den Kontakt zu heiligen Steinen, blieben auch auf ihnen liegen, eine Form des Inkubationsrituals. Es gab mythische Vorstellungen von der Herkunft der Kinder. »Die Kinder kommen aus den frischen Bächen des Schwarzwaldes, aus dem Titisee am Feldberg, aus dem Frau Hollenteich auf dem Meißner, dem Festenburger Teich bei Schulenburg im Harz, wo die große Wasserfrau sitzt, die die Kinder bei sich hat.«[4] Die Menschen sahen in Vögeln die Kinderseelen, wie es der Kinderreim vom Hollerbusch besingt: »Kinder unterm Hollerbusch machen alle husch, husch, husch.«

Frauen haben Bäume umarmt und geschüttelt. Die Plazenta, in einigen Gegenden auch die Nabelschnur, wurden unter einem Baum vergraben. Die Verbindung zur Natur war ihrem Wesen nach eine Verbindung zur Mutter Erde. Das Neugeborene wurde auf die Erde gelegt, mancherorts auch auf der Erde geboren. In Norwegen hat sich diese Beziehung zur Erde noch im Namen der Hebamme erhalten, sie heißt bis heute Jordemoder, was Erdmutter bedeutet. Um das Leben des Kindes nach mehreren Totgeburten zu erhalten, hatte ein Ehepaar in Mecklenburg das Neugeborene Erdmuthe genannt. Das Kind blieb am Leben.[5] Hebammen legten ein Säckchen mit heiliger Erde in die Wiege zum Schutz des Kindes. Hier sind auch alle Heilkräuter zu nennen, ebenso die Haut der Schlange: »Der Nattern Balck (welchen die Nattern von sich selbsten abstreiffen und weg legen) wann er von der gebärenden Frawen umbgürtet wirdt / hilfft die Geburt befürdern.«[6]

Die Verwandtschaft der Gebärenden mit allem Lebenden kam zum Ausdruck in dem Brauch, bei dem die schwangere Frau eine schwangere Stute aus der Schürze fütterte. Wenn sie bei einem gefährlichen Anblick erschrak, sollte sie zur Heilung an ein erntereifes, wogendes Kornfeld denken.

Passageriten

Es liegt nahe, die Fülle der überlieferten Rituale in die Struktur der Übergangsriten einzuordnen, wie Arnold van Gennep[7] sie herausgearbeitet hat. »Der Komplex der Schwangerschafts-, Niederkunfts- und Geburtsriten ist ... von besonderen Schutz- und Abwehrriten begleitet. Der Ort der Niederkunft, die Begleitperson als ›Hebemutter‹, der Umgang mit der Nachgeburt und Nabelschnur sind bestimmend für die Kernphase der Geburt, auf die Trennungsriten zulaufen und von der Integrationsriten ausgehen.«[8] Die Dreiteilung von Ablösungsphase mit Trennungsriten, Zwischenphase mit Schwellen- bzw. Umwandlungsriten und der Integrationsphase mit Angliederungsriten wird jedoch kritisiert.[9] Die Zwischenphase sei nicht belegbar. Es lassen sich Praktiken in der Phase der Schwangerschaft bis zur Kernphase der Geburt und solche für die Zeit nach der Geburt belegen. Beide Male finden sich Separations- und Integrationsriten, die in vier Gegensatzpaaren beschrieben werden können:

- positive Aktivitäten und negative Tabus,
- sympathetische Wirkung des Gleichen auf Gleiches und kontagiöse (ansteckende), stoffliche Übertragbarkeit,
- dynamistischer Glaube an eine unpersönliche Kraft und animistischer Glaube an eine personifizierte Macht,
- direkte Wirkung bei Zaubersprüchen und indirekte Mitwirkung von Geistern und Dämonen bei Riten.[10]

Eine sympathetische Praxis bestand z. B. darin, die Rose von Jericho neben der Mutter in eine Schale Wasser zu legen, damit ihr Öffnen das Öffnen des Muttermundes antreiben konnte. Sympathetisch wirkte auch das Klappern mit den Adlersteinen. Ausgehöhlte Steine, in denen kleine Steinchen enthalten waren, sollten das Kind zur Geburt antreiben. Kontagiös war der Brauch, der Frau während der Geburt das Hemd ihres Mannes anzuziehen, damit Hexen und Druden sie nicht erkennen konnten.[11]

Zu den direkten, positiven und animistischen Riten gehörten die Segenssprüche, die die Hebammen während der Geburtsarbeit sprachen: »Unsere liebe Frauwe und unser Herr Jesu Christ gingen miteinander durch die Statt. ›Ist niemand hier, der mein bedarf?‹ Liegt ein krankes Weib, sie liegt in Kindesbanden. ›Gott helf ihr und ihrem lieben Kind voneinander, da thu der Herr Jesu Krist, der schließ auf Schloß, Eiß und Bein, da helf Gott und unser lieben Frauen und die heilige Dreifaltigkeit‹ usw.«[12] Ein anderes Segenswort, das das Neugeborene schützen sollte, lautete: »Ich lege dich in Gottes Kleid, beschütze dich die heilige Dreifaltigkeit, Jesus ist ein starker Mann; wer stärker ist, der greif' dich an!«[13]

In einer Welt, die von Teufeln und Dämonen erfüllt war, spielten auch indirekte Riten eine wichtige Rolle. So wurde über das Bett der Gebärenden ein scharfes Messer mit der Klinge nach oben gehängt, damit der Teufel sich verletze, wenn er in die Stube gelangte. Aber so weit sollte er nicht kommen, weshalb alle Ritzen von Fenster und Türen so verstopft wurden, dass es bei den Schwangeren manchmal zu Sauerstoffmangel kam. Dies ist eines der schädlichen Beispiele der traditionellen Bräuche. Die Macht der Riten und Praktiken war stärker als die Vernunft.

Zu den Separationsriten gehörten alle Tabuvorschriften, nach denen eine Wöchnerin das Haus nicht verlassen durfte, weil sie sonst der Gefahr der Dämonen ausgeliefert war oder selbst durch ihre Unreinheit andere in Gefahr brachte.

Sinnenhaftigkeit

Alle Sinne waren beteiligt, »keine sinnliche Dimension kam zu kurz ...«[14]

Hören: Während der Geburt wurden die Viten der Heiligen Anna, Walburga und Margaretha vorgelesen oder erzählt, weil diese auch Geburtsschmerzen erlitten haben. Walburga hat Heilungswunder vollbracht, Anna, die Mutter von Maria, war der Inbegriff des erfüllten Ehe- und Familienlebens, Margaretha ist die Patronin der Gebärerinnen, weil sie vor ihrem Tod für Frauen in Kindsnöten gebetet hat.

Sprechen: Viele Gebete wurden an die Jungfrau Maria gerichtet. »Bei schwerer Schwangerschaft und Geburt: Das kleine Menschenkind kann nur mit Schmerzen geboren werden: Es mag dir die heilige Maria beistehen, die selber mit Schmerzen geboren hat. Es ist ein großes Glück, einem Menschen das Leben zu geben. Gib ihm deine besten Gedanken und den großen Glauben mit und trage mit Geduld, was dir auferlegt ist. Darum wollen wir beten: (folgen 3 Rosenkränze).«[15] Da Maria aber im ausgehenden Mittelalter als Himmelskönigin zu weit in den Himmel entrückt und dem menschlichen Leiden entfernt war, wurde ihre Verehrung von den Heiligen Anna und Katharina abgelöst.

Von Hildegard von Bingen ist ein Gebet überliefert, das der Beschleunigung der Geburt diente: »Öffnet euch, Wege und Pforten, (...) so wie Christus als Gott und Mensch die Riegel der Unterwelt geöffnet hat, so dass du, Kind, zu jener Pforte herauskommst, ohne zu sterben und ohne dass deine Mutter stirbt.«[16]

In der Edda sind Zaubersprüche, aus denen auch hervorgeht, dass Hebammen sie lernen und benutzen sollten: »Schutzrunen lerne, wenn du schwangere Frauen / Von der Leibesfrucht lösen willst: auf Hände und Gliedbinden male die Heilszeichen / Und den Beistand der Disen erbitte!«[17]

Sehen und Versehen: Bilder der oben genannten Heiligen wurden betrachtet und verehrt. Sie wurden z. B. in Schutzbriefen, so genannte Breverl, abgebildet. Die Mutter sollte sich hüten vor dem Anblick eines missgestalteten Menschen oder Tieres, damit ihr Kind nicht ebenso missgestaltet werde. Das nannte man das »Versehen«.[18]

Pilgern: Frauen pilgerten zu den Wirkstätten der Heiligen und baten um Schutz oder gelobten ein Opfer.

Berühren: Um ein Muttermal zu vertreiben, bestrich die Hebamme das Mal mit der Nachgeburt von drei Frauen, die uneheliche Kinder geboren hatten.[19]

Umgürten: Besonders beliebt waren wundertätige Gürtel. Sie wurden mit Weihwasser getränkt und um den Leib der Frau gebunden. Ein Schlüssel wurde an die rechte Kniebeuge gebunden, damit der Mutterschoss sich öffne.

Essen: Gebetszettel wurden von den Frauen gegessen, um ihre Wirksamkeit zu erhöhen.

Trinken: Hebammen waren besonders kundig in der Zusammenstellung von Kräutertees. Hier berührten sich praktische Hilfe und magische Riten.

Riechen: Öle, Salben und Tees wirkten durch ihren Duft. Kerzen, die am Lichtmesstag geweiht waren, wurden dreimal über der Gebärenden gekreist. In das erste Bad des Kindes wurden geweihtes Salz, ein Rosenkranz und Wein gegeben, das Kind mit Dill eingerieben.

Umklammern: Während der Presswehen umklammerten die Frauen ein »Aloisius-Fläschchen«, in dem Reliquien des heiligen Franz Xaver oder von anderen Heiligen enthalten waren.

Singen: Die Hebamme Oddrun singt für die kreißende Borgny: »... vor Borgnys Knie kam sie hilfreich: kräftig sang sie, kundig sang sie, mächtigen Zauber der Maid Heidreks.«[20]

Theologische Interpretation

In der Situation der Ohnmacht gegenüber den vielen unvorhersehbaren Gefahren, die während der Schwangerschaft, unter der Geburt und im Wochenbett auftreten konnten, entstand bei den begleitenden Frauen, bei den Familien und bei der Gebärenden selbst der Wunsch, aktiv etwas gegen die Mächte und Kräfte tun zu können. Die Grundkoordinaten, in denen die so genannten abergläubischen Praktiken entstanden, waren der Kampf zwischen Gott und den bösen Mächten, die Unterscheidung zwischen Profanem und Sakralem und zwischen Rein und Unrein. Wie konnten Frauen sich in diesen Koordinaten bewegen, ohne passiv alles über sich ergehen lassen zu müssen? Wie konnten sie aktiv allem Unverfügbaren standhalten? Alle Praktiken weisen hin auf die Ohnmacht und das Vertrauen darauf, dass die Macht Gottes die Machtlosen erlöse. Die von der Kirche anerkannten Praktiken und Segnungen haben »im Grunde die Bedeutung, die in der eucharistischen Segnung wurzelt, dass nämlich alle Dinge in Christus erlöst sind und dass in allen Verwendungen der Dinge dieser Erde die Gläubigen an der Gnade und Güte der Erlösung teilhaben.«[21] So war das Weihwasser ein Schutz vor Dämonen, über den auch die Frauen in ihrem Haus verfügen konnten.

Die Anwendung der Naturmedizin bestehend aus Steinen, Pflanzen, Tieren, war darüber hinaus eine Möglichkeit, sich die starken Kräfte der Erde nutzbar zu machen. Die Mutter Erde gibt alles Leben und nimmt es auch wieder in ihren Schoß. Mit ihr sich zu verbünden bedeutete, an ihrer Kraft teilzuhaben.[22] »An aller der Vorstellungen aber, zu denen wir vordringen, äußerstem Anfang steht die Mutter Erde. Hier müssen letzte Wurzeln religiösen Denkens verborgen sein.«[23]

Während in der katholischen Kirche sich diese Riten und Praktiken auch nach der Reformation erhalten haben, bezogen die Reformatoren Stellung dagegen. Nur im Vertrauen auf Gott, nur mit der Einhaltung des 1. Gebotes, durften Frauen im Geburtszimmer ihren Glauben leben. »Von allen Heilungs- und Abwehrzaubern, die traditionell in aller Offenheit ausgeübt werden durften, weil ein Widerspruch zum christlichen Dogma nicht bestand, blieb den Untertanen evangelischer Obrigkeiten neben den in Apotheken erhältlichen Arzneimitteln nur noch das Gebet, das noch dazu vom richtigen inneren Glauben getragen werden mußte.«[24] Als Ausgleich wurde das Seligwerden durch Kindergebären angeboten.[25] In einer Predigt von 1550 hieß es: »Dann man find wol etliche hebammen, die so aberglaubisch seind, das sie sich fälschlich selber bereden, das schwangere weib könne nit gebern, so könne auch das kindlin nit genesen, wo sie nit solch gauchelwerk und affenspiel treiben.«[26]

Frauen haben sich wenig gewehrt gegen diese Bevormundung. Sie haben die lutherisch-pietistische Haltung internalisiert und sich zu Eigen gemacht, sie haben mit einem von männlichen Theologen geschriebenen »abgeleiteten Ich«[27] gebetet. Im Geheimen wollten sie aber doch aktiv bleiben gegenüber dem Unverfügbaren[28] und benutzten z. B. das Gebetbuch als magische Kraft, indem sie es unter das Kopfkissen legten. Es sollte Mutter und Kind vor den Mächten des Bösen schützen. Oder sie lasen aus dem Gebetbuch die Zukunft des Kindes heraus.[29]

Der Glaube an Teufel und Dämonen wurde nun zur Waffe gegen die Frauen umgemünzt.[30] Heide Wunder charakterisiert die Geschlechterdifferenz in diesem Zusammenhang: »Während dieses ›Frommsein‹ in der Ritualisierung des täglichen Lebens als ›Aberglaube‹ bezeichnet wird, weil es im Verständnis der Kirchen nicht hinreichend auf Gott vertraute, unterlagen andere Formen der Ritualisierung, z.B. bei der Rechtssprechung oder ›Zunftgepflogenheiten‹, nicht diesem Verdacht, obwohl es materiell ebenfalls um ›Heiliges‹, allerdings außerhalb der kirchlichen Zuständigkeit ging. Der Unterschied ist wohl darin zu sehen, dass dieses rituelle Handeln von Männern im Rahmen von Institutionen stattfand und somit öffentlicher Kontrolle unterstand. Das routinierte tagtägliche Handeln von Frauen war zwar ebenfalls beobachtbar, aber doch nicht in gleicher Weise zu kontrollieren und zudem vieldeutiger.« Weiter merkt sie an: »Dieser lebensweltliche Kontext des Frommseins von Frauen könnte mit zur Erklärung beitragen, warum der Zaubereiverdacht einen spezifischen Frauenbezug erhielt.«[31]

Das Verbot abergläubischer Mittel hielt Einzug in alle Hebammenordnungen: »Zum andern Sollen die Bade-Mütter keine abergläubische Worte / Geberde / oder Segnerey gebrauchen / sondern das Werck von Gott / und andächtigem Gebet anfangen / auch damit mitteln und schliessen; und nicht allein für sich beten / sondern auch die anderen frauen / und sonderliche die gebährende Frauen / zum Gebet fleißig vermahnen / dass Gott bey dem

Wercke seyn / die Frau in Gnaden entbinden / und einen frölichen Anblick der Frucht gegen wolle; damit sie durch die heilige Tauffe ihm möge zugebracht werden.«[32]

Viele der Riten und Praktiken waren für Mutter und Kind ausgesprochen gesundheitsschädlich und müssen deshalb kritisch betrachtet werden. Das Begehren aber, das hinter allem stand, in der Situation der Ohnmacht aktiv sein zu können, bildet auch heute noch die Motivation für Ultraschall und andere medizinisch nicht nötige, d.h. nicht evidenzbasierte Untersuchungen, ebenso für Schwangerschaftsgymnastik und Geburtsvorbereitung. Und auch hier schlägt der Wunsch nach Sicherheit um in die Gefahr, wenn z. B. im Ultraschallbild eine Anomalie zu sehen ist und die Gefühle der Eltern dann von großen Ängsten besetzt sind, die dem Kind schaden. Ultraschallbilder gewährleisten keine Sicherheit, weder ohne noch mit Befund.[33] Der schmale Grad zwischen Vertrauen und Aktivität ist auch in der Gegenwart immer neu zu erproben und zu bestimmen.

Nottaufe: Begründung und Durchführung

Die Spende der Nottaufe[34] lässt sich seit dem Ende des 2. Jahrhunderts nachweisen. Sie ist eines der stärksten Machtmittel, mit dem die Kirchenmänner und Theologen großen Druck auf die Mütter und Väter und auf die Hebammen ausübten. Gerade die Probleme um die Nottaufe zeigen, wie schwer sich die männerdominierte Kirche damit tat, dass das Geburtsgeschehen eine Frauensache war. Beim Lesen der theologischen Schriften und Inschriften ist förmlich das Knirschen im Getriebe des Patriarchats zu hören. Deshalb soll hier auch ausführlich darauf eingegangen werden. Hätte die Definitionsmacht für die christliche Glaubenslehre auch bei Frauen gelegen und nicht allein bei Männern, wäre diese Form der Taufe sicher nicht eingeführt worden.

Die Nottaufe wurde als heilsnotwendig erklärt. Sie war notwendig geworden durch den Übergang von der Erwachsenen- zur

Säuglingstaufe und als Antwort auf die Lehre von der Erbsünde, mit der die Säuglinge bereits geboren wurden, und durch die Lehre von der Hölle und den Strafen des Fegefeuers, denen die Verstorbenen ausgesetzt waren und die große Angst erregten. Frauen- und lebensfreundliche Rituale zur Begrüßung des Neugeborenen wurden mit ihnen unmöglich gemacht.

Gregorius von Nazianz lehnte die Nottaufe durch Laien ab, Tertullian und die 4. Synode von Karthago nur die Nottaufe durch Frauen.[35]

Bis heute ist die Sorge um das Heil ungetauft verstorbener Kinder eine große Belastung für Eltern. Hannah Arendt schreibt zur Prädistinationslehre von Augustinus, die »dubiosteste und erschreckendste seiner Lehren«, wie sie sie nennt: »In ihrer extremen Form, wie sie von Augustinus am Ende seines Lebens vertreten wurde, besagt diese Lehre, Kinder seien ewig verdammt, wenn sie ohne Taufsakrament sterben. Das lässt sich nicht aus Paulus rechtfertigen, weil diese Kinder den Glauben noch nicht gekannt haben können ...«[36]

Erbsünde

Die Lehre von der Erbsünde basiert auf einer Auslegung von Gen 1-3 unter Verwendung der hermeneutischen Konstruktion von Paradies und Sündenfall.[37] Nach dem Sündenfall verlieren alle Menschen, auch die Neugeborenen, die Gottesebenbildlichkeit und den freien Willen. Sie leben nun im Stand der Sünde – peccatum originalis seu naturae –, die als geschlechtliche Begierde – concupistentia – weitervererbt wird. Die Menschheit ist dabei als Einheit mit Adam zusammenzudenken. »Wie nun durch die Sünde des Einen (sc. Adam) die Verdammnis über alle Menschen gekommen ist, so ist auch durch die Gerechtigkeit des einen (sc. Christus) für alle Menschen die Rechtfertigung gekommen, die zum Leben führt.«[38]

In Auseinandersetzung mit theologischen Strömungen der frühen Kirche, die die Sünde im Willen und nicht in der Natur des Menschen sahen, wurde diese Lehre von der Erbsünde durch Augustinus entwickelt und von der Generalsynode von Karthago 418 n. Chr. übernommen. Leib und Seele der Menschen sind so vergiftet, dass sie nicht mehr sündlos sein können – non potest non peccare. Dabei tritt das Anliegen des Paulus im Kontext des oben zitierten Römerbriefs, die Gnade durch Christus überschwänglich zu loben, zurück hinter dem Ziel, die Geschlechtlichkeit des fleischlichen Menschen in den Mittelpunkt zu rücken und negativ zu bewerten. Thomas von Aquin formuliert: »peccatum originale materialiter quidem est concupiscentia, formaliter vero est defectus iustitiae originalis.«[39] Dem Inhalt nach ist die Erbsünde Begierde, der Form nach fehlende Gerechtigkeit.

Die Taufe ist nun notwendig zum Heil des Neugeborenen. Es wird in der Taufe wiedergeboren und dadurch vor feindlichen Mächten geschützt – damit rückt die Geburt als Eintritt in das Leben in den Hintergrund. Die Taufe ist heilsnotwendig, necessitas ad salutem, weil sie die Macht der Erbsünde brechen kann.[40] Nun musste aber auch alles getan werden, um das Neugeborene zu retten – und das erweiterte den Aufgabenbereich der Hebammen, den ihr die Kirche zugestand. Die Synode von Trier legte 1310 die Nottaufe durch Hebammen fest und gab folgende genaue Anweisungen: »Wenn eine Frau während des Gebärens stirbt und das Kind noch im Mutterleib ist, so muss man diesen sogleich öffnen und das Kind, falls es noch lebt, taufen. Ist es tot, so ist es außerhalb des Gottesackers zu begraben. Wenn eine Frau nicht gebären kann und das Kind nur den Kopf aus dem Mutterleib hervorstreckt, so muss die Hebamme Wasser darüber gießen mit den Worten: ›Ich taufe dich im Namen ...‹ und das Kind ist getauft. Ebenso ist es zu halten, wenn das Kind zwar nicht den Kopf, aber sonst einen größeren Teil des Leibes aus dem Mutterschoß hervor streckt. So man das Geschlecht des Kindes nicht erkennen kann, hat die Hebamme zu sprechen: ›Creature Dei, ego te baptizo!‹«[41]

Die lutherischen Theologen behielten die Lehre von der Erbsünde bei. Melanchthon ordnete jedoch die Begierde nicht mehr dem Geschlechtlichen zu, sondern dem Fehlen von Gottesfurcht, Gottvertrauen und im Zweifel an Gott. So heißt es im Augsburger Bekenntnis von 1530:

Artikel 2: Von der Erbsünde

Weiter wird von uns gelehrt, dass nach Adams Fall alle natürlich geborenen Menschen in Sünde empfangen und geboren werden, das heißt, dass sie alle von Mutterleib an voll böser Lust und Neigung sind und von Natur keine wahre Gottesfurcht, keinen wahren Glauben an Gott haben können, ferner dass auch diese angeborene Seuche und Erbsünde wirklich Sünde ist und daher alle die unter den ewigen Gotteszorn verdammt, die nicht durch die Taufe und den Heiligen Geist wieder neu geboren werden.[42]

Der Geburtsakt ist also sündhaft, das Neugeborene ein sündiger Mensch und nur die Taufe rettet ihn. Daher ist auch besser zu verstehen, warum lutherische Christinnen und Christen solch große Angst hatten, wenn das Kind ungetauft zu sterben drohte.

Martin Luther und Johannes Bugenhagen reagierten auf die große Angst der Mütter ungetauft verstorbener Säuglinge mit dem seelsorgerlichen Hinweis auf die Gnade Gottes. Die reformierte Kirche unter Calvin lehnte die Nottaufe ganz ab, denn sie lehrte die Vorherbestimmung zum Heil, die sog. Prädestinationslehre. Die katholische Kirche behielt zwar die Lehre von Hölle und Fegefeuer bis heute bei, doch kirchliche Lehre und seelsorgerliche Praxis gehen in der Gegenwart weit auseinander. Kein Priester wird einem Ungetauften mit diesen Strafen drohen.

Die Hölle der ungetauften Kinder

Die Erbsünde hat die ewige Höllenstrafe zur Folge. Das Jenseits von Hölle und Fegefeuer wird vorgestellt in fünf Bezirken, den receptacula: 1. infernus, die Hölle für die Bösen, 2. paradisus, das

Paradies für die Seligen, 3. purgatorium, das Fegefeuer für die armen Seelen, 4. limbus paterum, der Aufenthaltsort für die Frommen des Alten Testamentes und 5. limbus infantium, der Ort für die ungetauften Kinder, die keine Tatsünden begangen haben, und die Frommen des Alten Testamentes. Eine biblische Begründung für den limbus infantium gibt es nicht. Die ungetauft verstorbenen Kinder werden nicht so bestraft wie diejenigen, die persönlich gesündigt haben, sie können »trotz ihrer Verdammnis in ihrer Weise glücklich sein«.[43] Die Synode von Konstantinopel verschärfte die Lehre 543 n. Chr. noch mit der Feststellung, dass die Hölle ewig sei.

Diese Lehre, die die griechische Kirche nicht kennt, wurde von Thomas von Aquin weiter ausgebildet auf Grundlage folgender Bibelstellen:

- Eph 4,8 (hier wird Ps 68,19 zitiert): Christus ist aufgefahren zur Höhe und hat Gefangene mit sich geführt und hat den Menschen Gaben gegeben.
- Petr 3,19 (dieser Vers bezieht sich auf Gen 6,4): Die Menschentöchter werden zur Strafe für den Verkehr der Engel im Innern der Erde gefangen gehalten.
- Hebr 9,6-8: Nach Aussage des Priesters der Stiftshütte steht der Weg in das Heiligste noch nicht offen.
- Hebr 11,39: Die Wolke der Zeugen hat zwar durch den Glauben Gottes Zeugnis empfangen, aber die Verheißung steht noch aus.

Dieser Vorstellungskomplex wurde seit dem 5. Jahrhundert zur moralisch-pädagogischen Disziplinierung der Menschen ausgeformt und angewandt. Die Frage, ob Hölle, Fegefeuer und Vorhöllen feste Orte sind, z. B. in der Mitte der Erde oder auf dem Berg liegen, hat die Kirche nicht lehrmäßig entschieden. In der Volksfrömmigkeit wurde jedoch alles real vorgestellt, obwohl die Kirche bis heute das Höllenfeuer nicht materialistisch, sondern geistig symbolisch versteht. Die Einführung des Allerseelentages 993 n. Chr. im Zusammenhang mit der cluniacensischen Reform hat die Angst vor den Strafen im Jenseits wesentlich verstärkt.[44]

Für die Frauen, die Mütter und die Hebammen, bildeten die Bilder vom Jüngsten Gericht in den Kirchen und auf den Altären das bedrohliche Anschauungsmaterial. Die Sorge um das Seelenheil der ungetauft verstorbenen Säuglinge war unbeschreiblich groß, denn man glaubte, dass Hexen und Zauberer nur über ungetaufte Kinder Macht hatten.[45]

Äußere Anlässe für eine Nottaufe waren die schwache Gesundheit des Neugeborenen oder der Tod der Mutter vor der Geburt und die Verhinderung einer Taufe durch den Pastor bei »Kriegsumzug, Regenwetter, große Gewässer, schlimmer Witterung, mitten unter dem Donner der Kanonen, wegen Kriegsunruhen, ›weilen die passage durch die Saar durch die gegeneinander stehenden Kriegsherren gesperrt war‹, wegen grassierender Pest.«[46] So sollten Hebammen, wenn die Mutter unter der Geburt gestorben war, sofort ihre vorgesetzten Frauen oder einen Chirurgen rufen, damit das Kind durch Kaiserschnitt entbunden wurde, im Notfall sogar selbst schneiden. »Zweck des Schnitts war ... nicht die Erhaltung des Lebens des Ungeborenen, denn die Chance, dass das Kind den ersten Tag oder gar das Säuglingsalter überlebte, war, wenn die Mutter starb, gering. Bezweckt wurde vielmehr die ›Rettung der Seele des Kindes‹ – die Gewährleistung des ewigen Lebens im Zustand der Gnade durch die Taufe.«[47] Aus der Regensburger Hebammenordnung von 1452 geht hervor, dass die Hebammen oft den Kaiserschnitt verweigerten. Sie wussten um die Ohnmachtsanfälle der Mütter und fürchteten, eine Scheintote zu öffnen. Die Hebammen sorgten dafür, dass das gegebenenfalls totgeborene Kind nicht mit der toten Mutter begraben wurde, denn es musste in ungeweihter Erde liegen.[48]

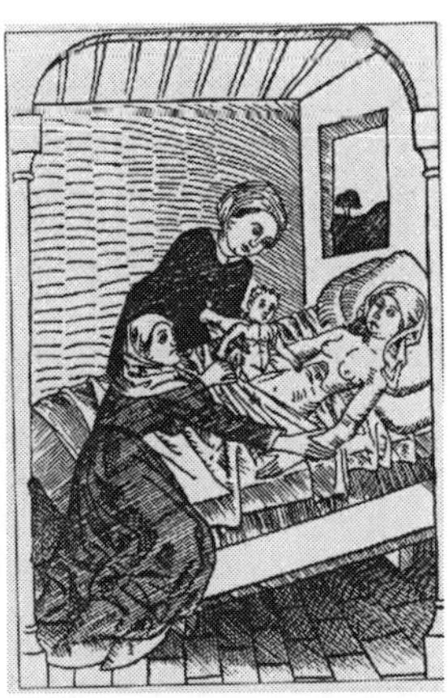

Abb. 6: Hebammen bei einer Schnittentbindung. Holzschnitt aus dem »Seelenwurzgärtlein« des Conrad Dinkmuth, 1483[49]

Wie tief die Angst saß, wird deutlich an dem Brauch, totgeborene Säuglinge zu Wallfahrtsstätten zu bringen.[50] Dort, so hofften die Mütter, würden sie für Sekunden ein Lebenszeichen geben und könnten in diesem Moment dann getauft werden. Zu dem Wallfahrtsort Ursberg sollen zwischen 1686 bis 1720 mehr als 24 000 totgeborene Kinder gebracht worden sein, doch nur bei einer geringen Zahl fand tatsächlich eine augenblickliche Bewegung statt. Andere gruben die außerhalb des Friedhofes beerdigten Ungetauften aus und legten sie unter das Regendach der Kirche, damit sie vom himmlischen Segen beträuft und dadurch gerettet würden. Diese Verzweiflungstat wurde »Traufe« genannt.[51]

Im Gegensatz zu dieser androzentrischen Theologie von der Erbsünde und der heilsnotwendigen (Not-)Taufe stand das frauenrechtliche Brauchtum. Die »Kindbetterkinder« bekamen von der Frauengemeinschaft einen Rosmarienkranz als Symbol des Lebens auf das Grab gelegt.[52] Frauenspiritualität orientierte sich am Leben, nicht an der Erbsünde.

Trost für Eltern ungetauft verstorbener Kinder

Nur wenige Kirchenmänner haben sich mit der großen Not der Eltern, deren Kinder ungetauft verstorben waren, aus seelsorgerlichen Gründen befasst. Zu ihnen zählten Martin Luther und Johannes Bugenhagen. Und auch sie hielten an der Notwendigkeit fest, durch die Taufe wiedergeboren und dadurch gerettet zu werden. Andererseits argumentierten sie, dass auch die ungetauften Kinder gerettet seien.

Martin Luther[53] warnt in seinem Traktat zunächst davor, den Müttern Schuldgefühle zu machen, besser sei es, sie schickten sich in Gottes Willen. Die Gebete und das Seufzen der Mütter würden den Kindern am meisten bei Gott helfen, wie auch die Mutter des Augustinus durch ihr Weinen und Beten ihren Sohn gerettet habe. Schließlich verweist Luther auf die Bibelstellen von der Auferweckung des Jünglings zu Nain, der Syrophönizierin, des Hauptmanns von Kapernaum, und anderen.

Johannes Bugenhagen nennt in seinem Trost für die Eltern der ungetauft Verstorbenen[54] acht Argumente:

1. Kinder zu bekommen ist nicht der Eltern Geschicklichkeit, sondern Gottes Werkzeug. (Ps 127, Gen. 1)
2. Wer sich dessen gewiss ist, soll fest glauben, dass Gott sein Werk auch selbst vollendet. (Joh 10, Ps 139)
3. Das Gebet der Eltern wird von Gott gewisslich gehört. (Joh 16)
4. Auch wenn Gott versucht, weiß er, was er tut. (Joh 6)
5. Wenn die Eltern ein christliches Leben geführt haben, können sie sich mit der Gegenwart Gottes trösten.
6. Wenn das Kind geboren ist, ist trotz aller Schmerzen die Freude groß. (Jes 30, Joh 16)
7. Denen, die Gott lieben, wird alles zum Besten dienen. So werden Frauen durch Kindergebären selig. (Rm 8, 14; 1. Tim 2)
8. Das Gebet der Eltern für die ungetauften Kinder wird von Gott erhört. (Joh 16, Rm 10, Eph 2, Joh 6)

Die Ungetauften sollen auf dem Friedhof wie alle Christen, aber ohne Geläute begraben werden. (Ps 51)

Frauen taufen – ein Problem für die Kirche

Die Nottaufe durch Hebammen stellte für die Kirchenmänner ein besonderes Problem dar, weil nur Frauen und weder Theologen noch männliche Laien bei der Geburt anwesend waren, um das Sakrament zu spenden. Die Frage der Frauentaufe soll hier ausführlich behandelt werden, denn sie spielt für die Einstellung der Kirche zu Hebammen eine besondere Rolle. Die Argumente lassen die frauenfeindliche Grundhaltung erkennen.

In der frühchristlichen Kirche hatten Frauen noch getauft. Anne Jensen schreibt über die Diakoninnen, die ordinierten Amtsträgerinnen am unteren Rand der Hierarchie: »Es war Aufgabe der Diakoninnen, die weiblichen Katechumenen zu unterrichten und einen großen Teil der Taufriten an ihnen zu vollziehen: Sie entkleideten sie und salbten ihren nackten Körper mit Öl ... Dann führten sie die Frauen an das Wasserbecken, tauchten sie unter und bekleideten sie schließlich mit dem weißen Gewand der Neugetauften. Nur das Sprechen der Taufformel und eine letzte Salbung auf der Stirn waren dem Bischof vorbehalten.«[55] Aber bald waren die Diakoninnen nur noch liturgisches Dekor. »Mit der Entwicklung zur Volkskirche und dem Schwinden der Erwachsenentaufe verloren die Klerikerinnen an Bedeutung als Katechetinnen und Liturginnen.«[56]

Aus den Verboten der Frauentaufen kann ebenfalls geschlossen werden, dass Frauen in den ersten nachchristlichen Jahrhunderten getauft haben. So steht in der syrischen *didaskalia* unter der Überschrift »Daß es einer Frau nicht erlaubt ist, zu taufen«: »Was nun die Frau betrifft, so raten wir, nicht zu taufen, oder sich von einer Frau taufen zu lassen, denn das ist eine Übertretung des Gebotes und sehr gefährlich für die, welche tauft, und den, welcher getauft wird. Denn, wenn es erlaubt wäre, von einer Frau getauft zu werden, so wäre unser Herr und Meister von seiner Mutter Maria getauft worden, wie auch die andern aus dem Volke. Bringet also keine Gefahr über euch, ihr Brüder und Schwestern, indem ihr euch wie außerhalb des Gesetzes des Evangeliums stehend betragt.«[57] Zu dem Verbot tritt bereits die Warnung vor Strafen, vor denen es kein Entrinnen gibt.

Thomas von Aquin erörtert das Problem in Quaestio 67,4: Utrum mulier possit baptizare.[58] Er antwortet auf die Festlegungen des Konzils von Karthago, die drei Begründungen gegen die Taufe durch Frauen angaben: 1. Eine Frau darf nach 1. Kor 14,35 nicht öffentlich lehren, also auch nicht taufen. 2. Taufen gehört zum Amt des Vorgesetzten. Deshalb muss man die Taufe von Priestern empfangen. 3. »Bei der geistigen Wiedergeburt scheint das Wasser die Stelle des Mutterschoßes zu vertreten, wie Augustinus zu Jo 3,4 sagt ... Wer aber tauft, scheint mehr das Amt des Vaters zu haben, was einer Frau nicht zusteht. Also kann eine Frau nicht taufen.« Dagegen führt Thomas von Aquin jeweils den Notfall als Ausnahme an, doch mit Strafandrohungen verbunden. »Wenn jedoch eine Frau außerhalb des Notfalles taufen würde, so wäre der Täufling nicht wieder zu taufen ... Die Taufende würde sich aber versündigen, sei es durch Empfang der Taufe, sei es durch Herbeibringung des Täuflings.«[59] Im Grunde ist es immer Christus, der tauft. Wie deshalb ein männlicher Laie taufen kann als Diener Christi, so auch eine Frau im Notfall. »Wenn die Frau zwar nicht öffentlich lehren, aber in persönlicher Belehrung und Ermahnung jemanden unterweisen darf, so darf sie auch nicht öffentlich und feierlich taufen; wohl aber kann sie im Notfall taufen.«[60]

Mit den neuen Kirchenordnungen der reformatorischen Kirchen musste die Frage nach der Taufe durch Frauen aufs Neue erörtert werden. In einer ausführlichen Abhandlung,[61] um die die beiden evangelischen Witwen Margarete und Catharina von Veltheim gebeten hatten, schrieb 1597 der Theologe und Pastor Andreas Schoeppius mit sieben Gründen eine Verteidigung der Nottaufe durch Frauen:

- Die Beschneidung im Alten Testament und die Taufe im Neuen Testament sind gleich. Zippora hat ihre Söhne beschnitten.[62] Weil Christinnen selbst getauft sind, Frauen in Israel aber nicht beschnitten sind, besteht noch mehr Recht für die Frauentaufe.
- Zwar müssen Frauen den Männern untertan sein, doch Sara, Rebekka, Debora, Hulda, Judith, die Prophetin Hanna und die Frau, die Jesu Mutter selig pries, Maria Magdalena, Prisca, die vier Töchter des Philippus und alle Frauen, die beteten und weissagten, haben öffentlich gesprochen.
- Eusebius erzählt die Geschichte von den Kindern, die Taufe spielen und sich gegenseitig mit Wasser taufen. Diese Taufe ist gültig, also auch die der frommen »Matronen«.
- Was von allen empfangen wurde, kann auch von allen gegeben werden.

- Hieronymus und Augustinus erlauben die Nottaufe durch Laien.
- Weil das Sakrament im Wort und nicht in der Person begründet ist, ist auch die Taufe durch eine Hebamme oder eine andere Frau gültig.
- Zuletzt das Argument a posteriori: Die von Frauen Getauften wurden gute Christen, also kann die Frauentaufe nicht falsch sein.

Schoeppius wendet sich entschieden gegen alle, die spöttisch von »Weibertaufe« sprechen.

In allen Kirchenordnungen des 16. Jahrhunderts werden im Zusammenhang mit der Nottaufe Hebammen direkt angesprochen.[63] Die Kirchenordnungen hatten die Aufgabe, die katholische Lebenspraxis für alle Gebiete des Lebens so umzuwandeln, wie es der evangelische Glaube verlangte. Dazu gehörte auch die Regelung des Hebammenwesens im Rahmen einer sozialen Ordnung und die Anweisungen über die Nottaufe. Die jetzt verheirateten Pfarrer hatten zudem eigene Erfahrungen mit Geburten in der eigenen Familie. Und gerade im Umgang mit den Totgeburten konnte der befreiende Glaube Trost spenden.

Als Beispiel sei hier die Kirchenordnung für das Herzogtum Lauenburg von 1530 zitiert: »Wenn denn ein kindt gebaren is, und hastigen krank wert, denne schall de bademöme nevenst den andern fruwens dat kindt mit solcken edder der gelicken worden gade befehlen: Herr Jesu Christe, dith kind bringe wi for di, und bidden di, du woldest idt van uns annehmen, ock christen laten sin. Darup schal se dat kindt döpen mit dissen wörden: Ick döpe di in dem nahmen des vaders, und des sohns, und des hilligen geistes, amen.«[64]

Wesentlich ausführlicher werden die Hebammen und die Gruppe der Frauen in der Kirchenordnung von Sachsen 1557 thematisiert: »Von der nottaufe. Weil bis daher in der christlichen gemein ein löbliche und wolgegründte gewonheit gehalten worden, das alle christliche personen, und sonderlich die weemütter (in ansehung, das auch die weiber miterben des reichs Christi sein, und die noth der gemeinen ordnung und regel nicht unterworfen ist) zur zeit der noth, in abwesen der menner die kindlein getauft haben, welchs man die nottaufe genennet hat, so wollen wir dieselbige auch nicht aufheben, sondern in ihrer kraft bleiben lassen.«[65]

In der Kirchenordnung des Herzogtums Preußen von 1568,[66] die die Bischöfe Mörlin und Venediger nach der Kirchenordnung von Johannes Brießmann aus dem Jahr 1544 überarbeitet hatten, fiel bereits die Diskrepanz zwischen der theologisch positiv begründeten Darstellung des Hebammenberufes und der vernichtenden Kritik an den im Herzogtum arbeitenden Hebammen auf. Die Theologen beginnen das Kapitel »Von den altfrauen[67] oder hebammen«, indem sie die Persönlichkeiten der Hebammen ihrer Zeit äußerst negativ bewerten und ihnen Trunksucht, magische Praktiken und daraus resultierende Vernachlässigung von gebärenden Frauen mit Todesfolge vorwerfen:

»1. Bei denen ist gar oft grosser mangel und feil, dass sie greuliche vollseuferin[68] oder abergleubische leut[69] sind, darüber dann mache frommen frauen verseumet werden, etliche gar jemmerlichen um ir junges leben gebracht, oder sonst der liebe gott erzürnet wird, wann abgötterei getrieben und sein heiliger namen gelestert wird. Darum soll ein jeder pfarrherr zusehen, weil solches in die seelsorge und unser amt gehört, dass er die altfrauen zuweilen fürnehme, sie vermahne auf folgende weise.«[70]

Zu Beginn ihrer Ausführungen begründen die beiden Autoren das Hebammenamt theologisch sehr positiv, wie im Kapitel »Spuren der priesterlichen Rolle der Hebamme in der Kirchengeschichte« zitiert wurde. Doch dann werden die Frauen, die dieses Amt innehaben, nur noch ermahnt:

- Sie sollen Gott fürchten, dass sie nicht lästern und sich vollsaufen.
- Sie dürfen nicht Maria oder die Heiligen anrufen, keine magischen Praktiken anwenden, sondern Gott anrufen, wie Ps 50 sagt: »Ich will dich retten ...«
- Sie sollen die Schwangeren trösten, denn Gott wird ihnen Kraft geben. Sie sind ein Werkzeug Gottes.

- Sie sollen ihr Werk mit dem Gebet beginnen.
  Hier folgt ein formuliertes Gebet:
  »Wir danken dir, herr gott, himmelischer vater, dass du diese frau mit frucht des leibes gesegenet hast, und bitten deine grundlose barmherzigkeit, du wollest dir dieselbigen lassen, als ein getreuer vater, befohlen sein, sie mit ihrer mütterlichen bürden gnediglichen entbinden und ihr nach den schmerzen die freude geben, welche dein lieber sohn vertröstet und zugesaget hat. Wir tragen auch, lieber herr Jesu Christe, dir in unserm armen gebet dies ungeborne kindlein auf dein wort für, do du sprichst: Lasst die kindlein zu mir kommen und bitten von herzen, lass es dein sein; kommet es dann dazu, dass du es in unsere hende giebst, als wir zu dir genzlich hoffen und uns gewisslich versehen, so wollen wir es dir auch leiblich in der seligen tauf zutragen nach deinem befehl, der du bist der ewige heiland aller menschen, mit deinem vater und dem heiligen geist gelobet, wahrer gott in ewigkeit. Amen.«[71]

Bei der Abgrenzung gegenüber dem katholischen Brauchtum traten verschiedene Probleme auf, die in den Kirchenordnungen neu geregelt wurden:

- Die Hebammen müssen unterrichtet werden, wie zu taufen ist. »... das schwache kindlein mit wasser drei mal im namen gottes des vaters und des sohns und des heiligen geistes taufen lassen ...«[72] Die Kirchenordnung für das Herzogtum Preußen von 1568 mahnt: »Zum siebenden nehmen sie zu der nottaufe, was zu der tauf von gott verordnet ist, nämlich wasser und wort, machen kein eigenes nach irem oder anderer leut gutdunken, sondern halten dem herrn Christo seine ordenung, sonst ist es kein tauf, das kann jedermann wohl verstehen. Zum achten nottaufen sie kein kind allein, wo sie nicht zum wenigsten zwo oder drei frauen dabei haben. In dem mund zweier oder dreier zeugen (spricht gott Deuter. 19) soll alle sachen bestehen. Kann derhalben die kirche das kind sonst nicht für getauft annehmen.«[73]

- Es soll nicht zu schnell notgetauft werden, so die Kirchenordnung des Herzogtums Preußen 1568: »Die pfarrherren sollen das volk in den predigen unterrichten, das sie nicht leichtlich zu der nottauf eilen, sondern warten, bis das kind ganz und gar von mutterleib auf erden geboren wird, wie wir hernach von den altfrauen oder hebammen mehr davon berichten wollen.«[74] Denn nur ein Geborener kann wiedergeboren werden.
- Wenn Männer anwesend sind, sollen diese und nicht die Hebamme taufen. »Es sollen aber die weiber, nach dem das kind in die welt geboren, ausserhalb der höchsten not des kindes schwachheit, nicht nottaufen, sondern da sie ein kirchendiener oder sonst einen christlichen man in der eil zuhanden haben können, denselbigen berufen und das kindlein teufen lassen«; so verlangt es die Kirchenordnung von Sachsen 1580.[75]
- Zur Taufe gehören: das Vaterunser, die Anrufung der Dreieinigkeit, das Wasser. Warmes Wasser ist in Sachsen verboten, ebenso Wein, Essig oder Milch: »Desgleichen sollen die wehmütter mit anders nicht denn mit wasser taufen, und nicht, wie etwan in solcher not geschehen, was sie ergreifen, als wein, essig, milch dazu gebrauchen, weil Christus mit ausdrücklichen worten allein wasser dazu verordnet hat, welchs man auch jederzeit in solchen notfellen haben kann.«[76] Zu bedenken ist hier, dass viele Dörfer nur einen Brunnen hatten, der womöglich im Winter zugefroren war!
- Kein Zweifel an der Nottaufe: »Na dem bede schal ein döpen, in dem namen des vaders, des söns unde de hilligen geistes, unde schölen alle gelöven, dat kind si rechte unde genochsam gedoft, unde ist ane noth, dat me idt scholde noch ein mal in der kercken döpen.« So steht es in der »ordeninge der misse 1545« für Mecklenburg unter der Überschrift: »Form und wise, wo sick kerckheren, vadern unde bademömen, bi der notdöpe holden schöllen« geschrieben.[77]
- Keine zweite Taufe, so die Kirchenordnung, die Johannes Bugenhagen 1535 für Pommern schrieb: »So ein kind in der not im

huse gedofft is, schölen idt die frouwen, so dar bi gewest, unde gedöfft hebben, in die kercke bringen, dar schall se de priester vorhören, unde so idt recht, mit water im namen des vaders unde söns unde hiligen geistes gedofft i, schal he idt nicht wederumme döpen, sunder schal solcke döpe so gescheen, annehmen unde bestetigen, unde de gevaddern schölen da sin als tügen, dat dat kind gedöfft isie, und schöle denn de prester bi dem kinde, midden in der kerken eder vor dem altar lesen dat hilige evangelion, wo in deme döpebökeschen steit, und spreken, den geloven beden, dat vader unser besluten mit deme gebede, De almechtige gott etc.«[78]

- Wenn das Kind am Leben bleibt, soll es in der Kirche gesegnet werden.
- Wenn zuerst nur Gliedmaßen des Kindes sich zeigen, dann dürfen diese nicht notgetauft werden, denn Taufe ist Wiedergeburt. Wiedergeboren werden kann aber nur, wer geboren ist. In der Kirchenordnung von Mecklenburg wurde dieses Problem erstmals 1602 aufgenommen, nachdem wohl die katholische Verfahrensweise auch von lutherischen Hebammen weiterhin geübt wurde: »Es sollen aber auch die Pfarherrn und Prediger die Hebammen oder weise Frawen, wie man sie an etlichen Orten nennet, sonderlich unterrichten, dass sie kein Kind, so nicht gantz zur Welt gebohren ist, nothtauffen sollen, Denn der Mensch muß gantz zu Welt gebohren seyn, soll er durch die Heilige Tauffe wiedergebohren werden, Wie klärlich erscheinet aus den Worten Christ, Johan. 3. Es sey denn dass jemand von newen gebohrn werde, kann er das Reich Gottes nicht sehen. Und augustinus. Qui natus non fuerit, renasci non potest. Wer nicht gebohrn ist, der kan nicht anderweit, oder new gebohrn werden.«[79]
- Wenn man sich nicht sicher ist, ob das Kind rechtmäßig getauft ist, dann muss es mit der Konditionalformel getauft werden: »Wenn du ungetauft bist, taufe ich dich!«
- Wenn eine Frau während des Gebärens stirbt und das Kind noch im

Mutterleib ist, so muss eine erfahrene Hebamme diesen sogleich öffnen (Kaiserschnitt) und das Kind, falls es noch lebt, taufen.[80]

Das Problem der Unterrichtung der Hebammen zieht sich bis in die Gegenwart hinein. Aus dem 19. Jahrhundert sei hier das Circularschreiben des mecklenburgischen Oberkirchenrats erwähnt:

»2. Da Uns von Pastoren selbst vorgetragen ist, dass jetzt nicht einmal die Hebammen wüssten, wann zur Nothtaufe zu schreiten und wie dieselbst zu verrichten sei, so befehlen Wir sämmtlichen Pastoren, den in ihrer Parochie fungierenden Hebammen und jeder neu angestellt werdenden Hebamme, und in den Landgemeinden auch den sämmtlichen Schullehrern, gründliche Anweisung darüber zu geben, wann man zur Nothtaufe zu schreiten berechtigt und verpflichtet, und wie bei Ertheilung derselben zu verfahren sei.«[81]

Aus Selbstzeugnissen von Hebammen in Bayern erfahren wir, dass die katholische Kirche auch die Taufe an Gliedmaßen oder dem im Mutterleib Verstorbenen mit Hilfe eines Taufklistiers und abgekochtem Weihwasser durchführen ließ.[82]

In den Kirchenbucheintragungen finden sich oft die Namen der Hebammen, die notgetauft haben. In dem südlichen Teil Badens, das zu Österreich gehörte, wird ausdrücklich die Taufe von Judenkindern auf Grund eines Hofdekretes aus Wien verboten.[83]

Zur aktuellen Situation

Die Nottaufen in den deutschen Krankenhäusern werden meist von den KrankenhausseelsorgerInnen gespendet, sie werden »Taufen in Notfällen« genannt. »Eltern wünschen eine schnelle Taufe, damit das Kind in guten Händen ist. Ich entwerfe dann ein kleines Taufritual, lade Schwestern und ÄrztInnen dazu ein. Bei Totgeburt gibt es auf Wunsch eine Kindersegnung. Nottaufe ist ein vielfältiges gesellschaftliches Problem, weil ja die meisten Menschen hier Atheisten sind. Wenn Hebammen nottaufen würden, wäre dies ein Bekenntnis.«[84] Es herrscht aber eine große Unklarheit über die Nottaufe: »Was mir erst beim Lesen wieder einfiel, ist der teilweise katastrophale Zustand der Nottaufe, ohne Hirn und Verstand und ohne jede Einführung. Da werden tote Kinder nachträglich getauft, da taufen Muslimas, da tauft der Pfarrer nochmal, PfarrerInnen nennen ihre Taufe Nottaufe, Kinder werden ohne den Willen der Eltern notgetauft, ebenso Kinder anderer Religionen. Angesichts des Sterbens kleiner Kinder bricht das Denken ein. Man will irgendetwas tun.«[85]

Die Frage, wie verstorbene ungetaufte Kinder zu behandeln seien, ist bei vielen Geistlichen ungeklärt. So kann auch die Beerdigung eines ungetauften, weil totgeborenen Kindes abgelehnt werden: »Als meine Tochter totgeboren auf die Welt kam, weigerte sich der ortsansässige Pfarrer, dieses Kind zu beerdigen – es sei nicht getauft. Mir als Mutter war dies jedoch wichtig, meine Tochter nicht einfach so in der Erde zu verscharren – zumal es noch ältere Geschwister gab. Also musste ich mich auf die Suche nach einem offeneren Seelsorger machen. Ich fand ihn Gott sei Dank!«[86]

Im Evangelischen Kirchengesangbuch wird die Tradition der Kirchenordnungen fortgesetzt: »Ist das Leben eines Kindes in Gefahr und ist eine Pfarrerin, ein Pfarrer nicht erreichbar, darf jeder Christ die Taufe vollziehen. Für die Eltern kann es ein Trost sein, dass ihr Kind in die Gemeinschaft Gottes und seiner Kirche aufgenommen worden ist. Wenn das Kind stirbt, bevor es getauft werden konnte, dürfen wir es getrost bei Gott geborgen wissen. Auch einem ungetauften Erwachsenen darf bei Lebensgefahr die Taufe in Notfällen gespendet werden. Voraussetzung für die Taufe in Notfällen (»Nottaufe«) ist, dass die Eltern des Kindes oder der erwachsene Taufwillige selbst einverstanden sind und die Taufe wünschen. Die Taufe soll, wenn möglich, in Gegenwart christlicher Zeugen vollzogen werden.« Dann folgt der Taufbefehl, Spendung der Taufe, Vaterunser und Glaubensbekenntnis, Gebet. Weiter heißt es: »Wer die Taufe in Notfällen empfangen hat, ist gültig getauft. Die Taufe in Notfällen soll dem zuständigen Pfarramt möglichst bald unter Angabe der Taufzeugen mitgeteilt werden, damit der Vollzug der Taufe festgestellt und beurkundet werden kann. Danach soll die Taufe im Gottesdienst der Gemeinde bekannt gemacht werden. Ist eine Taufe nicht mehr möglich, dürfen Angehörige und Freunde auch ungetauft Verstorbene in Gottes Liebe geborgen wissen.«[87]

Die Hebamme als Seelsorgerin

Die Kirchen der Reformation beauftragten Hebammen auch mit dem Dienst der Seelsorge. Die Hebammen mussten sich verpflichten, in Gesprächen und im Umgang mit den Schwangeren, Gebärenden und Wöchnerinnen alle so genannten abergläubischen Praktiken zu unterlassen, also alle unterstützenden Parallelhandlungen und alle Rituale zum Schutz von Mutter und Kind. Sie sollten dagegen tröstende und vermahnende Worte des Evangeliums sprechen und bestimmte reformatorische theologische Inhalte transportieren. Männliche Theologen wählten Bibelstellen und formulierten theologische Inhalte, unterrichteten und überwachten sie. Trost und Vermahnung sollte nur im Gebet, beim Singen von Kirchenliedern und im Zitieren von Bibelstellen gefunden werden. Gott allein sollte die rechte Hebamme sein.

An dieser Stelle sei ein Simultanbild eingefügt, das die konkrete Situation für die Seelsorge durch die Hebamme veranschaulicht. Auf dem Bild werden die Tätigkeiten der Hebammen und Nachbarinnen während der Schwangerschaft, bei der Entbindung und am Wochenbett gleichzeitig dargestellt: Im Hintergrund berät die Hebamme eine schwangere Frau. Vor der Küchentür links ist eine Frau in Wehen, ein Kind sucht sie zu trösten. In der Bildmitte findet eine Geburt auf dem Geburtsstuhl statt. Die Hebamme kniet vor der Gebärenden, eine Nachbarin stärkt ihr den Rücken. Am wärmsten Ort des Hauses, dem Herd im Hintergrund, wird das Kind gewickelt und der Wöchnerin überreicht, die mit hoch gelagertem Oberkörper im Bett liegt. Im Vordergrund ist ein fröhlicher Kindbettschmaus, auch Kindlbier oder Kindbettzeche genannt, im Gange. Dieses Simultanbild soll mir später noch als Szene für die Seelsorgetätigkeit der Hebamme dienen.

Abb. 7: Titelblatt zu Gwalter Reiffs »Rosengarten« 1545[88]

Denn in diese Situationen von Schwangerschaft, Geburt und Wochenbett hinein sollen Hebammen die vorgegebenen theologischen Inhalte, »was Gottes Wort betrifft in ihrer Sache«,[89] sprechen. Diese sind:

- Die Frau solle Gott danken für die Frucht, die ein Segen und eine Gabe Gottes sei.
- Gott habe sich gedemütigt und sei selbst im Mutterleib mit seinem göttlichen Werk anwesend.
- Gott habe das Kind mit seinen eigenen Händen geschaffen. Im 2. Makkabäerbrief sagt die Mutter, deren sieben Söhne von Antiochus gefoltert und getötet wurden: »Ich bin ja eure Mutter und habe euch geboren; aber den Odem und das Leben habe ich euch nicht gegeben noch eure Gliedmaßen also gemacht.« (2. Makk 7,22)[90]
- Die Gebärende solle Gott anrufen und der Hebamme gehorchen.
- Wenn sie aber Angst und Not überkommt, soll sie wissen, dass Gott ihr das auferlegt habe als eine gnädige Strafe. »Wo ist ein Weib/das solchs nicht begehrt/wenn auch noch so viel Noht verhanden wäre? Was nichts kost/das gilt auch nichts.« (Gen 3,16)

- Die Frau solle ihr Kreuz tragen, wie auch Jesus Christus es im Gehorsam gegen Gott getragen hat.
- Der Text aus Joh 16,21: »Eine Frau, wenn sie gebiert, so hat sie Schmerzen, denn ihre Stunde ist gekommen. Wenn sie aber das Kind geboren hat, denkt sie nicht mehr an die Angst um der Freude willen, dass ein Mensch zur Welt gekommen ist«, wird nicht als ein Gleichnis für die Endzeit ausgelegt, sondern als Gebot Gottes, vor der Geburt Angst zu haben.

Hier sei noch einmal an die Kirchenordnung des Herzogtums Preußen erinnert: Als Strafe für Nichteinhalten der Auflagen werden Hebammen beim Jüngsten Gericht über ihren Lebenswandel Rechenschaft ablegen müssen, weil ja nicht nur Mütter sterben, sondern auch Männer Waisenkinder schreien hören müssen. Der Segen liege nur bei Gott, nicht bei der Jungfrau Maria oder bei abgöttischer Anrufung der Heiligen. Auch Segensprechen wird verboten. Damit ist eine Art Besprechen oder Heilzaubern gemeint, bei dem Worte aus den Evangelien gesprochen werden. Die Hebammen sollen stattdessen mit Psalm 50 beten: »Ruf mich an in der Not, dann will ich dich erretten.« Sie sollen ihre Arbeit mit einem Gebet beginnen. Die Frauen sollen sich in der Geburtsangst fröhlich auf Gott verlassen und ihm nachfolgen, so wie Sara dem Abraham gehorsam war.[91] Sie sollen auf Gott vertrauen, der allein Kraft geben kann. Dann folgt nach Vorschriften über die Nottaufe die Verheißung, dass Gott an ihnen handeln werde wie an den Hebammen Schifra und Pua.[92]

Nun wenden sich die Verfasser direkt an die Schwangeren und Gebärenden. Sie seien ja schüchtern und kleinmütig besonders unter der Geburt. Damit sie aber getröstet werden angesichts ihrer »arme blöde art« und angesichts des Teufels Eingebungen sollen sie Folgendes ins Gedächtnis nehmen: Kinder seien Gottes Werk zur Erhaltung des Menschengeschlechts. Dazu sei die Frau Gottes Werkstatt und solle ihn dafür loben. Die Schmerzen erinnerten an den Schaden durch die Sünde Evas.[93] Die Frauen sollen in Jesus Christus den Mittler sehen und Gott gehorsam sein, der sie züchtigt, wie ein Vater sein geliebtes Kind.[94] Trost fänden sie in Jesu Verheißung, dass das Leid in große Freude verwandelt werde.[95] Frauen sollten bedenken, dass sie selig werden durch Kindergebären.[96] Sie seien Gottes, ob sie lebten oder stürben.[97]

Das oben abgebildete Simultanbild ist datiert wie diese Kirchenordnungen aus dem 16. Jahrhundert. Deshalb soll hier der Versuch gemacht werden, in der Fantasie die Szenen in diesem Bild mit den theologischen Forderungen der Reformatoren an eine Seelsorge durch Hebammen zu füllen.

Die Gespräche müssten dann etwa so verlaufen:
Im Hintergrund rechts vermahnt die Hebamme die werdende Mutter, die darüber klagt, dass sie nun zum achten Male schwanger sei. »Auch wenn du noch so erschöpft bist, musst du doch dankbar sein, denn jedes Kind ist eine Gabe Gottes. Gott selbst hat ja das Menschenkind geschaffen. Und auch wenn du in der Geburt sterben wirst, bist du bei Gott.«

Vor der Küchentür links sitzt eine Frau mit beginnenden Wehen. Die Hebamme tröstet sie: »Gott hat befohlen, dass Frauen Angst haben, aber nach der Geburt ist die Freude sehr groß! Wir dürfen nicht zur Jungfrau Maria beten oder zur Heiligen Anna. Gott ist die beste Hebamme. Er wird dir helfen.«

In der Mitte kniet eine Hebamme vor der Gebärenden, die in ihrem Rücken von einer Nachbarin gestützt wird. »Dass du so Schmerzen hast, kommt von der Sünde Evas. Das ist doch eine gnädige Strafe. Was nichts kost, das gilt auch nichts. Gott züchtigt dich wie ein Vater, der sein Kind liebt. Wenn du dich dem fügst und mir gehorchst, dann wirst du besser gebären.«

Zu der Wöchnerin rechts im Bett sagt die Hebamme: »Bleib immer Gott so gehorsam, wie Sara ihrem Mann Abraham gehorsam war und ihn ihren Herrn nannte. Und wenn du sterben musst, sei nicht traurig, denn du stirbst in deinem vornehmsten Beruf!«

Dieses kleine Fantasiestück konfrontiert die androzentrische Theologie mit der Lebenswelt der Frauen. Fragen ergeben sich:

Konnten Hebammen diese Bibelstellen auswendig? Hatten sie schon eine Lutherbibel? Konnten sie lesen? Spürten die Frauen nicht, dass diese mentale Beeinflussung ihnen die Kraft nahm, die sie bei der Geburt dringend benötigten? Haben die Frauen die Theologie, die gegen sie gerichtet war, tatsächlich internalisiert? Frauen, die unter Druck gesetzt werden, gebären schwerer, was ihnen wiederum als Strafe eines liebenden Gottes ausgelegt wurde. Wäre es möglich gewesen, den Teufelskreis zu durchbrechen?

Eine mögliche Antwort auf diese Fragen gibt die Szene im Vordergrund des Bildes. Die Frauen feiern die Kindbettzeche, das Ritual einer Frauenkultur, für das kein Zitat aus den beiden Kirchenordnungen zur Verfügung steht. Hier liefen vermutlich ganz andere Gespräche, doch Frauentraditionen waren es nicht wert, schriftlich fixiert zu werden.

Hexen-Hebammen im Bund mit den Dämonen

Im Zusammenhang mit den theologischen Implikationen des Hebammenberufes muss auch auf den Hexenhammer eingegangen werden. Dreihundert Jahre lang, von ca. 1450 bis ca. 1750, war die Vorstellung, Frauen, und durch sie auch Männer, gingen mit dem Teufel einen Bund ein, Bestandteil katholischer und protestantischer Frömmigkeit.

Im Literaturlexikon deutscher Autoren wird Heinrich Institoris, dt.: Krämer, als Herausgeber des Malleus Maleficarum, »Hammer gegen Schadenszauberinnen«, genannt.[98] Ungewiss ist die Mitherausgeberschaft Jakob Sprengers. Es handelt sich hier um einen Kommentar zur Bulle »desiderantes affectibus« von Papst Innozenz VIII, die die Einrichtung von Gerichtshöfen für Hexenprozesse und Folter für Geständnisse genehmigte. Heinrich Institoris war Generalinquisitor und Censor fidei. Er war Prior des Dominikanerklosters in seiner Heimatstadt Schlettstadt. Der

Hexenhammer hatte über mehrere Jahrhunderte hinweg sehr hohe Auflagen, allein 16 im 17. Jahrhundert. Bis zum Jahr 1609 gab es 13 Inkunabelausgaben[99] und 16 weitere Drucke des in Straßburg veröffentlichten Buches.

Der Hexenhammer sammelt Protokolle von vorausgegangenen Hexenprozessen und gliedert sie in drei Teile: 1. Doktrin des Hexenglaubens mit der Kernaussage, dass Frauen für den Teufel leichte Verführungsopfer seien, femina heiße fe-mina,[100] die weniger Glaubende. Die Doktrin besagt, dass der Glaube der Frauen geringer ist, weshalb sie mit den incubi und succubi Geschlechtsverkehr haben.[101] 2. Beschreibung der Schäden (die ein Ausbund von Sexualphantasien darstellt). 3. Praktische Anleitung für weltliche und geistliche Inquisatoren.

In diesem bösesten Werk der Weltliteratur wird von Hexen-Hebammen gesprochen. Diese, so heißt es da, übertreffen alle anderen Hexen an Schandtaten.[102] Sie verhindern die Empfängnis im Mutterleibe auf verschiedene Weisen, sie bewirken auch Fehlgeburten oder opfern die Neugeborenen den Dämonen.[103] Die Dämonen bewirken den Schadenszauber durch Weiber und nicht durch Männer. Reuige Hexen sagen unter der Folter aus: »Niemand schadet dem katholischen Glauben mehr als Hebammen. Denn wenn sie die Kinder nicht töten, dann tragen sie, gleich als wollten sie etwas besorgen, die Kinder aus der Kammer hinaus, und sie in die Luft hebend opfern sie dieselben den Dämonen.«[104] Bei dieser Beschreibung handelt es sich ursprünglich um eine germanische Sitte, nach der die Hebamme das Neugeborene von der Erde aufhebt und dem Vater darreicht, der über dessen Leben und Tod entscheiden kann.[105]

Im 2. Teil des Hexen-Hammers werden konkrete Taten berichtet: »Über die Art, wie die Hexenhebammen noch größere Schädigungen antun, indem sie die Kinder entweder töten oder sie den Dämonen weihen.«[106] In Basel habe eine Hebamme gestanden, bei vierzig Kindern eine Nadel durch den Kopf vom Scheitel in das Gehirn gestochen und sie so getötet zu haben.[107]

Da Hebammen an der Grenze zwischen Leben und Tod arbeiten, waren sie bevorzugte Opfer der Verleumdungen.

»Christliche« Hebamme

Die dargestellten seelsorgerlichen Theologumena, die die Hebamme an den Schwangeren, Gebärenden und Wöchnerinnen zu verkündigen hatte, beinhalten auch die Forderung an die Hebamme, selbst als Christin zu leben und zu glauben, wie es ihr vorgeschrieben wurde.

Auf dem Hintergrund des damaligen androzentrischen christlichen Frauenbildes wird im 19. Jahrhundert das besondere Wesen der Frau konstruiert. Die Gottebenbildlichkeit der Frau wird eingeschränkt. Es werden drei Gründe dafür angegeben: »1. wegen der unmittelbaren Erschaffung des Mannes und der nur mittelbaren der Frau durch Gott, 2. wegen der größeren Klarheit des männlichen Intellekts, 3. wegen der Ähnlichkeit nur des Mannes zu Gott als Schöpfer.«[108] Die Fähigkeit zu leiten und öffentlich zu wirken wird der Frau abgesprochen. Aus dem Naturrecht leitet Eduard Freiherr von der Goltz die »natürlichen Pflichten des Weibes im Familienleben«[109] ab: nähren, pflegen, behüten und bewahren, ordnen und erhalten. »Dagegen fallen die Aufgaben der Leitung, der äußeren Verwaltung des Vermögens, der Organisation im größeren Stil, des Kampfes um Macht und Sicherheit, wie im Familienleben so auch in andern Gemeinschaften dem Manne zu.«[110] Von dieser vermeintlichen Naturrechtslehre aus werden die Belege aus der Kirchengeschichte ausgewählt. »Die öffentliche Verkündigung des Wortes wird ihnen, nach der Art ihrer Begabung, nie auf Dauer zufallen ... Kirchliche Ämter und Rechte, die sie in kirchenpolitische Kämpfe verwickeln würden, wären das größte Verderben für ihre heiligsten Aufgaben, für ihre Hoheit und Würde.«[111] Frauen haben dafür dankbar zu sein, dass sie den Dienst der christlichen Nächstenliebe ausüben dürfen, »weil der christliche Glaube gerade die Kräfte entbunden hat, mit denen

Frauen vor allem zu wirken vermögen, deshalb verdanken sie der christlichen Kirche ihre Freiheit und Würde.«[112] Aus der männlich-theologischen Sicht wird die Solidargemeinschaft der Frauen nicht wahrgenommen. Deshalb konnte der Verfasser fälschlicherweise urteilen: »Unter diesen politischen und sozialen Verhältnissen war zunächst gar kein Raum gegeben für eine Verwendung weiblicher Kräfte. Es war eben nur der durch Luther erwachten Macht christlicher Liebe zu danken, dass man hier und dort anfing, Frauen für bestimmte Dienste heranzuziehen.«[113]

Der Einfluss der theologischen Gedanken des Freiherrn von der Goltz war in den Gemeinden sehr groß, da er in der Zeitschrift der Evangelischen Frauenhilfe seine Ansicht über den Dienst der Frau veröffentlichte und mit Zitaten aus der Kirchengeschichte, die diese Dienstfunktion bestätigten, belegte.[114] Auf dem skizzierten Hintergrund gründeten Theodor Fliedner und Johann Konrad Wilhelm Löhe die weibliche Diakonie.

Aus dem 19. Jahrhundert liegen zwei Traktate über die christliche Hebamme vor. Ferdinand Heydemann, Prediger in Neu-Ruppin, veröffentlichte 1858 seine »kurze Anweisung, wie eine Hebamme ihr Werk im Namen des Herrn zu treiben hat.«[115] Die andere, kürzere »Handreichung wie eine christliche Hebamme ihres Dienstes warten soll« ist ohne Angabe eines Autors 1892 in Schweidnitz erschienen. In der Vorbemerkung heißt es: »Das vorliegende Büchlein ist zunächst für den Bereich der Provinz Pommern durch das Königliche Consistorium zu Stettin herausgegeben. Mit Genehmigung der genannten hohen Behörde wird dasselbst als eine sehr schätzenswerthe ›Handreichung‹ den betheiligten Kreisen auch unserer Provinz hiermit dargeboten.« Diese Autoren- und Herausgeberschaft unterstreicht, dass es sich um die Definitionsmacht und die Kontrolle männlicher kirchlicher Institutionen gegenüber einer Lebenswirklichkeit handelt, die diese nicht kennen und von deren Problemen sie nichts wissen konnten und wollten.

Die Bevormundung ist eine dreifache. Die Autoren bestimmen, was Gottes Wille sei, stellen diese dann als Forderung der Hebamme gegenüber dar und drohen bei Nichteinhaltung mit göttlicher Strafe.

In der sensiblen Phase im Leben einer Frau, die die Geburt darstellt, soll die Hebamme Trost spenden. Dafür muss sie selbst Reue, Glaube und Heiligung haben. Sie soll täglich Selbstgericht halten. Die Hebamme muss mit der Welt brechen. Die diesbezüglichen Forderungen sind zu verstehen auf dem Hintergrund einer negativen Psychologie der Frau: Sie muss »gegen des Fleisches Lust, der Augen Lust und hoffärthiges Leben« ankämpfen. Sie soll ein Vorbild der Keuschheit sein. »Das wilde und ausgelassene Tanzen ... gerade für das Geschlechtsleben ist nichts gefährlicher und nachtheiliger bei Frauen als dieses ... die Hebamme thut daher wohl, wenn sie gar nicht tanzt, sondern entschieden mit der Welt bricht und ein stilles und sittsames Leben führt.«[116] Sie soll ihre Arbeit mit großer Treue und wahrer und aufrichtiger Bruderliebe[117] (sic!) verrichten. Die Hebamme soll »wahrhaft dem Herrn angehören. Christus allein ist die rechte Wurzel aller wahren Liebe, Selbstverleugnung und Aufopferung.«[118] Die Forderungen beinhalten eine kirchliche Frömmigkeit, Gottesdienstbesuch, Abendmahl, Hausandachten. Dazu soll sie auch die Familien anhalten. Schließlich ist sie verpflichtet, uneheliche Kinder zu melden und den richterlichen und polizeilichen Vorgesetzten anzuzeigen, wie es die Gesetze fordern. »Am allerwenigsten aber fälle sie nach einer unglücklichen Entbindung ein liebloses Urtheil über den Arzt und schiebe ihm die Schuld davon zu; sie würde sich dadurch schwer versündigen.«[119]

Die Hebamme wird so eine rechte Priesterin sein. Andernfalls wird ihr das Gericht Gottes angedroht. »Wehe dir, wenn das nicht durch Dich geschehen ist, dann wirst Du verworfen werden.«[120]

Die Handreichung aus Pommern geht in erster Linie auf die Taufe ein, die die Hebammen bestellen mussten. »Sobald die Hebamme die Kirche betritt, hat sie sich in allen Stücken nach der Anordnung des Geistlichen zu verhalten und an ihrem Theil mit dafür zu sorgen, dass jede Störung von der Feier des Sakramentes ferngehalten werde. Insonderheit hat sie allem Aberglauben betreffs der Taufe und ihres Vollzuges entgegenzutreten. Das Lutschbeutelchen darf nicht zum Anfeuchten in das Taufbecken getaucht werden ...«[121]

Im Gegensatz zu diesen Forderungen männlicher Theologen steht die konkrete Arbeitssituation der Gebärenden und der Hebammen. Selbstzeugnisse von Hebammen aus dem beginnenden 20. Jahrhundert können zur Konfrontation mit der Lebenswirklichkeit herangezogen werden.[122] Sie belegen, dass der Beruf der Hebamme wie keine andere Tätigkeit von Frauen im Gegensatz zum damaligen christlichen Frauenbild steht. Hebammen müssen leiten, anordnen, Entscheidungen fällen. Sie nehmen sich so viel Zeit für die Mütter, wie die Natur es fordert. Die ethischen Probleme, von denen sie berichten, liegen bei den Ehemännern und den Schwiegermüttern, die den Frauen das Leben schwer machen. So berichten Hebammen davon, dass Männer kurz nach der Geburt Geschlechtsverkehr erzwingen. Armut und körperliche Überforderung schaden den Frauen. Und wenn eine Blutung nicht aufhören will, betet die Hebamme aus gutem Grund. Ärzte sind oft im Weg und Hebammen umgehen deren Anweisungen im Interesse der Frauen. Disziplin und Einsatzbereitschaft rund um die Uhr ergeben sich selbstverständlich aus dem Beruf.

Zusammenfassung

Durch die Beauftragung der Hebammen mit der Nottaufe entstand eine enge Beziehung zwischen Amtskirche und Hebammen. Die Struktur dieser Beziehung war hierarchisch: Die Männerkirche hatte die Definitionsmacht über die Frauen- und Geburtskultur. Auf Seiten der Kirche lag die Lehre, die Befehlsgewalt, die Kontrolle und Strafandrohung. In den Anordnungen von Synoden, Kirchen- und Hebammenordnungen wurde das Bild der Hebamme als einer Unmündigen, zu Belehrenden und zu Kritisierenden gezeichnet. Die Fragen, was sie denn selbst glaubten und welche Erfahrungen sie machten, wurden den Hebammen von der Kirche nie gestellt. Eine Untersuchung des frauenrechtlichen Brauchtums würde mehr Hinweise auf eine eigene Frauenspiritualität geben.

Im Hexenhammer wurde die Kritik an Hebammen ad absurdum geführt.

Die Tradition der katholischen Frauen, die sie z. T. nach der Reformation weitergeführt haben mit ihren Sympathiezaubern und Schutzritualen, wurde von evangelischer Seite als »Aberglaube« abgelehnt. Diese von Frauen praktizierte Theologie ist heute der medikalisierten Geburt und deren Schutztechniken wie Ultraschall gewichen.

Im 19. Jahrhundert war die Hebamme nur noch die Dienende: Sie musste dem Arzt und Pfarrer gehorchen. Dieses Verhältnis entsprach nicht der tatsächlichen Arbeit der Hebamme. Der Einfluss der Kirche schwand ganz und bis heute ist keine Beziehung, kein Dialog wieder hergestellt. Das bedeutet auch, dass Hebammen in ihrer verantwortungsvollen Arbeit allein gelassen werden, dass ihr Verhältnis zu den Gebärenden und den die Geburt begleitenden Frauen verändert und eingeschränkt wurde und dass der theologische Aspekt ihrer Arbeit zunehmend aus dem Blickwinkel geriet.

Theologie der Gebets- und Liedliteratur der frühen Neuzeit

Die Texte

Die protestantischen Kirchen lehnten alle Hilfe für Schwangere, Gebärende und Wöchnerinnen ab, die nicht im Gebet, Bibellesen oder Liedersingen bestand. Frauen haben das durchaus internalisiert.[1] Allein das reine Wort Gottes, so meinten die Theologen, hielt der Kritik des ersten Gebotes des Dekalogs stand. So wurden sowohl sinnliche Erfahrungen als auch autonomes Handeln der Gebärenden, der Hebammen und der helfenden Frauen unterbunden. Dabei handelte es sich jedoch, wie wir gesehen hatten, um Praktiken des analogen bzw. prälogischen Denkens, wie wir dies auch im magischen Weltbild finden.

Im Folgenden soll die protestantische Frömmigkeitsgeschichte weiter verfolgt werden, um zu zeigen, wie der Druck auf die Frauen noch verstärkt wurde. In der Gebetsliteratur des 17. und 18. Jahrhunderts[2] dürfen sich Frauen in ihrer Angst nicht mehr an die Hebamme wenden, sondern sollen mit Gebeten, die ihnen in den Mund gelegt wurden, Gott direkt anflehen.

In der Zeit nach dem Augsburger Religionsfrieden von 1555 finden Gebetsbücher im Protestantismus eine weite Verbreitung und ersetzen in der privaten Frömmigkeit die Bibelübersetzung, den Katechismus und das Gesangbuch. Das Gebetbuch ist in der deutschen Literatur zu einer Hauptgattung der nachreformatorischen Zeit geworden. Aus dieser Fülle von Gebetssammlungen seien drei Beispiele zitiert, die Texte für Schwangere, Gebärende und Wöchnerinnen enthalten.

1. Der geistliche Adlerstein,[3] eines der weit verbreitesten Gebetsbücher. Der Adlerstein, der wie der Klapperstein innen

winzige Steinchen eingeschlossen hat, wurde verwendet als Schutzamulett gegen Fehlgeburten. Mit dem Titel fordert der Verfasser die Frauen auf, statt der Amulette nur noch das Gebet zum Schutz vor den Gefahren der Geburt einzusetzen.[4]

2. Das »Taegliche Hand-Buch in guten und bösen Tagen, – Gebetbuechlein für Schwangere, Gebärende, Wöchnerinnen enthaltend Morgen- und Abend-Gebete, Aufmunterungen, Trost- und Erquickungs-Andachten und Gesänge, sowie auch welche in Nöten zu sprechen und vorzusprechen sind, und Erinnerungs- und Trost-Gebete und Gesänge für Unfruchtbare, (als den V. und VI. Teil des täglichen Handbuchs) herausgegeben von Johann Friedrich Stark weil. evangelischer Prediger zu Frankfurt a. M.«[5] Auch dieses Buch hatte eine sehr hohe Auflage. Im Vorwort schreibt Johann Friedrich Stark (1680-1756), der lutherischer Pfarrer und Konsistorialrat in Frankfurt am Main war: »Als ich nun vor etlichen Jahren ein tägliches Handbuch für Gesunde, Betrübte, Kranke und Sterbende herausgegeben habe, so ist mir bald hernach von Angehörigen des weiblichen Geschlechts mitgetheilt worden, dass ich des Zustandes der Schwangeren, Gebärenden und Kindbetterinnen nicht gedacht habe, da doch dieselben auch Trost und Unterricht nöthig haben; und gewiß ist es, dass bei diesen Umständen das Gebet und Rufen zu Gott eines der heilsamsten Mittel zu einer glücklichen Geburt ist. Denn fängt die Schwangerschaft an, so muss ja um Abwendung der Gefahren, des Schadens, und um Verleihung des göttlichen Beistandes gebeten werden. Nahen sich die Nöthen herbei, so ist das Gebet und Flehen zu Gott der beste Anker, an dem sich die durch Schmerzensfluthe geängsteten Seelen halten. Ist die Entbindung geschehen, und man tritt in das Wochenbett, wer wollte des Gebets, der Fürbitte und Danksagung vergessen?«[6]

Johann Friedrich Stark berichtet weiter, einige Texte seien ihm von christlichen Frauen zur Hand gegeben worden, d. h. Frauen haben die androzentrische Theologie nicht nur internalisiert, sondern auch selbst tradiert.

Das »Taegliche Hand-Buch« ist in vier Kapitel eingeteilt:

a) Für Schwangere mit Morgen- und Abendgebeten, tägliche Betrachtungen über den Gott gefälligen Stand, Dank für die Fruchtbarkeit, Gott sich und ihre Frucht anvertrauen, sie erinnert sich der göttlichen Verheißungen, erfreut sich der Allmacht Gottes, tröstet sich der göttlichen Hilfe, die Gebärende hält eine Andacht bei herannahender Geburtsstunde, sucht Trost bei herannahender Geburt, richtet Seufzer vor der Geburt und während der Geburt und in Nöten gegen Gott.

b) Die Betterinnen danken für ihre glückliche Entbindung, Morgengebet, Abendgebet, Gebet für ihre Kinder, Gebet zur Taufe.

c) Die Wöchnerin schickt sich zu ihrem Aus- und Kirchengang an, sie dankt Gott, wenn ihr Kind entwöhnt wird.

d) Erinnerung, Trost und Gebet für Unfruchtbare.

3. Das Gesangbuch »Andächtiger Seelen geistliches Brand- und Gantz-Opfer/ Das ist vollständiges Gesangbuch in Acht unterschiedlichen Theilen ... 1697 mit einer Vorrede von M. Johann Günther in acht Theilen«. Darin ist der siebte Band den Gebärerinnen gewidmet, beginnend mit dem Lied »eines unfruchtbaren Weibes«, dann folgen Lieder für die »Schwangeren, Kreyßenden, den Umstehenden für die Gebärerin, Trost-lied vor diejenigen/so in Kindesnöthe sterben sollen, wenn das Kind nicht lebendig zur Welt kömmt, Danck-lied/wenn Gott aus Kindesnöthen geholffen und Tauff-lied einer Mutter, Danck-lied nach der Tauffe des Kindes, wenn eine Sechswöchnerin zur Kirche gehet.«[7] Die Texte wurden zu bekannten Liedmelodien gedichtet. Dieses Gesangbuch wird Paul Wagner (1617-1697) zugeschrieben, Ratsmitglied und Bürgermeister in Leipzig.[8]

Nur im wohlhabenden Bürgertum waren diese Gebete und Lieder Elemente weiblicher Frömmigkeit. Frauen haben gemeinsam gesungen, sie haben sogar Lieder und Texte für ihre eigene Beerdigung ausgewählt.[9] Diese Gebete, die Lebens- und Glaubensfragen von Frauen betrafen, wurden nicht von Frauen geschrieben.[10] Ihren Sitz im Leben hatten diese Gebete und Lieder zunächst in der

Hausandacht. Sie »stellt eine paradigmatische Grundform protestantischer Religionskultur dar ...«[11] und ist Teil einer privaten Frömmigkeitskultur. »Ein feingliedriges System liturgischer Formulare – der Morgen- und Abendsegen, das Tischgebet und das Bettgebet – regelte die private Begehung der Alltagszeit ...«[12] Diese Struktur findet sich auch in dem Aufbau der oben zitierten Gebetsbücher. Neben den Gebets- und Gesangbüchern bilden Leichenpredigten eine Quelle der Alltagsfrömmigkeit im Pietismus und Luthertum.[13] »So lebte die schwangere und gebärende Frau – zumindest die aus wohlhabendem Milieu ... – in einem von Kirchenliedern und Gebeten geprägten Umfeld. Das ist nicht überraschend angesichts der Bedeutung, die Lieder und Gesang bekanntlich für die religiöse Geselligkeit evangelischer Frauen hatten. Sie waren tragende Elemente der weiblichen Frömmigkeit.«[14] Auch der Hausvater betete mit den anderen Hausgenossen in der Hausandacht für die Gebärerin, zu deren Zimmer er ja keinen Zugang hatte, es sei denn, die Situation wurde lebensgefährlich.

In dieser religiösen Hauskultur werden trotz der hohen Zahl von Geburten und Todesfällen bei Kindern und Müttern Hebammen nicht erwähnt. Im »Andächtiger Seelen ...« wird auf die »Umstehenden für die Gebährerin«, auf die solidarische Frauengemeinschaft, die bei den Geburten der Gebärerin beistand, lediglich hingewiesen. An anderer Stelle wird die Arbeit der Hebammen und der Frauen erwähnt: »... und segne die Hände, die zu der Geburt sich darbieten; leiste du mir selbst die beste Hilfe, und entbinde mich gnädiglich.«[15]

Es kam auch vor, dass diese Andachtsfrömmigkeit im Protestantismus von Frauen im Sinne der in katholischen Familien praktizierten magischen Frömmigkeitsrituale umgemünzt wurde. »Während der ersten Wehen und der Geburt wurde das Gesangbuch (oder die Familienbibel) unter das Kopfkissen der Frau geschoben, damit die Entbindung gut verlaufe ... auch in der Wiege des Neugeborenen platziert, um es in seiner ersten Nacht zu beschützen.«[16]

Gab es eine spezifische Frauenfrömmigkeit? Heide Wunder zeigt am Beispiel des »Gedenkbüchls« einer katholischen Frau und an einem Brief der evangelischen Dorothea Susanna von Sachsen, in dem diese ausführlich Krankheit und Sterben ihrer Schwiegertochter Sophia von Württemberg darstellt,[17] dass der Begriff der Frömmigkeit sehr weit gefasst werden müsse, damit die größere Bedeutung der Frauenfrömmigkeit gegenüber der konfessionellen Frömmigkeit erkennbar sei. Gisela Schlientz urteilt in einem Aufsatz über pietistische Dichterinnen, diese seien bevormundet, enteignet, verfälscht und vernichtet worden.[18] Sie zitiert die pietistische Dichterin Magdalena Sibylla Rieger mit dem Vers: »Bey uns ist der Verstand im Mutterleib erfrohren,/ Wir seyn zu nichts, als nur zu ihrem Dienst, gebohren.«[19]

Die Quellenlage ist unsicher, da die von Männern geschriebenen Gebete und Lieder ein abgeleitetes Ich verwenden. »Paradoxerweise stehen also hinter jedem ›Ich‹, das die Stimme der Frau darstellt und durch das sich die Frau im Gebet ausdrückt, in der Tat die Worte eines Mannes.«[20] Frauen haben sich offiziell der androzentrischen Spiritualität und der Kontrolle durch sie gebeugt. Die Pietistin Friederike Williardts (1756-1835) schreibt in einem Trostbrief an die Tochter, deren wenige Tage alter Säugling gestorben war: »Man gibt's dem Heiland gern zurück, aber es tut so weh.«[21] Im ersten Teil des Satzes fügt sich die Schreiberin der männlich definierten Theologie, im zweiten Teil bringt sie ihre persönliche Haltung zum Ausdruck. »Die gewählten Worte haben nicht die Qualität einer Auflehnung, sondern verweisen vielmehr auf ein unterstützendes Bündnis von Frauen in der gemeinsamen Erfahrung von Schmerz, das der männlichen Kontrolle entzogen bleibt.«[22]

Entgegen diesem Verhalten von Frauen sei hier noch einmal hingewiesen auf die oben beschriebenen Solidargemeinschaften der Frauen, die andere Inhalte der Frauenfrömmigkeit praktizierten, wie die aktive Rolle der Frauen bei Ritualen zeigt.

Eine Zusammenfassung der Theologie der Geburt aus der lutherischen Orthodoxie bietet Bonifazius Stölzlin, Pfarrer in Giengen an der Brenz, in seiner »Erinnerung und Trost an die hartgebaehrende Frawen« aus dem Jahr 1652.[23] Bonifazius Stölzlin erörtert hier die Frage, warum Frauen so große Schmerzen bei der Geburt haben. Er argumentiert: Frauen sollen durch die Geburtsschmerzen lernen, dass sie ihre Kinder nicht durch ihre Kraft, sondern allein durch Gottes Tun gebären. Not lehrt beten und so können Frauen in den Schmerzen beten lernen. Gott erforscht zudem ihren Glauben, denn je schwerer die Geburt, desto eher kann man erkennen, ob die Frau stark im Glauben ist. Umgekehrt wird durch die große Not auch der Glaube der Frauen gestärkt. Für Stölzlin sind Frauen oft als Erbe ihrer Mutter Eva geil, gottlos und hoffärtig. Gott will ihnen den »Kuetzel« vertreiben und sie im Zaum halten. Frauen sollen ihre stolzen Pfauenfedern fallen lassen und sich unter »Gottes gewaltige Hand« demütigen. Wenn Frauen aber ungeduldig sind, erzürnen sie Gott, der sie dann umso mehr straft, wie man ein Pferd schlägt, das störrisch ist, und nicht eines, das willig ist. Jesus Christus hat am Kreuz für die Sünden der Frauen gebüßt und dadurch alle Schmerzen der Gebärenden geheiligt und gesegnet, sodass diese jetzt ein heilsames Kreuz sind. Das Gebären ist der außerordentliche Beruf der Frau, die Gott als Werkzeuge benutzt, um mit ihnen seine Kirche zu mehren.[24] Gott ist auch die beste Hebamme. Er wird die Frau entbinden, die sich in seinen Willen so gefügt hat, wie der Ton in den Willen des Töpfers. Beide, Mutter und Kind, sind Gottes Geschöpfe, die er nicht verlässt, auch wenn sie leiden und sogar sterben sollten.

Christliche Frauen haben die Verheißung, dass sie selig werden durch Kindergebären.[25] Auch wenn die Geburtsschmerzen als Strafe für die Übertretung einer Frau in die Welt kamen, sind Geburten dennoch kein verdienstliches Werk. Frauen können den Himmel nicht durch Kindergebären erwerben. Sie werden aber selig, wenn sie im Glauben, in der Liebe und in der Heiligung bleiben und gegenüber ihren Ehemännern und anderen Menschen ein züchtiges, keusches, nüchternes und mäßiges Leben führen. »Durch Stille sein und Hoffen werdet ihr stark.«[26]

Die theologischen Topoi dieser androzentrischen Theologie der Geburt kreisen um die Geburtsschmerzen:

- Schmerzen haben den pädagogischen Sinn, Gebären als durch Gottes Kraft, nicht durch die eigene zu verstehen.
- Schmerzen helfen, die Stärke des Glaubens der Frau zu erkennen.
- Gott treibt durch Schmerzen die Hoffahrt der Frauen aus.
- Die Frau als Sünderin wird nicht durch Christi Blut gerechtfertigt und vom Zwang zu Schmerzen befreit. Die Schmerzen werden geheiligt.

Diese theologischen Setzungen sind frauenfeindlich und sollen verhindern, dass Frauen je ihre eigene Stärke erkennen.

Körperkonzept

Die patriarchalen Zuschreibungen sehen vor, dass der reale Körper der Frau und der metaphorische männliche Körper Gottes in einem Macht- und Gewaltverhältnis zueinander stehen. Gott handelt im Intimbereich der Frau so, dass sie nicht entkommen und sich nicht wehren kann. Die Identität der Frau wird über ihre Gebärfunktion definiert. Kinder gebären ist der Beruf der Frau. Gebären ist ihre Arbeit. Deshalb kann sie auch bei der Geburt selig sterben »denn sie stirbt in ihrem Beruf; gleich wie es ein seliger Tod wäre, wenn eine fromme Seele über dem Gebet, ein Prediger auf der Kanzel, ein Mensch bei Austheilung der Almosen, ein König auf seinem Throne, da er den Armen Recht spricht, stürbe ...«[27] Stölzlin argumentiert: »... was euch in diesem ewren ordentlichen Beruff wiederfaehret / euch zum besten dienen musz ...«[28] »Gesetzt aber, es hätte Gott einer Schwangeren ihr Ende des Lebens in der Schwangerschaft und Geburt bestimmt, so stirbt sie doch selig, denn sie stirbt in ihrem Beruf.«[29]

Der Frauenkörper ist Werkstatt Gottes. Er ist Gott ausgeliefert, nichtig und wertlos, unfähig, aus eigener Kraft etwas zu leisten. »Nur deine Hand erschuff sie (sc. die Frucht) gantz ... du bist allein der rechte Mann/Der Menschen läßet werden.«[30] »... dasz Kindergebaehren nicht ein Werck Menschlicher Kraefften seye / sondern allein ein Werck Gottes ...«[31] »Da du denn auch in Gnaden an mich gedacht, und eine Frucht des Leibes mir bescheret hast, so nehme ich solches als ein Geschenk von deiner Hand auf.«[32] Gott hat das Kind »im Mutterleib erschaffen / formieret vnd gebildet ...«[33]

Dieses Körperkonzept disqualifiziert die Frau, den Mann, die Sexualität und die Arbeit der Hebamme.

Kinder sind eine Gabe Gottes, auch wenn die hohen Geburtszahlen den Körper der Frau erschöpfen. »Wie Kinder nur sind ein Geschenk / und Leibesfrucht die Gabe.«[34] »Es ist allein nur deine gab Hier diese Frucht/und was ich hab/ Du hast mich so gesegnet.«[35] Die Frau muss für Gottes Eingreifen in ihren Körper bei jeder Schwangerschaft dankbar sein. »Von gantzer Seele danck ich dir So lang ich bin im Leben / O treuer Vater! dass du mir Hast Leibesfrucht gegeben.« [36] Die Frau soll »so viel Kinder sie geboren siehet, so viel Werke der Allmacht Gottes soll sie sich vorstellen.«[37]

Aus der Sicht der Frauen, die zu viele Geburten haben mussten, ist diese Dankbarkeit eine Zumutung. Maria Elisabeth Stampferin (1638-1700) schreibt in ihr »Gedenkbüchl«: »Den 24. Mai 1684 hab ich mein sechzehntes Kind geboren, hab gar eine schwere Niederkunft gehabt, neununddreißig Stunden bin ich in größten Schmerzen gewest. Man hat mir nit das Leben mehr erteilt, ich hab beit und kommuniziert, auch die letzte Ölung empfangen und mich ganz zum Tod bereitet. Bin nachher, Gott Lob, noch davon kommen. Gott der Allmächtige nehme nur einmal dieses große Kreuz von mir! Im 47. Jahr hab ich noch das sechzehnte Kind geboren, hab große Sorge, Müh und Arbeit auf die Auferziehung meiner Kinder angewendet, sodaß ich also wohl recht schwach und müde bin worden und auch gern einmal ein ruhiges Leben führen wollt! Gott verleihe mir seine göttliche Gnad und seinen Segen dazu, amen!«[38]

Der Körper der Frau und des Kindes sind in der Vorstellung dieser Zeit sündig und müssen rein gewaschen werden. Daher soll die Frau nach der Melodie von »Es woll uns Gott genädig sein« singen: »Zwar ich und meine Leibes-Frucht / Sind ungerathne Kinder / Doch nehm ich, Herr! zu dir die Flucht / Du wirst uns arme Sünder / Mit Jsop saubern/dass wir rein / Gewaschen als mit Laugen / Dir ausgesöhnet seyn / Und ja für deinen Augen / Noch etwas wenigs taugen.«[39]

Und über die Frucht soll sie zur Melodie »Verzage nicht, o Häuflein klein« singen: »Daß sie ihr Sündenkleid auszieh / Und wohl ihr / wenn der Höchste sie / Zum Himmel neu gebieret. / Ach Vater! ich und meine Frucht / Sind beyde von Natur verflucht.«[40]

Zur Melodie »Nun lasst uns Gott dem Herren« soll gesungen werden: »Herr! kann ich Gnade finden / So wasche nun von Sünden / Auch diese deine Gabe / Mein Zartes Kind / rein abe.«[41]

Da es für die Frau kein Entrinnen gibt, kann sie dieses Handeln Gottes an ihr nur in einer masochistischen Haltung annehmen. Die werdende Mutter betet, dass sie die Schmerzen willig aufnehmen und sie als pädagogische Maßnahme annehmen möge. »... so werden die Beschwerlichkeiten, welche die Schwangerschaft mit sich bringt, den Schwangern zu vieler Erbauung und Uebung im Christenthum gereichen; sie können dabei lernen Gottes Weisheit, Güte, Allmacht, Hilfe und Segen, welches Alles sie außer diesem Stand unmöglich hätten wissen können.«[42] In der Aufmunterung zum Kapitel »Die Schwangere erwägt ihren Gott wohlgefälligen Stand« beschreibt Stark die Pädagogik des Schmerzes: »Kinder sind eine Gabe Gottes, welche Gabe er Etlichen gibt, Andern aber versagt, damit die Menschen nicht etwas möchten ihrer Kraft zuschreiben.«[43]

Der Frauenkörper wird hospitalisiert. Die Frau ist körperlich und seelisch schwach. Als Schwangere, Gebärende und Kindbetterin ist sie krank und leidend: »Ich bin sehr schwach; Doch drückst du nach / Und hilffst die Kranckheit tragen«[44] Johann Friedrich Stark legt der Schwangeren die Worte in den Mund: »... bin ich schwach, so bist du stark; bin ich elend, so bist du allmächtig; bin ich ohnmächtig, so vermagst du Alles.«[45] Ein anderes Lied beginnt mit:

»Ach Herr! hier liegt ein kranckes Weib / Das gar nicht kann gebähren: Erbarm dich über ihren Leib Und unsre heisse Zähren«[46]

Der Unterdrückungsmechanismus richtet sich auch an die Emotionen der Frau. Sie soll ihren starken Gefühlen keinen Ausdruck verleihen, sondern sich beherrschen: »Hilff / dass ich wohl Achtung geb Auf mein Thun und Lassen / Ohne Zorn vernünftig leb.«[47] Für Stark ist dies so wichtig, dass er die Mahnung an den Anfang stellt: »Besonders aber sollen sie den Tag über sich vor Zorn, Zank und Streit hüten, nicht Alles erzürnen, damit sie nicht über ihren Eigensinn und Zorn sich und ihrem verborgenen Pfand Unglück, Krankheit oder gar den Tod verursachen.«[48] Er verbindet diese Drohung mit dem Mörderinnen-Vorwurf: »Wenn aber lieblose Mütter gegen ihre armen Kinder sich bei der Geburt widerspenstig stellen, und nicht thun wollen, was ihnen Gott auferleget, und was sie zu thun schuldig sind ... so werden sie Mörderinnen an ihren Kindern, welche sie vor Gott verklagen werden, dass sie ihnen durch Faulheit ihr Leben genommen, und sie also vor der Geburt getödtet haben.«[49]

Bonifazius Stölzlin[50] droht Frauen mit einem Vergleich aus dem Tierreich – Pferde werden geschlagen, um sie anzutreiben – und warnt sie vor Ungeduld: »mit einem natzen Centner Ungedult werdet jhr nicht ein Quintlein von den Schmertzen abtragen / sondern vielmehr Gott den Herrn erzuernen / dasz er dieselbigen haeuffet vnnd mehret: eben wie man vielmehr auff das Pferd schlaegt / wann es steig ist als wann es willig in dem Karren ziehet ...«

Der Frau wird Eitelkeit vorgeworfen. »Die Weiber seynd offt so gayl / sicher / vnd Gottlosz / geben ein grosses Aergernus / sonderlich seynd sie der Hoffart sehr ergeben / die sie von jhrer Mutter Eva ererbet ...«, urteilt Stölzlin und folgert, dass Gott sie in harten Banden schwitzen lässt, damit sie »in Betrachtung ihrer schwachheit / jhre stolze Pfawen-Federn fallen lassen / vnd sich vnter Gottes gewaltige Hand demuetigen / 1. Pet. 5.6«

Wie war es möglich, den Frauenkörper, der neues Leben hervorbringt, so negativ zu bewerten? Der Leib-Seele-Dualismus der griechischen Philosophie, der in das Christentum Eingang gefunden hatte, ist sicher eine der Wurzeln für diese Theologie. Die katholische Theologin Regina Ammicht-Quinn folgert daraus: »Der weibliche Körper ist einerseits als fruchtbarer und gebärender wertvoll, andererseits gerade deshalb die Inkorporation der Sünde schlechthin, scham- und angstbesetzt. Aus der gebärenden Frau geht nicht nur Gottes Wunder neuen Lebens hervor, sondern auch, aus anderer Perspektive, dieser verachtete materielle Leib, so dass in einem nächsten Schritt Frau mit Leib, mit Materie gleichgesetzt wird.«[51]

Gottesbild

Die Gebetsbücher setzen fest, dass Gott durch Leiden züchtigt: »... so sehe ich die bevorstehenden Schmerzen nicht als eine Strafe eines zornigen Richters, sondern vielmehr als eine Züchtigung eines liebreichen und versöhnten Vaters ...«[52] Gott selbst verletzt und quält die Frau. Er hat den Schlüssel zum Mutterleib, seine Hand entbindet: »Du/du hast meine Frucht gemacht/Durch dich wird sie ans Licht gebracht/Du schaffst ihr Luft und Leben.«[53] Daraus folgt: Gott ist die wahre Hebamme. Er öffnet und schließt den Muttermund: »So zieh auch meine Frucht herfür mit deinen starcken Händen.«[54] »Wenn mich deine Hand entbind/ Bring ein wohl geschaffen Kind.«[55] Die Psalmstelle 22,10 wird wörtlich genommen. »So thut doch gott das meiste dabey / er ist die beste Hebamme.«[56] Die anwesenden Hebammen werden disqualifiziert.

Gott straft Frauen für die Erbsünde, die Eva verschuldet habe. »Dieweil du aber nach dem fall Uns dergestalt geschlagen/Daß wir den Leib hier überall Umher mit Schmertzen tragen.«[57]

Gott ist zugleich aber auch gnädig und verheißt Hilfe, sodass die Gebärenden sich ihm anvertrauen. »Zu dir erhebt sich unser Hertz / Du kanst uns Hülffe senden.«[58]

Gott holt die Kinder und Mütter zu sich. Zur Melodie »Was mein Gott will, das gscheh allzeit« soll die Mutter eines Totgeborenen singen: »Der Herr ist gut / Drum sol mein Muth / Sich allzeit ihm ergeben / Dieweil mein Kind Nun Freude findt / Bey ihm in jenem Leben.«[59]

Interessanterweise entspricht dieser von den Theologen der frühen Neuzeit so definierte Blick Gottes auf den Frauenkörper dem Blick, den die Ärzte in zunehmendem Maße auf die Schwangere, Gebärende und Wöchnerin richteten und bis heute richten. Das kann an einer Gegenüberstellung gezeigt werden:

Blick Gottes auf den Frauenkörper	**Blick des Arztes auf den Frauenkörper**
• Körper ist Ort der Strafe	• Schwangere ist Patientin
• Disziplinierung der Frau durch den Mann	• Disziplinierung der Frau durch Kontrollen
• Der uterus liegt offen vor Gott	• ärztliches Monopol am Frauenkörper
• Gott handelt an ihm, manipuliert ihn	• Schwangerschaft, Geburt sind Krankheiten
• Der Frauenkörper ist Objekt männlicher Verfügungsgewalt	• Frau ist medizinisches Objekt, Arzt ist »Gott in Weiß«
• Kolonisierung	• Kolonisierung
• Unterdrückung	• Unterdrückung
• Entmündigung	• Entmündigung
• Instrumentalisierung zugunsten des allmächtigen Gottes	• Instrumentalisierung zugunsten der ärztlichen Wissenschaft
• Schmerzen sind Strafe	• Schmerzen sind vermeidbar/handhabbar
• die Natur ist in Unordnung	• die Natur ist pathologisch
• Gott reinigt sie	• Der Arzt heilt die vermeintlich Kranke

Schmerzen als imitatio Christi

Nach Stölzlin ist es Christi Verdienst durch seine Leiden, dass die Schmerzen nicht mehr nur Strafe, sondern heilsames Mittel zur Seligkeit sind. »...Und ob wol Gott der Herr solche Schmertzen euch Weibern wegen der Suend aufferlegt / so hat doch ewer lieber Herr Jesus Christus am Stamm desz H. Creutzes darfuer gebuesset vnd gnug gethan / er hat durch sein leyden alle ewre Schmertzen geheiliget vnnd gesegnet zu einem heylsamen Creutz ...«[60]

Wie die Wehenschmerzen ist auch die Trauer um ein verstorbenes Kind als eine Leidensschule hinzunehmen. Johann Albrecht Bengel schreibt an seine Tochter, Rosine, deren vierter Säugling nach einem halben Jahr gestorben war, sie habe ja nun wohl das willenlose Hinnehmen der göttlichen Führung gelernt. Aber diese kann sich nicht – wie es von ihr erwartet wird – in die ›Schule des Leidens‹ schicken und ihre Verzweiflung überwinden. Der Trostbrief vom Schwager Burk wirkt in seiner Unerbittlichkeit grausam, beinahe schon grotesk. Er schreibt, sein Trost komme wohl schon zu spät und sie sei sicher schon von Herzen im Zustand der Freude, dass der Herr »das Geschenk seiner Hand so bald wieder in Sicherheit gebracht u. aus aller Noth erlöst habe.«[61]

Der Glaubenskampf in der Nachfolge Jesu hat einen pädagogischen Sinn: »Ob mich gleich Schmerzen drücken, / So weiß ich mit Geduld / Mein Herz emporzuschicken; / Ach! in dem größten leid / Will ich beständig seyn, / Kommt Kreuz, so dring ich auch zu meinem Jesu ein.«[62]

Zusammenfassung

Die Inhalte der Seelsorge der Hebammen im Geburtszimmer waren ausgewählt worden nach den Kriterien der androzentrischen Theologie. Die Unterwerfung der Frau war eine dreifache: 1. Sie ist Sünderin und verdient Strafe. 2. Der Mann kontrolliert und diszipliniert die Frau. 3. Wenn sie sich dagegen auflehnt, wird sie gedemütigt. Es gab für Frauen im Protestantismus der frühen Neuzeit kein Entkommen.

Diese pastoraltheologischen und frauenfeindlichen Implikationen des Hebammenberufes wirken bis heute in doppelter Weise. Sie werden als Negativbild, z. B. von Alfred Rockenschaub, dem ehemaligen Direktor der Semmelweis-Klinik in Wien, in Fachkreisen vorgestellt.[63] Die Hebamme Eva Schindele benennt den Gegensatz von lustvoller und sinnlicher Seite des Gebärens zur androzentrischen Theologie: »Wie nehmen sich dagegen jene Beschreibungen aus, die Schwangerschaft und Geburt als qualvoll schildern – als Ereignisse, die mit Schmerz und Ausgeliefertsein verbunden sind. Eine Strafe des christlichen Gottes, weil Eva Adam verführt hat, vom Baum der Erkenntnis zu essen.«[64] Beide AutorInnen folgern, die Unterordnung der Gebärenden unter den medizinisch-technischen Apparat sei eine Folge dieser Haltung.

Die zweite Wirkung der androzentrischen Theologie betrifft den Blick des Arztes auf die Frau. So wie Gott den Körper der Frau als schwach ansieht, sieht die Geburtsmedizin die Frau als Patientin, die der ärztlichen Betreuung bedarf. So wie Gott – in der androzentrischen Theologie – die Frau und das Kind als sündige Menschen ansieht, die zur Strafe Schmerzen erleiden müssen und nur so zum Heil gelangen, bietet die Geburtsmedizin mit der Unterwerfung unter ihre Maßnahmen die Sicherheit an, nach der die Frauen sich sehnen. Hier ist der Körper der Frau nur Objekt, nicht Ort der Kraft und der Schöpfung.

Interviews als Grundlage einer Theologie der Geburt

Selbstartikulation

Im vorherigen Kapitel wurde die Theologie der Geburt im Luthertum und Pietismus vorgestellt. Als Quellen dienten Kirchenordnungen, Verlautbarungen von kirchlichen Behörden, Gebete, Lieder, Auslegungen von Bibelstellen der frühen Neuzeit bis in die Mitte des 19. Jahrhunderts. Die von Männern geschriebenen Texte betrafen sowohl die Gebärende selbst als auch die Hebamme, die die Seelsorge im Geburtszimmer übertragen bekam. Diese Theologie der Geburt gilt es zu dekonstruieren, denn sie ist androzentrisch und extrem frauenfeindlich. Und sie wird dem schöpferischen Prozess der Geburt nicht gerecht. Sie kann daher keine Gültigkeit mehr haben.

Es hat jedoch immer auch Frauentraditionen im Machtbereich der herrschenden männlich dominierten Theologie gegeben. Insbesondere die schreibenden Frauen des Mittelalters haben ihre eigene Theologie entwickelt und diese, um die Inquisition zu umgehen, als Visionen und private Offenbarungen geltend gemacht.[1]

Die amerikanische Theologin Margaret L. Hammer stellt eine Hebamme aus dem 17. Jahrhundert vor, die eine eigene Theologie entwickelte und diese öffentlich vertrat: Anne Hutchinson (1591 – 1643) beschuldigte die Theologen in Massachusetts, sie predigten statt eines Bundes der Gnade einen Bund der guten Werke.[2] Sie wurde verbannt, und als die geachtete Hebamme, die selbst fünfzehn gesunde Kinder geboren hatte, eine Fehlgeburt erlitt, wurde sie als vom Teufel besessen verfolgt.[3]

Auch in der Volksfrömmigkeit lassen sich, wie wir gesehen haben, Spuren einer eigenen Frauenspiritualität entdecken, so z. B. die Segenstradition der Hebammen, wie sie im Circularschreiben des Oberkirchenrates in Mecklenburg erwähnt wird.

Die theologischen Ansätze von Frauen sind jedoch nie in die theologische Deutungsmacht eingeflossen und haben wenig Wirkungsgeschichte (heute fast ausschließlich nur bei feministischen Theologinnen, Philosophinnen und anderen interessierten Frauen – wie ihre Wirkung auf ZeitgenossInnen war, ist wenig belegt, doch sie dürfte relativ klein gewesen sein im Vergleich zu den Möglichkeiten der offiziellen Kirche). Daher kann die These gelten, dass die patriarchale Definitionsmacht zur Sprach-Losigkeit der Frauen führte. Die von Männern verfassten Texte, die in der Seelsorge bei Schwangeren, Gebärenden und Wöchnerinnen Verwendung finden sollen, sprechen mit einem abgeleiteten Ich. Männliche Theologen legen der Gebärenden in den Mund: »Ich bin schwach.« Frauen selbst kommen nicht zu Wort, es sei denn, sie haben die androzentrische Theologie verinnerlicht und sprechen dieselbe Sprache. Dasselbe gilt für den Bereich der Geburtshilfe: »Die Sprachlosigkeit über die Erfahrungen, die mit der Geburt zusammenhängen, weist auf eine Erfahrungswelt, die weitgehend im Unbewussten verhandelt wird ... Wir werden für die Beschreibung unserer Vorstellungen von Hebammenarbeit eine eigene Sprache entwickeln müssen, die die Bedeutungen der Begriffe fasst, denn die Sprachen, die uns bislang die Medizin und wahrscheinlich auch weite Formen der Pflege zur Verfügung stellen, treffen die Bedeutungen des zu Sagenden nur unzureichend oder beschreiben sie falsch.«[4]

Nach der Dekonstruktion der androzentrischen Theologie der Geburt, die Frauen an den Rand stellt, entsteht nun ein Freiraum, der für die Selbstartikulation von Frauen genutzt werden soll. Hier können Frauen sich distanzieren von problematischen Zuschreibungen und neue Selbstbilder entwerfen.

Dieser Freiraum ist zunächst leer. »Die feministische Theologie steht vor dem methodischen Problem, an Traditionen anknüpfen zu müssen, die das weibliche Selbst als ein religiöses nicht vorgesehen hat.«[5] Es fehlt eine Sprache, die die Erfahrungen von Frauen zum Ausdruck bringt, es fehlen Bilder, die diese Erfahrungen aufnehmen. Und es fehlt an Wissen über weibliche Vorbilder. Hildegund Keul stellt in ihrer Arbeit über Bettina von Arnim fest: »Die Männerkirche ermutigt Frauen nicht dazu, ihre eigenen Erfahrungen in religiösem Kontext zu begreifen.«[6]

Die Leere des Freiraums kann jedoch von Frauen positiv gewertet werden. Sie erleben dann die wechselnden »fragmentarischen Identitätskonstruktionen«[7] nicht als Mangel, sondern als Potential.[8]

Doch gilt es zunächst, Kriterien zu benennen, nach denen der gewonnene Frei- und Leerraum nicht gefüllt werden sollte, denn »gleichwohl treibt die Frage, wie hinter den eindeutig interessegeleiteten und damit ideologischen Bildern des Weiblichen aus männlichem Mund das zutage treten kann, was Frauen für sich und nicht ›fremdbestimmt‹ in Anspruch nehmen können, feministisches Forschen nach wie vor an.«[9] Die additiv-kompensatorische Vorgehensweise ist abzulehnen, denn sie würde lediglich die Gegen-Sätze formulieren, die sich wiederum an den männlichen Denkmustern orientieren. So kann zu dem Satz, Frauen werden selig durch Kindergebären (1. Tim 2, 15), nicht der Gegen-Satz genügen, dass das Gebären nicht zur Seligkeit führe. Denn der männliche Blick auf das Gebären für die Frage nach dem Sinn der Geburt bleibt.[10] Wie die Interviews zeigen werden, erfahren Frauen das Gebären ganz anders, nämlich als Schöpfungshandeln.

Eine zweite Vorgehensweise, die abzulehnen ist, ist die Festschreibung der Frau als Unterdrückte, als Opfer. Frauen sind als Handelnde zu begreifen.

Eine dritte Möglichkeit ist die radikal-ablehnende Haltung, die aus dem kirchlichen Raum in neue Räume strebt. Dieser Weg soll hier nicht gegangen werden, erstens weil »der Versuch eines androzentrischen Denkens, Frauen auszuschließen, nie vollständig gelungen ist«,[11] wie Elisabeth Gössmann in dem von ihr herausgegebenen Archiv für philosophie- und theologiegeschichtliche Frauenforschung mit einer Fülle von Beispielen zeigt.[12] Zweitens ist mit der Erarbeitung von Theologien aus Frauenerfahrung die Vision einer geschlechtergerechten Kirche verbunden.

Im Frei- und Leerraum ereignet sich ein Prozess, der als Hermeneutik im weitesten Sinne, als Verstehen von Welt, zu begreifen ist. In einem hermeneutischen Zirkel, einer Art Suchbewegung, werden Erfahrungen und ihre Reflexion durch Frauen wechselseitig in Frage gestellt, als bereits geprägte Vor-Verständnisse entlarvt und wieder neu formuliert. Das Gleichnis von der nackten Frau, das Ann Spurgeon als Midrasch konzipiert hat, verdeutlicht den hermeneutischen Zirkel auf anschauliche Weise.[13] Ann Spurgeon erfindet ein neues Gleichnis:

Jesus erzählt es einer Gruppe junger Frauen, die ihn nach dem Frauenbild gefragt haben, das für sie Vorbild sein kann: »Eine nackte Frau sitzt an einer Straßenkreuzung. Mehrere vorbeikommende Frauen versuchen, ihr Kleider zu geben, aber sie entdeckt in jedem der Kleidungsstücke eine Belastung (verbunden mit einer Rolle, mit alten Beziehungen, die nicht ihr selbst, sondern anderen gelten). Am Ende lassen alle diese Frauen ihre Kleider am Straßenrand und beginnen miteinander zu diskutieren über neue Kleidungsstücke, die besser zu ihrer Identität passen. Sie lehnen also neue Kleider ab, die nichts anderes sind als diejenigen, die von der Gesellschaft gegeben wurden (das reiche, einfache, religiöse Kleid, das für die Rolle der Mutter usw.). Alle diese Kleider sind überflüssig und einige Stücke sind sogar dazu verwendet worden, die neuen Identitäten der Frauen zu konstruieren. Und als sie beginnen, alle zusammen die neuen Kleider zu nähen, verlässt die nackte Frau ihren Platz und geht zu einer anderen Straßenkreuzung, um von neuem Nachdenken und Diskussionen zu provozieren.«

Grundlegend für den hermeneutischen Prozess ist die Erfahrung. Erfahrung wird zur erkenntnisleitenden Kategorie. Frauen stehen vor der ihnen ungewohnten Aufgabe, eigene Erfahrungen nicht für unbedeutend zu halten, sie nicht zu marginalisieren, sondern als Grundlage des Welt- und Glaubensverstehens ernst zu nehmen. »Neue Sprache und neue Deutungsmuster in reflektierender Gemeinschaft werden entwickelt, damit Erfahrungen überhaupt für Frauen zugänglich werden.«[14] Den Erfahrungen des Körpers und seiner Sprache, die sich in Ritualen, Riten und Symbolen, aber auch in Krankheiten ausdrücken, kommt dabei eine hervorragende Bedeutung zu. Das ist gerade beim Thema Geburt einleuchtend. Erfahrungen sind immer kontextuell. Sie werden in Beziehungen erlebt und reflektiert. Dabei gewinnt der Alltag eine konstitutive Bedeutung, er ist die wesentliche Grundlage für Erfahrungen: »Vor allem lateinamerikanische, aber auch asiatische Theologinnen haben auf diesem Hintergrund den Alltag als unverzichtbare hermeneutische Kategorie und Ort von Gottes Offenbarung herausgearbeitet.«[15]

Die Frage, welche Quellen es denn für das bisher nicht vorgesehene weibliche religiöse Selbst gibt, kann nun auch vorwegnehmend mit Charles Taylors beantwortet werden. Was er allgemein über den Menschen sagt, dass er nämlich »self interpreting animal« sei, soll hier für die Frau angewendet werden: »Ich definiere, welche Frau (Originaltexte: wer) ich bin, indem ich den Ort bestimme, von dem aus ich spreche: meinen Ort im Stammbaum, im gesellschaftlichen Raum, in der Geographie der sozialen Stellungen und Funktionen, in meinen engen Beziehungen zu den mir Nahestehenden und ganz entscheidend auch im Rahmen der moralischen und spirituellen Orientierung, in dem ich die für mich wichtigsten definierenden Beziehungen durch das Leben herstelle.«[16] Bei der Formulierung der Interviewfragen wird diese Definition mit einbezogen werden.

Die aus der männlichen Definitionsmacht resultierende Sprach-Losigkeit der Frauen kann in Gesprächen und im Erfahrungsaustausch überwunden werden. Dabei erweist sich das Erzählen als die bevorzugte Sprachform. Sie kann einer diffusen Hoffnung auf Neues und nie Dagewesenes Ausdruck geben. Denn für Frauenerfahrungen gilt allgemein, was oben von Geburts- und Hebammenerfahrungen gesagt wurde: »... dass ihnen keine Sprache zur Verfügung steht, sie adäquat zu artikulieren, denn die Androzentrik der Sprache führt bereits in dem Moment zu Verzerrungen, in dem eigene Erfahrungen denkend erinnert und sprachlich artikuliert werden wollen.«[17] Autobiografische und bekenntnishafte Formen des Sprechens sind am besten geeignet, die neue Sprache zu entdecken. So ist gerade die Form des narrativen Interviews für diese Arbeit ausgewählt worden, um Erfahrungen, Reflexion und Sprache zu einer neuen Theologie der Geburt zusammenzuführen.

Eine Methode, die auf Grund von Erfahrungen mit Frauen und für die neue Sprache von Frauen hervorragend geeignet ist, hat die US-amerikanische Theologin Nelle Morton in ihrem Buch »The Journey is Home«[18] vorgestellt. Nelle Morton spricht vom »Hearing to Speech«[19] und benennt damit eine Erfahrung, die sie in Frauenkreisen beobachtet hat. Sie berichtet von mehreren Schlüsselerlebnissen, die sie nachträglich zu einer Bedeutungskette aufreiht, Momente, in denen ihr schlagartig bewusst wurde, dass sich hier eine neue Sprache ereignete.[20]

Es begann 1971 in einer Frauengesprächsgruppe. Eine Frau erzählt aus ihrem Leben, sie beginnt zögerlich, sie berichtet und setzt die Einzelteile ihres Lebens zusammen. Keine andere unterbricht sie. Sie spürt körperliche Schmerzen, während sie spricht. Dann sagt sie: »I have a strange feeling you heard me before I started. You heard me to my own story.«[21] Nelle Morton interpretiert die Szene: »... a depth hearing that takes place before the speaking – hearing that ist far more than acute listening. A hearing engaged in by the whole body ... A hearing that is a direct transitive verb that evokes speech – new speech that has never been spoken before.«[22] Nelle Morton hat so einen neuen Weg entdeckt, der anthropologisch und theologisch fruchtbar wird, denn dieses Hören, das zum Sprechen ermächtigt, ist ein befreiendes Handeln: »Hearing ist equivalant to empowerment.«[23] Eine weitere Begebenheit präzisiert das »Hearing to Speech« auf Grund einer gegenteiligen Erfahrung: Eine Gesprächsmethode verlangte, dass eine Frau, die gerade begonnen hatte, von sich zu erzählen, unterbrochen wurde. Nun gab es ein »... word that never came to speech ...«[24]

Stefanie Klein zieht den Schluss, dass dieses Hören zu einem neuen Verständnis von Verkündigung und Seelsorge führe, da es etwas ganz anderes sei als das Hören des Wortes Gottes und dass es so auch zu einem neuen Gottesbild beitrage. Diese neue Theologie wird eine ganzheitliche sein, d.h. sie wird Körper und Geist zusammen sehen, sie wird aus den Erfahrungen von Frauen und Männern geboren werden.[25]

Dieses Hören, das das Sprechen hervorruft, findet auch in den Interviews statt, die ich führte. Mit den Fragen, die so noch nicht gestellt wurden, konnten Hebammen eine Sprache finden, die auf Erfahrung gegründet ist und die, wie sich zeigen wird, die Begegnung mit dem Heiligen bei der Geburt zum ersten Mal erklingen lässt.

In den Interviews lässt sich der Unterschied zwischen der androzentrischen, auf den Mann konzentrierten Sprache und einer neuen, schöpferischen Sprache zeigen. Eine Hebamme, die als Pastorentochter und Pastorenfrau eine kirchliche Sozialisation hatte, spricht von Gottes Schöpfung: »*Dieses Atemlose, dieses Neugeborensein, da ist Gottes Schöpfung so etwas von sichtbar. Da ist der Bereich, der genau den Beruf der Hebamme ausmacht, wir dürfen an diesem Schöpfungsgedanken teilhaben. Die Frau ist Mitschöpferin durch die Kraft und Gelassenheit und den Mut. Durch die Frau entsteht das Leben schlechthin.*«[26] Auf Grund ihrer Erfahrung füllt sie den Begriff »Schöpfungstheologie« mit der Frauenerfahrung des Gebärens. Sie verändert dabei das bis in das letzte Jahrhundert geltende christliche Frauenbild in sein Gegenteil.[27] Eine kirchlich nicht gebundene Hebamme dagegen antwortet auf die Frage nach dem Besonderen bei der Geburt: »*Dass da etwas Fertiges, ohne Naht, ganz und gar vollkommen geboren ist.*«[28] Diese Hebamme beschreibt mit neuen Worten das, was Schöpfung ist.

Aus Freude darüber, ihre Erfahrungen zur Sprache bringen zu können, ruft die erste Hebamme aus: »*Das ist schön!*«

Interviews als qualitative Forschung

Die Methode: Fokussierte Interviews

Frauen sollen selbst zur Sprache bringen, was sie erleben und wie sie es deuten. Hierfür ist die so genannte »qualitative Forschung« die geeignete Methode. Während quantitative Forschungsmethoden mit Messungen und Statistiken arbeiten, will die »qualitative Forschung« Alltagserfahrungen erheben und zu Deutungen durch die Befragten gelangen. »Qualitative Forschung hat den Anspruch, Lebenswelten ›von innen heraus‹ aus der Sicht der handelnden Menschen zu beschreiben.«[29] Aus den verschiedenen Interviewmethoden innerhalb der »qualitativen Forschung« habe ich das »fokussierte Interview« ausgewählt, um die Erfahrungen von freiberuflichen Hebammen als Basis für eine Theologie der Geburt nutzen zu können. Ein Gesprächsleitfaden umreißt das Thema, d. h. fokussiert es. Den Interviewten wird aber auch die Möglichkeit gegeben, eigene Aspekte zu benennen. Es werden keine bereits im Vorfeld erwarteten Reaktionen hervorgerufen. »Denn ein Ziel fokussierter Interviews ist es ja gerade, die Themenreichweite zu maximieren und den Befragten die Chance zu geben, auch nicht antizipierte Gesichtspunkte zur Geltung zu bringen.«[30]

Das Sample

In Deutschland werden zwei Prozent der Kinder zu Hause geboren. Etwa zwei Prozent der frei praktizierenden Hebammen haben Belegbetten und entbinden eine »Hausgeburt im Kreißsaal«. Zwischen frei beruflichen Hebammen und Müttern entsteht schon während der Schwangerschaft ein persönliches Vertrauensverhältnis. Das wirkt sich auf die Geburt positiv aus. Die Hebammen haben viel Zeit während und nach der Geburt, sodass sie die Atmosphäre nicht durch Technik und Eile zerreißen.

Wenn es darum geht, Frauen selbst ihre Erfahrungen artikulieren zu lassen ohne Deutungen der männlich geprägten Theologie, ist es besonders wichtig, auch kirchlich nicht gebundene, atheistische Hebammen zu hören. Im Bundesland Mecklenburg-Vorpommern ergab sich auch die Chance, Hebammen mit DDR-Erfahrung zu interviewen.

Die Hebammen, die interviewt wurden, sind:

- *Regine Lagies,* freiberuflich in Ribnitz-Damgarten tätig
- *Kerstin Sattler,* Güstrow, hatte zusammen mit einer Kollegin eine Praxis
- *Dagmar Saeckel* hatte gerade ein Geburtshaus gegründet in einem alten Gutshaus in der Nähe von Güstrow und bereits Erfahrungen in einer anthroposophischen Geburtsklinik gesammelt
- *Dorthe Koebcke-Friedrich* hat einen Hebammenladen in Schwerin und Belegbetten in der Klinik in Crivitz
- *Annerose Friedrich,* Wittenförden/Schwerin, leitet Hausgeburten, möglichst in der Badewanne

Mit *Siv Nylund* ereignete sich eine Begegnung im Urlaub in Finnland. Sie arbeitet als Gemeindeschwester in Kvevlax.[31] Ihre Antworten wurden vom Schwedischen ins Deutsche übersetzt. Die Fragen wurden deshalb verkürzt.

Für die Auswertung der Interviews wurden auch die Begleittexte zu dem Film »Beifahrer. Männer bei der Geburt«[32] herangezogen. Es sind zwei Hefte: das Begleitheft »Beifahrer« und die didaktische Anleitung »Tourenplaner«. Der Verfasser, Martin Gnielka, ist Sexualpädagoge. Er hat in Münster zusammen mit einer Hebamme in einer Familienbildungsstätte Geburtsvorbereitungskurse gegeben und dabei die Gruppen der werdenden Väter geleitet.

Briefing, Setting, Drama

Im Wissen darum, dass freiberufliche Hebammen ständig abrufbar sein müssen, habe ich mein Anliegen telefonisch vorgetragen und einen Termin vereinbart. Kurz vorher fragte ich noch einmal an, ob es bei dem Termin bleiben kann, dann fuhr ich zur Praxis oder der Wohnung der Hebamme. Ich stellte kurz noch einmal mich selbst und den Zusammenhang meiner Fragen vor. Dabei betonte ich, dass meine Berufsbezeichnung »Pastorin i. R.« nicht bedeute, dass ich kirchliche Antworten erwarte.

Die erste Hebamme, Regine Lagies, eine ehemalige Pfarrfrau, sprach druckreif in ein Mikrofon. Die zweite Hebamme, Kerstin Sattler, lehnte ein Mikrofon ab, sie kannte noch die Überwachungen in der DDR. So schrieb ich mit und konnte dabei mit Fragen nachhaken. Die jeweils getippten Manuskripte schickte ich an die Hebammen mit der Bitte, Änderungswünsche zu nennen. Dagmar Saeckel mailte mir, sie wolle ihren Text nochmals überarbeiten und vertiefen. Dazu hat sie bis jetzt keine Zeit gehabt. Alle anderen waren einverstanden.

Meine Aufgabe sah ich darin, die Hebammen spüren zu lassen, dass alle Antworten, die sie geben, wertvoll und sinnvoll sind. Gelegentlich freuten wir uns beide über eine »glückliche Koinzidenz«,[33] also über die Übereinstimmung dessen, was wir meinten. Die Ergriffenheit, die zur Sprache kam, wirkte in die Atmosphäre der Interviews hinein.

Der Interview-Leitfaden

Die Fragen, die ich in den Interviews an die Hebammen stellte, hatten im Rahmen einer »qualitativen Forschung« nicht die Aufgabe, Informationen zu sammeln. Die Fragen sollten vielmehr den Freiraum anbieten, der nach der Dekonstruktion der androzentrischen Theologie der Geburt für Frauen nun offen ist. Die Hebammen sollten die Möglichkeit ergreifen können, sich selbst zu artikulieren.

Hinter den Formulierungen des Leitfadens steht also das Erkenntnisziel: Wie kann ich zur Quelle des weiblichen Selbst gelangen, damit Frauen selbst dem eine Sprache geben, was sie erfahren haben, ohne dass sie eine androzentrische Weiblichkeitskonstruktion übernehmen oder meinen, gegen diese formulieren zu müssen?

Was haben Hebammen selbst zu sagen über die Bedeutsamkeit der Geburt, über deren Tiefendimension? Ich hatte die Hoffnung, dass auf Grund ihrer Antworten von einem religiösen Selbst von Frauen gesprochen werden kann, wenn das, was unter »religiös« zu verstehen ist, nicht mehr von der männlichen Definitionsmacht bestimmt ist.

Als theoretische Grundlage benutzte ich die anthropologische Hermeneutik von Charles Tayler[34] und seine Rezeption bei Thomas Gil,[35] die Historische Anthropologie von Clifford Geertz[36] sowie die Fragestellungen von Gesine Kleinschmit.[37]

Hermeneutik bezieht sich hier also nicht auf Texte, sondern will »die Selbst- und Weltinterpretationen der Menschen verstehend nachvollziehen«.[38] Die Quellen, aus denen sich das Selbst speist, können erfasst werden über Bilder, Vorstellungen, Selbstentwürfe, Wertungen und Symbolhandlungen.

Deshalb ergaben sich für den Interview-Leitfaden vier Themenbereiche:

1. die Frage nach dem Selbst-Bild mit seinen biografischen Veränderungen und den Vor-Bildern,
2. die Frage nach der Autorität für das Gewissen,
3. die Frage nach der Tiefendimension in den Erfahrungen, hier »Das Besondere« genannt,
4. die Frage nach den Ritualen.

Im Abschnitt über die Geschichte des Hebammenberufes hatte ich den Übergang vom modernen Beruf der Kreißsaalhebamme, der 5. Phase, zur freiberuflichen Hebamme, der 6. Phase, aufgezeigt. Diese tief greifende Wandlung im Berufsbild sollten die Hebammen aus ihrer eigenen Sicht ausdrücken können.

So hießen die ersten Fragen:

1. Als Sie Ihre Ausbildung zur Hebamme begannen, hatten Sie da eine vage oder auch eine feste Vorstellung, ein Bild, von diesem Ihrem Beruf?

2. *Hat es im Laufe der beruflichen Erfahrung Veränderungen dieses Bildes gegeben? Erinnern Sie sich an Anlass und an die Richtung der Veränderung?*
3. *Sie haben auf Grund Ihrer Erfahrungen und auf Grund Ihrer bewussten Einstellung heute ein bestimmtes Berufsbild. Bitte umschreiben Sie es.*

Die Geschichte des Hebammenberufes weist tiefe Brüche auf. Die Berufsbilder wurden dabei zunehmend von Männern definiert. Ich wollte wissen, inwieweit diese Weiblichkeitskonstruktionen bei meinen Interview-Partnerinnen eine Rolle spielen. Dazu diente folgende Frage:

4. *Sind Ihnen Vorbilder aus der Geschichte der Hebammen bekannt? Haben Sie ein Vorbild aus der Gegenwart?*

Die folgende Frage nach der Rolle der Hebammen in der Gesellschaft wurde nicht verstanden. Zu weit entfernt ist die Zeit, in der die Hebamme die »Weise Frau« war und eine hohe soziale Stellung innehatte:

5. *Als freiberufliche Hebamme haben Sie Kompetenzen auf verschiedenen Arbeitsfeldern. Welche Rolle und welchen Stellenwert müssten Ihrer Meinung nach dementsprechend Hebammen in unserer Gesellschaft haben?*

Hebammen sind Vertrauenspersonen, die in schwierigen Situationen beraten und schnelle Entscheidungen zu fällen haben. Ihre Gewissensbindung hat deshalb einen wesentlichen Anteil an ihrer beruflichen Tätigkeit:

6. *Sie sind eine Vertrauensperson für die Frauen und Familien. Sie müssen auch schnelle Entscheidungen treffen. Hat Ihr Gewissen eine Autorität oder eine Zielrichtung?*

Jetzt ist der Raum frei für die Fragen, die die Tiefendimension zur Sprache bringen kann. Bei der ersten Interview-Partnerin hatte ich direkt gefragt nach der Bedeutung der Geburt für die Gottesbeziehung. Dabei fiel mir auf, dass diese direkte Frage eine Falle für androzentrische Vorstellungen ist und den Zugang zur Selbst-

Artikulation der Hebammen verdeckt. Deshalb formulierte ich die Fragen bei den weiteren Interviews sehr viel umfassender, ohne eine direkte Konnotation zum Gottesbild hervorzurufen:

7. *Auch bei vielen Geburten, die Sie leiten, ist die Geburt für jede Mutter etwas Besonderes und ich vermute, auch für Sie selbst. Wie können Sie dieses Besondere beschreiben?*
8. *Ist es auch für die Väter und für die anderen Familienmitglieder eine existentielle Erfahrung?*

Die letzte Frage sollte sich möglichen Ritualen zuwenden. Denn »in symbolischen Handlungen verbergen sich Bedeutungswelten.«[39] Diese Frage lief zunächst ins Leere, weil die Geburtskultur heute vom medizinisch-technischen Apparat aufgesogen wurde. Ich konnte mit der Frage aber die wenigen vorhanden Rituale für die Hebammen selbst aufwerten:

9. *Lassen Sie es die Mutter und gegebenenfalls die Familie wissen, was Sie beeindruckt? Gibt es eine Geste, ein Wort?*

Der hermeneutische Prozess

Kann die Wirklichkeit einer Erfahrung, kann eine Lebenswelt durch Interviews wiedergegeben werden? Welchem Prozess der Umformung ist die Erfahrung ausgesetzt?

Der Erkenntnisprozess entfaltet sich in vier Schritten:

1. das konkrete Erleben,
2. die Formulierungen der Fragen des Leitfadens,
3. die Formulierungen der Hebammen in den Antworten,
4. der Interpretationszusammenhang.

Hebammen erleben eine große Zahl sehr unterschiedlicher Geburtsverläufe mit sehr unterschiedlichen Rahmenbedingungen und beteiligten Menschen. Die Formulierungen der Fragen beinhalten ein Vorverständnis meinerseits. Ich frage nach den Berufsbildern und nach dem »Besonderen«. Das bedeutet zweierlei: Ich unterstelle, dass es beides gibt, und ich rege die Hebammen durch die

Fragen an, sich über dieses Phänomen auszusprechen. Die Begriffe, die die Hebammen in ihren Antworten verwenden, bringen dabei ihre persönliche, subjektive Einstellung zum Ausdruck. Meine Interpretation setzt den bisherigen Prozess des Verstehens von Lebenswelt in den Denk-Rahmen einer Begegnung mit dem Heiligen.

Die vier Schritte des hermeneutischen Prozesses können als Konstruktivismus bezeichnet werden.[40] Denn aus den Ereignissen, der Erfahrungswelt, werden Begriffe und Wissen, also Konstruktionen, gewonnen. Ihnen werden dann Bedeutungen zugeschrieben, und dies wirkt wiederum auf die Erfahrungswelt zurück. Dadurch entsteht ein hermeneutischer Zirkel. Dieser Prozess, der die Erfahrungswelt durch tief greifende Deutungen verändern kann, muss auf beiden Seiten, von den Interviewenden und den Interviewten, mit »sittlichem Ernst«[41] verantwortet werden. Das gilt insbesondere für den Erfahrungsbereich von Geburt und Tod, wie kulturvergleichende Studien zeigen. »Existentielle Lebenserfahrungen wie Geburt und Tod sind ... stets kulturell verankert und somit einem symbolischen System einverleibt.«[42]

Die Interviews bilden einen Ansatz für ein neues, von Frauen geschaffenes Symbolsystem.

Nach der Dekonstruktion der mit der Frauenwürde unvereinbaren androzentrischen Theologie der Geburt ermöglichen in dem dadurch entstandenen Leerraum fokussierte Interviews mit frei praktizierenden Hebammen einen neuen Ansatz für eine geschlechtergerechte Theologie der Geburt. Das bisher nicht vorgesehene religiöse Selbst von Frauen kann so zur Sprache kommen.

Begegnung mit dem Heiligen

Die Kategorie des Heiligen

Die theologische Deutung der Geburt orientierte sich an einer Konstruktion von Weiblichkeit, die es Frauen verwehrte, religiös selbstbestimmt zu leben. Sie verstellte auch den Blick auf die Erfahrungen der betroffenen Frauen, der Mütter und der Hebammen. Deshalb musste diese Theologie dekonstruiert werden. Eine neue Theologie der Geburt kann nur aus der Selbstartikulation von Frauen gewonnen werden. Da Mütter selbst jeweils nur sehr wenige Geburten erleben, habe ich mich an frei praktizierende Hebammen gewandt, um sie nach ihren Erfahrungen bei den vielen Geburten zu befragen, die sie geleitet haben. Auf der Basis der Antworten kann ich nun eine Theologie der Geburt aus der Perspektive von Hebammen entfalten. Die fokussierten Interviews ermöglichen es, das bisher in der Theologie nicht vorgesehene religiöse Selbst dieser Frauen zur Sprache zu bringen.[1] Sie thematisieren Geburtserfahrungen, die bisher von der Kirche keine Wertschätzung erfuhren und keinen Eingang in die theologische Lehre und kirchliche Praxis fanden.

Die entscheidende Frage des Interviewleitfadens lautet: »Auch bei vielen Geburten, die Sie leiten, ist die Geburt für jede Mutter etwas Besonderes und ich vermute, auch für Sie selbst. Wie können Sie dieses Besondere beschreiben?« Diese Frage wurde bewusst so allgemein gehalten, da es im Leerraum, der sich nach der Dekonstruktion der androzentrischen Theologie auftat, keine theologische Begrifflichkeit gibt, ja nicht geben kann.

In allen Antworten auf diese Frage fanden sich dieselben Begriffe, wie »Ergriffenheit«, »Grenzerfahrung«, »Wunder des Lebens«, »Seligkeit«, »dichte Atmosphäre«. Die Hebammen sprachen von den Schmerzen und von der Nähe von Leben und Tod. Aus dem Begleittext zum Video »Beifahrer. Männer bei der Geburt« und »Kleiner Tourenplaner für werdende Väter« kamen noch ergänzend hinzu: »Rausch«, »gefühlsintensiv und unfassbar«, und »vom Wunder des Lebens tief berührt«.

Es galt nun, Kategorien zu finden, mit denen diese Begriffe gedeutet werden können. Bei der Suche nach einer theologischen Sprache stieß ich auf Rudolf Ottos Theologie des Heiligen. Die Übereinstimmung der Begriffe bei Rudolf Otto mit denen in den Interviews fiel mir sofort ins Auge. Die Kategorie des Heiligen erschien mir auch weit genug gefasst, um bisher nicht benannte Erfahrungen von Frauen mit einzuschließen. Dennoch wird sich zeigen, dass die Lebenswirklichkeit von Frauen die Kategorie des Heiligen inhaltlich verändern wird.

Im Folgenden soll zunächst das Wortfeld für das »Heilige« beschrieben werden. Ich schließe mich dann dem Modell der Religionsphänomenologie an und stelle ausgehend von Rudolf Ottos Arbeit die lebensweltlichen Beispiele von Peter L. Berger und Reinhold Esterbauer vor. Bei diesen Autoren bleibt jedoch offen, was das Heilige seinem Wesen und seinem Inhalt nach ist. Was ist es, das ergreift und zutiefst erschüttert? Hier greife ich die Interpretation von Bernhard Welte auf, der das Heilige als bedeutsame, in ihrer Ursprünglichkeit auch wilde Lebendigkeit beschreibt. Schließlich soll auf einige Punkte in dem gegenwärtigen Diskurs über das Heilige eingegangen werden.

Die Begegnung mit dem Heiligen wird dann als eine Kategorie beschrieben, die nicht nur in den Rahmen einer bestimmten Religion oder Kirche gehört, sondern als Tiefenerfahrung in vielen Bereichen der Lebenswelt erscheinen kann. Es sind dies bei der Geburt die Erfahrungen der Ergriffenheit vom Wunder des Lebens, von den Wehenschmerzen, von den Grenzen, die überschritten werden müssen, von Stille und Zeit, von Krankheit und Tod.

Danach kann eine Theologie aus der Perspektive von Hebammen entfaltet werden.

Das Wortfeld »Heilig«

Wie kann die Erfahrung rund um die Geburt als eine »Begegnung mit dem Heiligen« benannt werden? Wie wird der Begriff in der Gegenwart verwendet? In welchem Bedeutungszusammenhang ist er zu verstehen und einzusetzen? Und was ist das Heilige? Wovon ist eine Person ergriffen, was ist es, das sie betroffen macht, ihre Grenze erfahren lässt, ihr am Wunder des Lebens teilzuhaben erlaubt?

Zur Etymologie des Wortes »heilig« ist zu bemerken: Das deutsche Wort »heilig« geht zurück auf die Übersetzung des griechischen *hagios,* das heilig im Gegensatz zum Profanen definiert.[2] Das lateinische sanctus kommt von sancire (umschließen, umgrenzen). Es ist also ein umgrenzter Bezirk, vor dem alles andere profanus ist. Wulfila hat bei seiner Übersetzung der Bibel in das Westgotische »wihaz« (geweiht) gewählt für das griechische *hagios,* dann aber wurde das Lateinische sancire von den angelsächsischen Missionaren mit »hailagaz« (eigen, zu eigen) übersetzt.

Im Hebräischen[3] bedeutet das Heilige ursprünglich einen numinosen Wertbegriff sui generis, d. h. also die Eigenschaft, der Zustand der Heiligkeit. Die Bedeutung »abgesondert« ist davon dann abgeleitet, denn abgesondert werden muss das Heilige um seines Schutzes willen. So ist auch bei Jesaja das Heilige nicht das Reine im Gegensatz zum Unreinen, das abgesondert ist, sondern das Schauervolle und Machtvolle, die Gegenwart der Gottheit, wie der Ruf der Serafim es ausdrückt: »Heilig, heilig, heilig ist der Jahwe Zebaoth, alle Lande sind seiner Ehre voll!«[4]

Das Französische kennt zwei Worte für das Heilige: »sacré« ist das Unantastbare, das in der göttlichen Sphäre beheimatet ist, und »saint« ist das, was den Menschen überkommt. Ebenso ist es im Englischen: »sacred« ist das zu Gott Gehörende und »holy« steht für die Beziehung des Göttlichen zum Menschen, während »saint« für die Personen vorbehalten ist.

Der Begriff des Heiligen ist demnach vieldeutig. In der Religionsgeschichte wird angeknüpft an die ozeanischen Begriffe wie

Tabu oder Mana. Danach ist das Heilige »Etwas, was ausgesondert ist und eine urspr. Form von Kraft oder Wirksamkeit mit sich führt.«[5] Hier sind also beide Komponenten enthalten.

In der Umgangssprache wird das Wort »heilig« selten verwendet. Der Duden kennt nur den oder die Heilige. Es finden sich noch Ausdrücke wie: »Ist dir denn gar nichts mehr heilig?«, »Wir müssen heilige Kühe schlachten!«, »Bei allem, was mir heilig ist!«. Das Heilige ist hier das zu schützende, dessentwegen Verbote ausgesprochen werden. Das Heilige steht in der Wertehierarchie ganz oben. Es geht nicht um eine Begegnung mit dem Heiligen. In der Umgangssprache gibt es offenbar keine Begegnung mit dem Heiligen in einem tiefen Ergriffensein.

Im Sprachgebrauch kirchlich sozialisierter Frauen und Männer findet sich die liturgische Verwendung im Votum »Im Namen des Heiligen Geistes« oder der Ausdruck im Glaubensbekenntnis von der »Gemeinschaft der Heiligen«.

Der Sprachgebrauch katholischer Frauen und Männer ist umfassender: Heiliger Vater, Heilige Messe, heilige Personen als Fürsprechende und Beschützende. Doch auch unter ihnen wird alltagssprachlich nicht von der »Begegnung mit dem Heiligen« gesprochen. Bekannter sind Formulierungen wie »spirituelles Erlebnis«, »religiöse Erfahrung«, »transzendente Erfahrung« und »Erfahrung der Transzendenz«, gelegentlich auch »sakrales Ereignis«.

Die Erfahrungen jedoch, die in der theologischen Literatur als »Begegnung mit dem Heiligen« bezeichnet werden, kommen durchaus in der Lebenswelt des religiös sozialisierten modernen Menschen vor. »In einer schönen Kirche bekomme ich eine Gänsehaut«, »Diese Predigt hat mich sehr bewegt« – so können Erfahrungen im Bereich der Kirche benannt werden. Im Gebet ist eine solche Erfahrung möglich und ebenso in bestimmten Augenblicken bei Taufen, Trauungen und Beerdigungen.

Die Sehnsucht nach der Ergriffenheit durch das Heilige ist in der Gegenwart zu spüren. So schreibt die Bildhauerin Niki de Saint Phalle über sich, dass sie auf der Suche nach dem Heiligen sei und erkenne, dass der Weg selbst schon Begegnung ist. Sie beschreibt diese Begegnung aber auch konkret als mystische Vereinigung mit Natur, Luft, Licht:

> Meine Suche hat mich in neue Bahnen gelenkt. Ich suche nach dem Heiligen. Ich fordere den Betrachter auf, mit mir durch meine Skulpturen zu schauen. Ich habe die Qualen hinter mir gelassen. Ich empfinde eine mystische Vereinigung mit Natur, mit Luft, mit Licht. Ich bin ein suchender Wanderer, der kurz vor der Entdeckung des Schatzes steht und weiß, dass die Suche selbst der Schatz ist. Meine Suche wird weitergehen.[6]

Die Dichterin Nelly Sachs sucht nach Punkten, in denen die Begegnung mit dem Heiligen geschehen kann. Die Kraft der Erde und der Tod sind Wegweiser zu dem magnetischen Punkt, der – so in der Sprache von Nelly Sachs – gottdurchlässig ist. Wer anders kann uns dahin führen als Worte, die uns mit dieser Kraft verbinden, Worte, die segnen?

> So kurz ausgeliefert ist der Mensch
> Wer kann da über Liebe sprechen
> Das Meer hat längere Worte
> auch die kristallgefächerte Erde
> mit weissagendem Wuchs
> Dieses leidende Papier
> schon krank vom Staub-zum Staube-Lied
> das gesegnete Wort entführend
> vielleicht zurück zu seinem magnetischen Punkt
> der Gottdurchlässig ist.[7]

Die Sehnsucht nach dem Heiligen kann unmittelbar gespürt werden, wenn eine Begegnung mit dem Heiligen überraschend geschieht. So berichtet eine Frau aus Kiew davon, dass sich ihr vor dem Bild der Sixtinischen Madonna von Raffael eine neue Welt auftat:

> Moskau, Sommer 1955. Im Puschkin-Museum sind für eine kurze Zeit Gemälde aus der Dresdener Galerie ausgestellt. Ich unterbreche für zwei Tage meine Reise. So gerate ich für zwei Stunden in die Welt mir noch unbekannter Werke der großen Künstler. Am Ende der Besichtigung erwartet uns die Begegnung mit der »Sixtinischen Madonna« von Raffael. Der Besucherstrom bleibt ein paar Minuten in ehrfurchtsvoller Stille stehen: Aus der Tiefe einer hellen Nische schauen uns – von himmlischer Reinheit erfüllt – die Mutter und ihr göttliches Kind an. Das Bild strahlt aus, ergreift: Die Jungfrau Maria bringt der Welt ihr Kind dar. Und das Kind schaut uns mit ernstem vorhersehendem Blick an und ist bereit, zu uns zu gehen und uns im Leben zu begleiten. In diesem Bild offenbarte sich für mich, die ich im materialistischen Denken erzogen war, eine andere Welt. Sie erweiterte meine Vorstellung vom Dasein und erweckte in mir den Glauben, dass das Leben von einer göttlichen Kraft in Liebe und Weisheit getragen wird.[8]

Dieser Bericht weist hin auf die Grenze zwischen religiöser und nichtreligiöser Erfahrung des Heiligen. Die Betrachterin lässt sich durch die Ästhetik des Bildes so anrühren, dass sie in dem religiösen Bild das Heilige erfährt.

Entsprechend den beiden Bedeutungen von »heilig« als das zu Schützende und als das, was uns ergreift, gibt es zwei Modelle des Heiligen in der gegenwärtigen Diskussion. Das sozialpsychologische Modell, das auf Emile Durkheim zurückgeht, versteht das Heilige als einen Bezugspunkt, auf den hin Gesellschaft sich organisiert. Das Heilige ist hier eine Kategorie des Sozialverhaltens. Jede Gesellschaft ist strukturiert durch das, was für sie heilig ist.[9]

Dem zweiten, dem religionsphänomenologischen Modell, sind die eben genannten Beispiele zuzuordnen. Dieses Modell, das seine Grundlage in dem Werk »Das Heilige« von Rudolf Otto hat, beschreibt das Heilige in den Erfahrungen von Ergriffenheit. Da dieses Modell sich für die Interpretation der Geburtserfahrungen eignet, wird Rudolf Ottos Werk im nächsten Kapitel vorgestellt. Die Kategorien, mit denen Rudolf Otto das Heilige phänomenologisch erfasst, dienen anschließend der Interpretation der Antworten aus den Interviews mit Hebammen.

In der religionsphilosophischen und religionssoziologischen Literatur der Gegenwart werden über Rudolf Otto hinausgehend Erfahrungen genannt, die nicht unter der Definitionsmacht von Kirchen und Religionen stehen, die aber als »Inseln im Ozean der Alltagserfahrung«[10] oder »Zeichen der Transzendenz«[11] gewertet werden. Es sind Momente größter Freude, tiefster Ergriffenheit und des furchtbarsten Erschauderns. Die Erfahrung des Heiligen bleibt hier nicht auf religiöse Erfahrung beschränkt. »Vielmehr ist jede Erfahrung prinzipiell für die Erfahrung des Heiligen offen.«[12]

Bedeutsam für diese Erfahrungen ist ihre körperliche Ebene. Der Körper reagiert spontan und außerhalb des Willens und der Kontrolle durch das Bewusstsein. Diese Reaktionen sind schon bei Rudolf Otto beschrieben worden, so z. B. die Gänsehaut. Dazu gehören auch Zähneklappern, Benommensein, Blut im Kopf, großes Schlafbedürfnis. Da wir über diese unwillkürlichen körperlichen Erfahrungen nicht willentlich verfügen können, kann oft nur stammelnd davon berichtet werden. Die Reflexionsebene ist schwer zu erreichen.

Das Heilige nach Rudolf Otto

Rudolf Otto schuf 1917 mit seinem Buch »Das Heilige. Über das Irrationale in der Idee des Göttlichen und sein Verhältnis zum Rationalen« einen Sprachraum, in dem elementare Erfahrungen als religiöse Erfahrungen definiert werden konnten. Umgekehrt hat der so qualifizierte Begriff seither die Möglichkeit geboten, den Erfahrungen des Ergriffenseins als Begegnungen mit dem Heiligen nachzuspüren. Das Buch hatte 1936 die 36. Auflage erreicht und ist bis in den Nachdruck der Sonderausgabe von 1997 das maßgebliche Buch zu diesem Thema geblieben. Wer nach Kategorien für diese Erfahrungen von Ergriffenheit sucht, wird auch heute noch zu Rudolf Otto greifen, auch wenn er die frauenspezifischen Aspekte nicht benennt. Eine ähnliche systematische Grundlegung von einer Frau gibt es bis heute nicht.

Rudolf Otto nennt das Heilige eine Kategorie, einen Begriff, der Erfahrungen in ein Denkmuster zusammenfasst. Da diese Kategorie nicht ableitbar ist von einem anderen Begriff, sondern direkt auf Erfahrungen bezogen ist, ist es eine Kategorie a priori. Es ist ein religiöses Apriori, da es sich auf das Verhältnis von Gott und Mensch bezieht. Als zusammengesetzte Kategorie verknüpft die Kategorie des Heiligen das rationale Element, die Ideen des Absoluten, der Vollendung, des Guten, mit dem irrationalen Element, den reinen Gefühlen. Diesem Irrationalen widmet Rudolf Otto seine Arbeit, denn »das Irrationale in ihr (der Kategorie des Heiligen) hat seine eigenen selbständigen Wurzeln in den verborgenen Tiefen des Geistes selber.«[13]

Das Heilige wurde in der Zeit vor Rudolf Otto von Immanuel Kant und Max Scheler verstanden als eine moralische Größe. Doch für Rudolf Otto ist das »Heilige« ursprünglich das Mehr über dem Sittlichen und Moralischen, es ist für ihn nur der irrationale Anteil an der ursprünglichen Kategorie des Heiligen. Den stärksten Anteil am Wesen des Heiligen hat das Moment des Numinosen in den Erfahrungen der Seligkeit und des Schauders.

Der Seelengrund

Menschen haben in sich eine Veranlagung, mit der sie das Heilige wahrnehmen können. Es ist ein religiöser Trieb, »der sich in tastender Regung, in suchender fantastischer Vorstellungsbildung, in immer vorwärtstreibender Ideenerzeugung sich über sich selbst klar werden will ...«[14] Otto gibt diesem Trieb den Namen »Seelengrund«. Es ist eine verborgene Anlage, die gefühlsmäßige Erkenntnisse ermöglicht. Der Seelengrund ist eine selbständige Quelle des Geistes, die diese Erkenntnisse begreift. Durch äußere Reize wird er angeregt und wach.

Das Numinose

Aus dem Seelengrund kommt das Gefühl des Numinosen, ein Urgefühl, das nicht ableitbar ist. Es ist eine »Gemüts-gestimmtheit«.[15] Das Numen ist das »übernatürliche Wesen noch ohne genauere Vorstellung«.[16] Das Numinose ist unverzichtbarer Bestandteil aller Religionen. Es meint beides, das numinose Objekt, das außerhalb des Menschen ist, und das Gefühl im Innern des Menschen, mit dem er das »unsagbare Geheimnis über aller Kreatur«[17] erahnt.

Unter den »Momenten«, d. h. Wesensmerkmalen des Numinosen, ragen drei besonders hervor. Diese sind das Kreaturgefühl, das mysterium tremendum und das Fascinans.

Das erste Moment, das Kreaturgefühl, leitet Otto ein mit dem Aufruf: »Wir fordern auf, sich auf einen Moment starker und möglichst einseitiger religiöser Erregtheit zu besinnen.«[18] Welches sind die Gefühlsinhalte dieser Ergriffenheit? Gefühle der Dankbarkeit, des Vertrauens, der Liebe und der Zuversicht. Dazu das Moment des Feierlichen und das Spezifische des Kreaturgefühls, »das Gefühl der Kreatur, die in ihrem eigenen Nichts versinkt und vergeht gegenüber dem, was über aller Kreatur ist.«[19]

Das stärkste Moment des Numinosen ist das mysterium tremendum. Es ist das Gefühl des schauervollen Geheimnisses, das eine sehr breite Palette der Stimmungen hervorrufen kann. Es kann die Form einer ruhenden Stimmung in versunkener Andacht annehmen, eine stetig fließende und schließlich abklingende Gestimmtheit der Seele, es kann mit Stößen und Zuckungen hervorbrechen und sich bis zum Rausch und zur Ekstase steigern.

Das dritte Moment des Numinosen, das hier zu nennen ist, ist das Fascinans. Hier kann der Mensch sich dem Wundervollen zuwenden. Er kann das Sinnberückende, Hinreißende und seltsam Entzückende bis zum Dionysischen erleben. »Beseligung ist mehr, viel mehr, als bloßes natürliches Getröstet-sein Zuversicht-haben Liebesglück auch in noch so hohen Steigerungsformen ... dieses tief Wundervolle.«[20] Das Fascinans wird erlebt in den Momenten der Feierlichkeit, des Hochgefühls, des Überschwänglichen. Es ist ein Gnadenerlebnis.

Das mysterium tremendum als Moment des Numinosen ist seinerseits wieder in vier Momenten erfahrbar:

1. Das Moment des ›tremendum‹

»Das ist ein Schrecken voll innerem Grauen wie es nichts Geschöpfliches, auch nicht das Bedrohlichste und Übermächtigste, einflößen kann.«[21] Dieses Moment des Schauervollen schlägt sich in körperlichen Empfindungen nieder, wie sie unsere Sprache noch bewahrt hat: »Es lief ihm eiskalt durch die Glieder, mir lief eine Gänsehaut über den Rücken, durch Mark und Bein, die Haare sträuben sich, die Glieder schlottern.« Diese Erfahrung kommt aus dem Dämonenglauben, ist aber auch ein Wesenszug des reinen Gottesglaubens, wie Tersteegen dichtet: »Gott ist gegenwärtig, / Alles in uns schweige / Und sich innigst vor ihm beuge ...«[22]

2. Das Moment des Übermächtigen (›majestas‹)

Hier spricht Otto von schlechthinniger Übergewalt. Es ist nicht die Erkenntnis, von etwas abhängig zu sein oder sich bedingt zu fühlen. Es ist vielmehr die Ohnmacht gegenüber einer Übermacht, die erfahren wird nicht als einmalige Geschaffenheit, sondern als eine Existenz in der Geschöpflichkeit.[23] Es ist die Erfahrung des absoluten Gegensatzes zwischen Gott und Mensch.

3. Das Moment des ›Energischen‹

Diese Seite des mysterium tremendum »drückt sich in den Ideogrammen von Lebendigkeit Leidenschaft affektvollem Wesen, von Wille Kraft Bewegung Erregtheit Tätigkeit Drang aus ... Sie sind dasjenige Moment am numen das, wo es erfahren wird, das Gemüt des Menschen aktiviert, zum ›Eifern‹ bringt ...«[24]

4. Das Moment des Mysteriums, das ›Ganz Andere‹

Jetzt liegt die Betonung auf dem Mysterium, nicht mehr auf dem tremendum. Das Mysterium meint, »im Gemüte von einem Wunder, einem Wunderding, einem mirum betroffen sein.«[25] Was im Alltag als Erstaunen bezeichnet wird, ist nur eine sehr abgeschwächte Form dieses Sich-Wunderns. Es ist vielmehr ein totales Befremden. Der Mensch begegnet dem ganz Anderen. In der Mystik wird dies konsequent weitergeführt als das ›Nichts‹ oder die ›Leere‹. Das Mysterium des Numinosen kann sich steigern in drei Stufen: das Nur-Befremdliche, das die Alltagserfahrungen übersteigt, das Paradoxe, das was wider die Vernunft ist, und das Antinomische, das sind Aussagen, die in sich selbst widersprüchlich sind.[26]

Diese numinosen Gefühlsregungen können nicht durch eine Lehre vermittelt werden. Es gibt heilige Situationen, in denen sie erfahrbar sind. Eine solche Situation ist auch das Dunkel und das Schweigen. Wieder findet Rudolf Otto bei Gerhard Tersteegen die Worte dazu: »Herr, rede du allein / Beim tiefsten Stille-sein / Zu mir im Dunklen.«[27] Dunkel und Schweigen sind direkte Darstellungsmittel für das Numinose, während das Erhabene und Magische, die Musik und die Leere in der östlichen Religion indirekte Mittel sind, in denen das Numinose gegenwärtig werden kann.

Diese Kategorie des Heiligen, so ist meine These, ist das geeignete Interpretament für die Begriffe, die die Hebammen in ihren Antworten auf meine Interviewfragen verwenden.

Lebensweltliche Erfahrungen und das Heilige

In lebensweltlichen Erfahrungen kann sich eine Begegnung mit dem Heiligen ereignen. Das ist die Ausgangsposition von zwei Autoren, deren Theorien und Beispiele eine Theologie der Geburt als Begegnung mit dem Heiligen unterstützen können.

Die Autoren Peter L. Berger und Reinhold Esterbauer nennen im Gegensatz zu Rudolf Otto konkrete Lebensbereiche, in denen der Alltag transzendiert wird und die sie deshalb als Erfahrungen mit dem Heiligen deuten.

Peter L. Berger führt fünf Erfahrungen an:
1. Die Ordnung stellt eine sinnstiftende Struktur im Chaos des Lebens dar. »Man denke nur an die wohl fundamentalste aller Ordnung stiftenden Gesten – die der ihr ängstliches Kind beruhigenden Mutter.« Wenn die Mutter zum Kind sagt: »Alles ist wieder gut«, schenkt sie ihm wieder Urvertrauen und das Chaos ist gebannt.[28] 2. Das Spiel setzt die Welt für die Dauer des Spiels außer Kraft, indem es eine eigene Welt aufbaut. 3. Die Hoffnung wird erfahren als Mut gegen den Tod. 4. Überraschend ist das vierte Argument, die Verdammnis. »Es handelt sich dabei um Erfahrungen, die unseren Sinn für das Menschenmögliche derartig überfordern, dass die einzige angemessene Reaktion nur ein Fluch von übernatürlichem Ausmaß sein kann.«[29] 5. Der Humor stellt uns für einen kurzen Augenblick eine andere Realität mit anderen Regeln als den alltäglichen vor. Das kann zum erlösenden Lachen führen und ist deshalb ebenfalls ein Signal der Transzendenz.

Reinhold Esterbauer untersucht in seiner Habilitation lebensweltliche Bereiche auf die Möglichkeiten hin, in ihnen Erfahrungen des Heiligen zu machen. Es sind Erfahrungen, die Betroffenheit auslösen. Sie sind auch außerhalb der religiösen Institutionen möglich, denn sie sind die Tiefendimension in lebensweltlichen Erfahrungen. »Das bedeutet, dass die Erfahrung des Heiligen nicht auf religiöse Erfahrung beschränkt bleibt ... Vielmehr ist jede Art von Erfahrung prinzipiell für die Erfahrung des Heiligen offen.«[30]

Die vier Grundzüge der Erfahrung des Heiligen sind nach Esterbauer:

- die Unmittelbarkeit seiner Erfahrung,
- die Betroffenheit der Beteiligten,
- die große Bedeutung für die eigene Lebensgeschichte, der sprachliche Charakter, der sich in der Stille zeigt.[31]

Die Erfahrungen des Heiligen sind möglich 1. im virtuellen Raum, denn in den Science-fiction-Filmen und in Computerspielen wiederholen sich Grundkonstellationen aller mythischen Erzählungen und Charakterzüge mythischer Personen; 2. in der Natur »als unverfügbare und nicht einholbare Instanz, die aus sich Leben hervorbringt, damit Faszination ausübt und so auf etwas hinweist, das reine Funktionalität sprengt.«[32] Die 3. Möglichkeit ist das Fest, das die individuelle Lebensgeschichte in der Erfahrung der Menschen unterbricht. Die Feiernden sind vom Fest ergriffen und das Fest stiftet Gemeinsamkeit. In der Ekstase des Festes entsteht eine andere Ordnung, die die bestehende Ordnung außer Kraft setzt. Der Wechsel von Alltag und Fest lassen die Zeit nicht mehr als messbare, sondern als inhaltlich gefüllte Zeit erfahren. Und die 4. Möglichkeit ist die Stille, ein positiv erlebtes Schweigen. Die Stille »ist nicht herstellbar, sondern breitet sich von selbst aus.«[33] Stille und Raum sind aufeinander so bezogen, dass Stille eine räumliche Struktur besitzt, nicht einen geometrischen Raum, sondern einen gelebten Raum.

Es fällt auf, dass die genannten Autoren keine Erfahrungen von Frauen aufgenommen haben, sei es, sie meinten, Frauen seien mitgemeint, sei es, sie nehmen Frauenerfahrungen nicht ernst. Trotzdem habe ich sie hier referiert. Doch erfreulicherweise gibt es auch einen Ansatz für eine Theologie des Heiligen auf Grund von Erfahrungen von Frauen. Er findet sich bei einer Frau, der Philosophin Annegret Stopczyk. Bei der Beschreibung ihrer Geburtserfahrung spricht sie die Dimension der Tiefe und der mystischen Erfahrung an: »Innerlich, in eigenleiblicher Erlebnisperspektive, wurde mir das Gebären ein mystischer Verlauf mit vielen Geheimnissen. Mit aufreißender Macht brachen neue Wahrnehmungsweisen in mir durch, die meine sehr rationale Vernunfthaltung zutiefst in Frage stellten. Nie wieder konnte ich seither in meine vorgebärende naive Vernunftidentität zurückfallen. Es war so, als ob meine glatte Oberfläche von innen her in die Tiefe verbunden worden wäre. Wenn ich die Augen schloss, sah ich hinter der Stirn Landschaften wie in einem Film. Dabei hatte ich immer sehr große Schwierigkeiten, mir Bilder in der Phantasie vorzustellen, da ich eher über das Gehör oder den Tastsinn innerlich sensibilisierbar bin. Aber ich sah Bilder so deutlich wie im Traum, obwohl ich hellwach war und mit meiner rationalen, analysierenden Beobachtungsgabe ständig dabeiblieb. Ich war ›rational‹ und ›irrational‹ gleichzeitig ... Ich ›sah‹ und fühlte mich als ein Reh ... Bei heftigen Schmerzen steigerten sich die ›inneren Bilder‹ in fast mystische Dimensionen.«[34]

Der amerikanische Soziologe Abraham Maslow ist der einzige Mann, der Geburtserfahrungen von Frauen im Blick hat. Er untersucht Transzendierungserlebnisse, die er »peak experiences – Spitzenerfahrungen« nennt. Er zählt die wichtigsten Lebensbereiche auf, in denen diese Erfahrungen gemacht werden können, u. a. auch natürliche Geburten: »Diese Erlebnisse hatten meist nichts mit Religion zu tun – zumindest nicht im herkömmlichen, übernatürlichen Sinne. Sie resultierten aus den großen Momenten der Liebe und der Sexualität, aus den großartigen ästhetischen Momenten, ... aus Kreativitätsschüben und der kreativen Ergriffenheit, ... aus großen Momenten der Erkenntnis und Entdeckung, aus dem Erlebnis von Frauen bei natürlichen Geburten von Kindern – oder einfach daraus, sie zu lieben, aus Momenten der Einheit mit der Natur, ... aus bestimmten athletischen Erfahrungen ... Peak experiences können als wahrhaft religiöse Erlebnisse im besten und profundesten, universellsten und humanistischsten Sinne des Wortes verstanden werden.«[35]

Das Heilige als wilde Lebendigkeit

Gibt es eine Identität des Heiligen hinter allen Erfahrungen? Was ist es denn, was uns ergreift? Der katholische Religionsphilosoph Bernhard Welte versucht, das Heilige inhaltlich zu deuten. Es ist die bedeutsame Lebendigkeit, es ist ein geheimnisvolles Wunder, es ist das sinnstiftende Heil.[36] Begriffe, die es beschreiben können, sind: Reinheit, Vollendung, Wunderbares, Wirklichkeit aller Wirklichkeit, Kostbarkeit, Ernst. »Da, wo es sich dem Menschen eröffnet, macht es ihn betroffen, verwandelt ihn, bringt ihn in sein Selbstsein, in seine Ganzheit.«[37]

Welte verwendet ein Symbol aus der Natur, den unterirdischen Lebensstrom. Aus ihm bricht das Heilige auf: »... die unsichtbare, unverfügbare, immer entzogen bleibende Dimension, die wie ein gewaltiger Kraftstrom alle wahre Lebendigkeit von Menschen und Welt entbindet und trägt.«[38] Dieser Lebensstrom ermöglicht ständig neue Anfänge, auch diejenigen, die zu Gott umkehren lassen. Mit diesem Gedanken des Neuanfangs ist implizit auch die Geburtlichkeit des Menschen angesprochen, doch Welke erwähnt dies nicht.

Das Heilige ist bei Welte die Anwesenheit des Göttlichen in der Endlichkeit. »Wo, was wir heilig nennen, nicht an einem (sonst auch anderweitig vorkommenden) Seienden erscheint (als seinem Träger), wo es vielmehr in sein eigenes Wesen und in seinen eigenen Ursprung gesammelt aufscheint, da beginnen wir vom Göttlichen zu sprechen.«[39] Das Heilige ist das Heilbringende, denn die Lebendigkeit des Heiligen will Heilung bewirken. Bei Bernhard Welte fehlt hier das mysterium tremendum, das Schauervolle in dem Entwurf von Rudolf Otto. Das Heilige hat bei Welte immer eine positive und ins Positive stimmende Bedeutsamkeit. So kann er sagen, dass das Heilige »ursprüngliche Wildheit« sei, weil alles Lebendige seine Kraft aus der Wildheit bekommt. »Die ursprüngliche Wildheit ist jedoch als Aspekt des Heiligen gerade das Moment, das die Frische, die Spontaneität, die Phantasie, die verschwenderische Fülle und Liebe bewirkt, deren Wiedergewinnung für unsere Zivilisation Welte als so dringlich ansieht.«[40]

Ich übernehme die Definition des Heiligen, die Elke Kirsten in ihrer Dissertation über Bernhard Weltes Begriff der Heiligkeit formuliert hat: »Das Heilige ist die allen Menschen und Dingen zugehörige Sphäre geistiger lebendiger Bedeutsamkeit, und es ist entzogenes, unantastbares, unergründliches-wunderbares Geheimnis.«[41]

Zum Diskurs über das Heilige

Eine Theologie des Heiligen kann nicht in einer systematischen Theologie erfasst werden. Die Flüchtigkeit einerseits und die ungeheure Mächtigkeit der Erscheinung andererseits können nicht in einer systematischen Lehre festgehalten werden. »Die Denkmöglichkeit, dass es nicht nur von uns und unseren Begriffen und Methoden abhängt, ob, wo und wann sich das Heilige zeigt, ist nicht auszuschließen. Weil dies so ist, *kann es keinen eindeutigen Begriff des Heiligen geben.* Jeder Versuch, das Heilige ein für allemal begrifflich ›festnageln‹ zu wollen, muss notwendigerweise scheitern.«[42]

Zweitens gehört zum Wesen des Heiligen seine Unverfügbarkeit. Es erscheint und es verschließt sich, so wie »der Geist weht, wo er will.«[43]

Drittens verbindet sich das Heilige mit Phänomenen, die zunächst gar nichts mit ihm zu tun haben, und deshalb ist es geeignet, Menschen, die nicht religiös sind, auf ihre Tiefendimension hin anzusprechen und ihnen einen undogmatischen Zugang zu den tragenden Kräften des Lebens zu ermöglichen. »Hier wird eine problemorientierte Differenzhermeneutik innerhalb des religiösen Bewusstseins weiter differenzieren und dann im Gegensatz zur (traditionellen) Theologie *den nichttheologischen Interpretationen des Heiligen* (im weitesten Sinne) besonders starke Beachtung schenken.«[44] In den neuen Bundesländern sind 75 Prozent der Bevölkerung kirchlich nicht gebunden oder ex pressis verbis AtheistInnen. Hier ist die Rede vom Heiligen geeignet, die »transzendenten Fundamente ihrer Daseinsorientierung bewusst zu machen.«[45] Für die Interpretation der Hebammen-Interviews ist dies von größter Bedeutung.

Konsequenzen einer Theologie des Heiligen im Blick auf den Protestantismus zieht Albert Grözinger. Die Kirche lebt heute in einer Erlebnisgesellschaft. Deshalb hat sie die Aufgabe, die Begegnung mit dem Heiligen konkret erfahrbar zu machen. Doch da das Heilige nicht verfügbar ist, nicht machbar, ist es in der Erlebnisgesellschaft immer das ganz Andere: »Das Heilige soll gewählt werden. Aber es ist vor aller Wahl immer schon da. Man mag in der Erlebnisgesellschaft zwar ›Religion‹ wählen, aber man geht dabei zugleich immer das Risiko ein, dass einem dort nicht das Vertraute, sondern das Heilige in seiner Fremdheit und Andersheit begegnet. Nicht wir wählen schlussendlich das Heilige, sondern das Heilige wählt uns. Eine der Erlebnisgesellschaft zutiefst fremde Erfahrung lauert so am Grund aller religiösen Wahl.«[46]

So ergibt sich: Aus dem Diskurs über das Heilige in der Gegenwart sind für eine Theologie der Geburt als Begegnung mit dem Heiligen drei Aspekte relevant: Der Aspekt der Unverfügbarkeit des Heiligen, der Fremdheit in unserer Gesellschaft und der Bedeutung für Menschen, die im Atheismus aufgewachsen sind.

Heiligkeit des Frauenkörpers

Das Heilige ist in der von Männern geschriebenen Literatur nie in Verbindung gebracht worden mit dem Frauenkörper und seinen Erfahrungen. Deshalb muss nun auf die Frage eingegangen werden, warum die Geburt und mit ihr der Frauenkörper bisher nicht als zum Heiligen gehörend verstanden wurde.

Heiligkeit des Krieges, Unreinheit des Frauenkörpers

Das sozialpsychologische Verständnis des Heiligen setzt eine Trennung zwischen Heiligem und Profanem voraus. Das hat die Geschichte der Religionen geprägt. Das Heilige ist diejenige Kraft, die das gesellschaftliche Leben strukturiert und erhöht. So können ein Ort, eine Person, eine Handlung heilig sein. Beispiele in der Gegenwart sind: der Heilige Vater, Heiliger Krieg, Heilige Kühe, Heilige Berge, Heilige Handlung.[47]

Seit Beginn der männlichen Vorherrschaft in den Religionen, die in die Jahrhunderte vor und nach 2000 v. Chr. anzusetzen ist, wurde der Frauenkörper für unrein erklärt und damit dem Bereich des Profanen zugeordnet.[48] Erklärt wurde dies damit, dass das Blut der Menstruation und die Geburt die Frau unrein mache. Das zeigen die jüdischen Reinheitsgesetze[49] oder das kirchliche Brauchtum des ersten Kirchgangs der Wöchnerin. Auch hier hat es Ausnahmen gegeben, so konnte z. B. Hildegard von Bingen in ihren Visionen den Frauenkörper durchaus als Symbol für das Göttliche verwenden.[50]

1988 ist in den USA ein Sammelband erschienen mit Aufsätzen über die »Sacred Dimensions of Women's Experience«.[51] Die Herausgeberin beginnt ihr Vorwort mit dem Satz: »Throughout recorded time men have ›named the sacred‹ from the standing point of the male body and male life experience.«[52] Sie unterscheidet die Art des Theologisierens von Männern und Frauen: Männliche Theologen haben ihre Erkenntnisse in den Himmel erhoben und dann darüber diskutiert, Frauen treiben dagegen eine andere Theologie, subjetiver und mit den Gefühlen und Erfahrungen des realen individuellen Lebens von Frauen gefüllt. Hier kann dann auch das Gebären zum Thema werden. So hat in diesem Sammelband ein Aufsatz der Pastorin Sydney Amara Morris den Titel: »Homebirth: The Sacred Act of Creation«.[53] Sydney Amara Morris schreibt: »As we study birthing we study the act of creation and we are given glimpses into the mystery, the profound, the deeply human.«[54]

Um den Gegensatz zwischen der Definition des Heiligen durch Männer und Frauen herauszuarbeiten, soll die Heiligkeit des Krieges und die Einstellung zum Frauenkörper vorgestellt werden. Roger Caillois ist ein Vertreter der sozialpsychologischen Deutung des Heiligen. In seinem Buch »Der Mensch und das Heilige« beschreibt er den Krieg in einem 1939 erschienenen Aufsatz als das Fest, bei dem Soldaten sich hingeben und wiedergeboren werden. Er vergleicht den Krieg mit der Geburt: »Die Mythologie des Krieges ermöglicht einen Vergleich bis ins Vokabular. Man macht gleichsam einen Gott tragischer Fruchtbarkeit aus ihm und vergleicht ihn mit einer gigantischen Niederkunft. Und wie die Mutter ihr Leben aufs Spiel setzt, wenn sie das Kind zur Welt bringt, müssen die Völker einen blutigen Tribut entrichten, um ihre Existenz zu begründen oder weiterzuführen. Goebbels hält den Krieg für die elementarste Form der Liebe zum Leben. Der Krieg verschafft dem Gesetz der Geburt der Nationen Ausdruck und entspricht den zwangsläufig schrecklichen inneren Krämpfen der körperlichen Geburt«[55] Wie sehr hier Frauenerfahrung ausgeblendet bzw. nicht wahrgenommen wird und stattdessen usurpiert und ins Gegenteil verkehrt wird, zeigt seine Definition des Heiligen, die eigentlich die Geburt durch eine Frau beschreibt: »Das Heilige schenkt Leben und vernichtet es, es ist die Quelle, aus der Leben entspringt, und die Mündung, in der es sich verliert.«[56] Nach 1945 ist Cailois desillusioniert und sieht statt der imaginären Wiedergeburt den realen Tod.

Interessant und erhellend ist hier eine Vision bzw. Fantasie der zuvor zitierten amerikanischen Pastorin, die sie aus dem Gegensatz von Krieg und Geburt heraus entwirft. Sie sieht sich am Ende der Schwangerschaft liegend auf einem Tisch des Kommandopostens, der den 3. Weltkrieg plant. Dort gebiert sie ein Kind, wie es gleichzeitig viele Frauen überall in der Welt tun, und so lenken sie die Aufmerksamkeit aller Menschen vom Krieg zum Leben: »I once had a fantasy of going, nine months pregnant, to a command post of an army about to begin World War III, and giving birth on the big central comman table, coordinating this act with pregnant women in command posts the world over, thus diverting everyone's attention from war to life.«[57]

Roger Caillois, und mit ihm die sozialpsychologische Definition des Heiligen, gerät immer dann in ein Dilemma, wenn er frauengerechte Kulturen beschreibt, so z. B. wenn die Hereros in Namibia die Heilkraft der Wöchnerin anerkennen: »Die Frau, die geboren hat, muss sich abseits der Gruppe halten, weil diese von ihrer Verunreinigung angesteckt werden könnte: andererseits bringt man zum Beispiel bei den Herero jeden Morgen die Milch sämtlicher Kühe des Dorfes, denn die Berührung ihrer Lippen soll der Milch besondere Eigenschaften verleihen.«[58]

Wie in dieser alten Kultur der Herero so finden sich auch in der Bibel Hinweise auf den Frauenkörper als Ort des Göttlichen, des Heiligen. Drei Beispiele seien hier genannt:

a) Ein Segenstext gibt Einblick in eine alte Tradition, die in manchen Bibelübersetzungen bewusst ausgeblendet wird: »Und von dem Allmächtigen (El Shaddaj) seist du gesegnet / mit dem Segen oben vom Himmel herab, / mit Segen von der Flut, die drunten liegt, / mit Segen der Brüste und des Mutterleibs.« (Gen 49,25)

b) Das hebräische Wort für Erbarmen ist gleichzeitig das Wort für Unterleib. »Die hebräische Wurzel *rhm* umfasst ›Erbarmen, Mutterschoß‹ und bezeugt Gott als mütterlich, liebend. Die im ganzen Kanon zu findende Formel ›gnädig und barmherzig‹ (Ps 111,4; Neh 9,17) ist an der Schoß-Metaphorik orientiert und zentral, um die Mütterlichkeit Gottes als Mit-Leidenschaft (compasion) zu bezeichnen ...«, schreibt die Neutestamentlerin Luzia Sutter Rehmann.[59]

c) Das Wort für den heiligen Geist, *ruach,* geht zurück auf die Atemerfahrung der Gebärenden: So hat die Alttestamentlerin Helen Schüngel-Straumann das hebräische Wort für »Geist« erforscht: »*ruah* ist ziemlich sicher verwandt mit dem Begriff für ›Weite‹, sie schafft Raum, setzt in Bewegung, führt aus der Enge in die Weite und macht so lebendig. Der Begriff hat einen ursprünglichen Zusammenhang mit Geburt, die neues Leben schafft. So findet sich *ruah* fast immer mit Verben der Bewegung und kann dann Wind/Sturm, Atem, Geist, Lebenskraft, Vitalität und Ähnliches bezeichnen.«[60]

Und noch ein Beispiel aus dem Neuen Testament sei hier erwähnt. Der johanneische Jesus spricht davon, dass vom Unterleib, meist mit »Leib« übersetzt, das Neue, das Kreative kommt: »Wer an mich glaubt, ... von dessen (Unter-) Leib werden Ströme lebendigen Wassers fließen.« (Joh 7,38)[61] Das an dieser Stelle verwendete griechische Wort *koilia* entspricht dem hebräischen *rächäm,* Unterleib, Gebärmutter.

Zusammenfassend kann mit der Leibsphilosophin Anngret Stopczyk gesagt werden: »Der Rückgriff auf mutterkultische

Glaubensinhalte, in denen die Fähigkeit zu gebären als höchstes göttliches Attribut erscheint und schwangere Frauen als Weisheitsinkarnationen dargestellt sind, unterstützt das neue feministische Denken der Geburtlichkeit/Leiblichkeit, in der das Leiblichsein zu einer eigenständigen Leibphilosophie kulminiert.«[62]

Mutterschoß

Die Folgen der Negativbewertung des Frauenkörpers sind überdeutlich, wenn es um den im Zusammenhang mit dem Thema Geburt besonders wichtigen Teil des Frauenkörpers, den Unterleib, Mutterschoß, Mutterleib (lateinisch: *uterus* und griechisch: *hysteria*) geht. Die Theologin Gunhild Buse hat in einer großen Forschungsarbeit über Gebärmutteroperationen die symbolische Bedeutung und gesellschaftliche Wertung der Gebärmutter in Geschichte und Gegenwart beschrieben.[63] Deshalb soll hier nur auf die wichtigsten Einstellungen eingegangen werden.

Das griechische Denken hat das christliche Abendland am stärksten beeinflusst. Den Anfang bildet die frauenfeindliche Philosophie von Plato (427-347). Auf seine Darstellung der Gebärmutter als einem gefährlich umherirrenden Organ berufen sich die Mediziner von der Antike an. Plato schreibt im Dialog Timaios: »Unter den als Männer Geborenen gingen die Feiglinge, und die während ihres Lebens Unrecht übten, der Wahrscheinlichkeit nach, bei ihrer zweiten Geburt in Frauen über.« Und weiter: »... was man bei den Frauen Gebärmutter und Mutterscheide nennt, welches als ein auf Kindererzeugung begieriges Lebendiges in ihnen ist, dies empfindet es mit schmerzlichem Unwillen, wenn es länger, über die rechte Zeit hinaus, unfruchtbar bleibt, und schafft, indem es dann allerwärts im Körper umherschweift und durch Versperren der Durchgänge das Atemholen nicht gestattet, große Beängstigung, so wie es noch Krankheiten aller Art herbeiführt.«[64] Diese Textstelle erinnert sofort an den Krankheitsbegriff »Hysterie«. Sigmund Freud benutzt demnach das griechische Wort für Gebärmutter, um eine in seinen Augen frauenspezifische Krankheit zu benennen. Die Hebamme und Ethnologin Angelica Ensel stellt dazu fest: »Es ist kein Zufall, dass gerade die Gebärmutter zum Organ weiblicher Schwäche, zum Ursprungsort der ›Krankheit Frau‹ umgestaltet wurde. Die Gebärmutter als Ort weiblicher Fruchtbarkeit und weiblicher Schöpfungskraft könnte an sich ein Symbol weiblicher Stärke und der offensichtlich ›tragenden‹ Rolle der Frau bei der Reproduktion sein ... In der Anschaulichkeit der weiblichen Fruchtbarkeit und ihrer Abwertung liegt eine zentrale Wurzel männlicher Schöpfungsphantasien. Mit der Konstruktion der ›Krankheit Frau‹ liefern die Schöpfungsphantasien der Hysteriediskurse die Legitimation für Abwertung, Pathologisierung und Kontrolle der Gebärmutter, der ›ver-rückten‹ Frau.«[65]

Einen besonders unheilvollen Blick auf die Gebärmutter hatten die Autoren des »Hexenhammers«, einer Anleitung für Prozesse gegen Hexen, so genannte Schadenszauberinnen. Die beiden Dominikanermönche und glühenden Marienverehrer schreiben: »Alles geschieht aus fleischlicher Begierde, die bei ihnen (sc. den Frauen) unersättlich ist. *Sprüche* am Vorletzten (gemeint ist das 30. Kap., das vorletzte; H.St.): ›Dreierlei ist unersättlich (etc.) und das vierte, das niemals spricht: es ist genug, nämlich die Öffnung der Gebärmutter.‹ Darum haben sie auch mit den Dämonen zu schaffen, um ihre Begierde zu stillen ... und gepriesen sei der Höchste, der das männliche Geschlecht vor solcher Schändlichkeit bis heute so wohl bewahrte; da er in demselben für uns geboren werden und leiden wollte, hat er es deshalb auch so bevorzugt.«[66] Die theologischen Konsequenzen dieses frauenfeindlichen Blickes auf die Gebärmutter wurden schon in dem Kapitel über die Gebets- und Liedliteratur der frühen Neuzeit aufgezeigt.

Im Koran, dem Heiligen Buch der MuslimInnen, findet sich dagegen der Vers einer Sure, der die Dankbarkeit des Kindes gegenüber der Mutter fordert und damit begründet, dass sie das Kind geboren hat: »Wir haben dem Menschen Güte gegen seine Eltern zur

Pflicht gemacht. Seine Mutter trug ihn mit Schmerzen, und mit Schmerzen gebar sie ihn. Und ihn zu tragen und ihn zu entwöhnen erfordert dreißig Monate, bis dann, wenn er seine Vollkraft erlangt und vierzig Jahre erreicht hat, er spricht: ›Mein Herr, sporne mich an, dankbar zu sein für Deine Gnade, die Du mir und meinen Eltern erwiesen hast, und Rechtes zu wirken, das Dir wohlgefallen mag. Und lass mir meine Nachkommenschaft rechtschaffen sein. Siehe, ich wende mich zu Dir; und ich bin einer der Gottergebenen.‹«[67] Hier wird deutlich, dass die interreligiöse feministische Arbeit der Aufarbeitung von frauenfeindlichen Körpereinstellungen dienen kann.

Wert der Plazenta

Beim Blick auf die Plazenta, auch Mutterkuchen oder Nachgeburt genannt, wird die negative Konstruktion des Frauenkörpers ein weiters Mal verschärft. Auch wird hier noch einmal deutlich, wie sehr Schwangerschaft und Geburt eingebunden sind in ein bewertendes Symbolsystem. Deshalb soll der Plazenta ein eigenes Kapitel gewidmet werden.

Die Folgen der Abwertung zeigen sich heute in dem Verlust des Wissens um dieses wertvolle Organ. Die Plazenta wird in deutschen Kliniken zusammen mit amputierten Körperteilen verbrannt, in früheren Jahren wurde sie an die Kosmetikindustrie verkauft. Für die DDR bedeutete das zugleich, an wertvolle Devisen zu kommen und die einzelne Hebamme erhielt eine Mark für jede Plazenta, die sie in den Gefrierschrank legte.

Dagegen findet sich in der Religions- und Kulturgeschichte über die große Bedeutung der Plazenta für den Menschen in seiner embryonalen Zeit eine symbolische Würdigung.

Was ist die Plazenta? Durch dieses im Durchmesser etwa zwanzig Zentimeter große und ca. fünfhundert Gramm schwere embryonale Gewebe atmet der Fötus und wird von dessen Hormonen, Mineralstoffen u. a. ernährt. Die Plazenta ist eine Schranke gegen viele Gifte, jedoch nicht gegen Alkohol. Es lassen sich aus den Gewebeproben fehlerhafte Erbanlagen und Stoffwechselerkrankungen des Fötus erkennen. Eine der alten Landhebammen, die Marianne Grabrucker interviewt hat, erzählt, wie sie die Plazenta im Küchenherd verbrannt und dem Spiel der Farben zugesehen hat. »Ich stand immer ganz still davor und sann über den Lebensaustausch von Mutter und Kind nach. Das Gas war wie das vorherige Leben des Kindes in der Mutter – ein Wunder.«[68]

Die Ehrfurcht vor diesem Organ schlug sich nieder in besonderen Aufbewahrungsriten: in Japan in Porzellangefäßen, in Ägypten in regelrechten Grabstätten, in Mecklenburg z. B. im Vergraben unter einem Baum. Dank seiner Bedeutung für das Leben des Menschen wurde es Zwilling genannt. Der Philosoph Peter Sloterdijk nennt es das »Mit« oder »Urbegleiter«.[69]

Die heilende Kraft wird heute wieder entdeckt: so kann die Plazenta schwere Verbrennungen der Haut heilen, im Mittelalter wurde der Kindbettsuppe ein Löffel Plazenta beigegeben als eine Medizin gegen die Wochenbettdepression, und so verwenden es heute gerade bei Hausgeburten die Eltern, um ein Medikament für das Kind daraus zu gewinnen. Auch Kochrezepte werden veröffentlicht.[70]

Frauenkörper als heiliger Text

»Alle von uns hatten den Bauch als erstes Heim und wurden von Müttern geboren (und genährt). Würde diese Basiserfahrung unserer Existenz Teil der theologischen Tradition, so gäbe es eine radikale Veränderung.«[71] Für diesen radikalen Neuansatz in Theologie und Kirche, genauer: in einer Spiritualität, die Frauenerfahrungen gerecht wird, bedurfte es der Rückbesinnung auf die Geschichte des Heiligen in seiner Beziehung zum Frauenkörper.

Für Feministische Theologinnen und feministisch arbeitende Kirchenfrauen ist das Thema »Theologie der Geburt« immer noch suspekt. Manche haben vielleicht traumatische Erfahrungen mit

Fehlgeburten und unerfülltem Kinderwunsch, andere sind vielleicht noch nicht losgekommen vom männlichen Blick auf sich selbst als Frau und sind dadurch der Sorge verhaftet, wieder einem biologistischen Frauen-Mutter-Bild Vorschub zu leisten. Elisabeth Moltmann-Wendel schrieb 1997 in der Baseler feministisch-theologischen Zeitschrift Fama: »Wenn ich mich aber in der Feministischen Theologie umsehe, dann fällt mir auf, wie wenig solcher Heiligkeit bisher Ausdruck gegeben ist. Feministische Theologie hat bis jetzt wenig Glaube, Hoffnung und Liebe an solche konkrete Heiligkeit unserer Körper verschwendet.«[72] Dies hat sich bis heute kaum geändert.

Dieser Aufsatz und der der brasilianischen Ordensfrau und Theologin Ivonne Gebara aus dem Jahr 1988[73] können herangezogen werden für eine neue Theologie der Geburt. Die Erfahrungen des Frauenkörpers sollen jetzt theologisch gedeutet werden als ein Ort der Offenbarung Gottes. Ivonne Gebara tut dies und begründet noch einmal, worin die Abwertung des Frauenkörpers beruhte: »Vom Körper ausgehen heißt, von der ersten Wirklichkeit ausgehen, die wir sind und die wir kennen. Das heißt, sein Wunderwerk bestätigen und anerkennen und zugleich die Unmöglichkeit einsehen, dass ohne ihn irgendetwas bestätigt werden kann. Der Körper ist Bezugspunkt sowohl für diejenigen, die ihn missachten, wie für diejenigen, die ihn lobpreisen, für diejenigen, die ihn unterdrücken, wie für diejenigen, die ihn respektieren. Im Körper drücken sich unsere Ängste aus, auch die Angst vor der ›Mutter der Lebendigen‹, die Angst vor Eva, dem patriarchalen Symbol für alle unsere Ängste. Der Körper ist es, der sich in Tränen verwandelt, in Schmerzensschreie, in Fluchtbewegungen, in Schauder, Hass und Verfolgung.«

Die Stimme der puertorikanischen Theologin Elsa Tamez kommt ebenso aus dem lateinamerikanischen Kontext: »Und insofern die Frau ein aus unendlich vielen Geweben bestehender Körper ist, ist die Frau auch Text. Anders als der Text ist die Frau immer lebendiger Text, sogar wenn sie schläft. Die Gewebe des

Körpers der Frau formen diese nach dem Muster des weiblichen Geschlechts. Die Frau ist weiblicher Text.« Und dann folgert Elsa Tamez: »Gott kann sich unmittelbar vom Körper der Frau, ihren Leiderfahrungen, ihren Kämpfen, Freuden und Utopien offenbaren.«[74] Diese neue Theologie ermöglicht es, den Frauenkörper und den schöpferischen Prozess des Gebärens als heilig anzusehen. So können wir in Europa aus anderen Kulturen, anderen Lebensbedingungen und deren Theologien lernen. Elisabeth Moltmann-Wendel zieht die Konsequenzen: »Solche Erfahrung, die Frauen in ihrem Körper machen, kann zur Erfahrung einer Transzendenz werden. In den schöpferischen Kräften des Körpers, in der wiedererwachten Schöpfung Frau wird eine Energie erlebt, die über die eigene Person hinausreicht. Diese Energie Gottes kann auch Geist oder Ruach Gottes, Heilige Geistin oder Heiliger Geist genannt werden.«[75]

Zusammenfassung

Alle Voraussetzungen für eine neue, frauengerechte Theologie der Geburt sind geschaffen: Erstens ist mit den Kategorien des Heiligen von Rudolf Otto eine Möglichkeit gegeben, die Erfahrungen, die in den Interviews mit Hebammen zur Sprache kamen, als Begegnung mit dem Heiligen zu interpretieren. Zweitens ist die androzentrische Definitionsmacht des Frauenkörpers und der Gebärmutter ad absurdum geführt worden. Und drittens ist das Gebären wieder in den sakralen Bereich zurückgeholt worden, wo es nach der Vermutung von Erich Neumann und Annegret Stopczyk[76] einmal hingehört hatte.

Auswertung der Interviews

Der Selbstartikulation von Frauen kann dank der Interviews ein Sprach-Raum eröffnet werden. Die Antworten der Hebammen auf die Frage nach dem Besonderen und der Text in den Begleitheften zum Video »Beifahrer« sprechen nicht vom Heiligen oder von der Begegnung mit dem Heiligen. Sie verwenden den Begriff nicht. Sie bringen jedoch mit anderen Worten das zur Sprache, was in der religionsphänomenologischen Literatur über das Heilige gesagt ist. Dem entsprechen bei Rudolf Otto die Erfahrungen, die Menschen mit dem Heiligen machen: Ergriffenheit, Grenzerfahrung, das Wunder, Krankheit und Tod, Schweigen und Stille, Raum und Zeit, das Schaudern.

Da Schwangerschaft, Geburt und Wochenbett in den Bereich der Geburtsmedizin übergegangen sind, haben Frauen den Eindruck, dass sie nach dem Erleben des Gebärens »sprachlos und kulturlos«[1] sind. Andere werden ausgelacht oder mit den verächtlich gemeinten Worten »Esoterikerin« und »Mystikerin« bedacht. Eine Theologie der Geburt ist deshalb auch ein Beitrag zur Geschlechtergerechtigkeit. Wie im vorherigen Kapitel gezeigt, sind Frauenerfahrungen vor allem vom Stigma der körperlichen Unreinheit belastet und aus dem sakralen Bereich ausgeschlossen. Die Aussagen der an einer Geburt Beteiligten dagegen zeigen, dass während des Geburtsgeschehens eine Begegnung mit dem Heiligen möglich ist.

Zur Vorstellung und Interpretation der zentralen Begriffe stehen jeweils am Anfang Zitate aus den Interviews, aus denen für die sich anschließende Auswertung Belegstellen (immer in kursiver Schrift) übernommen werden.[2] Durch diese Vorgehensweise ergeben sich zwar Wiederholungen, doch es wird auch die Kraft der Erfahrungen spürbar und die Intensität, mit der die Beteiligten ihre spirituellen Erlebnisse schildern.

Ergriffenheit und Seligkeit

Zitate aus den Interviews:

Es ist ein gewaltiges Ereignis, ein elementares Erleben, wo Frauen über ihre Grenzen hinausgehen, um dem Kind das Leben zu geben. Es ist dieser Moment: Wow!, die Ehrfurcht, akzeptiert, geschafft, jetzt kann der Dampf raus, ausspannen und loslassen![3]

Durch diese Grenzerfahrung werden die Frauen aus meiner Sicht sehr, sehr stark und sie kommen gestärkt heraus und da passiert ganz viel – sie sind sehr ergriffen.

Nach der Schmerzerfahrung kommt mit einem Mal dieses Tief-atmen-aha-Moment der Seligkeit, Heiligkeit, also in der Geburt passiert so ein seliger Moment der heilen Welt, der Unberührtheit. Das passiert nur bei der Geburt und auch im Grenzbereich des Sterbens.

Die Intensität der Paare zueinander ist in diesem Augenblick wie ein Glücksmoment, dieses unverfälschte Glück. Nach der Anspannung kommt die Gelöstheit, die Seligkeit im wahrsten Sinne des Wortes. Ohne Schrei kein Leben, das ist die Geburtserfahrung. Die Männer sind so berührt, sie wissen, es ist noch mehr als das Materielle, was sie umgibt, sie sind ergriffen von der Geburtserfahrung, sie sind emotional so weit, dass sie ihren Ursprung erkennen. Bei der Geburt ist die eigene Ursprünglichkeit so präsent wie nirgends anders.[4]

Erst mal ist es für mich etwas Besonderes, aber es tut mir fast schon weh, dass sich da Routine eingeschlichen hat. Bei den ersten Geburten hatte ich eine Gänsehaut, Tränen vor Freude, wenn ich Mutter, Vater und Kind beieinander sah ...[5]

Ja, ich halte das Kind als erstes in der Hand. Bei jeder Geburt ist das ergreifend, aber ich habe dazu keine Worte.[6]

Vor allem das erste Geburtserlebnis ist eine Erfahrung, die Männer mitunter wie einen Rausch beschreiben.[7]

Wer bereits eine Geburt miterlebt hat, weiß, wie gefühlsintensiv und unfassbar dieser Vorgang ist.

Dann kam dieses Kind raus ... und da kam dann wirklich alles aus mir raus, da war die ganze Angst irgendwie weg ... Dann kam einfach nur noch Glück. ... tiefe Ergriffenheit, aber genauso große Erleichterung und unbeschreibliche Glücksgefühle können erlebt werden. Es ist die mystische Tiefe des Geburtserlebnisses, durch die Väter spontan eine liebevolle Beziehung zu ihrem Kind entwickeln und die deshalb ein besonders wertvoller Moment in der Vater-Kind-Beziehung bleibt.[8]

Der erste Hinweis darauf, dass die Geburt als eine Begegnung mit dem Heiligen verstanden werden kann, liegt in der Rede vom Ergriffensein. *Durch diese Grenzerfahrung werden die Frauen aus meiner Sicht sehr, sehr stark und sie kommen gestärkt heraus und es passiert ganz viel – sie sind sehr ergriffen.*

Die Männer sind ergriffen von der Geburtserfahrung ... Für die Hebamme *ist es bei jeder Geburt ergreifend, dass ihre Hände die ersten sind, die das Kind halten.* Das Ergriffensein ist verbunden mit den Momenten *der Seligkeit, Heiligkeit, der Unberührtheit, mit unbeschreiblichen Glücksgefühlen.*

Das Heilige erscheint hier nicht in einem einzigen Ereignis oder Gefühl, sondern in einem Geschehen, in dem sich eine Wandlung ereignet, an der alle teilhaben: die Gebärende, das Kind, der Vater und die Hebamme. Die Mutter presst mir all ihrer Körperkraft und den sie begleitenden Schmerzen das Kind aus ihrem Leib – ein neuer Mensch ist da – und augenblicklich breitet sich die Seligkeit aus, das unbeschreibliche Glück ist da. *Nach der Schmerzerfahrung kommt mit einem Mal dieses Tief-atmen-aha-Moment der Seligkeit.* Hatten die Mutter und auch der Vater noch Todesängste ausgestanden, so verwandelt sich die Stimmung in eine große Befreiung: *Es ist dieser Moment: »wow!«, die Ehrfurcht, akzeptiert, geschafft, jetzt kann der Dampf raus, ausspannen und loslassen!* Der Augenblick, in dem das Kind geboren ist, verwandelt die Anwesenden. *Da war die ganze Angst irgendwie weg.* Eine *mystische Tiefe* wird gespürt. »Es war so, als ob meine glatte Oberfläche von innen her in die Tiefe verbunden worden wäre«,[9] schreibt die Philosophin Annegret Stopczyk nach der Geburt ihres Kindes.

Die Erfahrungsebene von Ergriffenheit und Seligkeit ist der Körper der Beteiligten, und zwar in doppelter Hinsicht: Der Körper der Frau gebiert mit den Eröffnungs- und Presswehen. Wenn dann das Kind geboren ist, reagiert der Körper der Mutter mit dem Atmen, dann *Tief-atmen-aha-Moment*, der der Hebamme mit *einer Gänsehaut, Tränen vor Freude*, der des Vaters mit Tränen, die alle Angst herauslassen. Eine Hebamme, die selbst geboren hat, beschreibt das mit ihren eigenen Worten:

> Einerseits ist es der eigene Körper, der das Wunder des neuen Lebens aus seinem Organismus hervorbringt, und gleichzeitig ist es ein übermenschliches Geheimnis, das in mir Raum nimmt und mit meinen Kräften nichts zu tun hat. Was in mir geschieht, das ist mein körperhaftes Geschehen, und zugleich wächst ein von mir verschiedenes, ein ganz anderes Du – ein Kind – in mir heran. Doch nur wenn ich mich als Frau in meiner Leibhaftigkeit annehmen kann, vermag ich es auszuhalten, dass ich das Wunder hervorbringe und dass es mich gleichzeitig unendlich übersteigt.[10]

Das Heilige ist das Lebendige, das den ganzen Menschen anrührt. »Körperliche Erfahrung von Frauen waren Orte der Wahrheitsfindung, die etwas aussagten über den Zusammenhang von Leben und Sterben.«[11] Die Körperlichkeit ist integrativer Bestandteil einer Theologie der Geburt, wie Hebammen aus ihrer Perspektive berichten.

Grenzerfahrung

Zitate aus den Interviews:

> *Auf jeden Fall ist das Gebären eine Grenzsituation und in jedem Fall immer eine Bereicherung.*
>
> *Durch diese Grenzerfahrung werden die Frauen aus meiner Sicht sehr, sehr stark und sie kommen gestärkt heraus und es passiert*

ganz viel – sie sind sehr ergriffen. Das ist meine Verantwortlichkeit und darin bewege ich mich, das sind auch immer Grenzerfahrungen.[12]

Es gibt verschiedene Grenzen im Leben, die man zu überschreiten hat. Man kann sich dabei um vieles drücken, aber nicht um die Geburt. Es kommt schon vor, dass die Frau bei den Wehen sagt, ich packe alles und gehe wieder nach Hause. Aber man muss durch, es wirft alles um an Leidensvorstellungen, an Schmerzgrenzen. Das Denken ums eigene Leben und um das Leben der anderen wird neu geprägt.[13]

Es ist ein »gewaltiges Ereignis«, ein elementares Erleben, wo Frauen über ihre Grenzen hinausgehen, um dem Kind das Leben zu geben ... Der Vater soll nicht ausgeschlossen werden, sondern akzeptiert, auch seine Emotionen sind wichtig, wenn er an die Grenze kommt, das muss man akzeptieren.[14]

Doch die »maximale Hoffnungslosigkeit« erfährt noch eine Steigerung. Geburt ist eine Grenzsituation, die bei werdenden Vätern viel in Bewegung bringt und sie in ein Wechselbad der Gefühle tauchen kann.[15]

Eine Geburt ist nicht nur für werdende Mütter, sondern ebenso für werdende Väter eine Grenzerfahrung. Deshalb brauchen Männer Momente der Überforderung in dieser Situation nicht zu verbergen.[16]

Es sind verschiedene Grenzen, die unter der Geburt erreicht und überschritten werden müssen. Da ist das Kind selbst, das die Grenze aus der Dunkelheit und Geborgenheit des Mutterschoßes in die Helligkeit und in das Ausgeliefertsein an die Lebenswelt überschreitet. Dabei gerät es unter einen großen Druck oder, wenn es per Kaiserschnitt zur Welt kommt, in eine urplötzliche Kälte. Die prä- und perinatale Forschung beschreibt diese Grenzerfahrung.[17]

Die Gebärende erfährt die Grenzen ihrer Belastbarkeit in der Geburtsarbeit und den Schmerzen, *es wirft alles um an Leidens-*

vorstellungen, an Schmerzgrenzen. Sie kann dem nicht ausweichen und muss *über ihre Grenzen hinausgehen um dem Kind das Leben zu geben ...*

Der Vater erfährt die Grenzen seiner Emotionalität. *Er hat ja die Frau noch nicht so erlebt, zärtlich, Hilfe suchend, wütend, vor Schmerzen schreiend, den Mann beschimpfend, anschnauzend. Es ist ein Wechselbad der Gefühle, aber auch keine Sicherheit, dass die Partnerschaft hält.* Er muss auch erfahren, dass die Geburt schwerer wird, als er es erwarten konnte. *Doch die »maximale Hoffnungslosigkeit« erfährt noch eine Steigerung. Geburt ist eine Grenzsituation.*

Schließlich ist es auch für die Hebamme eine Grenzerfahrung. *Das ist meine Verantwortlichkeit und darin bewege ich mich, das sind auch immer Grenzerfahrungen.*

An der Grenze und bei ihrer Überschreitung werden Schutzwälle niedergerissen und Masken abgeworfen. Die eigene Identität und die bisher eingeübte Balance geraten aus den Fugen. Gleichzeitig ist die Grenzerfahrung *in jedem Fall immer eine Bereicherung.* Die Mütter werden *sehr, sehr stark und sie kommen gestärkt heraus.* Das Paar findet zu einer neuen Identität.

Grenzerfahrungen bedeuten, dass der Alltag transzendiert wird. In der Tiefe dieser Grenzerfahrungen begegnen die Beteiligten dem Geheimnis der äußersten Lebendigkeit, das zugleich mysterium tremens ist, ein schauervolles Geheimnis.

Neues Leben

Zitate aus den Interviews:

> *Das Wunder der Geburt, es erleben zu dürfen und zu begleiten, das ist das Besondere. Meine Hände sind die ersten Hände, die das Kind berühren, sanft und gewaltlos und so wird der Mensch auch gewaltlos und wird sich der Gewalt entgegenstellen. Es ist ein »gewaltiges Ereignis«, ein elementares Erleben, wo Frauen über ihre Grenzen hinausgehen, um dem Kind das Leben zu geben.*[18]

Ohne Schrei kein Leben, das ist die Geburtserfahrung. Dieses Atemlose, dieses Neugeborensein, da ist Gottes Schöpfung so etwas von sichtbar ... Die Frau ist Mitschöpferin durch die Kraft und Gelassenheit und den Mut. Durch die Frau entsteht das Leben schlechthin. Da ist der Bereich, der genau den Beruf der Hebamme ausmacht, wir dürfen an diesem Schöpfungsgedanken teilhaben.[19]

Dass da etwas Fertiges, ohne Naht, ganz und gar vollkommen geboren ist ... Viele sind erstaunt über das, was plötzlich da ist.[20]

Das Besondere ist für mich ..., dass die Frau alleine gebären kann. Auf jeden Fall ist die Freude über das Neugeborene immer sehr groß, auch bei Familien, die schon mehrere Kinder haben.[21]

Das Besondere ist für mich ... das neue Leben, das Teilen-Dürfen mit den Eltern.[22]

Für die Väter ist es die Erfahrung einer elementaren Gewalt, wie aus einem bisschen Nichts ein Mensch wird. Und wie viel Arbeit es kostet, um es auf die Welt zu bringen.[23]

Sie befanden sich ganz dicht am Wunder des Lebens.[24]

Ist das Kind wohlbehalten auf die Welt gekommen, sind alle Ängste plötzlich wie weggeblasen, und die Väter vom ›Wunder des Lebens‹ tief berührt.[25]

Beides, das Gebären eines Kindes und die Geburtskultur, die sich darum rankt, sind bis heute von der androzentrischen Medizin und Theologie geprägt. Das zeigt die Geschichte der Hebammenkunst und die von der patriarchalen Theologie geprägte Seelsorge im Geburtszimmer. Beides führte zur schwachen, hilflosen Frau, die Patientin zu sein hat.

Die Neutestamentlerin Lucia Sutter Rehmann stellt fest: »... die Gebärarbeit, die kreative, enorme, wunderbare Aktivität wurde von einem patriarchalen Reproduktionssystem vereinnahmt. ›In den Wehen liegen‹, ›Wehen haben‹, ›Kinder kriegen‹ – auch sprachlich wird damit nicht vermittelt, was es heißt, Kindern ›das Leben zu schenken‹.«[26]

Die Erfahrungen der Frauen und der Hebammen in den Interviewantworten bilden hierzu den diametralen Gegensatz. Sie sprechen von der Stärke der Frau, von ihrer schöpferischen Kraft. *Das Besondere ist für mich ... dass die Frau alleine gebären kann.* Deshalb ist die leitende Frage: »Wie kommt die Frau in ihre Kraft?« Diese Kraft der Frau bildet eine Gefährdung des Alltags unserer leistungsorientierten und aufgeklärten Gesellschaft. Denn hier wirkt eine Kraft des Schöpferischen, die im Gegensatz zur regulierenden Verfügungsgewalt steht. »Auch darin mag ein Grund dafür liegen, dass die mit Schwangerschaft und Geburt verbundene Kraft verschwiegen wird und oft auch von Frauen nicht erlebt werden darf.«[27] Die schöpferische Kraft ist auch eine lustvolle Erfahrung.[28]

Die androzentrische Sicht hat auch den tiefsten Moment des Geburtserlebnisses verdunkelt, den schöpferischen Prozess. Doch die Frauen sehen dies anders: *Die Frau ist Mitschöpferin durch die Kraft und Gelassenheit und den Mut. Durch die Frau entsteht das Leben schlechthin.*

Es ist sowohl die Geburt als Schöpfungsakt selbst als auch das *Wunder der Geburt ein Wunder des Lebens,* denn das Neugeborene ist nicht wie bei menschlichem Schaffen zusammengesetzt oder fehlerhaft, nein *dass da etwas Fertiges, ohne Naht, ganz und gar vollkommen geboren ist ... Viele sind erstaunt über das, was plötzlich da ist.*

Es ist eine der wesentlichen Folgen des neuen Denkens der Philosophin Hannah Arendt, dass wir die Geburtlichkeit, die Natalität des Menschen, das Wunder der Geburt und mit ihm die Chance zum Handeln und wieder hoffen zu können, in den Blick der Theologie bekommen. So schreibt Hannah Arendt in der deutschen Ausgabe von *Vita activa:* »Wegen dieser Einzigartigkeit, die mit der Tatsache der Geburt gegeben ist, ist es, als würde in jedem Menschen noch einmal der Schöpfungsakt Gottes wiederholt und bestätigt.«[29]

Sie befanden sich ganz dicht am Wunder des Lebens.

Die Hebamme, die als Gast am Geschehen teilhat, ist dennoch mitbeteiligt am Wunder des Lebens. *Das Besondere ist für mich ... das neue Leben, das Teilen-Dürfen mit den Eltern.*

Die Begegnung mit dem Heiligen klingt hier in besonderer Weise an. Die Frau ist Mitschöpferin Gottes, die Mitarbeit der Hebamme und das Wunder des neuen Lebens – alle Erfahrungen übersteigen den Alltag und machen so die Geburt zu einem nominosum fascinans.

Raum und Zeit – Atmosphäre und Schweigen

Zitate aus den Interviews:

Der ganze Raum ist erfüllt, wenn der neue Mensch kommt.[30]

Die Atmosphäre ist ganz anders, aber auch schnell wieder weg. Es ist ein Gefühl, ja, etwas Gefühlsmäßiges, eine sehr dichte Atmosphäre, Leid und Freude. Und es ist deprimierend, wenn man merkt, dass das Kind nicht ankommt.[31]

Dann versuche ich mich zurückzunehmen, mache die Tür einen Spalt weit offen, ich muss es ja überwachen, und lass die Eltern allein mit dem Kind. Wenn die Geburt losgeht, zünden wir das Lebenslicht an. Die Familie entscheidet über den Duft. Dann ist das Kind zugedeckt und bleibt bei der Mutter, wir haben jetzt alle Zeit der Welt.[32]

Wenn es keine medizinische Versorgung geben muss, dann folgt jetzt diese Geburtsruhe, eine heilige Ruhe, die lange anhält. Sie haben jetzt ein bis zwei Stunden für sich.[33]

Die Atmosphäre während der Geburt zeigt auch, wie wichtig eine gute und vertrauensvolle Beziehung zur Hebamme ist ... Indem sie die starken Schmerzen in Schreien umsetzt, bleibt sie authentisch.[34]

Eine Kerze – nein das geht in der Klinik auf keinen Fall. Ruhe ist wichtig.[35]

Wie die härtesten Menschen weich werden und staunen. Wie die Zeit plötzlich still steht. Man müsste nur die Wahrnehmung dafür stärken ... Und nach der Geburt sollte das Personal die Eltern erst einmal eine Stunde lang mit dem Kind allein lassen, bevor auch nur irgendein anderer es anfasst.[36]

Wenn die Mutter das Kind geboren hat, wenn die Hebamme es mit ihren Händen aufgefangen hat, wenn so ein neuer Mensch in dieser Welt angekommen ist, dann ist *der ganze Raum erfüllt.*

Der Raum – das ist ein Kreißsaal in einer deutschen Klinik, das Schlafzimmer des Elternpaares oder bei Geburten in der Badewanne das Badezimmer. Dieser Raum ist mehr, ja, er ist etwas ganz anderes als der geometrische, architektonisch gestaltete Raum. Dieser Raum kann als ein »lebensweltlicher Raum als Raum des Heiligen«[37] erfahren werden.

Die Eröffnungswehen, die Austreibungsphase und das plötzliche Dasein eines neuen Lebens hat alle Anwesenden zutiefst ergriffen. Jetzt ergießen sich die Gefühle von *Leid* – bei Krankheit des Kindes oder bei einem nicht gewollten Kind – *und Freude* über das gesunde Neugeborene und der Umschlag von größter Anstrengung zu vollständiger Entspanntheit in den Raum. Denn »Gefühle sind Atmosphären, die sich ergreifend über viele Menschen gemeinsam legen können; aber auch solche Gefühle, die man für Privatsache des Einzelnen hält, sind in gleicher Weise räumlich ausgedehnt. Ich zeige das an Freude, Trauer und Scham ...«[38]

Es ist ein Gefühl, ja, etwas Gefühlsmäßiges, eine sehr dichte Atmosphäre.

Eine alte Tradition religiöser Praxis verbindet die Begegnung mit der heiligen Gottheit mit Licht und Duft. Die Atmosphären des religiösen Erlebens sind also auch sehr sinnlich wahrgenommene Gefühle.

»Licht und Duft ... für göttliche Atmosphären ... Beispiele. In Glanz und Duft offenbart sich die Anwesenheit ägyptischer Götter. Seuse nimmt von einem Versinken in das Göttliche am St. Agnestag, seinem Initiationserlebnis, Licht und Wohlgeruch in der Seele mit. Ähnlich behauptet Paulus, dass Gott ›an jedem Ort‹ den Duft seiner Erkenntnis durch uns offenbare. (2. Kor 2,14)«[39]

Bei der Hausgeburt – *in der Klinik geht das auf gar keinen Fall* – ist es möglich, diese besondere Atmosphäre mit dem *Lebenslicht* und dem persönlich ausgewählten *Duft* mitzugestalten. Hebammen kennen vielleicht nicht den religionsgeschichtlichen Zusammenhang, aber sie sind dem elementaren Ereignis so nahe, dass sie dies intuitiv erspüren.

So wie der Raum seinen Charakter verändert und zum Ort der Atmosphäre wird, so ist die Zeit dem messbaren enthoben. ... *wir haben jetzt alle Zeit der Welt.* Die Zeit ist jetzt nicht chronos, sondern kairos, ja wiederum mehr, sie ist Ek-stasis, sie ist herausgehoben. Die Erfahrungen der Begegnung mit dem Heiligen sind der Raum-Zeitlichkeit des Alltags enthoben. *Wie die Zeit plötzlich still steht.*

Die Hebamme lässt das Paar oder die Mutter mit ihrer Freundin allein, *ich mache die Tür einen Spalt weit offen, ich muss es ja überwachen, und lass die Eltern allein mit dem Kind.*

Diese aus dem Alltagsrhythmus herausgehobene Zeit verlangt nach Stille und Schweigen.[40] Beides sind die Antwort auf die Ehrfurcht gegenüber dem Schöpfungsakt. *...dann folgt jetzt diese Geburtsruhe, eine heilige Ruhe, die lange anhält. Sie haben jetzt ein bis zwei Stunden für sich.* In der Stille wird das Erlebte aufgenommen und langsam verstanden.

»So halte ich Stille nicht bloß für eine Atmosphäre, die sich einstellt und ausbreitet, sondern darüber hinaus auch für das Aufgehen eines Verstehensraums, der gepaart ist mit einem sprachlichen Sinnhorizont.«[41]

Diese Stille ist ein beredtes Schweigen. Die Erfahrung des Schweigens als Antwort auf die Gegenwart des Heiligen versteht Rudolf Otto als eine »Nötigung zum Schweigen, ... eine unmittelbare Wirkung des Gefühles des ›numen praesens‹ selber.«[42] Reinhold Esterbauer beschreibt dieselbe Erfahrung: »Im Umschlag der Stimmung und durch den Wechsel der Verstehenshorizonte wird das Heilige in der Stille manifest, und zwar so, dass es erst im nachhinein zu bemerken ist – darin nämlich, dass Sprechen und Horchen auf Vorgegebenes zurückgreifen, ohne über es verfügen zu können.«[43]

Es ist ein flüchtiger Moment. *Die Atmosphäre ist ganz anders, aber auch schnell wieder weg.* Das Heilige erscheint und entzieht sich. Das Heilige begegnet uns im Geburtszimmer als heilende Kraft, als höchste Lebendigkeit und als ein wunderbares Geheimnis.

Geburtsschmerzen, Wehenarbeit

Zitate aus den Interviews:

Die Frau geht durch Höhen und Tiefen, denn die Geburt ist immer Glücksmoment und auch die tiefste Erniedrigung, die die Frau sich vorstellen kann, weil sie sich in die Schmerzen hineinbegeben muss in den meisten Fällen, ganz wenige Frauen haben eine leichte Geburt. Durch diese Grenzerfahrung werden die Frauen aus meiner Sicht sehr, sehr stark und sie kommen gestärkt heraus und es passiert ganz viel – sie sind sehr ergriffen.[44]

Das Besondere ist für mich die Leistungsfähigkeit einer Frau, was sie alles übersteht, auch viele Gefahren. Zu sehen, wie stark die Frauen sind, sie zu loben. Und von den Frauen Resonanz zu bekommen, dass es gut war und ihnen eine schöne Erinnerung bleibt, das gerade nach schwierigen Geburten.[45]

Es kommt schon vor, dass die Frau bei den Wehen sagt, ich packe alles und gehe wieder nach Hause. Aber man muss durch, es wirft alle um an Leidensvorstellungen, an Schmerzgrenzen. Das Denken ums eigene Leben und um das Leben der anderen wird neu geprägt ... Auch bei den Eltern ist das ganz unterschiedlich. Manchen fällt das Kind sozusagen in den Schoß, andere müssen darum kämpfen, es anzunehmen. Sie müssen daran arbeiten. Sie erleben Beschwerden, mit denen sie nicht gerechnet haben, z. B. die Übelkeit, die kann so schlimm sein, dass eine Frau sich fragt: »Warum wollte ich jemals schwanger werden?« Auch hinterher müssen sie ständig lernen, sich selbst kennen lernen ... Für die Väter ist es auch ergreifend, sie müssen eine geliebte Person leiden sehen, sie stecken nicht drin, sie haben Todesängste besonders beim ersten Kind, sie wissen nicht, wie es ausgeht, bei weiteren Kindern wissen sie dann schon, dass es gut ausgeht.[46]

Es ist ja schwer für sie, wenn ihre Frau oder Freundin sich quält. Dann sind sie stolz, kümmern sich sehr um Frau und Kind, ja gerade auch um die Frau. Besonders beim Kaiserschnitt kommt die Frau an erster Stelle.[47]

Der Vater hat ja die Frau noch nicht so erlebt, zärtlich, Hilfe suchend, wütend, vor Schmerzen schreiend, den Mann beschimpfend, anschnauzend. Es ist ein Wechselbad der Gefühle, aber auch keine Sicherheit, dass die Partnerschaft hält.[48]

Indem sie die starken Schmerzen in Schreien umsetzt, bleibt sie authentisch ... Die Väter hatten Anteil an den Schmerzen ihrer Partnerinnen und konnten ungehemmt weinen, als ihr Kind auf die Welt kam.[49]

Im Zusammenhang mit der Geburt sind der Schmerz und sein Sinn umstritten. Deshalb soll zunächst danach gefragt werden, welche Bedeutung Religion, Kultur und Politik einer Gesellschaft dem Schmerz geben.

Vier Plätze dieses im weitesten Sinn kulturellen Sinnes von Schmerz sind zu nennen.

1. Religiöse Begründungen: Schmerzen bei der Geburt dienen der Strafe für die Sünden Evas,[50] bei Geißelungen der Erreichung einer religiösen Ekstase, bei Stigmata und anderen Leiden der Erreichung der imitatio christi, der nachahmenden Beziehung zu Christus.[51]
2. Folter: Hier dient der Schmerz zur Erpressung von Informationen und zur Zerstörung der Identität.
3. Bei der Gewalt an Frauen zielt der Schmerz darauf, durch Vergewaltigungen die Frau seelisch zu zerstören und die Macht der Männer zu demonstrieren.
4. Schmerzen in der Erziehung dienen der Strafe und Abschreckung, um den Willen des Kindes zu brechen.

Die Philosophin Elisabeth List fasst zusammen: »Die Rede vom Gebrauch des Schmerzes muss also zunächst davon ausgehen, dass der Schmerz nicht nur eine physiologische Topologie hat, sondern auch einen bestimmten Platz oder bestimmte Plätze in der kulturellen Sinnökonomie.«[52]

Die kulturelle Einstellung hat einen großen Einfluss auf den Schmerz der Frauen bei der Geburt. Während die medizinische

Definition in den akuten Schmerzen eine wichtige Schutzfunktion sieht, damit die schädigende Wirkung erkannt und die Ursache behandelt werden kann, ist der Gebärschmerz ein akuter Schmerz, der nicht behandelt werden muss, der aber auch eine Aufgabe, einen Sinn hat. Dieser Sinn ist kulturbedingt verschieden. Studien über den Geburtsschmerz bei Frauen aus sehr unterschiedlichen Kulturkreisen kommen zu dem Ergebnis, dass »perceptions of pain in childbirth are closley related to the culture's perception of childbirth as a natural event – die Wahrnehmung des Schmerzes bei der Geburt eng verbunden ist mit der Wahrnehmung einer Kultur von Geburt als einem natürlichem Ereignis.«[53]

Der Wehenschmerz entsteht durch die Arbeit des Gebärmuttermuskels.[54] Die Eröffnungswehen dienen der Weitung des Muttermundes und dem Hinauspressen des Kindes. Darüber hinaus beeinflussen die Wehen die Gesundheit des Kindes.[55] Die Funktion der Nebennierenrinde wird verstärkt. Die Wehen »vollziehen nicht nur die Geburt, sondern bilden auch eine ganz wesentliche Kraft im biotischen Verständigungsprozess zwischen mütterlichem und fetalen Organismus.«[56] Der Schmerz ist Rhythmus und Hormonstimulierung. Diese Schmerzen sind sinnvolle Körperarbeit und gehen nicht auf pathologische Ursachen zurück.

Schmerzen in allen Skalen der Intensität gehören grundsätzlich zur Geburt, wobei es erhebliche Unterschiede gibt. *Weil sie sich in die Schmerzen hineinbegeben muss in den meisten Füllen, ganz wenige Frauen haben eine leichte Geburt.*

Die Schmerzen können als Quelle der Kraft und neuer Energie erfahren werden. *Das Besondere ist für mich die Leistungsfähigkeit einer Frau, was sie alles übersteht, auch viele Gefahren ... Zu sehen, wie stark die Frauen sind, sie zu loben ... werden die Frauen aus meiner Sicht sehr, sehr stark und sie kommen gestärkt heraus.*

Die Väter sind in das Erleben der Schmerzen und deren Verarbeitung mit einbezogen. *Der Vater hat ja die Frau noch nicht so erlebt, zärtlich, Hilfe suchend, wütend, vor Schmerzen schreiend, den Mann beschimpfend, anschnauzend. Für die Väter ist es auch ergrei-*

fend, sie müssen eine geliebte Person leiden sehen, sie stecken nicht drin, sie haben Todesängste besonders beim ersten Kind, sie wissen nicht, wie es ausgeht ...

»Schmerzen werden nicht zur Unterwerfung, Anstrengung bekommt Sinn, wenn ein integriertes Erleben möglich wird und wenn das unbewusste Ziel erreicht wird, eine erwachsene Frau zu werden ... Entscheidende Bedingungen für ein Zugewinn an Identität sind die Erfahrung der selbständigen Körperarbeit sowie die gelingende Beziehung zu sich selbst und zu dem Kind.«[57]

Das Denken ums eigene Leben und um das Leben der anderen wird neu geprägt.

Es soll an dieser Stelle erwähnt werden, dass es gegenwärtig auch eine ablehnende Einstellung zum Geburtsschmerz gibt. Sie wird von Vertretern des Wunschkaiserschnitts gefordert und von Frauen, die im Geburtsschmerz eine unnötige Belastung sehen. So sieht die Philosophin Isabelle Azoulay in der Sinnerfahrung des Geburtsschmerzes einen Angriff auf die Würde des Menschen. »Die Brutalität des Gebärens als natürlich und unausweichlich hinzunehmen fesselt Frauen in Unmündigkeit.«[58] Die von mir interviewten Hebammen vertreten diese Auffassung nicht, deshalb soll dem hier nicht weiter nachgegangen werden.

Die Frauenerfahrung des Geburtsschmerzes weist auch hin auf die existentielle Erfahrung, dass alles Neue sich unter Schmerzen Bahn bricht, »weil es zunächst um die Erfahrung des Schmerzes geht, weil die reale Geburt des Subjekts ein schmerzhafter Prozess ist (zu dem übrigens der Geburtsschmerz der gebärenden Frau wesentlich dazugehört).«[59] Das gilt für den Bereich der Künste. Nur selten geschieht kreative Arbeit ohne Schmerzen im Ringen um den Ausdruck dessen, was Gestalt werden will. Schmerzen werden erlitten in der Selbstwerdung und in den Krisen der Persönlichkeitsentwicklung. Tiefgreifende Veränderungen in den Beziehungen gehen mit Schmerzen einher. In allen so genannten Schwellensituationen gilt es, vom Alten Abschied zu nehmen, die Zeit der Unsicherheit auszuhalten und sich dem Neuen zu öffnen.

Die konkrete Erfahrung des Geburtsschmerzes ist der Hintergrund der Exegese des Gebärmotivs und der Gebärschmerzen in den neutestamentlichen und apokalyptischen Texten in den Arbeiten von Luzia Sutter Rehmann. Im Gegensatz zu den theologischen Deutungen von Männern, die den Schmerz als Strafe Gottes interpretieren, betont Sutter Rehmann den Gegensatz von Schmerz in der Geburt einerseits und dem Glück nach der Geburt andererseits. Sie erkennt darin ein Bild für die Hoffnung: »Eine androzentrische Perspektive auf das Gebären verhindert das Wahrnehmen der Geburt als Prozess, an dessen Ende Verwandlung, Neuschöpfung steht. Somit bleibt ein wichtiger Zugang zur apokalyptischen Eschatologie verschlossen. Das Gebären kann dann nicht gesehen werden als Ringen um Hoffnung und Leben, als Kämpfen um die Vision eines neuen Himmels und einer neuen Erde, auf der Gerechtigkeit wohnen kann.«[60]

Paulus verwendet dieses Gebärmotiv z. B. im Brief an die Gemeinden in Galatien, wo er das Neuwerden dieser jungen Gemeinden durch seine Missionstätigkeit wie ein Gebären versteht: »Meine lieben Kinder, die ich abermals unter Wehen gebäre, bis Christus in euch Gestalt gewinne.«[61] Jesus tröstet seine Jüngerinnen und Jünger in den Worten des Johannesevangelisten mit dem zuverlässigen Zusammenhang von Geburtsschmerz und Glück nach der Geburt: »Eine Frau, wenn sie gebiert, so hat sie Schmerzen, denn ihre Stunde ist gekommen. Wenn sie aber das Kind geboren hat, denkt sie nicht mehr an die Angst um der Freude willen, dass ein Mensch zur Welt gekommen ist.« (Joh 16,19)[62]

Den Sinnplatz der Schmerzen als Begegnung mit dem Heiligen hat Dorothee Sölle im Blick, wenn sie in ihrer Autobiographie auf das Gebären und die Schmerzerfahrungen der Frauengenerationen vor ihr eingeht. Dabei unterscheidet sie die Schmerzen der Eröffnungswehen, die mühselig sind, von den Schmerzen der Presswehen, die ihren Sinn darin haben, die Geburt voranzubringen. Es sind Schmerzen zum Leben hin. »So wäre denn die wirkliche Frage, die der Schmerz der Geburt an uns stellt, die, wie wir denn dahin kommen, Schmerz als Geburtsschmerz, Wehen als sich öffnende Türen, Stöhnen als ›Anbruch der Herrlichkeit der Kinder Gottes‹ zu begreifen. Wie gehen wir mit unseren Schmerzen um, dass sie uns nicht wie sinnlose Nierensteine peinigen, sondern als Wehen das neue Sein vorbereiten?«[63]

Dorothee Sölle zieht die äußerste theologische Konsequenz, sie deutet den Geburtsschmerz selbst als Sakrament: »Der Schmerz der Geburt ermutigt uns und vergewissert uns des Lebens. Wie ein Stückchen Brot uns Gottes gewiss machen kann, so ist dieser Schmerz, wie konnte uns das je entfallen, ein Sakrament, Zeichen der Gegenwart Gottes.«[64]

Für meine Fragestellung, ob die Geburt ein sakrales Ereignis sei, ob unter der Geburt eine Begegnung mit dem Heiligen geschehen kann, ist dies eine eindeutige Antwort: Geburtsschmerz als Quelle der Kraft zum Leben und als Bedingung für das neue Leben ist ein sakrales Ereignis, in seiner äußersten Macht ein Ergriffenwerden vom Heiligen, vom Urstrom des Lebendigen, von der ursprünglichen Wildheit, wie Bernhard Welte das Heilige nennt.[65]

Interessant ist der Vergleich zwischen Bibel und Koran. Der Koran, das Heilige Buch des Islam, geht auch von den starken Wehenschmerzen aus, wenn er Marias Schmerzen bei der Geburt Jesu beschreibt. Doch Gott Allah erweist sich als helfender, nicht als strafender Gott. So heißt es in der 19. Sure, 22-26: »Und sie empfing ihn und zog sich mit ihm an einen entlegenen Ort zurück. Und die Wehen der Geburt trieben sie zum Stamm einer Palme. Sie sprach: ›O wäre ich doch zuvor gestorben und wäre ganz und gar vergessen!‹ Da rief es ihr von unten her zu: ›Betrübe dich nicht. Dein Herr hat unter dir ein Bächlein fließen lassen; ... Schüttle nur den Stamm der Palme gegen dich, sie wird frische reife Datteln auf dich fallen lassen. So iß und trink und kühle (dein) Auge.‹«

Krankheit und Sterben

Zitate aus den Interviews:

In Merseburg hatte ich gleich Sitzwache und Spritzengeben. Dabei habe ich den ersten Todesfall im Kreißsaal miterlebt. Die alten Kolleginnen sagten: Wenn du Hebamme werden willst, musst du damit umgehen können. Das war ein Aha-Erlebnis, wie eng nämlich Leben und Tod beieinander sind und im Leben dazugehören. Das muss man akzeptieren. Ich habe einen Todesfall im Kreißsaal nur noch einmal miterlebet, in Schwerin ... Wenn das Kind die Miete kündigt. Auch bei Fehlgeburten bei der Frau zu sein, ist Aufgabe der Hebamme. Die Fehlgeburt gehört der Frau. Ich kämpfe darum, dass die Familie es bekommt und beerdigt. Wir können keine 100-prozentige Sicherheit erwarten. Es gibt Entscheidungen, die wir zu akzeptieren haben.[66]

Wir können die Frau so motivieren, dass sie wieder zu ihren Wurzeln zurückkommt, d. h. in ihrer Fröhlichkeit oder in der Traurigkeit, denn es gibt ja auch traurige Verläufe. Eine psychologische, sozialarbeiterische, seelsorgerliche Kompetenz im Trauern und auch in der Partnerschaftsproblematik. Wir können die Trauerarbeit in der Schwangerschaft bei vorangegangenen Tot- oder Fehlgeburten leisten.[67] *Ja, auch Lebensberatung, Trauerbegleitung, das trauen sich nicht viele Hebammen zu.*[68] *Vielfach ist das Seelsorge.*[69]

Es gibt letztlich keine glücklosen Schwangerschaften. Jede Schwangerschaft, und sei sie noch so kurz, ist eine liebevolle Verbindung einer Mutter mit ihrem Kind. Für Frauen, die eine Fehl- oder Totgeburt erlitten haben, biete ich eine besondere Art der Trauerbegleitung an. Wir gehen in die Entspannung, und die Frauen erleben noch einmal deutlich die tiefe Verbundenheit, die sie mit ihrem Kind gehabt haben. Diese Bindung besteht für immer. Dann können sie sich von ihrem Kind verabschieden mit dem Gefühl: Ich war deine Mutter, und ich bleibe deine Mutter. Ich biete diese Arbeit auch für Frauen nach Abtreibungen an. Oft kommen sie auf der Oberfläche einigermaßen mit der Abtreibung klar. Aber in der Entspannung, wo die wirklichen Gefühle wahrgenommen werden können, weinen sie um ihr verlorenes Kind und sagen ihm, wie lieb sie es hatten und wie weh es ihnen tut, dass sie es abgeschoben haben. Dann können sie sich mit ihm und mit sich selbst versöhnen ... da war die ganze Angst irgendwie weg.[70] *Alle Ängste plötzlich wie weggeblasen.*[71]

In der Schwangerschaft und während der Geburt bis in die ersten Lebenstage des Kindes liegen das Wunder des neuen Lebens und Krankheit und Tod ganz dicht beieinander. Fehlgeburten und Abtreibungen, Totgeburten und krankes Kind, auch der Tod der Mutter – das sind Situationen, die in keinem Lebensbereich in dieser Intensität erfahren werden. *Aha-Erlebnis, wie eng nämlich Leben und Tod beieinander sind und im Leben dazugehören.*

Die Mütter- und Säuglingssterblichkeit ist in Deutschland sehr gering. Die Statistik spricht von zwölf Müttern bei 100 000 Geburten. Bei 8500 Geburten stirbt demnach eine Frau, während es in Ruanda eine Frau bei neun Geburten ist. Bei 1000 Geburten sterben in Deutschland, statistisch gesehen, 4,4 Säuglinge, in Afghanistan 154.

Die Berufserfahrung einer Hebamme zeigt: *Wir können keine 100-prozentige Sicherheit erwarten. Es gibt Entscheidungen, die wir zu akzeptieren haben.* Leben und Tod sind nicht verfügbar.

Eine neue Einstellung zur Trauerarbeit ist in den letzten Jahren entstanden in Bezug auf die Verabschiedung von Fehlgeburten. Ein toter Fötus wurde in Kliniken wie ein Gegenstand behandelt – ab in den Eimer –, jetzt aber wird erkannt, dass die Eltern sich auch von einem Kind unter 500 Gramm verabschieden müssen, um ihrer Trauer eine Heimat zu geben.

Was kann eine Hebamme tun? *Ja, auch Lebensberatung, Trauerbegleitung, das trauen sich nicht viele Hebammen zu.* Hebammen benötigen eine spezielle Ausbildung, so wie es die Tiefenentspannung ist. *Wir können die Frau so motivieren, dass sie wieder zu ihren Wur-*

zeln zurückkommt, d. h. in ihrer Fröhlichkeit oder in der Traurigkeit, denn es gibt ja auch traurige Verläufe ... Für Frauen, die eine Fehl- oder Totgeburt erlitten haben, biete ich eine besondere Art der Trauerbegleitung an. Wir gehen in die Entspannung, und die Frauen erleben noch einmal deutlich die tiefe Verbundenheit, die sie mit ihrem Kind gehabt haben. In ihrer seelsorgerlichen Herausforderung gegenüber den Eltern kann es auch sein, dass sie ein Totgeborenes nottauft, wie mir in einem persönlichen Gespräch eine Hebamme berichtet hat.[72]

Die Erfahrung des Heiligen als eines mysterium tremendum, eines schauervollen Schreckens, kommt hier am deutlichsten zum Ausdruck. Damit gewinnen wir heute eine Tiefendimension des Lebens zurück, die in unserer Gesellschaft so nicht begriffen wird.

Hebamme als Schwellenbegleiterin

Zitate aus den Interviews:

> *Was ist eine Hebamme? Es ist bewundernswert, dass sich auch die Frauen auf mich als Begleitperson einstellen. Es ist ein Beistehen, das Gefühl geben, dass sie ihre Bedürfnisse verwirklichen können. Hier hat man viel mehr Kontakt zu den Frauen, nicht nur unter den Schmerzen. Man lernt die Ängste und Sorgen kennen, hat Kontakt noch eineinhalb bis zwei Jahre nach der Geburt und auch beim zweiten Kind erfährt man, was z. B. aus der Beziehung geworden ist. Vielfach ist das Seelsorge. Es ist ein einfacheres Arbeiten. Die Frauen sprechen mehr über ihre Probleme, über das soziale Umfeld ... Ich muss aber aufpassen, nicht gluckenhaft zu sein, dass ich die Frauen nicht in Abhängigkeit bringe ... Manchmal sind ganze Familien bei der Geburt dabei. Wir haben es ja verlernt, in der Familie zu gebären, ja, auch einige Großeltern sind dabei.*[73]
>
> *Man kommt der Frau so nahe wie sonst nicht, auch nicht im Krankenhaus. Bei genetischen Problemen wie Downsyndrom muss die Hebamme Informationen geben und die Mutter unterstützen.*[74]

Was ich will: Möglichst ganzheitliche Betreuung der Schwangeren, Gebärenden und Wöchnerin. Wir lernen die Frauen früh kennen und betreuen sie bis zum Ende der Stillzeit. Die Hebamme ist für viele Frauen eine Bezugs- und Vertrauensperson für diese besondere Zeit. Ja, mein Gewissen hat ein Ziel: dass es Mutter und Kind gut geht. Ein Beispiel ist die pränatale Diagnostik. Wir erklären, was sich dahinter verbirgt, damit es die Frauen verstehen. Zum Beispiel haben Spätgebärende ein höheres Risiko. Hier beginnt eine Maschinerie: Trippeltest, Fruchtwasseruntersuchung und das kann zum Entscheidungskonflikt führen. Welche Konsequenzen haben die Ereignisse eines Testes für die Schwangere, bzw. für das betreffende Paar? Ich bin dabei nur beratend tätig, weil ich die Entscheidung nicht fälle, auch niemandem die Entscheidung abnehmen kann. Natürlich habe ich auch Grenzen, die mir mein Gewissen vorgibt. Mein Ziel ist dabei immer das Wohl der Mutter und des Kindes. Ja, ich bin Mitglied einer sehr sensiblen Situation, neulich habe ich eine Frau beim dritten Kind bei der Geburt begleitet, da fühlte ich mich richtig dazugehörig.[75]

Ja, Familienhebamme nenne ich mich, weil ich natürliche Geburten leite. Der Frau vermitteln: Du kannst es! Darauf kommt es an. Egal, welche Religion eine hat, siehe »Nathan der Weise«. Wichtig ist, dass man es akzeptiert.[76]

Mir geht es darum, die Frauen kennen zu lernen, um Aufarbeitung, Problemlösung, mir geht es darum, den natürlichen Ablauf der Geburt zu ermöglichen, die die Beziehung zum Kind unterstützt und nicht dazwischensteht. Ich meine die Arbeit an der Beziehung zwischen Frau und Mann. Die Männer verstehen sich oft selbst nicht mehr, besonders beim ersten Kind. Da kann ich beraten und begleiten. Die Geburt ist ein sehr ergreifendes Ereignis, aber das ist mir nicht mehr so wichtig in der Arbeit, sondern das Vorher und Nachher. Aber die Frauen müssen auch an sich arbeiten, auch psychische Gesundheit ist wichtig. Ich unterstütze es nicht, wenn die Frau alle Schuld auf andere, auf den Mann, schiebt ... Ich bin sozusagen eine neutrale Mutter.[77]

> *Wir haben eine psychologische, sozialarbeiterische, seelsorgerliche Kompetenz im Trauern und auch in der Partnerschaftsproblematik. Frau zu sein bedeutet mehr, nicht nur biologische Frau, sondern auch geistige und geistliche Frau. Das ist mein Ziel, dass die Frauen dazu erstarken oder wir sie stark machen in der heutigen Zeit. Da haben die Hebammen die größte Nähe zur Frau. Wir erleben die Großmütter mit der Fröhlichkeit der jungen Großmutter, aber auch mit der Traurigkeit, dass ihnen damals ein wichtiges Erlebnis abhanden gekommen ist, denn eigentlich wurden sie durch die klinische Geburt benachteiligt.*[78]
> *Mit den Jahren habe ich dazu ein differenzierteres Gefühl, z. B.: In welche Familie wird das Kind hineingeboren? Wie wird es dem Kind gehen in der Geschichte der Eltern? Es ist doch emotional mehr oder weniger gebunden.*[79]

Die Familie ist heute ein System in permanenter Entwicklung und Veränderung, so der Ausdruck der Familienforschung. Das Verhältnis des Paares zueinander, die Identität der Mutter und des Vaters mit ihrer neuen Rolle, die emotionalen, physischen und finanziellen Belastungen in den ersten Monaten nach der Geburt, das Verhältnis zu den Großeltern – das alles sind Erfahrungen, die nicht durch ein vorgegebenes gesellschaftliches System feststehen und vom Paar einfach nur ausgefüllt werden müssten.

Die Hebamme mit eigener Praxis, die die Frau schon während der Schwangerschaft kennen lernt, wird in diesen Zeiten der Identitätskrisen zur *Begleitperson, Bezugs- und Vertrauensperson. Die Frauen sprechen mehr über ihre Probleme, über das soziale Umfeld.* Das konzentriert sich dann im Geburtsgeschehen: *Ich bin Mitglied einer sehr sensiblen Situation. Neulich habe ich eine Frau beim dritten Kind bei der Geburt begleitet, da fühlte ich mich richtig dazugehörig.* Da die Anwesenheit der Väter bei der Geburt für diese auch ohne Vorbild und Einübungsmöglichkeit ist, *verstehen Männer sich oft selbst nicht mehr, besonders beim ersten Kind. Da kann ich beraten und begleiten.* Das Aufgabenfeld der Hebamme erstreckt sich nun auch auf den Vater. *Was den Vätern gut tut, muss ich spüren, es ist nicht immer gleich.* Und auch die Geburtssituation war früher einmal anders: ... *manchmal sind ganze Familien bei der Geburt dabei. Wir haben es ja verlernt, in der Familie zu gebären, ja, auch einige Großeltern sind dabei.* Dabei begleitet die Hebamme auch die Großmütter, die jetzt eine Geburt erleben ohne medizinisch-technische Fokussierung. *Wir erleben die Großmütter mit der Fröhlichkeit der jungen Großmutter, aber auch mit der Traurigkeit, dass ihnen damals ein wichtiges Erlebnis abhanden gekommen ist, denn eigentlich wurden sie durch die klinische Geburt benachteiligt.*

Das Verhältnis von *Anvertrauen und Vertrauen,* das in der Schwangerschaft begonnen hatte, wird nun zur Stärkung der Frau weiter aufrechterhalten. *Frau zu sein bedeutet mehr, nicht nur biologische Frau, sondern auch geistige und geistliche Frau. Das ist mein Ziel, dass die Frauen dazu erstarken oder wir sie stark machen in der heutigen Zeit.* Hier wurde erkannt, dass Wochenbettdepressionen oft Folge von Verunsicherung sind. Die anfänglichen Illusionen über eine wunderbare kleine Familie können schnell in Enttäuschung umschlagen und zu einer Verschlechterung der Paarbeziehung führen, insbesondere nach dem ersten Kind.

Eine besondere Problematik, für die die Hebamme auch eine Bezugsperson ist, stellt die durch Ultraschall erzeugte Verängstigung der Mutter, der Eltern dar. Oftmals ist es nur ein kleiner Hinweis, dass bei dem Kind etwas fraglich sei. Diese Verunsicherung kann bis zur konkreten Entscheidung für oder gegen eine Abtreibung führen. *Bei genetischen Problemen wie Downsyndrom muss die Hebamme Informationen geben und die Mutter unterstützen.* Bei Spätabtreibungen mitzuwirken ist für Hebammen eine seelisch schmerzhafte Arbeit, die sie auch verweigern kann.

Familienhebamme nenne ich mich, weil ich natürliche Geburten leite, das bedeutet in diesem Fall, dass die Hebamme in die Häuser geht, wo Frauen auch in der Badewanne entbinden. Familienhebamme ist aber ein Fachbegriff, der auch für Hebammen verwendet wird, die im Auftrag des Staates schon während der Schwangerschaft und auch nach der Geburt die Familien aufsuchen.

Ich habe den Begriff »Schwellenbegleiterin« gewählt, weil Hebammen beratend, unterstützend und problemlösend die Mutter, das Kind und das Paar in dieser Zeit der tief greifenden Identitätskrise begleiten. *Ich muss aber aufpassen, nicht gluckenhaft zu sein, dass ich die Frauen nicht in Abhängigkeit bringe.* Eine Schwellenbegleiterin zieht sich zurück, wenn sie nicht mehr gebraucht wird, wenn der Realitätsschock einige Monate nach der Geburt verarbeitet ist.

Hebamme als Ritualanleiterin

Zitate aus den Interviews:

> *Ich sage es ihnen vorher: Überlegt euch, was ihr gerne habt, eine Kerze, Blumen, sie sollen sich vorher Gedanken darüber machen. Ich biete dem Mann an, die Nabelschnur durchzuschneiden, aber nicht alle wollen es. Die Nachgeburt zu entsorgen, da gibt es ein Gesetz: 50 Zentimeter tief, der Vater gräbt, die Mutter legt es, zuerst tiefgefroren, hinein, dann einen Baum pflanzen, nach dem keltischen Kalender. Dann ist das Kind zugedeckt und bleibt bei der Mutter, wir haben jetzt alle Zeit der Welt.*[80]
>
> *Die Nachgeburt, da gibt es ein Ritual, aber nicht für alle: Ich gebe sie nachher mit, sie wird getrocknet, dann nimmt die Mutter sie ein als Pulver wie ein Medikament. Es hilft zur Rückbildung, Milchproduktion, auch die Wochenbettdepression fällt weg. Das erste Wort der Hebamme? Ich sage nichts, damit legt man doch einiges mit in die Wiege, aber ich will kein prägendes Wort, positiv oder negativ, sagen.*[81]
>
> *Eine Kerze – nein, das geht in der Klinik auf keinen Fall. Ruhe ist wichtig. Nach der Geburt lege ich das Kind der Mutter auf den Bauch, dann nabeln wir es gemeinsam ab. Dem Mann wird ihr Durchhalteopfer deutlich und er kann den seelischen Schmerz nachvollziehen, wenn er dann die Nabelschnur durchtrennt. Das erste*

Wort über dem Kind kommt von den Paaren selbst. Ich mache es nicht generell. Einmal z. B., als der Kopf in der Scheide sichtbar war und schwarze Löckchen, habe ich das gesagt und die Mutter hat sich dann darüber gefreut. Mal hat ein Mann mir bei einer Hausgeburt gesagt, als die Herztöne nicht in Ordnung waren, und ich dann das Kind angepustet hatte, es habe jetzt eine besondere Bindung zu mir und beim nächsten Kind wolle er pusten ... Eine Weile lasse ich sie dann in Ruhe, wenn das Kind auf dem Bauch der Mutter liegt.[82]

Wenn die Geburt losgeht, zünden wir das Lebenslicht an. Die Familie entscheidet über den Duft ... Es gibt da keine Zeit zum Beten. In Pastorenhaushalten gibt es oft keine Kerze, sie steht in der Kirche, aber die Hebamme hat alles dabei. Wir sprechen vorher ab, wer die Nabelschnur durchschneidet. In dem Moment, wo ich die Schere übergebe, gebe ich das Kind ab.[83]

Das Durchschneiden der Nabelschnur ist ein Ritual, das die Väter gerne übernehmen. Ich biete ihnen dann an, die Plazenta mitzunehmen, und erzähle ihnen, dass das etwas ist, das zu ihnen gehört, was ganz normal ist, ein Organ. Ja, das mache ich spontan. Ich sage zur Frau, wenn sie etwas besonders gut gemacht hat aus meiner Sicht. »Das machst du gut!« Manchmal zeige ich das Kind noch mal nackt, wir sprechen darüber, wenn etwas Besonderes da ist, wie z. B. rote Haare. Dann biete ich ihnen an, ob sie erst kuscheln oder das Kind gleich an die Brust legen wollen. Dann versuche ich mich zurückzunehmen, mache die Tür einen Spalt weit offen, ich muss es ja überwachen, und lass die Eltern allein mit dem Kind. Was den Vätern gut tut, muss ich spüren, es ist nicht immer gleich.[84]

Ich verharre erstmal ganz kurz andächtig, sehr ruhig. Ich überlasse es den Eltern. Später gratuliere ich. Ich reiche das Kind der Mutter, dann mein Glückwunsch, weil ich Ehrfurcht vor dem Leben habe, will ich den Eltern die Ehre geben.

Wenn die Nabelschnur durchgetrennt ist, lege ich das Kind auf den Bauch der Mutter. Wenn der Vater durchtrennt, ist damit die Beziehung ganz präsent. Die Nachgeburt wird geboren und ge-

meinsam angeschaut. Ich bespreche es vorher, ob die Eltern die Nachgeburt mitnehmen möchten: Was wollt ihr damit machen, in den Garten vergraben oder verwerfen? Dieses Anhängsel vom Leben spendenden Teil für das Kind![85]

Das sich anschließende Durchtrennen der Nabelschnur könnte natürlich genauso gut die Hebamme oder die Ärztin erledigen. Doch die Abnabelung von der Mutter stellt ein kleines, aber wichtiges Ritual für Väter dar ... immerhin hat er mit dieser Handlung am Ende einen Teil zur Geburt beigetragen, der symbolisch sehr wertvoll ist.[86]

In den letzten Jahren haben sich einzelne Hebammen zu Ritualanleiterinnen ausbilden lassen. Im Gegensatz zu dieser Berufsbezeichnung ist der Begriff hier lediglich zur Beschreibung eines Tuns verwendet.

Der Begriff »Ritual« hat im Zusammenhang mit der Geburt drei unterschiedliche Bedeutungen: Als Ritual kann eine Gewohnheit genannt werden, die zur leeren Hülle verkommen ist. So sind z. B. die Anwesenheit des Arztes bei der Geburt, die medizinisch nicht indiziert ist, oder das Ausrasieren Rituale.

Die zweite Bedeutung hat einen ironischen Unterton. Der Ablauf von Untersuchungen, Mutterpass, Ultraschall, CTG und auch die Fruchtwasseruntersuchung kann ein Ritual genannt werden, weil es in dem Chaos der Gefühle und Identitätskrisen eine gewisse Ordnung herstellt. Diesen Aspekt nennt Barbara Duden eine »Liturgie«. »Ich will die These vertreten, dass der Einsatz jeder Prozedur unweigerlich auch als ein ›mythopoietisches‹ Ritual, als ein überzeugungsschaffender Vorgang verstanden werden muss. Und weiterhin, dass diese Prozeduren zusammen eine ›Liturgie‹ ausmachen, durch welche die Entbindung nur mehr als Interaktion des Frauenkörpers mit der technisch gerüsteten Institution gedeutet wird.«[87]

Die dritte Bedeutung von Ritual, diejenige, die hier verwendet wird, meint eine Handlung, mit der die Hebamme oder die Familienmitglieder auf die Begegnung mit dem Heiligen antworten.[88] »Das Ritual stellt sich ein als natürliche Antwort auf die ›Heiligkeit‹ oder Bedeutsamkeit realer Anlässe.«[89]

Die Ausgangsfrage in den Interviews lautete: Wie reagieren die Beteiligten auf die Begegnung mit dem Heiligen? Die interviewten Hebammen, die den Begriff des Heiligen nicht verwendet haben, leiten kleine Rituale an, die der Bedeutung des Augenblicks gerecht werden und ihm so die Tiefendimension geben.

Da sind zunächst Licht, Kerze, Duft. *Ich sage es ihnen vorher: Überlegt euch, was ihr gerne habt, eine Kerze, Blumen, sie sollen sich vorher Gedanken darüber machen.* Die Hebamme leitet an. *Wenn die Geburt losgeht, zünden wir das Lebenslicht an. Die Familie entscheidet über den Duft.*

Ebenso hängt es vom Tun der Hebamme ab, ob das Kind auf dem Bauch der Mutter liegt, damit die Mutter diesen großen Moment in ihrem Leben seelisch nachvollziehen kann. *Ruhe ist wichtig. Nach der Geburt lege ich das Kind der Mutter auf den Bauch.* Die Bedeutung der Ruhe habe ich oben unter »Raum und Zeit« beschrieben.

Das Ritual, die Nabelschnur zu durchschneiden, zu dem Hebammen gerne die Väter anleiten, ist umstritten, da Väter nicht gewöhnt sind, Blut zu sehen. *Ich biete dem Mann an, die Nabelschnur durchzuschneiden, aber nicht alle wollen es. Das Durchschneiden der Nabelschnur ist ein Ritual, das die Väter gerne übernehmen.* Es bedarf sicher eines Gespräches über den Sinn dieses Rituals, damit Väter es nicht nur als Tortur hinnehmen. So kann es eine Einübung sein, das Kind loszulassen. Es wird ja einmal auch die seelische Nabelschnur lösen.

Die Plazenta ist das Organ, das das Kind genährt hat und das wie ein genetischer Fingerabdruck des Kindes ist. *Ich biete dem Mann an, die Nabelschnur durchzuschneiden, aber nicht alle wollen es. Die Nachgeburt zu entsorgen, da gibt es ein Gesetz: 50 Zentimeter tief, der Vater gräbt, die Mutter legt es, zuerst tiefgefroren, hinein, dann einen Baum pflanzen, nach dem keltischen Kalender.* Eine andere Hebamme erklärt die Bedeutung dieses Organs. *Ich biete ihnen dann an, die Plazenta mitzunehmen und erzähle ihnen, dass das etwas ist, das zu ihnen gehört, was ganz normal ist, ein Organ ... Die Nachgeburt wird geboren und gemeinsam angeschaut. Ich bespreche es vorher, ob die Eltern die Nachgeburt mitnehmen möchten: Was wollt ihr damit machen, in den Garten vergraben oder verwerfen? Dieses Anhängsel vom Leben spendenden Teil für das Kind!* Die Kosmetikindustrie hatte den besonderen Reichtum der Hormone darin schon früh entdeckt und sammelte Plazentas. Eine Hebamme geht auf den hohen medizinischen Wert ein: *Die Nachgeburt, da gibt es ein Ritual, aber nicht für alle: Ich gebe sie nachher mit, sie wird getrocknet, dann nimmt die Mutter sie ein als Pulver wie ein Medikament. Es hilft zur Rückbildung, Milchproduktion, auch die Wochenbettdepression fällt weg.*[90]

Zum Ritual nach der Geburt gehört auch das erste Wort der Hebamme. Im Exkurs über das Circularschreiben des Schweriner Oberkirchenrates von 1855[91] wurde der Segen genannt, den »seit altersher« die Hebammen über dem Neugeborenen sprechen. Über das erste Wort der Hebamme sagt die Psychiaterin Françoise Dolto in einem Interview: »Die Worte von Hebammen im Verlauf der Niederkunft treffen tief, sowohl die Mutter als auch das Kind. Die Worte, die während der ersten Stunden und Tage ausgesprochen werden, dringen ganz außerordentlich tief in das Menschenwesen ein.«[92] Deshalb wurde die Frage nach dem ersten Wort gestellt. *Das erste Wort der Hebamme? Ich sage nichts, damit legt man doch einiges mit in die Wiege, aber ich will kein prägendes Wort, positiv oder negativ, sagen.* Diese Hebamme ist sich der Kraft der Worte bewusst. *Ich verharre erst mal ganz kurz andächtig, sehr ruhig. Ich überlasse es den Eltern. Später gratuliere ich. Ich reiche das Kind der Mutter, dann mein Glückwunsch, weil ich Ehrfurcht vor dem Leben habe, will ich den Eltern die Ehre geben.*[93]

Zusammenfassung

Die Interviews mit frei praktizierenden Hebammen führten, ohne dass die Befragten sich dessen bewusst waren, mit den Begriffen Ergriffenheit, Seligkeit, Grenzerfahrung, Schmerzen, Wunder des Lebens, Trauer und Tod, Raum und Zeit und Schweigen zu einer Phänomenologie des Heiligen. Die Geburt ist ein dramatisches und komplexes Geschehen, in dessen Mittelpunkt der schöpferische Akt des neuen Lebens steht. Gott kooperiert mit der Mutter und diese ist Gottes Mit-Schöpferin. Das Heilige ist das Ganz Andere, das *mysterium fascinosum et tremendum,* und es ist das Schöpferische, dem Menschen Leben und Lebendigsein verdanken. Während des Geburtsgeschehens kann sich auch eine Begegnung mit dem Heiligen in Krankheit und Tod ereignen, dem *mysterium tremendum.*

Entwurf einer Theologie der Geburt[1]

Bei der Interpretation der Geburt als Begegnung mit dem Heiligen, geht es nicht um Ethik und um ethische Entscheidungen von Eltern und Hebammen. Die Aufgabe besteht vielmehr darin, die Geburt als Erfahrung des Göttlichen, als spirituelles oder sakrales Ereignis zu interpretieren. Hierfür habe ich die Kategorie des Heiligen gewählt und so kann die spirituelle Erfahrung während der Geburt als eine Begegnung mit dem Heiligen beschrieben werden.

Dadurch besteht nun erstens die Möglichkeit, die Erfahrungen unter der Geburt theologisch zu interpretieren, ohne sie dabei in den Deutungsrahmen einer bestimmten Konfession oder Religion einzubinden.[2] Zweitens sind durch die Interviews mit Hebammen auch die Voraussetzungen dafür gegeben, die Geburtserfahrung nicht mehr aus androzentrischer Sicht, sondern von dem – bis dahin nicht vorgesehenen – religiösen Selbst im Sinne von Frauen zu deuten.

Die Antworten der Hebammen auf die Interview-Fragen werden ergänzt durch Stimmen von Frauen, die in persönlichen Schreiben berichtet haben, dass sie die Geburt ihres Kindes als eine metaphysische, spirituelle oder sakrale Erfahrung erlebt haben. Es sind Frauen, die die spirituelle Deutung ihres Erlebens selbst vollziehen konnten:

> Ich habe Ihnen ja am Telefon erzählt, dass für mich meine erste Geburt durchaus auch etwas Meta-physisches hatte – es war ein überaus physisches Erleben, aber es war eben auch noch darüber hinaus eine andere Ebene da. Sie baten mich, dies ein wenig näher zu schildern, und ich habe viel darüber nachgedacht. Dieses Erleben konzentriert sich auf einen wesentlichen Punkt. Als mein Töchterchen soeben geboren war und ich erst einmal entspannt tief durchatmen konnte, spürte ich mit einem Mal eine ganz tiefe Klarheit: Ich brauche nichts auf der Welt zu fürchten. Alles ist in der Liebe geborgen. Und als ich unser

Hannchen zum ersten Mal in die Arme nahm und ansah, war der erste Impuls, dieses kleine Gottesgeschenk meinerseits zu segnen. Aus tiefstem Herzen und in einem als ozeanisch empfundenen Eins-Sein. Das ist ein sehr persönliches Erleben, das ich noch nicht vielen Menschen anvertrauen konnte.[3]

Das Heilige in der Dramatik des schöpferischen Prozesses

Das Geburtsgeschehen ist ein dramatisches Geschehen. Die Beteiligten kommen an ihre äußersten Grenzen, der Umschlag von überwältigenden Schmerzen zur vollkommenen Seligkeit und Freude berührt und erschüttert die seelische Tiefe von Mutter und Vater.

Das Heilige bindet sich an dieses dramatische Geschehen. Hier ist der Ort, wo es erscheinen will. Denn das Heilige ist das Lebendige, das Leben Schaffende, das als schöpferischer Prozess wirkt.[4]

Im Mittelpunkt dieser Dramatik steht die Beziehung von Mutter und Kind, aus der heraus das neue Leben in die Welt eintritt. Indem die Mutter mit all ihrer Kraft das Kind ins Leben schiebt, offenbart sich das schöpferische Heilige oder die heilige Lebendigkeit. Es ist eine paradoxe Erfahrung der Mutter, dass sie sich äußerst anstrengen und zugleich ganz hingeben muss. »Dieses tiefe Wissen, ich kann das, ich meistere das durch Hingabe.«[5]

Das Heilige bindet sich auch an die Körperlichkeit von Mutter und Kind. Es ist gegenwärtig in den Schmerzen, im Fruchtwasser und Blut, im tiefen Aufatmen, in der Arbeit und in der Hingabe, im Schreien und in der Stille. Die Mutter wird in den Schöpfungsprozess aktiv mit hineingenommen.

Eine Mutter berichtet: »So sehe ich diese Gewalt der Wehen als ebenso heilig wie diese glückliche Ergriffenheit von dem Licht.«[6] Eine andere Mutter schildert, dass sie schon in der Schwangerschaft ein tiefes Glücksgefühl hatte, das sie wie eine »goldene wärmende Lichtquelle« umfing. Ihre Wehen waren sehr stark. Sie schreibt weiter:

> In dem Moment war mir, als betrete ich einen ganz dunklen Tunnel, und ich wusste noch nicht, ob und wie ich das Licht wieder sehen würde. Ich hatte inzwischen solche schrecklichen Schmerzen, dass ich nur noch wimmerte und schrie. Als ich versuchte, mich wieder in eine hockende Gebärstellung zu begeben, in der ich vorher schon einige Zeit, recht entspannt, verbracht hatte, war mir, als müsse ich sterben. Der Gedanke an den Tod war es vielleicht nicht, nein, es war vielmehr dieses Gefühl, dass ich nichts mehr tun kann, was mir hilft. Ausgeliefert zu sein ... aber irgendwie, und das ist eben die essentielle Erfahrung meiner Geburtsgeschichte, nicht verloren, sondern in allem Schmerz geborgen und aufgehoben. Ich erinnere mich noch an einen Moment, als ich mich schier krümmte vor Krämpfen und mich wahnsinnig machenden Stichen, dazu der immense Blutverlust, dass ich mich in dem Moment, als ich mich am erbarmungsvollsten, elend, nackt und bloß fühlte, ein Licht durchs Fenster sah. Es war wirklich ein großartiges Geschenk, vom Licht beschienen, wie erleuchtet und dazu wieder diese innere Stimme, die mir ganz klar zu verstehen gab, dass alles gut wird.[7]

Die Schmerzen können so elementar sein, dass sie die Frau in einen anderen Bewusstseinszustand versetzen. Die Schriftstellerin Barbara Honigmann schreibt:

> Es ist wahr, dass es weh tut, aber ich fühlte mich stolz und stark und ganz bei mir ... Und plötzlich kehrte sich das Unterste zuoberst, und es war, als rase ich wie alle Elemente zugleich, wie Feuer, Wasser und schlagende Steine, und ich konnte nicht mehr unterscheiden, ob ich gebäre oder ob ich selbst geboren werde ... die Hebamme gab ihre Kommandos wie ein Kapitän bei stürmischer See. Zum Schluss habe ich sie und den Arzt getreten und habe das Kind ausgespien. Und einen Moment später schon herrschte wieder vollkommene Ruhe. Nicht die Spur von Schmerz im Körper, nichts als Frieden.[8]

Das Heilige ergreift Mutter und Kind und auch alle anderen Beteiligten, sofern sie dafür offen sind und sofern äußere Bedingungen es zulassen.

Das Heilige in der Erfahrung der Beteiligten

Menschen haben eine Anlage, kraft derer sie sich vom Heiligen ergreifen lassen können. Gerade weil die Beteiligten an ihre Grenzen kommen oder sie auch überschreiten müssen, spüren sie die dichte Atmosphäre der Gegenwart des Heiligen. Sie wechseln für einen kurzen Moment in eine andere Zeitdimension. »In der Grenzerfahrung bin ich Gott begegnet.«[9] Sie erleben das Faszinosum des Wunders des neuen Lebens in der Seligkeit und das Tremendum der Nähe von Krankheit und Tod im Schrecken. »Da ergreift dich etwas, da will dich etwas ergreifen von außerhalb deines Denkens und gewohnten Fühlens, und du lässt es zu, du ver-traust dich an, du überlässt dich. Und da ist kein Gedanke, das zu tun, du tust es direkt, spontan.«[10] Auch hier ist es nicht ein einzelnes Erlebnis, sondern die Komplexität aller Erfahrungen während der Geburt und auch schon während der Schwangerschaft.

Alle, die bei einer Geburt dabei waren, die nicht von der Geburtsmedizin mit ihrer Technik überfrachtet war, können hinter diese Erfahrung nicht wieder zurück. Es hat ihr Leben verändert und ihre Einstellung zum Leben geprägt. Männer sagen, dass die Geburt ihres Kindes die stärkste spirituelle Erfahrung für sie war.[11]

Das Heilige als das Mächtige und das Heilbringende

Das Heilige zeigt sich als das Mächtige, indem es ergreift und erschüttert. Es ist aber nicht nur das Beseligende, sondern auch das Schauervolle.

Zum einen sind Schwangerschaft und Geburt immer noch so unverfügbar und im Ablauf so offen, dass bei den meisten Geburten die Nähe zu Krankheit und Tod erlebt wird. Die vermeintliche Sicherheit durch Ultraschalluntersuchungen kann auch ins Gegenteil umschlagen, wenn eine Anomalie entdeckt wird. Ganz besonders aber erfahren Frauen mit einer Fehl- oder Totgeburt das Heilige als das Schauervolle, das Entsetzliche.

Das Machtvolle erscheint zweitens in einem Prozess der Wandlung. Das Kind erfährt die Wandlung vom Mutterschoß in die Welt, vom Mutterkuchen zur Mutterbrust. Die Mutter erfährt die Wandlung von der Schwangeren zur Mutter. Der Vater erfährt eine neue Identität. In diesen Wandlungen erscheint das Heilige als das Heilende und zur Heilung Drängende. Es eröffnet ein neues Sein.

Konsequenzen für die Rolle der Hebamme

Bei einem Geburtsverlauf, der unter dem Aspekt des Pathologischen von der Apparatemedizin bestimmt wird, kann die Ergriffenheit durch das Heilige nicht oder nur selten gespürt werden. Denn es geht dort um Risiko und Sicherheit und nicht um Offenheit und Vertrauen. Das Heilige entzieht sich dann der Erfahrung.

Das Vertrauen zwischen Mutter und Hebamme kann aber eine Atmosphäre schaffen, die das Heilige einlädt, sich zu zeigen. Luisa Muraro und die Mailänder Philosophinnen haben dafür das Wort »affidamento« geprägt. Es meint das gegenseitige Sich-Anvertrauen und das Vertrauen zwischen zwei Frauen.[12] Das Wort leitet sich her von confidare, das heißt Anvertrauen. Es bedeutet: »am Mehr der anderen wachsen«.[13] Frauen erkennen einander an und verleihen sich gegenseitig Autorität und Wert. Frauen brauchen zu ihrer Selbstwerdung andere Frauen, ja am besten eine weibliche »Genealogie« – einen Stammbaum von Frauen, die ihnen vorangegangen sind und ihnen zeigen können, wie Frauen als Frauen in dieser Welt glücklich werden können. Vertrauen in die Frauen und ins Leben, in die göttliche Kraft, wirkt gegen die Angst, gegen ein Geflecht der Angst. Die Hebamme sagt: »Du bist ausgeliefert, aber du bekommst eine sorgsame Begleitung.«

Eine Mutter, Pastorin Susanne Wendorf-von Blumröder aus Hannover, schreibt zu dieser Beziehung zwischen ihr und der Hebamme in einem Brief:

> Es ging, glaube ich, um das besondere der Hebammen, ihre Durchsetzungskraft und vor allem um diese Bruchteile von Sekunden bei der Geburt, in denen es ganz feierlich wird, vollkommen das Leben und die Gefahr darum zu spüren ist. Dann waren meine beiden Hebammen ganz konzentriert und kompromisslos, es gab immer einen tiefen Blick in die Augen und die kurze Zeit löste sich dann auf in letztes Pressen, Drücken und Ziehen und Durchflutschen. Von diesem Moment zwischen Leben und Tod haben mir manchmal auch Frauen in Taufgesprächen erzählt ... Und es gab eben auch diese Hebammenherzlichkeit z. B. nach zwei, drei Tagen: »Das sind jetzt die Hormone, da ist sie nicht ganz da!« – und ich konnte weiterheulen. Beiden verdanke ich ein letztlich unendlich positives Erleben der Geburt, vor allem das Erleben und Überleben der Stärke: Das Leben geht weiter, auch wenn es nur noch weh tut.

Diese affidamento-Beziehung kann eine Atmosphäre schaffen, die eine Begegnung mit dem Heiligen ermöglicht. Und auch die Stille und das Beisammensein des Paares unmittelbar nach der Geburt sind Gegebenheiten, die das Heilige in Erscheinung kommen lassen.

Im »Bericht von einer Hausgeburt« kommt diese Atmosphäre zum Ausdruck.[14] In einem persönlichen Brief schreibt die Mutter dazu:

> Ich hoffe, dass Dein Text Frauen Mut macht, ihrer inneren Stimme zu folgen, auf ihren Körper und auf göttliche Führung vertrauend eine Geburt zu wagen, die eben kein angstvoll er-

warteter, erschreckender Moment sein muss, sondern ein bewusst erlebtes, feierliches Ereignis, das zur großen Kraftquelle auch für spätere Zeiten werden kann. Ich habe in meinen drei Schwangerschaften und vor allem in den beiden Hausgeburten sehr, sehr viel über mich und meine innewohnende Stärke erfahren. Wie viele Frauen lassen sich diese Möglichkeit, dem eigenen Rhythmus zu folgen, durch medizinisch geleitete Geburten nehmen, obwohl eigentlich keine Indikationen vorlagen, die dies nötig gemacht hätten.[15]

Es bleibt die Ambivalenz: Das Heilige bedarf der Inszenierung und es erscheint dennoch ohne Zutun, ganz aus sich. Seine Gegenwart ist Gnade.

Die Mutter-Kind-Dyade erweitert sich demnach während der Geburt zur Triade, weil die Hebamme ganz dicht am Wunder des neuen Lebens dabei ist. Aus der Sicht dieser Theologie der Geburt als einer Begegnung mit dem Heiligen und der Mutter als Mitschöpferin Gottes bekommt die Hebamme eine neue Rolle. Diese knüpft wieder an die Rolle in vor-patriarchaler Zeit[16] und an den »geistlichen Nebenberuf«[17] an. Damit schließt sich der Kreis.

Die Hebamme ist so nahe an diesem kreativen Prozess, dass sie mit ergriffen werden kann.[18] Sie ist aber vor allem Hüterin dieses heiligen Raumes, »sacer-dos« im wörtlichen Sinn, die das Heilige Schenkende.[19] Die Hebamme schafft die Bedingungen durch das gegenseitige Vertrauen zwischen ihr und der Frau/den Eltern. Sie nimmt das Begehren der Frau ernst.[20] Sie drückt durch ihr Verhalten das aus, was die Hebamme zu der am Wegesrand gebärenden Erzmutter Rahel gesprochen hatte: »Fürchte dich nicht!«[21] Heute unterstützt sie die Gebärende, indem sie sie lobt: »Das machst du gut!«, und ermöglicht ihr so den Zugang zum Kraftstrom des Heiligen.

Die Hebamme antwortet auf die Begegnung mit dem Heiligen, indem sie für die Mutter oder die Eltern Rituale anleitet und Stille und Schweigen ermöglicht. Eine Hebamme berichtete in einem persönlichen Gespräch, dass sie leise für sich dieses Segensgebet spricht:

Kind, ich segne dich auf deinem Lebensweg.
Möge dir Gutes begegnen.
Geh deinen eigenen Lebensweg.
Nimm an, was das Leben für dich bereithält.
Ändere, was du ändern kannst.
Amen[22]

Dann fragt sie die Mutter, ob sie diese Worte auch laut sprechen darf, und bekommt oft eine postitive Antwort.

Rückbindung an Jesus, den Christus

Obwohl die Begegnung mit dem Heiligen während der Geburt eine Erfahrung ist, die nicht innerhalb des Rahmens einer Religion oder Konfession gedeutet werden soll, fordert die neue Theologie der Geburt eine neue Christologie geradezu heraus. In der Gebetsliteratur der frühen Neuzeit war die Beziehung zu Christus die der Leidensnachfolge, der imitatio Christi, und das bedeutete, die Frau muss unter den Wehenschmerzen leiden, um Christus nahe zu sein. Eine Theologie aus der Perspektive von Frauen und deren Geburtserfahrungen ergeben andere christologische Topoi:

1. Die Geburt Jesu durch Maria, die so genannte Inkarnationslehre: »Und sie gebar ihren ersten Sohn.«[23] Eine Geburtsgeschichte steht am Beginn des Christentums. Maria ist die Gottesgebärerin. So zentral ist die Geburt eines Kindes durch eine Frau am Heilsgeschehen der Bibel. Durch die Geburtsgeschichte Jesu wird das Geborenwerden zu einer Begegnung mit dem Heiligen und zu einem ausgezeichneten Ort des Handelns Gottes.[24]

2. Jesu Geburtswehen des Todes. Petrus verwendet in seiner Pfingstpredigt diesen Ausdruck: »Den hat Gott auferweckt und hat aufgelöst die Schmerzen des Todes ...« (Apg 2,24) Der griechische Urtext zeigt deutlich die Beziehung zur Geburt, die in der Übersetzung eliminiert wurde. Für Schmerzen steht *wdinas*, das

sind die Wehen. Die Kommentatoren verweisen alle auf einen Übersetzungsfehler der Septuaginta, der Übersetzung vom Hebräischen in das Griechische, die das Hebärische *bld* nicht mit »Wehen«, sondern mit »Stricke« übersetzt. Das spielt aber in der vorliegenden griechischen Fassung keine Rolle mehr. Die Mystikerin Margarete von Oingt hatte schon einmal diese Verbindung von Kreuz und Geburt zum Ausdruck gebracht: »Lieber Gott ... bist du nicht meine Mutter und mehr als meine Mutter? ... Denn als die Stunde deiner Entbindung kam, wardst du ans harte Brett des Kreuzes geschlagen ... und all deine Nerven und Venen zersprangen. Und wahrlich, es ist nicht verwunderlich, dass deine Venen barsten, als du in einem Tag die ganze Welt gebarst.«[25] Elisabeth Gössmann macht auf eine Stelle bei Hildegard von Bingen aufmerksam, in der Hildegard Jes 42,14 auslegt, wo sich der alttestamentliche Gott in den Wehen der Geburt beschreibt: »Der Kreuzestod ist also Geburtsschmerz für das den drei Personen Gemeinsame, eben die mütterliche *divina essentia*.«[26]

3. Jesu Klageruf: Jesus betet zu Gott im Bild einer Hebamme. Sein Ruf »Mein Gott, mein Gott, warum hast du mich verlassen?« ist der Anfang des 22. Psalmes.[27] Im weiteren Verlauf des Psalmes, den Jesus sicher gut kannte, bekennt sich die betende Person zu Gott im Bild einer Hebamme: »Du hast mich aus meiner Mutter Leibe gezogen; du ließest mich geborgen sein an der Brust meiner Mutter. Von Geburt an bin ich geworfen auf dich, vom Mutterleib an bist du mein Gott.«[28] In Jesu Lebenswelt gehörten Gebären und Geburtshelferinnen zur Alltagserfahrung. Aus den Gleichnissen Jesu wissen wir, dass Frauenerfahrungen für ihn symbolwürdig für das Göttliche waren. Das trifft auch für die Geburtserfahrung zu.[29]

Die für uns ungewohnte Verbindung der Geburts-, Todes- und Auferstehungsmetaphorik entfaltete Nelly Sachs in ihrem Gedicht »Schon mit der Mähne des Haares«.[30] Sie spricht hier vom Weggehen aus den Hautgrenzen, das Weite suchend, über den Ozean vom Leben zum Tod hinübergleitend, und von den Gräbern, die in die Vergessenheit verstoßen wurden. Dann aber erfahren und feiern die Toten in der Ergriffenheit des Geburtsgeschehens die Auferstehung. So begegnen sie dem Göttlichen:

An unseren Hautgrenzen
tastend die Toten
im Schauer der Geburten
Auferstehung feiernd
Wortlos gerufen
schifft sich Göttliches ein –

Die priesterliche Rolle der Hebamme, das Bild der Hebamme für den schützenden, begleitenden und nährenden Gott und die Interpretation von Jesu Kreuzestod als Geburtsarbeit konnten und können nur verstanden werden auf dem Hintergrund einer Geburtskultur, für die die Geburt ein sakrales Ereignis war bzw. ist. Wir können an diesem Verständnis, das auch in der Bibel zu finden ist, wieder anknüpfen, indem wir die frauenfeindliche androzentrische Theologie, die in der frühneuzeitlichen Gebetsliteratur ihren Ausdruck und Höhepunkt fand, ablehnen und vollständig neu ansetzen.

Konsequenzen für die Kategorie des Heiligen

Die Geburt als Ort der Erfahrung des Heiligen gehört in eine qualitativ andere Lebenswelt als die, die von Peter L. Berger und Reinhold Esterbauer beschrieben wird.[31] Die Geburt kann nicht einfach in die Reihe der Beispiele eingefügt werden wie Musik, Eros, Humor, Natur, Cyberspace u. a. Das Besondere an der Geburt ist, dass sie ein dramatisches und komplexes Phänomen ist, in dessen Mittelpunkt der schöpferische Akt des neuen Lebens steht. Sie ist die »Urform der schöpferischen Potenz.«[32] Das Heilige wird in Verbindung gesetzt mit dem Schöpferischen und mit dem Körperlichen. Im Körpergeschehen erscheint das Heilige.

Umgekehrt verändert die Geburt als Ort der Erscheinung des Heiligen auch das, was wir über das Heilige aussagen: Das Heilige ist nicht nur das ganz Andere, das *mysterium fascinosum et tremendum*, es ist auch das Schöpferische, dem Menschen Leben und Lebendigsein verdanken. Das Heilige offenbart sich im Körper der schwangeren und gebärenden Frau.

Die Frau als Mit-Schöpferin, Mit-Wirkerin

Geborenwerden heißt Von-einer-Frau-geboren-Werden. Wir kommen nicht aus dem Nichts, werden nicht, mit den Worten der Existenzphilosophen, ins Dasein geworfen. Wir kommen von unserer ersten Heimat, dem Körper unserer Mutter, ihrem Mutterschoß. Wir lebten im Fruchtwasser, waren dank der Nabelschnur mit unserer Mutter verbunden und wurden durch die Plazenta ernährt. Wir reagierten auf alles, was unsere Mutter erlebte, unsere Sinne, unsere Seele wuchsen heran. Dann hat unsere Mutter uns – auch mit unserem eigenen Zutun – geboren. Kann daraus gefolgert werden, die Mutter sei Mitschöpferin Gottes?

In Theologien anderer Kulturen kommt diese mitschöpferische Arbeit der Mutter bereits zur Sprache. So schreibt Mercy Amba Oduyoye, methodistische Pastorin in Ghana: »Worauf wir unser Augenmerk lenken müssen, ist die Armut des menschlichen Geistes, der zweierlei ignoriert: das Menschsein der Frauen als Personen, geschaffen nach dem Bilde Gottes, und das Menschsein der Mütter als Mitschöpferinnen Gottes und als Nachahmerinnen der göttlichen Verwaltung und Behandlung der Schöpfung.«[33]

Doch die Theologin Brigitte Enzner-Probst stellt zu Recht für unsere Gesellschaft in Mitteleuropa fest: »Ihre Würde aber als Mitschöpferin eines neuen Menschen, ihre spirituelle und existenzielle Entwicklung und deren Begleitung wird nicht gesehen.«[34] Dieses Defizit gilt für Kirche und Gesellschaft, für Wissenschaft und Erziehung, für alle Bereiche unseres Lebens. Deshalb ist es an der Zeit, die Frage zu erörtern, ob die Frau als Mitschöpferin zu verstehen sei?

Der theologische Begriff »Schöpfung« soll dabei nicht verstanden werden als ein einmaliger jenseitiger Akt, sondern als stets neues Geschehen in den Prozessen des Lebens, der Natur und Geschichte. Inmitten dieser immer währenden Schöpfungsereignisse wirkt die schöpferische Kraft, die verschieden benannt werden kann: Gott, das Göttliche, das Heilige, der Urstrom des Lebens.

Die Kraft der Frau als Hinweis auf das Mit-Schöpferin-Sein

Die Hebamme Regine Lagies sagte im Interview: »Die Frau ist Mitschöpferin durch die Kraft und die Gelassenheit und den Mut.« Es ist sinnvoll, das Mit-Schöpferin-Sein an diesen drei Begriffen durchzubuchstabieren und mit Zitaten aus dem Interview der schwedischen Religionswissenschaftlerin Kirsten Grønlien Zetterqvist mit der Hebamme Pirkko Farieta zu belegen.[35]

»Wenn die Frau doch schon vor der Entbindung in das Denken eingeführt werden könnte, welches Privileg es ist, ein Kind zu gebären, und welches Privileg es ist, die Kraft und Fähigkeit zu fühlen, die sie besitzt, um Leben zu schenken. Wenn die Frau dies einsehen würde, würde sie den Schmerz besser aushalten und sie würde sich für das ›In-die-Geburt-Hineingehen‹ interessieren, es als eine neue Dimension auffassen, ein Reichtum den sie nicht verpassen möchte. *Womit bekommt die Frau Kontakt, wenn sie es wagt, sich bei der Geburt so hinzugeben?* Ja, es ist etwas Diffuses. Es ist eben jene Kraft. Sie gerät in einen anderen Zustand, wie auf einen anderen Planeten, in eine andere Wirklichkeit. Es ist schwer zu beschreiben.«

Aus der Verbindung mit der schöpferischen Kraft heraus kann die Frau Leben schenken. Diese Erfahrung eröffnet eine neue Dimension des Lebens.

Die Gelassenheit der Frau als Hinweis auf das Mit-Schöpferin-Sein

»Das Beste ist, wenn die Frau sich bei der Geburt völlig geborgen fühlt, so dass sie imstande ist, in sich hineinzugehen und sich völlig abzuschirmen. Sie wagt es, die Kontrolle loszulassen ... Es dreht sich ... darum, in einen Rhythmus zu kommen, sich in das Gebären hineinzuwagen, alle Wehen bis zum Äußersten durchzuhalten.«

Schöpfung geschieht im Paradox von Aktiv- und Passivsein. Die Frau ist nicht alleinige Schöpferin, sondern Mit-Schöpferin.

Der Mut der Frau als Hinweis auf das Mit-Schöpferin-Sein

»Aber ich glaube, die Frau muss es wagen, bis zum Äußersten der Wehen durchzuhalten. Das tut auf jeden Fall nicht noch mehr weh. Sie muss sich erlauben, mitgerissen zu werden, und sie muss das Zutrauen dazu haben, dass der Körper es schon schaffen wird. Bewusst kann sie diesen Prozess nicht bestimmen. Er ist etwas Rhythmisches.«

Auch hier ist der Schöpfungsbegriff nichts Statisches. Es ist ein Prozess, in dem die Frau etwas wagt und Zutrauen hat zu dem, was mit ihr und dem Kind passiert.

Diese Schilderung der ambivalenten und ekstatischen Prozesse, der Bezug zu jener Kraft, die in den vorherigen Kapiteln »das Heilige«, der »Urstrom des Lebens« genannt wurde, zeigt, dass die Frau zu Recht »Mit-Schöpferin« genannt werden kann. Das Wort »Mit-Wirkerin« würde jedoch der Prozesshaftigkeit von Schwangerschaft und Geburt mehr entgegenkommen. Denn die pränatale Forschung, unterstützt durch das Beobachten des Embryo und Fötus bei Aufnahmen von Ultraschallbildern, erkennt immer mehr, wie sehr das Kind sich entwickelt in der Interaktion zwischen mütterlichen Gaben und Zuwendungen einerseits und dem Wachsen des Nervenapparates, der Sinnesorgane und der Gefühle andererseits.[36]

Im Psalm 139 klingt etwas davon an, dass das Kind sich im Mutterschoß entwickelt. Hierfür wird die Metapher des »Webens« verwendet, die wiederum mit dem »Wirken« verwandt ist. Die den Psalm betende Person spricht zu Gott: »Du hast mich gewoben im Mutterschoß ... kunstvoll gewirkt in Erdentiefen«.[37] Noch deutlicher wird der Zusammenhang in der Übersetzung von Buber/Rosenzweig: »... der mich wob im Leib meiner Mutter ... buntgewirkt im untersten Erdreich, meinen Knäul sahn deine Augen.«[38] Die Frau ist also Mit-Schöpferin im Sinne einer Mit-Weberin und Mit-Wirkerin. Sie kommt ihrerseits aus solch einem Prozess hervor und alle Mütter vor ihr waren wiederum von ihren Müttern mitgewirkt worden.

Einen anderen Zugang zum Mit-Schöpfertum der Frau über mythische und spirituelle Wege findet die amerikanische Theologin Rosemary Radford Ruether. Sie lässt in einer Liturgie der Geburtsvorbereitung eine Frau sagen:

> Aber jedes neugeborene Kind bringt das Versprechen mit auf die Welt, dass unsere ursprüngliche Harmonie mit allem Lebenden wiederhergestellt wird. Wie die Muttergöttin Israels vierzig Jahre lang in den Wehen lag, um in der Wildnis ein neues Volk zu gebären, wie die Mutterkirche in die Wildnis floh, um das göttliche Kind zu nähren und zu schützen, so wiederholt jede Mutter das Urmysterium der Schöpfung; in ihr ist die Kraft der Muttergöttin, die ein erlöstes Volk nährt. Jedes neugeborene Kind ist das verheißene Kind; unschuldig und unberührt von der Geschichte des Bösen kommt es zur Welt und erhascht einen Blick auf die ursprüngliche Harmonie alles Seienden. Durch das neugeborene Kind erblicken auch wir die ursprüngliche Harmonie der Schöpfung, und wir wenden uns der Wiederherstellung der Liebe und des Friedens zu.[39]

Die biblischen Stellen, die das Mit-Schöpferin-Sein der Frau belegen, sind die beiden Textstellen über Eva, die im Einleitungsteil über Eva[40] ausführlich besprochen wurden: Eva heißt: Mutter alles

Lebendigen (Gen 3,20), und Eva sagt: »Ich habe zusammen mit Gott einen Menschen geschaffen.« (Gen 4,1)

In der schon zitierten Kirchenordnung des Herzogtums Preußen klang das Motiv ebenso an, doch hier in Bezug auf die Hände der Hebamme, die beim Schöpfungsakt dabei sind: »Deshalb ist diese Arbeit wahrhaftig ein heiliges, göttliches Werk, das zur Schöpfung unseres Gottes gehört, wie es im ersten Artikel unseres Glaubensbekenntnisses heißt.«[41]

Die Frage, ob die Frau Mitschöpferin Gottes ist oder ob Gott allein Schöpfer bleibt, aber mit der Frau kooperiert, entscheidet die Theologin Karin Ulrich-Eschemann zugunsten des alleinigen Schöpfergottes. Sie verwendet den Begriff »Kooperation«, um das Zusammenwirken Gottes mit der Frau zu beschreiben. »... und Menschen, hier paradigmatisch Frauen/Mütter, kooperieren mit Gott beim schöpferischen Tun.«[42] Dabei kommt sie zu einem für sie neuen Verständnis Marias. Deren *fiat* (mir geschehe) versteht sie als Ja zur Kooperation mit Gott: »... wir sagten, dass Gott in Kooperation mit Eva und mit Maria schöpferisch handelte und weiterhin mit Müttern bei der Geburt kooperativ handelt, ebenso wie Mütter kooperativ mit Gott handeln.«[43] Sie nennt Maria eine »Mitwirkerin«, denn »Gott ist tatsächlich bei dem, was er tun kann, auf Maria als Mitwirkerin angewiesen, deshalb ist die Antwort der Maria entscheidend.«[44]

Von der androzentrischen Theologie wird diese Erkenntnis des Zusammenwirkens von Gott und Frau nicht nur abgelehnt, sondern sogleich auch mit einer theologischen Strafe belegt: Es sei ein »vegetatives Selbstsein-Wollen«, wenn Eltern an der Schöpfung teilhaben wollen, urteilt der Theologe Johannes Wirsching in einem Aufsatz über die Taufe.[45] Selbstsein-Wollen gilt in diesem theologischen Zusammenhang als Sünde.

Der Theologe Theophil Müller dagegen kommt aus der konkreten Erfahrung, die er während Schwangerschaft und Geburt bei seiner Frau erlebte, zu einem anderen Ergebnis: »Ich habe jede Schwangerschaft als etwas Großes und Wichtiges und jede

Geburt als etwas Wunderbares, aber für die Frau in jeder Beziehung Komplexes erfahren.« Müller führt den theologischen Begriff *creatio continua* ein, der besagt, dass das Schöpfungshandeln Gottes immer weiter geschieht: »dass Mann und Frau in der Zeugung, im Austragen und im Gebären eines Kindes an der Schöpfung teilhaben.« Doch geht er nicht von der Kraft der Frau aus, wie es die Hebammen in den Interviews tun, sondern bleibt in der Hierarchie von gebendem Gott oben und empfangenden Menschen unten: »Sich in der Ausübung einer Fähigkeit als beschenkt erleben, ist eine zentrale Erfahrung der Christen.«[46]

Es gilt nun noch eine Frage anzusprechen, die hier aber nicht ausführlich erörtert werden kann: Wenn die Frau Mitschöpferin ist, was ist dann der Mann?

Die Antwort ist von den Phänomenen aus zu entwickeln: Der Mann ist ursächlich an der Schöpfung eines neuen Menschen beteiligt durch den lustvollen Augenblick der Zeugung und durch die Gabe seines Chromosomensatzes. Wenn der Mann kurz nach der Zeugung stirbt, kann der neue Mensch dennoch geboren werden. Wenn die Frau gleich nach der Zeugung stirbt, wird es kein Kind geben können. Wenn die Frau zum Kind Nein sagt, kann sie die Schwangerschaft beenden. Der Mann kann das nicht, er kann nur psychischen Druck ausüben auf die Entscheidungsgewalt der Frau.

Der Mann ist aber während der Schwangerschaft, bei der Geburt und während des Heranwachsens des Kindes emotional und sozial beteiligt. Er bleibt eine Bezugsperson, dem das Kind seine Liebe schenkt, auch wenn er wenig oder gar nicht anwesend ist. Die oft hartnäckige Suche mancher Menschen nach ihrem leiblichen Vater bringt dies zum Ausdruck.

Die Dichterin Marie Luise Kaschnitz fängt die Bedeutung der Zeugung in einem Gedicht ein. Sie spricht vom »Heiligen Schrecken« darüber, durch Lust einen neuen Menschen entstehen lassen zu können, und sie verwendet für die Zeugung das Bild: »Da sangen die Steine«

Zeugung
Schön beginnt es, das Lied,
Mit Geben und Empfangen.
Nicht immer ist Liebe im Spiel,
Aber immer Verlangen.
Immer die alte Not,
Getrenntes zu binden,
Immer, mit Leben den Tod
Zu überwinden.
Myrte und Schleierkleid,
Wein in Kristallen,
Dunkelheit, Trunkenheit –
Was gilt's. In dem allen
War doch ein Augenblick,
Da sangen die Steine.
Ein Zug, ein Flug zurück
Ins Ungemeine.
Flamme, die glüht und sprüht,
Heiliger Schrecken.
Schön beginnt es, das Lied,
Das große Wecken.[47]

Jede Formulierung ist ein Versuch und müsste in einer allgemeinen Diskussion erhärtet werden. So könnte es heißen: »Die Frau ist Mit-Wirkerin, der Mann gibt zusammen mit der Frau den Anstoß und begleitet sie.«

Konsequenzen aus der Anerkennung der Frau als Mit-Schöpferin und Mit-Wirkerin beträfen nicht nur die Würde der Frau in der Gesellschaft und das Ernstnehmen der Schwangerschaft in den Kirchgemeinden, auch das Glaubensbekenntnis müsste anders formuliert werden und nun heißen: »Ich glaube an Gott, den Vater, den Allmächtigen, Schöpfer Himmels und der Erde, der zusammen mit Müttern als Mit-Schöpferinnen / Mit-Wirkerinnen neue Menschen schafft ...« Und Martin Luthers Auslegung dieses Glaubensartikels: »Ich glaube, dass mich Gott geschaffen hat samt allen Kreaturen ...« müsste ebenfalls ergänzt werden zu: »Ich glaube, dass mich Gott zusammen mit meiner Mutter geschaffen hat ...«

Eine weitere Konsequenz zieht die amerikanische Ärztin und Theologin Jean Shinoda Bolen. Sie vergleicht die Gabe von Blut und Nahrung von der Mutter zum Ungeborenen, ohne die es kein neues Leben, keine neue Schöpfung gäbe, mit der Hingabe Jesu im Abendmahl an seine Jüngerinnen und Jünger: »Everyone incarnates through the body of a personal mother. As spiritual beings on a human path, we begin life this way. In the uterus, we were attached to her through a placenta that fed us, so every pregnant mother enacts the communion words ›Take, eat, this is my body; drink, this is my blood‹ as literal trouth.«[48]

Auch für die Problematik der Abtreibung sieht Christiane Kohler-Weiß in einer Theologie der Geburt eine notwendige Grundlage: »In der Erkenntnis, dass sich in jeder Schwangerschaft Gott, der Schöpfer, einer Frau anvertraut, liegt eine starke Lebenskraft. Von der Schwangerschaft ist deshalb auf eine Art und Weise zu sprechen, welche Frauen die Besonderheit und Würde dieser Gabe erfahren lässt, ohne sie auf die Mutterschaft als Rolle der Frau festzulegen ... Würden die Schwangerschaft als Lebenszeit und schwangere Frauen als ›Mittäterinnen Gottes‹[49] in Liturgie, Verkündigung, Diakonie und Seelsorge mehr gewürdigt, so könnte die Kirche damit der Schwangerschaftsvergessenheit unserer Gegenwart entgegentreten, das Selbstbewusstsein schwangerer Frauen stärken und so das Ja zum Kind unterstützen.«[50]

Zusammenfassung

Das Heilige erscheint immer als das Machtvolle in einem Prozess der Wandlung. Das Kind erfährt die Wandlung vom Mutterschoß in die Welt, die Mutter die Wandlung von der Schwangeren zur

Mutter, der Vater erfährt eine neue Identität. Das Heilige ist das Heilende und das zur Heilung Drängende.

Der Überblick über den Gestaltwandel des Hebammenberufes zeigt, dass Hebammen früher priesterliche Funktionen hatten, indem sie dem Schöpfungsakt der Geburt in seiner theologischen Bedeutung Rechnung trugen. Hebammen können aber auch heute dem unverfügbaren Heiligen Raum und Zeit geben, sie können durch ihre Haltung und durch eine Segensgeste Antwort geben auf die Begegnung mit dem Heiligen.

Da das Heilige im Geburtsprozess erscheint, ist es verbunden mit dem Schöpferischen, und die Frau kann Mit-Schöpferin genannt werden, sofern Schöpfung nicht als einmaliger Akt, sondern als immer währende Neuschöpfung verstanden wird.

Die aktive Rolle der Mutter im Schöpfungsprozess bei der Geburt drückt sich bereits in der Sprache aus: Die Mutter wird nicht entbunden, sie kommt auch nicht nieder. Die Mutter gebiert, sie bringt ein Kind zur Welt, sie leistet Geburtsarbeit, sie schenkt einem Kind das Leben.

Schluss und Ausblick für Theologie und Kirche

Für den Entwurf einer Theologie der Geburt wurde von den Erfahrungen während des Geburtsprozesses ausgegangen, wie sie Hebammen in Interviews auf die Frage nach dem Besonderen der Geburt gegeben haben.

Zur theologischen Interpretation der darin verwendeten Begriffe wurde die Kategorie des Heiligen herangezogen und zwar in der phänomenologischen Zugangsweise von Rudolf Otto. Das Heilige kann beschrieben werden in den Phänomenen, in denen es uns begegnet, sodass das Ergriffensein vom Heiligen als eine Tiefendimension in der lebensweltlichen Situationen erfahren werden kann. Hierzu gehören die Erlebnisse während der Geburt, die Ergriffenheit, die Seligkeit, der Schmerz und auch die Trauer im Angesicht des Todes. Dieser phänomenologische Zugang zum Geburtsprozess ist jedoch erst möglich geworden, als der Blick frei wurde auf die Geburtlichkeit des Menschen als Grundbedingung seiner Existenz und auf die seelische und körperliche Kraft der Gebärenden, ihren Mut und ihre Gelassenheit.

Dabei bleibt stets das Paradox, dass das Heilige sich entzieht und unverfügbar ist, es aber doch unter günstigen Voraussetzungen als das Ergreifende erfahrbar wird.

Die Rolle der Hebammen ist hier eine zweifache: Sie geben mit ihrer Sprache in den Interviews einen hermeneutischen Zugang zur Geburtserfahrung. Und zweitens können Hebammen die Bedingungen schaffen für eine mögliche Begegnung mit dem Heiligen, gleichsam in einer priesterlichen Funktion, ohne dass sie deshalb vereinnahmt würden für eine bestimmte kirchliche Institution. Dafür ist es wiederum notwendig, die Geburt nicht als medizinisch zu beherrschendes Risiko, sondern als das Ankommen eines neuen Menschen im Zusammenwirken von gebärender Frau und Hebamme zu verstehen.

Schwangerschaft und Geburt sind bereits Gegenstand der theologischen Ethik: Probleme bei Krankheit des Ungeborenen im Rahmen der Pränatalen Diagnostik sowie bei Entscheidungen über die Embryonenforschung werden im ethischen Diskurs erörtert.[1] Hier gibt es eine Zusammenarbeit von Theologinnen und Hebammen.[2] Was aber bis jetzt fehlt, ist ein Dialog über die spirituelle Bedeutung des Gebärens, den alle bei der Geburt Beteiligten – Mütter und Väter, Hebammen und ÄrztInnen, Großeltern und Geschwister des Neugeborenen, Freundinnen und Partnerinnen – zusammen mit PhilosophInnen und TheologInnen führen müssten.

Wenn so die Todesbesessenheit, die Geburts- und Schwangerschaftsvergessenheit in Theologie und Kirche überwunden werden, ergeben sich auch neue Handlungsfelder für die Arbeit in den Gemeinden.

Aus der Sicht einer Gemeindepastorin beschreibt die kanadische Theologin Margret L. Hammer[3] Möglichkeiten dieser gegenseitigen Bereicherung: Die Kirche kann den gnadenvollen Aspekt der Geburt stärken und die Gaben des Gebärens in ihr Leben und ihre Lehre einbeziehen, denn sie hat Worte für diese Momente größter Offenheit der spirituellen Dimension des Lebens. Die Kirche kann einen Kontext öffnen, in dem Geburt verstanden und artikuliert werden kann als Gottes andauerndes Eingehen in die Welt. Die Kirche kann mit ihrer langen Tradition des Heilens Eltern im Irrgarten von High-Tech-Medizin begleiten. Sie kann präsent sein bei den Personen, die rund um das Gebären arbeiten, bei Hebammen, Ärzten, Krankenschwestern, und sie unterstützen. Kirche kann einen Rahmen bieten, in dem die Eltern ihre neue Identität finden können, und Rituale hierfür entwickeln.

Die Kirche gewinnt ihrerseits einen größeren Einblick in menschliches Leben. Sie gewinnt auch ein größeres Gottesbild, wenn Frauenerfahrungen und Körpererfahrungen symbolwürdig sind für das Göttliche.[4] So wie Nahrung und Essen im Abendmahl Bedeutung gewinnen, so können Schwangerschaft, Geburt und Stillen im Bild Gottes als Mutter das beschreiben, was die göttliche

Liebe in ihrer Dreigestalt von Lebensanfang, Lebensnahrung und Lebensfülle bedeutet. Janet Morley hat dieses Gottesbild aufgenommen in ihre Gebete: »Gott, unsere Mutter, / Du trägst unser Leben in Dir, / nährst uns an Deiner Brust / und lehrst uns, allein zu gehen ...«[5] Zur Erfahrung des Geborenseins gehört die Erfahrung der Mutter als Grund des Lebens, die sich zugleich entzieht. Auch hier ist eine Erweiterung des Gottesbildes möglich.

In der Taufliturgie sollte das Geburtsgeschehen, die Kraft der Frau und das Wunder des neuen Lebens berücksichtigt werden. Die Deutung der Taufe als Wiedergeburt hat dazu geführt, dass die erste Geburt vernachlässigt wird.[6] Nicht die Stunde der Not, sondern die Stunde der Kraft der Frau, manchmal die Stunde des Erschreckens und auf jeden Fall die Würdigung der Frau als Mitschöpferin/Mitwirkerin Gottes muss in die Texte einfließen.[7]

Mit den beiden Segensliturgien für eine Schwangere und eine Hebamme und den meditativen Texten im Anhang möchte ich Anregungen geben für die Begleitung der Schwangeren, Gebärenden und Wöchnerinnen und ihren Familien in den Kirchengemeinden. Denn mit neuen Texten und Ritualen kann auch die Kirche beitragen zu einer frauenwürdigen Geburtskultur und damit zu einer menschenwürdigeren Gesellschaft.

Anmerkungen

Einleitung

1 Hannah Arendt, Vita Activa, S. 217

2 Hebammen Forum. Das Magazin des Bundes Deutscher Hebammen e. V., August 2001, Editorial, S. 543

3 Siehe die Literatur zur legendären Päpstin Johanna in Elisabeth Gössmann: mulier papa. Der Skandal eines weiblichen Papstes, S. 333: Bocaccio stellt als Todesart der Päpstin fest: Geburt ohne Hebamme.

4 Ein Blick in die Themen und Angebote der theologischen Zeitschriften, der kirchlichen Akademien oder der christlichen Verlagshäuser bestätigt dies. Zum Beispiel hat die Handreichung für die Begegnung von Kirchengemeinden mit ihren muslimischen Nachbarn der Ev.-Luth. Kirche in Bayern Themen wie: »Wenn ein Muslim stirbt ...«, doch kein Beitrag über Geburt und die spezifisch islamische Geburtskultur.

Der anthropologisch-theologische Bezugsrahmen

1 Hannah Arendt, Vita Activa, S. 18, 315-317, 409 u. a., siehe auch: Christine Gasser, Die Tatsache des Geborenseins und dessen symbolische Ordnung. Feministische Theorien im Anschluss an Hannah Arendts Konzept der Natalität, S. 7-47

2 Ebd., S. 316f

3 Martin Heidegger, Sein und Zeit, § 72, S. 374

4 Hauke Brunkhorst, Hannah Arendt, S. 29

5 Hannah Arendt, Vita activa, S. 14

6 Ebd., S. 215

7 Ebd., S. 308; siehe auch Jeremia 15,10: »Wehe mir, Mutter, dass du mich geboren!« und 20,14: »Verflucht der Tag, an dem ich geboren, der Tag, da mich meine Mutter gebar, er sei nicht gesegnet.«

8 Ebd., S. 316

9 Ebd., S. 226

10 Ebd., S. 317

11 Ebd., S. 434, Anm. 82; *ponätikos* heißt mühselig.

12 Ebd., S. 88

13 Ebd., S. 401f

14 Ebd., S. 134

15 Ebd., S. 444, Anm. 53

16 Ebd., S. 428, Anm. 40

17 Siehe auch die Arbeiten von Luzia Sutter Rehmann.

18 Hannah Arendt, Vita aktiva, S. 217. Dieser Satz ist in der englischen Fassung nicht zu finden.

19 Hans Saner, Geburt und Phantasie. Von der natürlichen Dissidenz des Kindes. Dies ist eine Sammlung verschiedener Vorträge aus den Jahren 1972-1979.

20 Ebd., S. 16

21 Ebd., S. 15

22 Ebd., S. 77-102

23 Elisabeth Moltmann-Wendel, Natalität und die Liebe zur Welt. Hannah Arendts Beitrag zu einer immanenten Transzendenz

24 Ebd., S. 292

25 Ebd., S. 295

26 Annegret Stopczyk, Nein danke, ich denke selber. Philosophieren aus weiblicher Sicht, S. 195

27 Ebd., S. 208

28 Ebd., S. 211

29 Andrea Günter, Die weibliche Hoffnung der Welt. Die Bedeutung des Geborenseins und der Sinn der Geschlechterdifferenz

30 Ebd., S. 66

31 Karin Ulrich-Eschemann, Vom Geborenwerden des Menschen: Theologische und philosophische Erkundungen, S. 247

32 Nicht zu verwechseln mit Luthers Begriff »cooperatio Dei«, womit er das Mitwirken des Menschen zur Erlangung des Heils meint. Vgl. Martin Seils, Der Gedanke vom Zusammenwirken Gottes und des Menschen in Luthers Theologie, Gütersloh 1962, S. 32ff

33 Karin Ulrich-Eschemann, Vom Geborenwerden des Menschen, S. 157; siehe auch Andrea Günter (Hg.), maria liest – das heilige fest der geburt (darin ist auch ein Aufsatz von Karin Ulrich-Eschemann).

34 Maria Luise Köster-Schlutz, Schwangerschaft und weibliche Identität, S. 305

35 Marsden Wagner, Fische können das Wasser nicht sehen – die Notwendigkeit einer Humanisierung der Geburt, S. 58. Wagner beginnt seinen ursprünglich als Vortrag auf dem Hebammenkongress 2002 in Wien gehaltenen Aufsatz mit den Worten: »Die Geburtshilfe menschenwürdig zu gestalten heißt zu verstehen, dass gebärende Frauen menschliche Wesen sind, keine Maschinen

und erst recht keine Container zur Produktion von Babys. Frauen – der Hälfte aller Menschen – zu zeigen, dass sie minderwertig und unzulänglich sind, indem man ihnen ihre Kraft zu gebären nimmt, ist eine Tragödie für die gesamte Gesellschaft. Die Frau hingegen zu respektieren als wichtigen und wertvollen Menschen und sicherzustellen, dass ihre Erfahrung während der Geburt erfüllend und Kraft spendend ist, ist nicht einfach ein nettes Extra; es ist absolut essenziell, denn es stärkt die Frauen und damit die Gesellschaft.« S. 1 des Vortrages, S. 47 des Aufsatzes, leicht abgeändert.

36 Hedwig Meyer-Wilmes, Eva: Eine Collage, S. 21. Elisabeth Gössmann belegt in ihrem »Archiv für philosophie- und theologiegeschichtliche Frauenforschung«, dass es immer auch eine andere Tradition gegeben hat. So zitiert sie in ihrem Artikel »Eva – Theologiegeschichtlich« im Wörterbuch der feministischen Theologie Hildegard von Bingen, Christine de Pizan u. a., S. 128-131; siehe auch Artikel »Adam und Eva« in: Lexikon der christlichen Ikonografie, Bd. 1, Sp. 47: Hrabanus Maurus erklärt den Namen Eva mit »ianua vitae« (Tor des Lebens), allerdings geprägt von der Allegorisierung Evas als von Gott erbaute Kirche.

37 Helen Schüngel-Straumann, Die Frau am Anfang. Eva und die Folgen, S. 5

38 Hedwig Meyer-Wilmes, Eva, S. 16

39 Das geht aus der Theologie der Gebetsliteratur deutlich hervor. Siehe Kap. »Christliche« Hebamme

40 Helen Schüngel-Straumann, Die Frau am Anfang, S. 94

41 Ebd., S. 95

42 Brigitte Kahl, »Und sie rief seinen Namen: Seth« (Gen 4,25). Die Geburt der kritischen Erkenntnis und das ungelesene Ende der Eva-Geschichte

43 Jakob Sprenger, Heinrich Institoris, Der Hexenhammer, Kap.1, S. 99; vgl. auch das Personenregister, das 85 Einträge für Augustinus und 91 für Thomas von Aquin enthält, siehe dort auch Kap. 3

44 Adolf Schlatter, Erläuterungen zum NT, 3. Band, S. 29

45 Helen Schüngel-Straumann, Die Frau am Anfang, S. 96

46 Alfred Rockenschaub, Gebären ohne Aberglaube, S. 25; zu beachten ist, dass Rockenschaub den Begriff Aberglaube auf die Geburtsmedizin anwendet: »Was man einst mit Auguren, Opfertieren und Weihwasser beschwor, macht man heute mit Ultraschall, Kaiserschnitt und Wehenmittel.«, S. 46

47 Ebd., S. 27

48 Marsden Wagner, Fische können das Wasser nicht sehen – Die Notwendigkeit einer Humanisierung der Geburt, S. 65. M. Wagner

leitete über 15 Jahre die Abteilung »Mutter-Kind-Gesundheit« des Regionalbüros für Europa der Weltgesundheitsorganisation (WHO) in Kopenhagen.

49 Dorothea Sich, Mutterschaft und Geburt im Kulturwandel, S. 263

50 Ruth Hampe, Frau und Geburt im Kulturvergleich, S. 232

51 Beate Schücking, Frauen in Europa – unterschiedliche und ähnliche Erfahrungen während der ersten Schwangerschaft und Geburt, S. 381

52 Theologische Arbeiten zur Geburt: Andrea Günter (Hg.in), Maria liest. Das heilige Fest der Geburt; dies., Weltliebe. Gebürtigkeit, Geschlechterdifferenz und Metaphysik, S. 147-173; dies., Die weibliche Hoffnung der Welt: Die Bedeutung des Geborenseins und der Sinn der Geschlechterdifferenz; Margaret L Hammer, Giving Birth. Reclaiming biblical Metaphor for Pastoral Practice; Pamela E. Klassen, Blessed Events. Religion and Home Birth in America; Elisabeth Moltmann-Wendel, Natalität und die Liebe zur Welt. Hannah Arendts Beitrag zu einer immanenten Transzendenz; Luzia Sutter Rehmann, Geh, frage die Gebärerin. Feministisch-befreiungstheologische Untersuchungen des Gebärmotivs in der Apokalyptik; Karin Ulrich-Eschemann, Vom Geborenwerden des Menschen: Theologische und philosophische Erkundungen; Verena Wodtke-Werner, Geh hin, frag die Schwangere. Schwangerschaft, Geburt und Stillen im religiösen Brauchtum und in der Theologie; vgl. Annegret Stopczyk, Nein danke, ich denke selber

53 Teresa Berger, Von Fruchtwasser und Taufwasser: Eintauchen in das eine Leben?

54 Sally McFague, Mutterschaft in religiöser Sprache und Symbolik, S. 546f

55 Nelly Sachs, Gedichte, z. B.: »An unseren Hautgrenzen / tastend die Toten / im Schauer der Geburten / Auferstehung feiernd / Wortlos gerufen / schifft sich Göttliches ein –«, S. 98

56 Barbara Duden, Die Ungeborenen. Vom Untergang der Geburt im späten 20. Jahrhundert

57 Ebd., S. 150; siehe auch Brigitte Enzner-Probst, »Im Vorhof der Heiden« oder »Guter Hoffnung«? Die liturgisch-seelsorgerliche Begleitung von Schwangeren als Auftrag der Kirche?

58 Ebd., S. 151

59 Barbara Duden, Die Ungeborenen, S. 150

60 Nach dem Griechischen *doulos* (Diener)

61 Die Gesellschaft für Geburtsbegleitung (GfG) hat dieses Studie unterstützt.

62 www.motherfriendly.org; die 10 Punkte in deutscher Übersetzung bei Beate Schücking, Kinderkriegen und Selbstbestimmung, S. 31f

63 Beate Schücking, Frauen in Europa – unterschiedliche und ähnliche Erfahrungen während der ersten Schwangerschaft und Geburt, S. 381-399

64 Ebd., S. 388

Zur Geschichte des Hebammenberufes – Die Beziehung von Kirche und Hebamme

1 Barbara Duden, Die Ungeborenen, S. 156

2 Mirja Virkkunen, Die Bezeichnungen für Hebamme in deutscher Wortgeographie, S. 15-17

3 Ebd., an verschiedenen Stellen

4 Ilse Schulz, Schwestern, Beginen, Meisterinnen, S. 79

5 Geniet: sich anstrengen, geübt, erprobt, ehrbar

6 Ebd., S. 163

7 Patrizia Caputo-Kunz, Hirzels Hebammenlehrbuch von 1784 als Zeitdokument, S. 53

8 Ingeborg Kruse, Unter dem Schleier ein Lachen, S. 88-93

9 Bibliodrama auf dem Frankfurter Kirchentag 1999 zu Schifra und Pua

10 Gernot Böhme, Wissenschaftliches und lebensweltliches Wissen, S. 44f

11 Schweizerischer Hebammenverband: www.hebamme.ch

12 Gernot Böhme, Wissenschaftliches und lebensweltliches Wissen, S. 33

13 Erich Neumann, Die Große Mutter. Eine Phänomenologie der weiblichen Gestaltung des Unbewussten

14 Ebd., S. 156

15 Ebd., S. 157

16 Aus: Othmar Keel, Die Welt der altorientalischen Bildsymbolik und das Alte Testament, S. 181, Abb. 276

17 In Platos Theaitetos vergleicht Sokrates seine eigene geistige Tätigkeit mit dem Beruf seiner Mutter, der allerdings kein geistiger, sondern ein sehr körperlicher war! Theaitetos 149a-150d

18 Annegret Stopczyk: Sophias Leib – Entfesselung der Weisheit, S. 283

19 Patricia Monaghan, Lexikon der Göttinnen, S. 301f; Marija Gimbutas, Die Sprache der Göttin, S. 110

20 Silvia Schroer/Thomas Staubli, Die Körpersymbolik der Bibel, S. 80

21 Annemarie Ohler, Mutterschaft in der Bibel, S. 38

22 Euripides, Elektra, 1124-33

23 Die Edda, S. 198f

24 Ruth Hampe, Frau und Geburt, S. 115

25 Barbara G. Walker, Das geheime Wissen der Frauen, S. 306

26 Angelika Denzler, Das staatliche Ausbildungsprogramm für traditionelle Hebammen in Ecuador: Ziele, Realitäten, Gefahren, S. 353; 1998 gab es ein erstes Treffen von Urwaldhebammen im Amazonasgebiet, zu dem ca. 500 der 60.000 Hebammen gekommen sind. In einem Interview sagt die Hebamme Zenaide: »Angst? Nein. Wenn ich gerufen werde, durchströmt mich diese Kraft, dieses Vertrauen. Gott legt seinen Willen in meine Hand.« Eine andere Hebamme sagt: »Alle nennen mich Mutter Zezé ... bin meinen eigenen Weg in Gottes Fußstapfen gegangen.« Angela Gehrke da Silva, Als Hebamme in Brasilien. Das abenteuerliche Leben einer mutigen Frau, S. 272f

27 Elisabeth Girrbach, Geburtshilfe als Beruf und Berufung: Quiché-Hebammen in Guatemala, S. 175

28 Mirja Virkkunen, Die Bezeichnungen für Hebamme, S. 66. Siehe auch Heide Göttner-Abendroth, Frau Holle / Das Feenvolk der Dolomiten. Die großen Göttinmythen Mitteleuropas und der Alpen, Königstein/Taunus 2005. Göttner-Abendroth nennt auch den Namen Perchta und zeigt Frau Holle als Große Göttin, die die Ahnenseelen hütet und sie als Kinder schenkt.

29 Joachim Begrich, Das priesterliche Heilsorakel

30 Ebd., S. 219

31 Hans-Peter Stähli, Art. *jr'* fürchten, in: Ernst Jenni (Hg.): Theol. Handwörterbuch zum AT, Bd. I, Sp. 769; s. a. Ex 20,18 nach der Offenbarung des Dekalog am Sinai, Gen 29,17: Jakobs Traum

32 Ebd., Sp. 770

33 Ebd., Sp. 771

34 Claus Westermann, Genesis, 2. Teilband, S. 675

35 Joachim Begrich, Das priesterliche Heilsorakel, S. 231

36 Gerda Weiler, Das Matriarchat im Alten Israel, S. 131

37 Gesenius, Hebräisches und Aramäisches Wörterbuch, S. 93

38 Ernst Jenni/Claus Westermann, Theologisches Handwörterbuch zum AT, Bd. II, Sp. 762

39 Hi 38,8

40 Klaus Seybold, Handbuch zum AT, Die Psalmen, S. 98: »Der Leidende erinnert seinen Gott an seine väterliche Verpflichtung, die er ihm gegenüber als seinem Geschöpf eingegangen ist (vgl. 71,5f). Dabei könnte das Motiv des Zuwerfens (sic!) in 11a auf einen Rechtsakt der Anerkennung der Vaterschaft zurückgehen. Der Beter bekennt sich seinerseits zu seinem Gott (eli, vgl. 2) von Mut-

terschoß an und bittet darum, ihn doch jetzt nicht zu verlassen, da die Not nahe und kein anderer Helfer da ist.«

41 Nachdem er zunächst allgemein davon spricht, dass in Vers 10 »das Vertrauen ausgesprochen wird: Du hast mir das Leben geschenkt. Und in 11 wird diese Aussage ergänzt durch die Gewissheit: Vom Augenblick der Geburt an steht mein Leben in deiner Hand.« Hans-Joachim Kraus, Psalmen, S. 327

42 Ebd., S. 328

43 Frank-Lothar Hossfeld, Psalm 51-100, »Neue Echter Bibel«, Bd. 23, 1, S. 144-151. Angemerkt sei hier, dass in Ps 22 Gott nicht Jahwe, sondern El genannt wird.

44 Claus Westermann, Das Loben Gottes in den Psalmen, S. 46. Westermann übersetzt: »du meine Zuflucht von Mutterleib an ...« Auch Westermann sieht nicht das Bild der Hebamme.

45 Virginia R. Mollenkott, Gott eine Frau? Vergessene Gottesbilder in der Bibel, S. 39

46 Siehe Kap. »Rückbindung an Jesus, den Christus«

47 Übersetzung: Hanna Strack

48 Irmtraud Fischer, Gottesstreiterinnen. Biblische Erzählungen über die Anfänge Israels, Kap 6: Die subversiven Frauen an den Anfängen des Volkes in Ägypten, S. 160-164; Ina Willi-Plein, Ort und literarische Funktion der Geburtsgeschichte des Mose

49 Nancy Cardoso Pereira, Exodus: Geographie und Bevölkerung, in: Freddy Dutz, Bärbel Fünfsinn, Sabine Plonz (Hg), Wir tragen die Farbe der Erde. Neue theologische Beiträge aus Lateinamerika, Hamburg 2004, S. 37-51, S. 46: »Die ganze Szene ist idealisiert: Die Hebammen haben direkten Zugang zum König. Sie heißen Schönheit und Glanz; die hebräischen Frauen werden als robust und voller Vitalität präsentiert. Damit soll die Fruchtbarkeit der Frauen aus dem Volk gepriesen werden. Sie gebären mehr Kinder als die Frauen am Königshof (V19).«

50 Gen 3,16

51 Gen 35,17 und 1 Sam 4,20

52 Gen 38,28

53 Ex 21,22; 23,26; 2 Kön 2,21; Hi 3,14-16; Ps 58,9; Pred 6,3-5. Nach Ez 16,4 wurde das Neugeborene gewaschen, mit Salz eingerieben und gewickelt.

54 Emma Brunner-Traut, Die Alten Ägypter. Verborgenes Leben unter Pharaonen, S. 50-67

55 Daumas, Francois, Art. »Geburtshaus«, in: Lexikon der Ägyptologie, Bd. 2, Sp. 462-475 (französisch). Dort auch Skizzen von Geburtshäusern in Philae und Dendara

56 Emma Brunner-Traut, Die Alten Ägypter, S. 56
57 Spr 8,22-29
58 Spr 1,7; Ps 2,11 u. a.
59 Mt 10,16
60 Walter Baumgartner, Israelitische und altorientalische Weisheit, S. 3
61 Helen Schüngel-Straumann, Schifra und Pua. Frauenlist als Gottesfurcht, in: Elisabeth Moltmann-Wendel, Herlinde Pissarek-Hudelist, Luise Schottroff (Hg.), Mit allen Sinnen glauben. Feministische Theologie unterwegs, S. 45-50
62 Silvia Schroer, Weise Frauen und Ratgeberinnen in Israel – Vorbilder der personifizierten Chokmah, S. 9-23. Die Alttestamentlerin Irmtraud Fischer sieht eine Gegengeschichte zu Schifra und Pua im Neuen Testament, der Geschichte vom Kindermord in Bethlehem (Mt 2,16-18). Hier gehorchen die Soldaten dem Befehl zur Tötung aller Neugeborenen: Befehl ist Befehl! Siehe Irmtraud Fischer, Gottesstreiterinnen, S. 165f
63 Zitiert nach: Sibylla Flügge, Hebammen und heilkundige Frauen, S. 478
64 Die Chur=Brandenburgische Hoff=Wehe=Mutter / Das ist: Ein höchst=nöthiger Unterricht / von schweren und unrecht=stehenden Geburten / In einem Gespräch vorgestellet / wie nehmlich / durch Göttlichen Beystand eine wohl=unterrichtete und gübte Wehe=Mutter / Mit Verstand und geschickter Hand / dergleichen verhüten / oder wanns Noth ist / das Kind wenden könne Durch vieler Jahre Ubung/selbst erfahren und wahrbefunden/Nun aber/Gott zu ehren und dem Nechsten zu nutz / Auch / auf Gnädigst= und inständiges Verlangen / Durch=lauchtigst= und vieler hohen Standes-Personen Nebst Vorrede / Kupfer=Bildern / und nöthigem Register auf eigene Unkosten zum Druck befördert/ von Justinen Siegemundin / gebohrner Dittrichin / von Ronnstock aus Schlesien / im Jaurischen Fürstenth. gelegen. Mit Röm. Kayserl. Mayt. auch Chur=Sächs. und Chur=Brandenburgischen / Special Privilegien. Cölln an der Spree / Gedruckt bey Ulrich Liebperten/Churfl.Brandenb. Hofbuchdr. 1690.
65 Zit. nach Waltraud Pulz, »Nicht alles nach der Gelahrten Sinn geschrieben«, S. 62f
66 Johann von Hoorn, The tvenne gudfruchtige, i sitt kall trogne, och therföre af Gudi väl belönte jordegummor Siphra och Pua; Titel der dt. Ausgabe: »die zwo Um ihrer Gottesfurcht und Treue willen von Gott wohl belohnte Wehe-Mütter, Siphra und Pua, Stockholm und Leipzig 1726. Zit. nach Pulz, »Nicht alles nach der Gelahrten Sinn geschrieben«, S. 39, Anm. 57 und S. 62, Anm. 8; siehe auch Johann Andreas Krafft, De pietate obstetricum, qua deus domos dicitur aedificasse

Israelitis oder: Von der Gottesfurcht der Wehmutter, um welcher willen Gott denen Israeliten Häuser gebauet / disserit ..., Altonae 1745

67 Siehe Stein Ev. Frauenwerk; Ingeborg Kruse, Unter dem Schleier ein Lachen, Stuttgart 2/1986, S. 88-93; Lucy D'Souza, Das Misereor-Hungertuch »Biblische Frauengestalten – Wegweiser zum Reich Gottes«, Misereor e.V. Aachen 1910; Landesverband der Evangelischen Frauenhilfe in Westfalen e.V., Soest; Evangelische Frauenhilfe im Rheinland: Schifra und Pua, – Frauen, die sich trauen!, Arbeitsheft zum Mirjamsonntag am 24.9.2000; Steiner Arbeitshilfen 10: Feministische Theologie praktisch, Stein 1987; Marina Plieth, Anwältinnen für das Leben, Eine Bibelarbeit über Schifra und Pua, in: Handreichung Burckhardthaus; Renate Ellmenreich, Pua und Schiphra – zwei Frauen im Widerstand. Quasimodogeniti oder Taufgottesdienst, in: Eva Renate Schmidt (Hg), feministisch gelesen. 32 ausgewählte Bibeltexte für Gruppen, Gemeinden und Gottesdienste, Bd. 1, Stuttgart 1988, S. 39-44; Bibelarbeit der Ev. Frauenarbeit in Österreich; Katholische Frauenbewegung Wien-Stadt u. a., Gottesdienst Klagen und Trösten; Gunda Wittich, Ein Brief an Pua und Schifra, in: Mitteilungen der Evangelischen Frauenhilfe im Rheinland, II/1991; Referat für die Arbeit mit Mädchen und jungen Frauen des Jugendwerks-S der evangelisch-methodistischen Kirche, Frauen ... predigten bibelarbeiten andachten gottesdienste gebete gedichte gedanken, Stuttgart 1992, S. 22-27; Ellen Kiener, 1. Sonntag im Advent Exodus 1,6-22 Hebammen sabotieren den Mordbefehl des Pharaos – Frauen bereiten der Befreiung den Weg, in: Sabine Ahlers u .a. (Hg), Und schuf sie als Mann und Frau, Eine Perikopenreihe zu den Lebenswirklichkeiten von Frauen und Männern für die Sonn- und Feiertage des Kirchenjahres, S. 36-40; Gesellschaft für Bibliodrama e.V. Bielefeld, Dokumentation Treffpunkt Bibliodrama 28. Evangelischer Kirchentag, Stuttgart 1999

68 Ellen Kiener, 1. Sonntag im Advent Exodus 1,6-22. Hebammen sabotieren den Mordbefehl des Pharaos – Frauen bereiten der Befreiung den Weg.

69 Karin Ulrich-Eschemann, Vom Geborenwerden des Menschen, Vortrag vor »Ärzte-für-das-Leben, Münster 2000; Bund Deutscher Hebammen e. V. (Hg.), Hebammen Standpunkte »Pränatale Diagnostik«, S. 2

70 Aktion Schifra&Pua c/o Hebamme Iris Barske, Heddesheim; siehe auch www.tim-lebt.de und Angelica Ensel, Hebammen im Konfliktfeld der Pränatalen Diagnostik. Zwischen Abgrenzung und Mitleiden

71 Die Verweigerung der Hebammen Schifra und Pua war lebensgefährlich. Eine Parallele aus dem 20. Jahrhundert sei dem gegenübergestellt. Eine KZ-Überlebende berichtet von ihren Erfahrungen in der Entbindungsbaracke des Lagers Holthausen, in dem schwangere Polinnen und Ostarbeiterinnen gefangen gehalten wurden: »Im Oktober 1944 ist eine der russischen Hebammen oder Ärztinnen gehenkt worden, weil sie zu viele Krankenzettel ausgestellt hat. Ich bin von einer älteren Hebamme, die etwa 30 – 35 Jahre alt war, behandelt worden. Sie hieß Natalia. Die aufgehenkte Ärztin oder Hebamme war jünger. Natalia wollte dann keine Krankenzettel mehr ausstellen, weil sie Angst hatte, dann auch gehenkt zu werden. (Waltroper Entbindungslager, Lager Holthausen 29)« Gisela Schwarze, Kinder, die nicht zählten. Ostarbeiterinnen und ihre Kinder im Zweiten Weltkrieg, S. 166. Im Vorwort, S. 10, schreibt die Autorin, und das erinnert an den Schluss des 1. Exoduskapitels, wo es im Anschluss an die Schifra- und Puaerzählung heißt, dass der Pharao alle Knaben töten ließ: »Der regionale Untersuchungsansatz ermöglichte aber auch, Beispiele ›widersetzlicher‹ Menschlichkeit nachzugehen. Es gab sie auf zahlreichen Bauernhöfen, in einzelnen Lagern, an Arbeitsplätzen. Sie waren aber nicht imstande, das System der brutalen Ausbeutung und der gezielten Vernichtung der sowjetischen Männer in den Jahren 1942 und 1943 und der ›schlechtrassigen‹ Säuglinge 1943-1945 zu behindern.« Siehe auch »Geburt im KZ« im Anhang dieses Buches.

72 KO Herzogthum Preußen 1569, zit. nach Emil Sehling (Hg), Die evangelischen Kirchenordnungen des XVI. Jahrhunderts, Bd. IV, S. 92

73 45. Circular-Verordnung vom 21. Juni 1855, betr. den geistlichen Nebenberuf der Hebammen, in: Circular-Verordnungen des Oberkirchenrathes an die mecklenburgisch-schweriner Landesgeistlichen. Der vollständige Text ist im Anhang II abgedruckt.

74 Ebd., Punkt 2

75 Zitiert nach: Reinhard Worschech, Frauenfeste und Frauenbräuche in vergleichender Betrachtung mit besonderer Berücksichtigung Frankens, S. 126 aus: Bavaria 4. Band, 1. Abt., S. 240

76 Eva Labouvie, Andere Umstände, S. 212; siehe auch das nächste Kapitel

77 Waal, Esther de (Hg.), The Celtic Vision. Prayers, Blessings, Songs and Invocations from the Gaelic Tradition. Liguori, Missouri 2, 2001, S. 64

78 Gernot Böhme, Wissenschaftliches und lebensweltliches Wissen, S. 35

79 Ebd., S. 44

80 Eva Labouvie, Andere Umstände, Kap III: Die rituelle Hilfs- und Festgemeinschaft der Frauen. Frauenfeste und Initiationsbräuche,

Kindbettzechen und ›Weibergelage‹, Rituale und Initiationen, die Taufe, Wochenbett und Aussegnung; Kap IV: Aspekte einer weiblichen Kultur auf dem Land: Frauenfeste – eine öffentliche Kultur des Feierns, Festkultur der Frauen im Wandel basierend auf der »dörflichen Not- und Hilfsgemeinschaft«, S. 103, 198 u. 210

81 Eine Karte dieses Sprachfeldes bei Reinhold Worschech, Frauenfeste und Frauenbräuche, S. 136

82 Eva Labouvie, Andere Umstände, S. 6

83 Ebd., S. 125

84 Françoise Loux nennt sie: »Die Gruppe der Initiierten« in: Frauen, Männer und Tod in den Ritualen um die Geburt, S. 58

85 Reinhard Worschech, Frauenfeste, S. 215. Weitere Feste: Neujahr, Dreikönig, WeiberFasnet, Lichtmess, Frauntänze, Ostern, Maibräuche, Pfingsten, Arbeitsbeginn in Garten- und Feldarbeit, Erntebräuche, abendliche Zusammenkünfte, Feste um Trauer und Sterben.

86 Ebd., S. 101

87 Eva Labouvie, Andere Umstände, S. 267

88 Bild veröffentlicht in: Friedrich v. Zglinicki, Geburt und Kindbett im Spiegel der Kunst und Geschichte

89 Heinrich Schipperges, Die Kranken im Mittelalter, S. 49

90 KO Gotleuben, zit. nach Emil Sehling, Die evangelischen Kirchenordnungen, Bd. I, S. 568

91 KO Preußen 1568, zit. nach ebd., Bd. IV, S. 90

92 So z. B. in der Ansbacher Ratsordnung vom 11. November 1387: »Item, ez scholl nyemant zu kintauf gen noch in kintpet, ez sei denn swester, swiger und muter und ain am, wer daz uber fur, ez wer frau oder man, der soll 1/2 fuder stein füren, an stat (, wo sie die burgermeister hinheissen furen). Aber wer nicht swester, swiger und muter het, der moht ander fraun drei nemen.« Zit. nach Reinhard Worschech, Frauenfeste und Frauenbräuche in vergleichender Betrachtung, S. 103ff. Ebenso in Ansbach 1616, in Würzburg 1476, in Üttingen 1557 und in Nüdlingen 1594, siehe Worschech, S. 103ff, 196; siehe auch Eva Labouvie, Andere Umstände, S. 210

93 General-Artikel Herzog August zu Sachsen vom 8. Mai 1557, in: Emil Sehling, Die evangelischen Kirchenordnungen, Bd. 1, S. 318

94 1. Sam 4,20, siehe dazu Kap. Die Hebamme spricht das priesterliche Heilsorakel

95 Rut 4,17

96 Lk 15,9

97 Luise Schottroff, Lydias ungeduldige Schwestern, S. 147

98 Luzia Sutter Rehmann, Geh, frage die Gebärerin. Feministisch-befreiungstheologische Untersuchungen des Gebärmotivs in der Apokalyptik, S. 204. Siehe auch dies., Vom Mut, genau hinzusehen. Feministisch-befreiungstheologische Interpretationen zur Apokalyptik

99 Wolfgang Steck, Praktische Theologie I, S. 241-248

100 Siehe auch Adolf Schlatter, Erläuterungen zum Neuen Testament, Bd. 2, S. 25. Kommentar zu 1. Tim 2,8-15: »Er (Paulus) würde es auch in der Familie schwerlich für richtig gehalten haben, wenn der Mann das Gebetsrecht an die Frau abträte.«

101 Wolfgang Steck, Praktische Theologie, S. 247

102 Eva Labouvie, Andere Umstände, S. 176: »Umgang mit dem toten Kind«

103 Siehe Kap. »Religiöses Brauchtum«

104 Kindbetterkinder sind unter vier Wochen alt.

105 Eva Labouvie, Andere Umstände, S. 176

106 Der ganze Text steht im Anhang II.

107 Siehe dazu: Sibylla Flügge, Hebammen und heilkundige Frauen. Recht und Rechtswirklichkeit im 15. und 16. Jahrhundert. Sie untersucht die Eide und Hebammenordnungen u. a. von Regensburg, Basel, Ulm.

108 Gernot Böhme, Wissenschaftliches und lebensweltliches Wissen, S. 36

109 Elseluise Haberling, Beiträge zur Geschichte des Hebammenstandes, S. 19-21

110 Sibylle Flügge, Hebammen und heilkundige Frauen, S. 136

111 In der Badischen Hebammenordnung von 1787 wird die Taufe von Judenkindern untersagt. Gustav Bömke, Badisches Hebammenwesen, S. 27

112 Als Beispiel sei der Hebammeneid der Durlach'schen Kirchenordnung von 1614 zitiert: »Ihr werdtet ewer trew geben undt einen leiblichen eydt zu Gott schweren dem allmächtigen, daß ihr alß ein verordnete Hebam in der zeit auff erfordern, es seye bey tag ober bey nacht, bey den Schwangern weibern, reich oder arm, wollen gern erscheinen, undt mit allem möglichen Fleiß undt Ernst alles dasjenige thun undt verrichten, was einer getrewen fleißigen Hebammen undt die Ordnung, ferner vermag undt auftweißt.« Zit. nach Gustav Bömke, Badisches Hebammenwesen, S. 23

113 Ebd., S. 19

114 Ebd., S. 18

115 In Ulm wird eine Brechen-Hebamme im Pesthospital eingestellt. Ilse Schulz, Schwestern, Beginen, Meisterinnen, S. 79

116 Ebd., S. 67

117 So Eustachius Rösslin, Der Frawen Rosengarten, 1513: »Ich meyn die hebammen alle sampt / die also gar kein wissen handt / Dazu durch ihr hynlessigkeit / Kind verderben weit und breit / Und handt so schlechten fleiß gethon / das sie mit ampt ein mort begon ...«

118 Ilse Schulz, Schwestern, Beginen, Meisterinnen, S. 85

119 »Zum andern, dass sie derhalben den lieben gott fürchten und vor augen haben, nicht lesterin und vollseuferin sind, dann solchen sünden ist gott feind, entzeucht dehalben gar oft seinen segen, lesst solche weiber viele ding verseumen, dardurch sie schuldig werden an mancher ehrlichen frauen gesundheit, leib und leben, dafür sie dann dort am jüngsten gericht werden schwere rechenschaft geben ...« Zit. nach Emil Sehling, Die evangelischen Kirchenordnungen, Bd. 4, S. 92

120 Gernot Böhme, Wissenschaftliches und lebensweltliches Wissen, S. 37

121 Bemerkenswert ist eine Ausnahme in Freiburg im Breisgau, das unter der Herrschaft Österreichs stand. Dort wurde die von Kaiserin Maria Theresia erlassene Gesundheitsordnung eingeführt und es meldete sich eine Hebamme aus Wien, die dort an der Universität ausgebildet war, ein Diplom besitze und das Recht habe, in den Erblanden sich frei niederzulassen. Siehe Gustav Bömcke, Das badische Hebammenwesen, S. 26

122 Das erste Accouchierhaus wurde in Göttingen 1751 gegründet. Siehe Henrike Hampe, Zwischen Tradition und Instruktion. Hebammen im 18. und 19. Jahrhundert, S. 11 und passim

123 Die älteste Hebammenschule im deutschen Sprachgebiet wurde 1728 in Straßburg eröffnet. Siehe Gustav Bömke, Das Badische Hebammenwesen, S. 39

124 »Man solle bei der Errichtung eines Accouchierhauses ... zum Untersuchen und touchieren Dirnen bestellen und bezahlen. Nur dann sei ein besserer Unterricht gewährleistet.« Zit. nach Gustav Bömke, Das badische Hebammenwesen S. 34. Ähnlich wurde im 3. Reich mit Osteuropäerinnen verfahren: »für die Ausbildung von Studenten oder Hebammen-Schülerinnen das Untersuchungsgut zu schaffen.« Schreiben der Partei-Kanzlei vom 14.9.1943, siehe Gisela Schwarze, Kinder, die nicht zählten, S. 296. Die Inanspruchnahme von Frauen als Unterrichtsmaterial ist ein Kapitel der Frauengeschichte, das noch geschrieben werden muss.

125 Alfred Rockenschaub, Gebären ohne Aberglaube, S. 459

126 Die berufliche Situation der Hebammen war in Mecklenburg besonders schlecht. Ihre Bezahlung lag unter der der Waschfrauen in den Gutshäusern. Sanitätsrat Dr. C. Richter, Kreis-Physikus in Boizenburg, forderte 1847 eine bessere Bezahlung, freie Wohnung, Brennholz, eine sorgfältige Auswahl der Schülerinnen, die Errich-

tung einer Hebammenschule und eine strenge Aufsicht. Siehe C. Richter, Das Hebammen-Wesen im Großherzogtum Mecklenburg-Schwerin. Als die Lage 1883 nicht besser wurde, hoffte der Güstrower Arzt Otto Walter, mit einem neuen Bericht Reformen anzustoßen. Die vom Großherzog Friedrich Franz 1884 eingeleiteten Reformen wurden jedoch von den Ständen abgewiesen. Siehe Otto Walter, Das Hebammenwesen im Grossherzogtum Mecklenburg-Schwerin, seine Geschichte und sein gegenwärtiger Stand; nebst kurzen Vorschlägen zu einer Reform desselben.

127 Im Archiv des Ev. Luth. Oberkirchenrates in Schwerin liegt der Beschwerdebrief einer Hebamme, die vom Pastor gerügt worden war, dass sie einer Familie vorschlug, mit der Taufe eine Woche zu warten: »Weil ich zu mehreren Taufen eingeladen war ...«

128 Einige seien hier genannt: Marianne Grabrucker, Vom Abenteuer der Geburt: die letzten Landhebammen erzählen, Frankfurt am Main 1994; Adeline Favre, Ich, Adeline, Hebamme aus dem Val d'Anniviers: Erinnerungen, hrsg. von Yvonne Preiswerk nach Aufzeichnungen von Gesprächen Adelines mit ihren Nichten Marie-Noelle Bovier und Pierette Mabillard, aus dem Französischen von Maja Spiess-Schad, Zürich 1999; Luise Tiedje Wiese, Mit Gottvertrauen, Hörrohr und Glück: Erzählungen einer Landhebamme aus den 50er und 60er Jahren, Plön 4/1998; Maria Hauser, Der erste Schrei: aus den Erinnerungen der Mühlviertler Hebamme Rosina Riepl, Grünbach 1996; Hildegard Pfaff-Henning, Die fliegende Hebamme, aufgezeichnet von Sabine Völker-Kraemer, Stuttgart 3/1996; Lisbeth Burger, Mit Zwillingen fing es an: Erzählungen einer Hebamme, Kassel 10/1996; Wiebke Schönebohm, Mit dem Drahtesel zur Geburt: Erinnerungen der Hebamme »Schwester Gertrud« an Kriegs- und Nachkriegsjahre in Jever, Jever 2/1994; Maria Horner, Aus dem Leben einer Hebamme, mit einem Vorwort von Christa Hämmerle, Wien 2/1994; Rosalie Linner, Tagebuch einer Landhebamme 1943-1980. Als Hebamme unterwegs. Neue Geschichten, Rosenheim 1999; Martha Schmitt, Das Wunder der Geburt: Hebamme bei 3448 Geburten, Wehrheim/Ts. 1990; Dorit M. Krenn, Geburtsstunden. Erinnerungen einer Straubinger Hebamme, Attenkofersche Buch- und Kunstdruckerei o.J.; Christina Strassner, 40 Jahre Storchentante. Aus dem Tagebuch einer Hebamme, Recklinghausen 1951

129 Siehe Kap. »Die theologische Bedeutung des Hebammenberufes in der Geschichte«

130 Gernot Böhme, Wissenschaftliches und lebensweltliches Wissen, S. 38

131 36. Tagung der Deutschen Gesellschaft für Geburtshilfe und Gynäkologie. Podiumsgespräch über Neuordnung der Geburtshilfe, München 1966

132 Hans-Joachim Maaz, Der Lilith-Komplex, S. 147
133 Gernot Böhme, Wissenschaftliches und lebensweltliches Wissen, S. 48
134 Alfred Rockenschaub, Gebären ohne Aberglaube, S. 46; siehe auch Kap. »Perspektivenwechsel: medikalisierte Geburt – Geburtskultur«
135 Ebd., S. 57
136 Ebd., S. 436
137 Siehe Kap. »Perspektivenwechsel: medikalisierte Geburt – Geburtskultur«
138 Gernot Böhme, Wissenschaftliches und lebensweltliches Wissen, S. 47
139 Alfred Rockenschaub, Gebären ohne Aberglaube, S. 443
140 Waltraud Pulz, »Nicht alles nach der Gelahrten Sinn geschrieben« – Das Hebammenanleitungsbuch von Justina Siegemund, S. 150
141 Alfred Rockenschaub, Gebären ohne Aberglaube, S. 69
142 Barbara Stolterfohlt, hessische Ministerin für Frauen und Sozialordnung a. D., in der Broschüre des Marburger Geburtshauses.
143 Regine Lagies
144 Annerose Friedrich
145 Dagmar Saeckel
146 Regine Lagies
147 Annerose Friedrich
148 Dorthe Koebcke-Friedrich
149 Siehe Kap. »Konsequenzen für die Rolle der Hebamme«
150 Siehe Anhang II »Bericht von einer Hausgeburt«
151 In dem Film »A Hebamm is a Hebamm bis zum Schluß« von Julia Seidl, Bayer. Rundfunk 17.12.03
152 Kerstin Sattler
153 Dorthe Koebcke-Friedrich
154 Susanne Wendorf-von Blumröder schildert ihre Erfahrung als Gebärende in einer E Mail.
155 Regine Lagies
156 Dagmar Saeckel
157 Barbara Duden, Die Ungeborenen. Vom Untergang der Geburt, S. 157
158 Ebd., S. 157
159 Ebd., S. 159
160 Ebd., S. 156
161 Ebd., S. 164f; siehe auch Kap. »Perspektivenwechsel: medikalisierte Geburt – Geburtskultur«
162 Ebd., S. 167
163 Kerstin Sattler
164 Brigitte Enzner-Probst, »Im Vorhof der Heiden« oder »Guter Hoff-

nung«? – Die liturgisch-seelsorgerliche Begleitung von Schwangeren als Auftrag der Kirche. Siehe auch Bausteine zu einer Segensfeier für Schwangere. Anhang I.

165 Zur Problematik der Spätabtreibung: Christiane Kohler-Weiß, Schutz der Menschwerdung. Schwangerschaft und Schwangerschaftskonflikt als Themen evangelischer Ethik; Angelica Ensel, Hebammen im Konfliktfeld der Pränatalen Diagnostik. Zwischen Abgrenzung und Mitleiden

166 Die Zeitschrift des Schweizerischen Hebammenverbandes »Schweizer Hebamme – Sage-Femme suisse- Levatrice svizzera – Spendrera svizra« hat ihre Ausgabe 11/2004 dem Thema »Väter« gewidmet, siehe auch www.hebamme.ch

167 Marianne Ringler, Psychologie der Geburt im Krankenhaus, S. 116

168 So der Bericht des Vaters Thomas Plattner (1499-1582): »Do by musst ich sin, dan in Walleß mussen die menner by den wibren in kindtz nöten sin, damit sy den hernach dester mer gedult mit den wibren heigin.« Zit. nach: Waltraud Pulz, »Nicht alles nach der Gelahrten Sinn geschrieben«, S. 72, Anm. 59

169 in: Jürgen Schlumbohm u. a. (Hg.), Rituale der Geburt, S. 30-49

170 Françoise Loux, Frauen, Männer und Tod in den Ritualen um die Geburt, S. 60

171 Die Zeitschrift des Schweizerischen Hebammenverbandes beschäftigt sich in ihrer Ausgabe 11/2004 mit diesem Thema, siehe auch www.hebamme.ch

172 Annerose Friedrich

173 Dorthe Koebcke-Friedrich

174 Regine Lagies

175 Siv Nylund

176 Dagmar Saeckel

177 Kerstin Sattler

178 Martin Gnielka, Beifahrer. Männer bei der Geburt; Martin Gnielka, Beifahrer. Kleiner Tourenplaner für werdende Väter

179 Martin Gnielka, Beifahrer. Männer bei der Geburt, S. 13

180 Ebd., S. 29

181 Martin Gnielka, Beifahrer. Kleiner Tourenplaner für werdende Väter, S. 12

182 Martin Gnielka, Beifahrer. Männer bei der Geburt, S. 29

183 Ebd., S. 40

184 Ebd., S. 41

185 Ebd., S. 43

186 X. Hebammenkongress, Programm, Bund Deutscher Hebammen

e. V., S. 27; siehe auch Richard K. Reed, Birthing fathers: the transformation of men in American rites of birth

187 Theresia Jörg: »Die junge Mutter legt die Betreuung ihres ersten Kindes ganz in die Hände ihrer Mutter. Das erste Bad ist ein besonderes und freudiges Ereignis. Bevor die Großmutter mit einer Tätigkeit beginnt, spricht sie jedes Mal den Segensspruch: »Bismillah ar-rachman ar-rachim«, der übersetzt bedeutet:: Im Namen Gottes des Barmherzigen, des Allerbarmers. Sie bereitet in aller Ruhe das Badewasser vor, legt Kräuter und Blumenblätter hinein, verteilt sie im Wasser, indem sie einen Koranvers murmelt. Nach dem Segensspruch entkleidet sie das Neugeborene mit ruhigen und sicheren Händen und spricht dabei ein Gebet. Bevor sie das Kind ins Wasser eintaucht, hält sie einen Moment inne und spricht laut vernehmbar den Segensspruch. Während sie es wäscht, rezitiert sie Koranverse und Gebete. Vor dem Abtrocknen und vor dem Einölen spricht sie wiederum den Segensspruch. Der Raum ist erfüllt von einer friedvollen, verzauberten Atmosphäre, alle Beteiligten folgen mit sichtlich ergriffenen Herzen den Handlungen der Großmutter und das kleine Menschenkind schaut mit großen wunderlichen Augen in den Raum, ohne zu weinen. Dieser Zustand nimmt alle gefangen und hält an, bis die Großmutter den Säugling ihrer Tochter zum Stillen in die Arme legt. Die Stimmung ändert sich erst in ein fröhliches Plaudern, als allen Tee und Gebäck gereicht wird. Für mich war dies ein ganz besonderes Erlebnis, das mich ergriffen und ehrfurchtsvoll machte hinsichtlich des Umgangs mit dem Neugeborenen und der bezeugten Dankbarkeit gegenüber Gott.«

188 Siehe Kap. »Perspektivenwechsel: Eva-Mythos – biblische Eva«

Die theologische Bedeutung des Hebammenberufes in der Geschichte

1 Françoise Loux, Frauen, Männer und Tod in den Ritualen um die Geburt S. 50

2 Sibylla Flügge, Hebammen und heilkundige Frauen. Recht und Rechtswirklichkeit im 15. und 16. Jahrhundert, S. 343-361

3 Ruth Hampe, Frau und Geburt im Kulturvergleich, S. 152

4 Albrecht Dieterich, Mutter Erde, S. 19

5 Ebd., S. 124

6 Aus: Nutzliche Underweisung Für die Hebammen und Schwangeren Frawen ... Durch Johannem Hiltprandum, Ingolstadt 1601, zitiert nach: Sibylla Flügge, Hebammen und heilkundige Frauen, S. 349

7 Arnold van Gennep, Übergangsriten, S. 21

8 Ruth Hampe, Frau und Geburt im Kulturvergleich, S. 41

9 Joana-Maria Jonescu, Rumänische Übergangsriten. Dargelegt am Beispiel der Lebensbräuche in Celtenien. Den Hinweis verdanke ich Franziska Gruber, Schwangerschaft, Geburt und Wochenbett als Passageritus anhand von Bräuchen aus Süddeutschland und dem deutschsprachigen Alpenraum

10 Arnold van Gennep, Übergangsriten, S. 16-24

11 Zitiert nach Franziska Gruber, Schwangerschaft, Geburt und Wochenbett als Passageritus, S. 13

12 Eugen Fehrle, Zauber und Segen, Jena 1926, S. 58

13 Aus Helmstadt und Sinsheim, zit. nach ebd., Sp. 1594

14 Verena Wodtke-Werner, Geh hin, frag die Schwangere. Schwangerschaft, Geburt und Stillen im religiösen Brauchtum und in der Theologie, S. 159

15 Paul Friedl, Haus- und Sympathiemittel. Vom Überlugen, Ansprechen, Gesundbeten und Anwünchen, zit. nach Sibylle Flügge, Hebammen und heilkundige Frauen, S. 354

16 Hildegard von Bingen, Physica IV 7, Pl, 1255B, zit. nach Elisabeth Gössmann, Sonderband des Archivs für philosophische und theologische Frauenforschung, S. 204

17 Die Edda, Sigrdrifumal 9, zit. nach Handwörterbuch des deutschen Aberglaubens, Art. Hebamme, Sp. 1591

18 Wie sehr diese Vorstellungen noch wirken, zeigt der Bericht einer Hebamme aus dem Mitte des 20. Jahrhunderts: »Die Zieglerin erhob sich wieder vom Kanapee, mühsam, ein wenig umständlich, so wie beim letzten Mal. Ich hatte wieder den versteinerten Fötus (durch Absterben der Plazenta entstandene Kalkschicht bei der vorherigen Geburt, H. S.) vor meinen Augen, den erschreckten Gesichtsausdruck der Zieglerin, weil sie glaubte, das Opfer einer Verwünschung zu sein; denn ein solches Ereignis sprach ihrer Meinung nach für sich selbst. Alle meine Bemühungen, ihr das auszureden, waren damals gescheitert, sie war fest davon überzeugt, dass etwas nicht mit rechten Dingen zugegangen war... An verschiedenen Geschehnissen glaubte sie erkannt zu haben, dass sie verwünscht worden war, und diese Tatsache wollte sie mir unbedingt mit Beweisen klarmachen. ›In dem Jahr damals‹, erzählte sie, ›ist so viel gschehn, dass man an Verwünschung glauben muss. Net nur des versteinerte Kind war ein Zeichen, auch meine Hühner sind verwünscht worden, sie haben Hexeneier (kleine Eier ohne Dotter, H. S.) glegt‹.« Rosalie Linner, Tagebuch einer Landhebamme 1943-1980, S. 369f. Mit Weihwasser wurde damals noch das Böse vertrieben.

19 Handwörterbuch des Aberglaubens, Art. Hebamme, Sp. 1594
20 Die Edda, Oddruns Klage 6, S. 299
21 David Power, Die Segnung von Gegenständen, S. 100
22 »Durch die Volksreligion zu der Erkenntnis von Grundformen religiösen Denkens vorzudringen, wird am ersten Aussicht haben, wer den Brauch und Ritus prüft, der um die Grunderlebnisse und Grundrätsel menschlichen Lebens festgeblieben ist.« Albrecht Dieterich, Mutter Erde, S. 3
23 Ebd., S. 27 u. 35
24 Sibylle Flügge, Hebammen und heilkundige Frauen, S. 351
25 1. Tim 2,15; siehe auch Kap. »Theologie der Gebets- und Liedliteratur der frühen Neuzeit«
26 Aus einer Predigt des Öhringer Predigers Caspar Hubernius, zit. nach: Sibylla Flügge, Hebammen und heilkundige Frauen, S. 345
27 Patrice Veit, »Ich bin sehr schwach ...«, S. 55f
28 »Diese strukturelle Beschränkung scheint aber der Bevölkerung auch in tausend Jahren nicht eingeleuchtet zu haben. Man wollte nicht bitten, sondern handeln – aktiv.« Sibylle Flügge, Hebammen und heilkundige Frauen, S. 353
29 Patrice Veit, »Ich bin sehr schwach ...«, S. 73
30 So heißt es in der Kirchenordnung von Thüringen aus dem Jahr 1564: »... Zum vierten gibt mehr gedachte falsche meinung von einsegnen der weiber dem elidigen Teufel ursach, die arme forchtsmae weiber je mehr mit seinen larven und gespenst zu erschreicken, welchen zu begegnen sind.« Zit. nach Emil Sehling, Die evangelischen Kirchenordnungen, Bd. XI, S. 739f
31 Heide Wunder, Konfession und Frauenfrömmigkeit im 16. und 17. Jahrhundert, S. 188 und Anm. 50
32 Unterricht vor die Heb-Ammen /oder Bade-Mütter In der Stadt Braunschweig / sampt deren Eyde 1686
33 Dokumentation des X. Hebammenkongresses, Karlsruhe, Mai 2004
34 Andere Bezeichnungen: Hastige not döpe, Noth-, Gah-, Jäh-, Jauch-, Frauen-, Weibertaufe.
35 Art. Nottaufe, Lexikon für Theologie und Kirche, Bd. 7, Sp. 1053
36 Hannah Arendt, Vom Leben des Geistes, II: Das Wollen, S. 339 und Anm. 120, S. 487
37 Beide Begriffe sind nicht dem Text entnommen. Von Sünde wird zum ersten Mal in Gen 4 im Zusammenhang mit dem Brudermord gesprochen.
38 Rm 5,18
39 Summa theologiae II a, 82, 3c

40 Hildegard von Bingen, die nie als Kirchenlehrerin anerkannt wurde, vertritt eine andere Auffassung von ungetauften Kindern. Sie schreibt über Fehlgeburten: »Wenn der Same den Geist im Mutterleibe empfangen hat und die Frau macht dann eine Fehlgeburt durch, dann wird die im Mutterleib gestorbene Frucht bei der Auferstehung als ein vollständiger und vollkommener Mensch auferstehen.« Heilkunde, S. 133 aus B IV, 39

41 Zit. nach Ruth Hampe, Frau und Geburt im Kulturvergleich, S. 162; siehe auch Kathryn Ann Taglia, Cultural Construction of Childhood, S. 263

42 Evangelisches Gesangbuch, Berlin, Leipzig o. J., S. 1565f ; siehe auch: Elisabeth Moltmann-Wendel in: Ev. Frauenarbeit in Württemberg (Hg.), Ins Lebentauchen! Feministisch-theologische Beiträge zur Taufe, S. 22: »An die Stelle von der Erbsünde, der original sin, sollten wir die Ursegnung, die original blessing, setzen.«

43 Zitiert nach RGG, 2. Aufl., Bd. III, Sp. 1658

44 Art. Fegfeuer, in: RGG, 2. Aufl., Bd. II, Sp. 533-535. Auch hier geht Hildegard von Bingen einen anderen Weg. In ihrem Visionsbuch »Welt und Mensch« schildert sie in der 5. Vision »die Stätten der Läuterung« und ordnet sie den fünf Sinnen des Menschen zu, mit denen er die Wirkung seiner Taten erfährt. Die Orte der Strafen im Süden sind für Mörder, Räuber, Diebe, im Norden für Ehebrecher, Fresser und Säufer. Dazwischen sind die Regionen der Schrecken und Scheußlichkeiten und Prüfung der Ungläubigen. Die Strafen sind: Sommerhitze, Winterkälte, schlimmer Geruch der eigenen Taten. Es gibt jedoch keinen Ort für ungetaufte Kinder, keinen Limbus infantum. Hildegard von Bingen, Welt und Mensch, S. 187-193

45 Eckhard Struckmeier, ›Vom Glauben der Kinder im Mutterleibe‹, S. 88, Anm. 315 In dieser Dissertation sind weitere Belege zum Thema Nottaufe zu finden.

46 Eva Labouvie, Beistand in Kindsnöten, S. 66ff und S. 351, Anm. 170

47 Sibylla Flügge vermutet jedoch, dass Notoperationen sehr selten durchgeführt wurden und »dass die entsprechende Regelung der Hebammenordnung einen rein programmatisch weltanschaulichen Charakter hatte.« Sibylla Flügge, Hebammen und heilkundige Frauen, S. 217

48 Ebd., S. 223

49 Aus: Heinrich Schipperges, Die Kranken im Mittelalter, S. 46

50 Jacques Gélis, Lebenszeichen – Todeszeichen: Die Wundertaufe totgeborener Kinder im Deutschland der Aufklärung, S. 270

51 Eva Labouvie, Geburt und Tod in der Frühen Neuzeit, S. 297

52 Ebd., S. 305

53 Im Rahmen der »Kirchen-agenda für die prediger der grafschaft Mansfeld. 1580« zitiert Bugenhagen Luthers drei Schriften zu diesem Thema im vollständigen Wortlaut: »1. D. Luth. rath, wie es mit den kindlin der taufe halben zu halten, die nicht völlig von mutterleibe geboren sind 8, fol. 50a ersten drucks; 2. D. Luthers rath von der tauf der fündelkinder. Ibidem b; 3. D. Luthers rath, wie fromme gottselige frauen zu trösten, welchen es in kindes nöten unrichtig gegangen. Tom 8, fol. 51b.« Zit. nach Emil Sehling (Hg.), Die evangelischen Kirchenordnungen, Bd. II, S. 220

54 Johannes Bugenhagen, Von den ungeborenen Kindern, die wir nicht taufen können und wollten doch gern nach Christus' Befehl, und sonst von der Taufe etc. 1552, abgedruckt im Rahmen der Kurländischen Kirchenordnung von 1570, in:. Emil Sehling (Hg.), Die evangelischen Kirchenordnungen, Bd. V, S. 96. Johannes Bugenhagen und seine Frau Walburga Rörer hatten selbst zwei früh verstorbene Kinder und eine Totgeburt (1530 in Lübeck).

55 Anne Jensen, Gottes selbstbewusste Töchter, S. 46, 144; siehe auch Cormelia Schlarb, Die (un)gebändigte Witwe. Exegetische Überlegungen zur Entwicklung eines Frauenamtes in der Syrischen Didaskalia

56 Ebd., S. 158

57 Zit. nach Eduard von der Goltz, Der Dienst der Frau in der christlichen Kirche: geschichtlicher Überblick mit einer Sammlung von Urkunden, Potsdam 1905

58 Zit. nach der deutschen Thomas-Ausgabe von 1935, S. 209-211

59 Ebd., S. 211

60 Ebd.

61 Andreas Schoppius, Gründe und Vrsachen, warumb die Nothtauffe, so verstendige vnd Gott=fürchtige Weiber/den sehr schwachen Kindlein/nach Christi Einsetzung reichen/nicht zu straffen noch zu verwerffen/christlicher wolmeinung zusammengetragen/etc. Magdeburg 1597

62 Ex 4,25

63 Siehe auch Eckhard Struckmeier, ›Vom Glauben der Kinder im Mutterleibe‹, S. 87-176

64 Zit. nach Emil Sehling (Hg.), Die evangelischen Kirchenordnungen, Bd. V, S. 472

65 Zit. nach ebd., Bd. I, S. 366

66 Zit. nach ebd., Bd. IV, S. 91f

67 Der Name hängt mit der Verwandtschaftsbezeichnung »Großmutter« zusammen, siehe Mirja Virkkunen, Die Bezeichnungen für Hebamme, S. 34

68 Die Kritik basiert u. U. auf den Beobachtungen der Männer, die bei der Kindbettzeche nicht dabei sein durften. Reinhard Worschech, Frauenfeste und Frauenbräuche in vergleichender Betrachtung

69 Zur Beurteilung des Vorwurfes »abergläubisch« siehe Kap. »Religiöses Brauchtum bei Schwangerschaft, Geburt und Wochenbett«

70 Zit. nach Emil Sehling (Hg.), Die evangelischen Kirchenordnungen, Bd. IV, S. 91f

71 Zit. nach ebd., S. 92

72 Zit. nach ebd., Bd. V, S. 95

73 Zit. nach ebd., Bd. IV, S. 92

74 Zit. nach ebd., Bd. IV, S. 90

75 Zit. nach ebd., Bd. I, S. 427

76 Zit. nach ebd., Bd. I, S. 427; Johannes Bugenhagen ist in der Hamburger Kirchenordnung von 1529 sehr besorgt: »Im winter ... wen idt gefraren is, so schallme idt dem coster to vorne laten anseggen, de schall warm water maken«, zit. nach ebd., Bd. V, S. 511

77 Zit. nach ebd., Bd. V, S. 157

78 Zit. nach ebd., Bd. IV, S. 330

79 Zit. nach Ausgabe Schwerin 1885, S. 329

80 Siehe Kap. »Nottaufe: Begründung und Durchführung«

81 Circular-Verordnung vom 21. Juni 1855, betr. Nothtaufe, Belehrung der Hebammen darüber und Bestätigung der Nothtaufe durch den Pastor. Friedrich Franz ect., gegeben durch Unsern Oberkirchenrath, Nr. 44

82 Marianne Grabrucker, Vom Abenteuer der Geburt, S. 25 und 51

83 Gustav Bömke, Das badische Hebammenwesen, S. 27

84 Aus einem Gespräch mit Birke Riemann, Krankenhausseelsorgerin in Neubrandenburg

85 Jutta-Ute Schwarz, Krankenhausseelsorgerin im Ruhestand, in einem Brief. Für die katholische Kirche: Deutsche Bischofskonferenz, Arbeitshilfen, Nr. 109: Eltern trauern um ihr totes neugeborenes Kind, Bonn 1993, S. 34f und CIC, can. 1183: Kindern ist eine Begräbnisfeier zu gewähren, wenn Eltern vorhatten, ihre Kinder taufen zu lassen, diese aber vor der Taufe verstorben sind.

86 Positionen der Kirchen, in: Beate Weber-Seiboth, Irmgard Hummler, Die Lücke bleibt. Chancen in der Trauerbegleitung von Frauen und Eltern beim frühen Tod eines Kindes, S. 23-25. Dort auch die sehr genauen Richtlinien der jüdischen Religion. Eine (nicht ordinierte) amerikanische Theologieprofessorin berichtete mir, dass sie ihre Enkeltochter getauft hat, die wegen schwerer Krankheit abgetrieben worden war.

87 Evangelisches Gesangbuch. Für Gottesdienst, Gebet, Glaube, Leben, Nr. 810

88 Elseluise Haberling, Beiträge zur Geschichte des Hebammenstandes, S. 32

89 Ferner Unterricht vor die Heb=Ammen oder Bade=Mütter / aus der Braunschweigischen Kirchen=Ordnung, in: Unterricht Vor die Heb=Ammen/oder Bade=Mütter In der Stadt Braunschweig/ Sampt deren Eyde. Dort auch die folgenden Zitate ohne Seitenangaben

90 Apokryphen zum Alten und Neuen Testament, hrg. eingeleitet und erläutert von Alfred Schindler, Zürich 1988, S. 113

91 1. Petr. 3,5

92 Ex 1,11-21

93 Gen 3,16

94 Spr 3,12

95 Joh 16,21

96 1. Tim 2,15

97 Röm 14,8

98 Sprenger, Jakob, Institoris, Heinrich (Hg), Der Hexenhammer. Malleus maleficarum

99 Drucke aus der Zeit vor 1500.

100 Siehe Kap. »Perspektivenwechsel: Eva-Mythos – Biblische Eva«

101 Ebd., S. 39

102 Hexenhammer, 3. Teil, S. 211

103 Hexenhammer, 1. Teil, S. 157

104 Ebd., S. 159

105 Dabei stütze ich mich auf eine Bemerkung von Donate Pahnke. Sie vermutet, dass die Anklagepunkte des Hexenhammers dem Sejd-Ritual der altgermanischen Religion entsprechen, und zwar mit umgekehrtem Vorzeichen. Donate Pahnke, Die Spur der Weisen Frauen, S. 142

106 Hexenhammer, 2. Teil, S. 135

107 Ebd., S. 137

108 Elisabeth Gössmann, Art. Gottebenbildlichkeit, Geschichte und Gegengeschichte, S. 262

109 Eduard Freiherr von der Goltz, Der Dienst der Frau in der christlichen Kirche, S. 103

110 Ebd., S. 103

111 Ebd., S. 104

112 Ebd., S. 1

113 Ebd., S. 39

114 Die Evangelische Frauenhilfe wurde 1899 auf Anregung der Kaiserin Auguste Viktoria gegründet. In kürzester Zeit entstanden Vereine in über 5000 Gemeinden, überwiegend in den deutschen Landeskirchen der preußischen Union. Der konservative Charakter dieses Verbandes hat sich erst durch die Feministische Theologie einem modernen Selbst-Verständnis der Frau geöffnet. Definitionsmacht hatten schon deshalb Männer, weil sie die Pastorenstellen innehatten. Erst mit den Frauenordinationen der siebziger Jahre kommen Frauen in diese Positionen.

115 Ferdinand Heydemann, Die christliche Hebamme oder kurze Anweisung, wie eine Hebamme ihr Werk im Namen des Herrn zu treiben hat

116 Ebd., S. 27f

117 Ebd., S. 6

118 Ebd., S. 17

119 Ebd., S. 83

120 Ebd., S. 85

121 Handreichung, wie eine christliche Hebamme ihres Dienstes warten soll, S. 10f

122 Siehe Kap. »Die Hebamme als traditioneller Beruf«

Theologie der Gebets- und Liedliteratur der frühen Neuzeit

1 Dies zeigt ein Zitat von Thomas Plattner (1499-1582) über eine schwere Geburt aus dessen Lebensbeschreibung, Basel 1944: »In der nod legten sy iren ein groß hültzin paternoster umb, in S. Margareten namen, das sy dester senffter genäse, manten sy ouch, sy solt ein mäß verheissen. ›O‹, sprach sy, ›ich vertrüwen dem getrüwen gott, er werde mier helffen‹.«, zit. nach Waltraud Pulz, »Nicht alles nach der Gelahrten Sinn geschrieben«, S. 72, Anm. 59

2 Siehe hierzu: Eckhard Struckmeier, ›Vom Glauben der Kinder im Mutter-Leibe‹. Eine historisch-anthropologische Untersuchung frühneuzeitlicher lutherischer Seelsorge und Frömmigkeit im Zusammenhang mit der Geburt; Ulrike Gleixner, »Todesangst und Gottergebenheit. Die Spiritualisierung von Schwangerschaft und Geburt im lutherischen Pietismus«; Patrice Veit, »Ich bin sehr schwach, doch drückst du nach...«: Evangelisches Kirchenlied und seelsorgerliche Begleitung von Schwangeren im 17. und 18. Jahrhundert.

3 »Geistlicher Adlerstein: Das ist / Christlicher Unterricht / Trost / vnd Andaechtige / Geistreiche / vnd Schrifftmaessige Gebett /

fuer Schwangere vnd gebaehrende Frawen / vor / in / vnd nach der Geburt / so wol auch anderer Christen fuer sie / auff alle Faell gerichtet: Deszgleichen auch fuer Christliche Eltern / wann jhnen jre liebe Kinder kranck werden vnd sterben; Zusamengetragen vnd verfertigt / Durch M. Bonifacium Stoeltzlin / Ulm. Evangelischen Pfarrern zu Steinheim, o.O. 1652. Im Folgenden »Stölzlin« genannt.

4 Ulrike Gleixner, »Todesangst und Gottergebenheit ...«, S. 79

5 Stuttgart o. J. Im Folgenden »Stark« genannt.

6 Ebd., S. 5

7 Im Folgenden »Andächtiger Seelen« genannt.

8 Patrice Veit, ›Ich bin sehr schwach ...‹, S. 51, Anm. 7

9 Ebd., S. 69

10 Eine Ausnahme bildet Gräfin Schwarzburg-Rudolstadt und z. B. die schleswig-holsteinische Dichterin Anna Ovena Hoyer. Doch auch diese sprechen ganz im Sinne der androzentrischen Theologie.

11 Wolfgang Steck, Praktische Theologie, S. 394

12 Ebd., S. 243

13 Eckhard Struckmeier, ›Vom Glauben der Kinder im Mutter-Leibe‹, passim

14 Patrice Veit, ›Ich bin sehr schwach ...‹, S. 68

15 Stark, S. 37

16 Patrice Veit, ›Ich bin sehr schwach ...‹, S. 73

17 Heide Wunder, Konfession und Frauenfrömmigkeit im 16. und 17. Jahrhundert, S. 191

18 Gisela Schlientz, Bevormundet, enteignet, verfälscht, vernichtet. Selbstzeugnisse württembergischer Pietistinnen.

19 Ebd., S. 69

20 Patrice Veit, ›Ich bin sehr schwach ...‹, S. 55f

21 Ulrike Gleixner, Todesangst und Gottergebenheit ..., S. 93

22 Ebd., S. 93

23 Zit. nach: Eckhard Struckmeier, ›Vom Glauben der Kinder im Mutter-Leibe‹, S. 214-217

24 1. Petr. 3, 7: Auch die Frauen sind Miterben der Gnade des Lebens.

25 1. Tim 2,15

26 Jes 30,15

27 Stark, S. 13

28 Stölzlin, S. 216

29 Stark, S. 13

30 Andächtiger Seelen, S. 238

31 Stölzlin, S. 214

32 Stark, S. 18
33 Stölzlin, S. 215
34 Andächtiger Seelen, S. 237
35 Ebd., S. 234
36 Ebd., S. 237,
37 Stark, S. 28
38 Zit. nach Heide Wunder, Konfession und Frauenfrömmigkeit im 16. und 17. Jahrhundert, S. 192
39 Andächtiger Seelen, S. 237
40 Ebd., S. 246
41 Ebd., S. 257
42 Stark, S. 12
43 Ebd., S. 17
44 Andächtiger Seelen, S. 249
45 Stark, Taegliche Hand-Buch in guten und bösen Tagen ..., S. 28
46 Andächtiger Seelen, S. 250
47 Ebd., S. 241
48 Stark, S. 7
49 Ebd., S. 33f
50 Siehe Eckchart Struckmeier, ›Vom Glauben der Kinder im Mutter-Leibe‹, S. 215
51 Regina Ammicht-Quinn, Rituale und Körperlichkeit, S. 41
52 Stark, S. 37
53 Andächtiger Seelen, S. 246
54 Ebd., S. 239
55 Ebd., S. 242
56 Stölzlin, S. 214
57 Andächtiger Seelen, S. 243. Hildegard von Bingen (1089-1171) hat sich zurückhaltender ausgedrückt: »Gleichwohl haben Mutter wie Kind den vom Ursprung an festgesetzten Schmerz zu erleiden, doch halten sie sich in rechtem Maße.« Heilkunde, S. 182. Hildegard zitiert zwar die übliche Begründung des Geburtsschmerzes mit der Schöpfungsgeschichte, vermeidet jedoch bewusst, den Schmerz als Strafe für die Übertretung Evas anzusehen!
58 Ebd., S. 251
59 Ebd., S. 254
60 Stölzlin, S. 215f
61 Zitiert nach Ulrike Gleixner, Todesangst und Gottergebenheit, S. 91
62 Stark, S. 25

63 Siehe die Aussagen von Alfred Rockenschaub im Kap. »Perspektivenwechsel: Eva-Mythos – Biblische Eva«

64 Eva Schindele, Schwangerschaft, S. 40

Interviews als Grundlage einer Theologie der Geburt

1 Elisabeth Gössmann, Hildegard von Bingen. Versuch einer Annäherung, S. 15: »Sie bedienen sich des Frauenbildes ihres patriarchalischen Zeitalters, um es umzupolen im Sinne der biblischen Wahrheit, dass Gott gerade nicht die Starken und in der Welt Geachteten, sondern die Schwachen erwählt, um durch sie zu den Menschen zu sprechen.«

2 www.annehutchinson.com: »Compilation of the Beliefs of Anne Hutchinson:

- One can feel one's salvation and was filled with the spirit of God after conversion.
- One needn't be learned in the Bible or in the Puritan writers in order to be saved.
- The ministers were all under the covenant of works, except John Cotton, who was under the covenant of grace.
- Inner light is the guarantee of salvation.
- All responsibility for salvation is placed on Christ.
- Every person has the ear of God if only he or she would ask for it, and listen to the answer.
- Indian slavery is wrong – people of all skin colors are of one blood.
- Sunday shouldn't be set aside as the Lord's Day because every day is the Lord's day.
- Christians will have new bodies when they get to heaven.
- Predestination is unfounded.
- Prayers should not be memorized, but inspired by love for God, waiting on Him.
- Holy Spirit dwells within each Christian like a personal union.
- The Law should be interpreted by each person as their own conscience dictates.
- Child baptism is wrong because the child doesn't know what is being done to him or her.«

3 Margret L. Hammer, Giving Birth. Reclaiming Biblical Metaphor for Pastoral Practice, S. 138-140

4 Simone Kirchner, Zur Theorie des Gebärens und der Entbindung. Diskussionsbeitrag auf der Homepage des Berliner Hebammenverbandes e.V. (www.berliner-hebammenverband.de)

5 Gesine Kleinschmit, Auf der Suche, S. 46

6 Hildegund Keul, Menschwerden durch Berührung, S. 295

7 Regina Sommer, Lebensgeschichte, S. 286-288

8 Siehe Dies.: Art. Identität/Ich-Identität, in: Wörterbuch der Feministischen Theologie, S. 294

9 Gesine Kleinschmit, Zimmersuche, S. 69; siehe zum Folgenden auch den Art. Hermeneutik, Historisch »feministisch-historisch« von Angela Berlis und »theologiegeschichtlich« von Valeria Ferrari Schiefer, in: Wörterbuch der Feministischen Theologie, S. 280-281 und 281-282

10 Wieder ist die Parallele zum Verhältnis Geburtshilfe – Geburtsmedizin zu nennen. »... die symbolischen Aspekte der klinischen Geburt. Die hochgerüstet Kreißsaal-Geburt, die in der Nachkriegszeit durchgesetzt wurde, wird begriffen als ein rituelles Geschehen, das für die Beteiligten neuartige Glaubensformen hervorbringt, und bestätigt: eine verinnerlichte Abhängigkeit von der Medizin und eine Verankerung der Mythologeme von ›Sicherheit‹ als Risiko-Beschränkung ...« Jürgen Schlumbohm, Rituale der Geburt, S. 21

11 So Valeria Ferrari Schiefer, Art. Hermeneutik, in: Wörterbuch der feministischen Theologie, S. 282

12 Elisabeth Gössmann, »Das wohlgelahrte Frauenzimmer«, S. 7-20, insbesondere S. 12

13 Rosemary Radford Ruther, Womenguides. Reading's Toward a Feminist Theology, S. 248-251, gefunden in: Lettizia Tomassone, Autorité féminine et le conflit avec Dieu, S. 42-47, Übersetzung von Hanna Strack

14 Art. »Erfahrung« von Helga Kohler-Spiegel, in: Wörterbuch für Feministische Theologie, S. 104

15 Chung, Hyun Kyung, Schamanin im Bauch, Christin im Kopf, S. 158: »Diese Spiritualität hat ihren Ursprung in konkreten Lebenserfahrungen.«

16 Charles Taylor, Quellen des Selbst, S. 69

17 Stephanie Klein, Von den Erfahrungen von Frauen zu feministischer Theologie, S. 47

18 Nelle Morton, The Journey Is Home. Zur Rezeption von Nelle Morton im deutschsprachigen Raum siehe: Elisabeth Moltmann-Wendel (Hg.), Frau und Religion, S. 202-209; Hildegund Keul, Menschwerden durch Berührung, S. 299-320; Stephanie Klein, Von den Erfahrungen von Frauen zu feministischer Theologie, S. 55-70. Nelle Morton (1905-1986), Professorin für christliche Erziehung, war die erste Theologin, die in den USA eine Vorlesungsreihe über Frauen, Theologie und Sprache hielt. Sie schrieb 1985 ihre Erfahrungen und Gedanken nieder.

19 Hören als Ermächtigung zum Sprechen, Übersetzung von Stefanie Klein

20 In Nelle Mortons Buch wird das »Hearing to Speech« zweimal thematisiert, S. 127-129 und S. 202-210, z. T. sind es Wiederholungen.

21 »Ich habe das seltsame Gefühl, dass ihr mich gehört habt, bevor ich anfing. Ich habe mich gehört zu meiner eigenen Geschichte.« Nelle Morton, The Journey Is Home, S. 127; alle Übersetzungen von Hanna Strack

22 »Ein tiefes Hören fand statt, bevor gesprochen wurde – ein Hören, das mehr ist als ein akutes Zuhören. Ein Hören, das ein direkt transitives Verb ist, das das Sprechen hervorruft.« Ebd., S. 127, 205

23 »Dieses Hören ist wie eine Ermächtigung.« Ebd., S. 128

24 »... ein Wort, das niemals zur Sprache gebracht wurde.« Ebd., S. 206

25 »Toward a Whole Theology« Ebd., S. 67f

26 Interview mit Regine Lagies

27 Siehe Kap. »Theologie der Gebets- und Liedliteratur der frühen Neuzeit«

28 Interview mit Kerstin Sattler

29 Uwe Flick u. a., Was ist qualitative Forschung?, S. 14

30 Christel Hopf, Qualitative Interviews, S. 354

31 In Finnland ist die Krankenpflegestation der Gemeinde die erste Anlaufstelle für Schwangere.

32 Martin Gnielka, Beifahrer. Männer bei der Geburt. Filmbegleitheft. Bundeszentrale für gesundheitliche Aufklärung

33 Harry Hermanns, Interviewen als Tätigkeit, S. 366

34 Charles Taylor, Quellen des Selbst

35 Thomas Gil, Die hermeneutische Anthropologie Charles Taylors

36 Clifford Geertz, Kulturbegriff und Menschenbild, in: Rebekka Habermas u. a. (Hg.), Das Schwein des Häuptlings

37 Gesine Kleinschmit, Auf der Suche nach einem eigenen religiösen Ausdruck. Feministisch-theologische Akzente des Selbst

38 Thomas Gil, Die hermeneutische Anthropologie Charles Taylors, S. 171

39 Rebekka Habermas, Das Schwein des Häuptlings, Einführung, S. 13

40 Uwe Flick, Konstruktivismus, S. 155

41 Ernst Fuchs, Hermeneutik, S. 27-47. Fuchs wendet den Ausdruck auf die theologische Frage nach der Interpretation der biblischen Texte an, die auf eine Wahrheit Gottes zielt.

42 Ruth Hampe, Frau und Geburt im Kulturvergleich, S. 227

Begegnung mit dem Heiligen

1 In persönlichen Gesprächen mit Hebammen während eines Workshops im Rahmen des X. Hebammenkongresses kam eine Vielfalt gelebter Spiritualität zum Ausdruck, für die jedoch ein Echo von Seiten der Theologie und der Kirche fehlt.

2 Ich zitiere im Folgenden: N. Wokart, Art. Heilig, Heiligkeit, in: Historische Wörterbuch der Philosophie, Bd. 3, Sp. 1034-1037 und Art. Heilig und profan, in: RGG, 4. Aufl., Bd. 2, Sp. 1528-1539

3 Hans-Peter Müller, Art. *qds* heilig, in: Theologisches Handwörterbuch zum AT, Bd. II, Sp. 590-609 passim

4 Jes 6,3

5 William E. Paden, Art. Heilig und profan, in: RGG, 4. Aufl., Bd. 3, Sp. 1529

6 Zit. nach Carla Schulz-Hoffmann, »Die alles verschlingende Mutter«, in: dies. (Hg.in), Niki de Saint Phalle. Bilder – Figuren – Phantastische Gärten, München 1987, S. 22

7 So kurz ausgeliefert, aus: Suche nach Lebenden. Die Gedichte der Nelly Sachs. 2. Band © Suhrkamp Verlag Frankfurt am Main 1971, S. 9

8 Dr. Eleonora Kostjuk, zit. nach Christlicher Kalender für Frauen, Pinnow 2003, S. 124

9 Roger Caillois, Der Mensch und das Heilige

10 Alfred Schütz, zitiert nach Peter L. Berger, Erlösendes Lachen, S. 242

11 Peter L. Berger, Auf den Spuren der Engel. Die moderne Gesellschaft und die Wiederentdeckung der Transzendenz, S. 63

12 Reinhold Esterbauer, Anspruch und Entscheidung, S. 288

13 Rudolf Otto, Das Heilige, S. 165

14 Ebd., S. 141, siehe auch S. 220f

15 Ebd., S. 7

16 Ebd., S. 225

17 Ebd., S. 14

18 Ebd., S. 8

19 Ebd., S. 10

20 Ebd., S. 43

21 Ebd., S. 15

22 Evangelisches Kirchengesangbuch, Lied 165, 1. Strophe

23 Siehe auch Hermann Schmitz, Der unerschöpfliche Gegenstand, S. 442: »Das von sich aus mit Übermacht ergreifende Göttliche«

24 Rudolf Otto, Das Heilige, S. 27

25 Ebd., S. 29

26 Ebd., S. 36f

27 Ebd., S. 88f. Es ist ein Zitat aus der 3. Strophe des Liedes »Nun schläfet man ...«, das nicht in das neue Gesangbuch aufgenommen wurde.

28 Peter L. Berger, Auf den Spuren der Engel, S. 63f

29 Ebd., S. 77

30 Reinhold Esterbauer, Anspruch und Entscheidung, S. 288

31 Ebd., S. 13

32 Ebd., S. 149

33 Ebd., S. 174

34 Annegret Stopczyk, Nein danke, ich denke selber. Philosophieren aus weiblicher Sicht, S. 205f

35 Abraham Maslow, Lessons from the peak-experiences, S. 9. Zu Frauenerfahrungen mit dem Heiligen siehe auch Kap. »Heiligkeit des Frauenkörpers«

36 Zit. nach Elke Kirsten, Heilige Lebendigkeit, S. 33

37 Ebd., S. 238

38 Ebd., S. 239

39 Zit. nach ebd., S. 239

40 Ebd., S. 259

41 Ebd., S. 43

42 Wolfgang Gantke, Der umstrittene Begriff des Heiligen, S. 419

43 Joh 3,8

44 Wolfgang Gantke, Der umstrittene Begriff des Heiligen, S. 415

45 Ebd., S. 416. Gantke bezieht sich hier auf Alfred Weber: Haben wir Deutschen nach 1945 versagt?, Zürich 1979

46 Albrecht Grözinger, Das Heilige in der Erlebnisgesellschaft. Eine protestantische Deutung, S. 22

47 Siehe in diesem Kap. »Das Wortfeld ›Heilig‹«

48 Zur Vermutung, dass der Geburtsort in vorpatriarchaler Zeit der Sakralort war, siehe in Kap: »Erste Phase: Die Hebamme als Priesterin« das Zitat: »Der früheste heilige Bezirk der Urzeit ist wahrscheinlich der, in dem die Frauen geboren haben ...« Erich Neumann, Die Große Mutter, S. 157

49 Die Mikva, das Reinigungsbad der jüdischen Frauen, wird heute als Liturgie verstanden: »Das Untertauchen in der Miqve ist Gottesdienst und nicht Hygiene.« Rabbiner Bea Wyler im FrauenKirchenKalender 2005, Pinnow 2004, S. 98

50 Hanna Strack, Frauen in den Visionen Hildegards von Bingen, passim

51 Elizabeth Dodson Gray, Sacred Dimensions of Women's Experience (dt: Heilige Dimensionen in der Erfahrung von Frauen; alle Übersetzungen von Hanna Strack)

52 »Zu allen Zeiten haben Männer vom Standpunkt des männlichen Körpers und der männlichen Lebenserfahrung aus ›das Heilige benannt‹.« (Übersetzungen: Hanna Strack), ebd., S. 1

53 Sydney Amara Morris, »Homebirth: The Sacred Act of Creation« (dt: Hausgeburt: Der Heilige Akt der Schöpfung), in: Elizabeth Dodson Gray, Sacred Dimensions of Women's Experience, S. 52-57

54 »Indem wir das Gebären untersuchen, untersuchen wie den Schöpfungsakt und wir bekommen flüchtige Augenblicke in das Mysterium.«, ebd., S. 53. Siehe auch Pamela E. Klassen, Blessed Events. Religion and Homebirth in America. Diesem Buch liegen Interviews zugrunde, in denen Frauen mehrerer Religionen und Konfessionen über die spirituelle Seite ihrer Geburtserfahrungen sprechen. Alle gaben an, das Gebären als religiöse, spirituelle oder sakrale Erfahrung erlebt zu haben.

55 Roger Caillois, Der Mensch und das Heilige, S. 228

56 Ebd., S. 181

57 Sydney Amara Morris, »Homebirth: The Sacred Act of Creation«, in: Elizabeth Dodson Gray, Sacred Dimensions of Women's Experience, S. 55

58 Roger Caillois, Der Mensch und das Heilige, S. 55

59 Luzia Sutter-Rehmann, Art.: Geburt/Natalität Biblisch, in: Wörterbuch der Feministischen Theologie, S. 195

60 Helen Schüngel-Straumann, Art.: Geist/Ruach AT, in: Wörterbuch der Feministischen Theologie, S. 206

61 Silvia Schroer sieht den Grund für diesen frauengerechten Blick auf den Frauenkörper eher im Menschenbild und in der Sprache des Alten Israel: »Im biblischen Menschenbild liegt eine Chance, die Androzentrismen unserer abendländischen Tradition an einigen Punkten aufzubrechen. Der Grund dafür ist nicht, dass die israelitische Gesellschaft nicht patriarchal gewesen wäre. Aber in der stereometrischen und an der Dynamik interessierten Denkweise dieser Kultur, die sich in ihrer Sprache wie in Bildern manifestiert, ist ein Widerstandspotential gegen unsere verfestigten Begriffssysteme und verinnerlichten Bilder verborgen, das aktiviert werden könnte.« Silvia Schroer, Thomas Staubli, Die Körpersymbolik der Bibel, S. 22

62 Annegret Stopczyk, Ina Praetorius, Art.: Geburt/Natalität Philosophisch, in: Wörterbuch der Feministischen Theologie, S. 196

63 Gunhild Buse, »... als hätte ich ein Schatzkästlein verloren.« Hysterektomie aus der Perspektive einer feministisch-theologischen Medizinethik, S. 125-221

64 Platon, Timaios, 91a-d, Übersetzung von Schleiermacher, Rowohlts Klassiker 47, S. 211f

65 Angelica Ensel, Nach seinem Bilde, S. 202

66 Jakob Sprenger, Heinrich Institoris (Hg), Der Hexenhammer. Malleus maleficarum, S. 106 Die Textstelle der Bibel steht in Sprüche 30,15b-16: Drei sind nicht zu sättigen, und vier sagen nie: »Es ist genug«: das Totenreich und der Frauen verschlossener Schoß, die Erde, die nicht des Wassers satt wird, und das Feuer ...«

67 Koran, Sure 46, 15

68 Marianne Grabrucker, Vom Abenteuer der Geburt. Die letzten Landhebammen erzählen, S. 83

69 Peter Sloterdijk, Sphären I. Blasen, S. 50

70 Cornelia Enning, Heilmittel aus Plazenta. Im Mittelalter wurde die Plazenta auch »hepar matricis«, weibliche Leber genannt. Hildegard von Bingen, Heilkunde, S. 130

71 Gertraud Ladner, FrauenKörper in Theologie und Philosophie. Feministisch-Theologische Zugänge, S. 219

72 Elisabeth Moltmann-Wendel, Frauenkörper als Ort des Heils, in: Fama, H. 4, 1997, S. 3. Kurz vor Abschluss dieser Arbeit erhielt ich den Hinweis auf das Buch einer schwedischen Religionsphilosophin: Kirsten Grønlien Zetterqvist, Att vara kroppssubjekt. Ett fenomenologiskt bidrag till feministisk teori och religionsfilosofi. Da aus diesem Ansatz nur das Interview mit einer Hebamme übernommen werden konnte, sei er hier kurz vorgestellt. Während ihrer Dissertationsarbeit interviewte Kirsten Grønlien Zetterqvist die Hebamme Pirkko Farieta. Sie interessierte sich darin für das Verhältnis zwischen Körper und Bewusstsein. Im Zusammenhang mit den Geburtswehen begleitet das Bewusstsein den Körper zum tiefsten Punkt jeder Wehe und bekommt dabei etwas von den Wehen, dem Verlauf und den Strukturen zu wissen. Daraus entwickelt Gronlien Zetterqvist eine Theorie des Erkennens im Gegensatz zum Grundsatz von Descartes: »Cogito, ergo sum – ich denke, darum bin ich«, der bei ihr heißt: »Ich bin kreativ, darum bin ich.« Dies bedeutet: Der Körper ist Subjekt. Der Wortlaut des Interviews ist in deutscher Übersetzung im Anhang II abgedruckt. In Kap. »Die Frau als Mit-Schöpferin, Mit-Wirkerin« ist das Interview miteinbezogen.

73 Ivonne Gebara, Der Körper – neuer Ausgangspunkt für die Theologie, in: Fama, H. 4, 1997, S. 14; siehe auch Christl Maier (AT), Claudia Janssen (NT), Elisabeth Moltmann-Wendel, Regina Ammicht-Quinn (Geschichte des Christentums), Dorothea Dornhof (Als kulturelle Konstruktion), Bärbel Fünfsinn (Befreiungstheologisch, Lateinamerika): Art.: Körper der Frau/Leiblichkeit, in: Wörterbuch feministische Theologie

74 Elsa Tamez: Das Leben der Frauen als heiliger Text, S. 289, 294

75 Elisabeth Moltmann-Wendel, Frauenkörper als Ort des Heils, S. 5

76 Erich Neumann, Die Große Mutter, S. 157; Annegret Stopczyk, Sophias Leib, S. 283

Auswertung der Interviews

1 Annegret Stopczyk, Nein danke, ich denke selber, S. 211

2 In ganzer Länge sind die Interviews im Anhang II abgedruckt.

3 Annerose Friedrich, Frage 7 u. 8

4 Regine Lagies, Frage 8 u. 9

5 Kerstin Sattler, Frage 7

6 Dagmar Saeckel, Frage 7

7 Martin Gnielka, Tourenplaner, S. 12

8 Martin Gnielka, Beifahrer, S. 13, 29 u. 43

9 Annegret Stopczyk, Nein danke, ich denke selber, S. 205

10 Irène Kummer zit. nach Eva Schindele, Schwangerschaft: zwischen guter Hoffnung und medizinischem Risiko, S. 18

11 Verena Wodtke-Werner, Geh hin, frag die Schwangere, S. 157

12 Regine Lagies, Frage 7 u. 9

13 Dagmar Saeckel, Frage 7

14 Annerose Friedrich, Frage 7 u. 8

15 Martin Gnielka, Beifahrer, S. 28, u. 29

16 Martin Gnielka, Tourenplaner, S. 12

17 Ludwig Janus, Wie die Seele entsteht. Unser psychisches Leben vor und nach der Geburt

18 Annerose Friedrich, Frage 7

19 Regine Lagies, Frage 9

20 Kerstin Sattler, Frage 7

21 Dorthe Koebcke-Friedrich, Frage 7 u. 9

22 Siv Nylund, Frage 4

23 Annerose Friedrich, Frage 8

24 Martin Gnielka, Beifahrer, S. 40

25 Martin Gnielka, Tourenplaner, S. 12

26 Luzia Sutter Rehmann, »Gebären als Arbeit gegen den Tod«, in: Junge Kirche, 6/01, S. 19

27 Eva Schindele, Schwangerschaft zwischen guter Hoffnung und medizinischem Risiko, S. 38

28 Siehe ebd., S. 39: »Die sinnliche Lust, fruchtbar zu sein, zählt wenig; die Erfahrung, leiblich und kreativ zu (er)leben, scheint in

unserer Zeit ausgeschlossen zu sein.« Der Psychiater Hans-Joachim Maaz beschreibt die Unfähigkeit von Frauen in Ost- und West-Deutschland selbstständige Mütter zu sein und wünscht: »Das Gebären in die Gesellschaft hinein, das ist die Lust an kreativer Gestaltungskraft, die Neues schafft, das dem Leben dient und lebendige Prozesse unterstützt und ausschmückt.« Hans-Joachim Maaz, Der Lilith-Komplex, S. 184

29 Hannah Arendt, Vita activa oder Vom Tätigen Leben, S. 217

30 Siv Nylund, Frage 1

31 Kerstin Sattler, Frage 9

32 Annerose Friedrich, Frage 9

33 Regine Lagies, Frage 9

34 Martin Gnielka, Beifahrer, S. 25

35 Dorthe Koebcke-Friedrich, Frage 9

36 Eva Baumann-Lerch, »Jede Geburt ist ein sakrales Ereignis«. Interview mit der Hebamme Gisèle Steffen, in: Publik Forum, S. 55

37 Reinhold Esterbauer, Anspruch und Entscheidung, S. 176

38 Hermann Schmitz, Der unerschöpfliche Gegenstand, S. 292

39 Hermann Schmitz, Das Göttliche und der Raum, S. 124f

40 In einer Novelle hat der Autor William Kotzwinkle die Geburt eines toten Kindes beschrieben. Die Stille ist auch hier die Reaktion des Vaters auf das unfassliche Geschehen: »Nichts blieb zu tun, als in der Stille zu sitzen ... Er spürte Diane neben sich in der tiefen, seltsamen Stille, und daran hielt er sich fest, verweilte in der Ruhe, und sah Leben und Tod in einem unbewegten, glänzenden und endlosen Meer zusammentreffen.« William Kotzwinkle, Schwimmer im dunklen Strom, S. 95f

41 Reinhold Esterbauer, Anspruch und Entscheidung, S. 183

42 Rudolf Otto, Das Heilige, S. 89

43 Reinhold Esterbauer, Anspruch und Entscheidung, S. 185

44 Regine Lagies, Frage 9

45 Dorthe Koebcke-Friedrich, Frage 7

46 Dagmar Saeckel, Frage 7 u. 8

47 Dorthe Koebcke-Friedrich, Frage 8

48 Annerose Friedrich, Frage 8

49 Martin Gnielka, Beifahrer, S. 25, 29 u. 40

50 In der Kirchenordnung des Herzogtums Preußen 1568 steht: »2. Die schmerzen erinneren sie des gräulichen schadens, darein wir durch die verdammte sünde gerathen sind, Gen. 3, setzen deshalben ir vertrauen zu dem einigen mittler Jesu Christo, welcher uns zu trost der sünde entgegen gesetzt ist; eraigen darauf iren gehor-

sam dem treuen frommen gott willigllich, der sie also züchtiget zu irem besten, wie ein vater sein liebes kind, Priverb. 3, und uben darinnen geduld. 3. Fassen den trost, das sie ja Christus also vertröstet, Johann. 16, sie sollen nach der angst und schmerzen freude haben und darinnen alles übergangenes leides mit grosser lust ersetzet werden; solcher gnedigen vertröstung warten sie auch mit festem glauben und vertrauen.«, zit. nach Emil Sehling, Die evangelischen Kirchenordnungen, IV, S. 93; siehe auch Kap. »Die Hebamme als Seelsorgerin«.

51 Siehe Kap. »Die Hebamme als Seelsorgerin«

52 Elisabeth List, Grenzen der Verfügbarkeit, S. 190

53 Margret L. Hammer, Giving Birth, S.161, Übersetzung: Hanna Strack

54 Zur Geschichte des Blickes auf die Gebärmutter und ihrer Begriffe siehe Gunhild Buse, »... als hätte ich ein Schatzkästlein verloren«, S. 125-221

55 Alfred Rockenschaub, Gebären ohne Aberglaube, S. 348ff; siehe auch Verena Schmid, Der Geburtsschmerz. Bedeutung und natürliche Methoden der Schmerzlinderung

56 Alfred Rockenschaub, Gebären ohne Aberglaube, S. 356

57 Maria Luise Köster-Schlutz, Schwangerschaft und weibliche Identität, S. 186f

58 Isabelle Azoulay, Geburtshilfe und Selbstbestimmung, S. 42

59 Elisabeth List, Grenzen der Verfügbarkeit, S. 183

60 Luzia Sutter Rehmann, Geh, frage die Gebärerin, S. 252

61 Gal 4,19

62 Zur patriarchalen Interpretation als Imperativ (Frauen müssen nach göttlichem Willen Schmerzen haben) siehe Kap. »Die Hebamme als Seelsorgerin«

63 Dorothee Sölle, Gegenwind, S. 156

64 Ebd., S. 158

65 Siehe Kap. »Die Kategorie des Heiligen«

66 Annerose Friedrich, Frage 1 u. 9

67 Regine Lagies, Frage 3 u. 4

68 Dagmar Saeckel, Frage 5

69 Dorthe Koebcke-Friedrich, Frage 2

70 Martin Gnielka, Beifahrer, S. 29

71 Martin Gnielka, Tourenplaner, S. 12

72 Die Nähe von Gebären und Sterben motiviert heute Hebammen, sich zu Hospizsterbebegleiterinnen ausbilden zu lassen. Sehr anschaulich beschreibt eine Sterbehelferin in einem Brief, wie sie diese Nähe erfahren hat: »Bei meiner ersten Nachtwache saß ich nachts

am Bett eines sterbenden Mannes. Ich hielt seine Hand in meiner. Die Erinnerung an die Geburt meines ersten Kindes wurde wach; es war eine Hausgeburt. Die Hebamme saß an meinem Bett und hielt meine Hand in ihrer Hand; dann hat sie ihre Hände aufgehalten und das Kind entgegengenommen. Sie, die Hebamme, steht am Anfang des Lebens, ich an seinem Ende. Beide tun Vergleichbares: Leben aus dem großen Licht entgegennehmen; Leben ins große Licht hineinbegleiten. Die Empfindung bleibt: Nicht alles, was wir tun, können wir verstehen.« FrauenKirchenKalender 2004, S. 164

73 Dorthe Koebcke-Friedrich, Frage 2, 3 u. 9

74 Siv Nylund, Frage 1 u. 2

75 Kerstin Sattler, Frage 3, 6 u. 9

76 Annerose Friedrich, Frage 2 u. 9

77 Dagmar Saeckel, Frage 3, 6 u. 9

78 Regine Lagies, Frage 4 u. 9

79 Dagmar Saeckel, Frage 7

80 Annerose Friedrich, Frage 9

81 Dagmar Saeckel, Frage 9

82 Dorthe Koebcke-Friedrich, Frage 9

83 Annerose Friedrich, Frage 9

84 Kerstin Sattler, Frage 9

85 Regine Lagies, Frage 9

86 Martin Gnielka, Beifahrer, S. 29

87 Barbara Duden, Die Ungeborenen. Vom Untergang der Geburt im späten 20. Jahrhundert, S. 150

88 Ein Beispiel für diese spontane Antwort auf die Geburt gibt der Bericht einer Geburt im KZ Birkenau. Die Frauen in der Baracke, die Zeuginnen der Geburt eines Kindes sind, reagieren auf das Wunder des neuen Lebens, indem sie dem Kind die Füße küssen: »Wir lieben dich, kleines Wesen. Du wanderst von Arm zu Arm, und wir küssen deine kleinen Füßchen, die eben aus warmer Hülle in Not und Elend gesprungen sind, und das, was du auf deinem Gesicht fühlst, ist nicht die Sonne. Es sind Tränen, heiße, bittere Tränen, die wir weinen um dich und vor Zorn über eine Menschheit, die solches geschehen lässt.« Siehe Anhang II

89 Susanne K. Langer, Philosophie auf neuem Wege, S. 284

90 Es ist hier nicht der Ort, auf die reichhaltige Medizin- und Kulturgeschichte des Mutterkuchens (Plazenta oder Lebensbündel) einzugehen; siehe dazu z. B. Ludwig Janus, Wie die Seele entsteht, S. 17f; Jacques Gélis, Die Geburt, S. 253-262

91 Siehe Anhang II

92 Jacques Pohier interviewte Françoise Dolto. »Der Machteinfluss des Segens auf die psychische Identität«, in: Concilium, 21. Jg., H. 2, April 1985, S. 131

93 Weitere Beispiele für Rituale, die freiberufliche Hebammen praktizieren, in der Umfrage von Gerlinde Michel, Schweizer Hebammenzeitschrift, 4/2004, S. 10f

Entwurf einer Theologie der Geburt

1 Eine verkürzte Fassung dieses Kapitels ist erschienen in der Zeitschrift »Wege zum Menschen«, Heft 4, 2005

2 Auch Karin Ulrich-Eschemann will dies, verwendet aber weiterhin das Wort Gott. »Gott ist hier nicht zu verstehen als die ferne Ursache oder der ferne Garant, der sich jenseits der Welt befindet, vielmehr als der im Werden des Menschen präsente und begegnende Gott, der so ein widerständiges Gegenüber bleibt, und immer wieder einen neuen Blick, eine neue Perspektive auf die Phänomene zulässt – dies nun gerade nicht im Sinn einer Sinngebung von außen oder einer herangetragenen ›religiösen‹ Deutung.« Vom Geborenwerden des Menschen, S. 105; Reinhold Esterbauer: »Die Erfahrung mit dem Heiligen erweist sich als eine Tiefenerfahrung im Rahmen anderer Erfahrungen.« Anspruch und Entscheidung, S. 287

3 Angela Volkmann

4 An dieser Stelle liegt es nahe, den Begriff der »viriditas« der mittelalterlichen Theologin Hildegard von Bingen mit heranzuziehen. Viriditas ist die grünende Lebenskraft, die in den Steinen, im Kosmos, aber auch in der Zeugungskraft des Mannes und im Menstruationsblut der Frau wirkt. Hildegard beschreibt die Geburt auch als spirituelle Erfahrung: »Wenn aber die Geburt unmittelbar bevorsteht, wird das Gefäß, in das das Kind eingeschlossen ist, zerrissen und die gleiche Kraft der Ewigkeit, die Eva aus Adams Seite nahm, kommt schnell herbei und ist zur Stelle, um alle Winkel seiner Behausungen im weiblichen Körper aus ihrer alten Lage zu werfen. Alle Verbindungen im weiblichen Organismus kommen dieser Kraft entgegen, nehmen sie auf und öffnen sich ihr ... Die Seele des Kindes aber spürt während dieses Austritts die Kraft der Ewigkeit, die sie gesandt hat, und sie freut sich unterdessen ... Steht die Geburt des Menschen nahe bevor, so dass die göttliche Macht den Verschluss der mütterlichen Gebärmutter öffnet, dann fühlt das Kind die Kraft Gottes an der Stelle.« Heilkunde, S. 130

5 Maria Patsch-Kohlert

6 Maria Patsch-Kohlert
7 Julia Strecker
8 Barbara Honigmann, Roman von einem Kinde, S. 14-16
9 Krit Skriewe
10 Maria Patsch-Kohlert
11 Diese Aussage stammt aus einem persönlichen Gespräch mit dem Sexualpädagogen Martin Gnielka, dem Verfasser der Beihefte zum Video »Männer bei der Geburt«.
12 Siehe Kap. »Darstellung des Hebammenberufes in sechs Phasen«. Eine Untersuchung über die besondere Beziehung zwischen Hebamme und Gebärender gibt es bisher nur aus Australien: Kirkham, Mavis (Ed.), The Midwife-Mother Relationship. Angelica Ensel benennt die soziokulturelle Bedeutung: »Hebamme und Frau spiegeln sich – sowohl in der Interaktion als auch in Bezug auf ihre gesellschaftliche Position.« (Hebammen im Konfliktfeld der Pränatalen Diagnostik, S. 214); Gertraud Ladner weist hin auf die herrschende androzentrische symbolische Ordnung, die die Mutter-Sohn-Beziehung, aber nicht die Mutter-Tochter-Beziehung kennt. (FrauenKörper in Theologie und Philosophie, S. 133)
13 Siehe Andrea Günter, Art.: Affidamento/Autorität, in: Wörterbuch der feministischen Theologie, S. 8f; Luisa Muraro, Die symbolische Ordnung der Mutter, Frankfurt am Main 1991 (Neuausgabe Rüsselheim 2006) sowie die Bücher des Mailänder Frauenbuchladens (Libreria delle donne di Milano) und der italienischen Philosophinnengemeinschaft Diotima zum Thema.
14 Siehe Anhang II
15 Brief von Daniela Wachowiak an Hanna Strack
16 Siehe dazu Kap. »Darstellung des Hebammenberufes in sechs Phasen«
17 Siehe das Circularschreiben des Schweriner Oberkirchenrates von 1855, Anhang II
18 Ina May Gaskin, Spiritual Midwifery, S. 273: »In Zen Buddhism, they talk about your ›origonal face‹. The Zen Master might say to a student: ›Show me your original face.‹ A midwife is an especially privileged person because she gets to see the original face of each child she helps to birth. – Im Zen-Buddhismus spricht man vom ›ursprünglichen Gesicht‹. Der Zen Meister kann zu einem Studenten sagen: ›Zeig mir dein ursprüngliches Gesicht‹. Eine Hebamme ist eine besonders bevorzugte Person, weil sie das ursprüngliche Gesicht jedes Kindes sieht, dem sie bei der Geburt geholfen hat.« (Übersetzung: Hanna Strack)
19 Die amerikanische Hebamme Ina May Gaskin spricht in ihrem Buch über die spirituelle Seite der Hebammentätigkeit, das das

einzige zu diesem Thema ist, von dem Sakrament der Geburt, das die Hebamme heilig halten soll: »The midwife's job is ... to see that the sacrament of birth is kept Holy – Die Aufgabe der Hebamme ist es, ... zu sehen, dass das Sakrament der Geburt Heilig gehalten wird.« (Übersetzung: Hanna Strack) Der Hebammenberuf kann als Metapher für spirituelle Führung und Begleitung verwendet werden, siehe Margaret Guenther, Holy Listening. The Art of Spiritual direction, S. 82-102

20 Rudolf Otto nennt es »das Vermögen der Divination«, Das Heilige, S. 173

21 Siehe Kap. »Zur Geschichte des Hebammenberufes – Die Beziehung von Kirche und Hebamme« zu Gen 35,17

22 Monika Schmelzer in: FrauenKirchenKalender 2005, S. 76

23 Lk 2,7

24 Vgl. Karin Ulrich-Eschemann, Vom Geborenwerden des Menschen, S. 23; auch Ina May Gaskin schreibt: »Spiritual midwifery recognizes that each and every birth ist the birth of the Christ child – Spirituelle Hebammentätigkeit erkennt, dass jede Geburt eines anderen Menschen die Geburt des Christkindes ist.« (Übersetzung: Hanna Strack)

25 Marguerite d'Oingt, Oeuvres, S. 77-79, zit. nach Caroline Walker Bynum, Fragmentierung und Erlösung, S. 77

26 Elisbeth Gössmann, Hildegard von Bingen. Versuche einer Annäherung, S. 219, siehe auch Tikva Frymer-Kensky, die Juliana von Norwich's Mutterschaft Jesu und seine Geburtsschmerzen zitiert. (Motherprayer, S. 187)

27 Siehe im Kap. »Erste Phase: Die Hebamme als Priesterin« den Exkurs: Hebammen im Alten Israel

28 Ps 22, 10 u. 11

29 So die Gleichnisse vom Sauerteig und vom verlorenen Groschen, Mt 13,33 und Lk 13,8-10. Ein Hinweis von Verena Wodtke-Werner müsste hier weiter verfolgt werden: »Auch patristische, scholastische und mystische Texte sowie die syrischen Tauftexte vergleichen das Leiden Jesu am Kreuz mit dem Wehenschmerz und das Hervorbringen neuen Lebens durch den Kreuzestod mit einer Geburt.« Geh hin, frag die Schwangere. Schwangerschaft, Geburt und Stillen im religiösen Brauchtum und in der Theologie, S. 167

30 Schon mit der Mähne, aus: Nelly Sachs, Fahrt ins Staublose. Gedichte © Suhrkamp Verlag Frankfurt am Main 1988, S. 98

31 Siehe Kap. »Die Kategorie des Heiligen«

32 Beate Schücking, Professorin an der Universität Osnabrück für Gesundheits- und Krankheitslehre und Psychosomatik, in einem

Vortrag, der von der Schweisfurth-Stiftung, München, auf Video aufgenommen wurde.

33 Mercy Amba Odouyoye, Armut und Mutterschaft, S. 474

34 Brigitte Enzner-Probst, Eintauchen ins Wasser des Lebens, in: Evangelische Frauenarbeit in Württemberg (Hg.), Ins Leben eintauchen! Feministisch-theologische Beiträge zur Taufe, S. 19

35 Kirsten Grønlien Zetterqvist: Att vara kroppssubjekt. Ett fenomenologiskt bidrag till feministisk teori och religionsfilosofi, S. 102-105. Das Interview ist abgedruckt im Anhang II

36 Ein bedeutender Vertreter dieser Forschungsrichtung ist Ludwig Janus, siehe sein Buch »Wie die Seele entsteht. Unser psychisches Leben vor und nach der Geburt«, siehe www.isppm.de

37 Ps 139, 13b, 15b nach der revidierten Lutherübersetzung

38 Die Schrift, S. 198

39 Rosmarie Radford Ruther, Unsere Wunden heilen, S. 222

40 Siehe Kap. »Perspektivenwechsel: Eva-Mythos – Biblische Eva«

41 Emil Sehling, Die evangelischen Kirchenordnungen, Bd. IV, S. 92.

42 Karin Ulrich-Eschemann, Vom Geborenwerden des Menschen. Theologische und philosophische Erkundungen, S. 93

43 Ebd., S. 212

44 Ebd., S. 160

45 Johannes Wirsching, »Pforte des Himmels«, S. 269-285

46 Theophil Müller; Konfirmation-Hochzeit-Taufe-Bestattung. Sinn und Aufgabe der Kasualgottesdienste S. 120, 127

47 Marie Luise Kaschnitz: Zeugung, aus: Marie Luise Kaschnitz, Gesammelte Werke in sieben Bänden. Fünfter Band: Die Gedichte © Insel Verlag Frankfurt am Main 1985, S. 530

48 Jean Shinoda Bolen, Mother Wisdom, Mother Earth, Mother God, S. 62: »Jeder wird Mensch durch den Körper einer persönlichen Mutter. Als spirituelle Wesen auf einem menschlichen Weg beginnen wir das Leben auf diese Weise. Im Uterus werden wir mit ihr verbunden durch eine Plazenta, die uns nährt, sodass jede schwangere Mutter die Worte des Abendmahls ›Nimm, iss, das ist mein Leib; trink, dies ist mein Blut‹ in Handlung umsetzt als eine wörtliche Wahrheit.« (Übersetzung: Hanna Strack)

49 Dieser Ausdruck ist sehr unglücklich gewählt, wenn auch inhaltlich richtig, denn er erinnert an Täter und Opfer.

50 Christiane Kohler-Weiß, Schutz der Menschwerdung. Schwangerschaft und Schwangerschaftskonflikt als Themen evangelischer Ethik, S. 371f

Schluss und Ausblick für Theologie und Kirche

1 In diesem Zusammenhang ist auch zu nennen, dass sich z. B. die Organisation »Terre des Femmes e. V. Menschenrechte für die Frau« gegen die Genitalverstümmelung von Mädchen und Frauen engagiert; siehe www.terre-des-femmes.de

2 Im Netzwerk gegen Selektion durch Pränataldiagnostik, c/o Bundesverband für Körper- und Mehfachbehinderte e.V., Düsseldorf, arbeiten Vertreterinnen der kirchlichen Frauenverbände mit; siehe auch: Evangelische Frauenarbeit in Deutschland (EFD) und Fachstelle für Frauenarbeit der Evang.-Luth. Kirche in Bayern im FrauenWerk Stein e.V. (Hg.innen), Von der Würde und der Verantwortung von Frauen

3 Margaret L Hammer, Giving Birth. Reclaiming biblical Metaphor for Pastoral Practice p.1-13, 153-213

4 Andrea Günter schreibt zu ihrer These, dass Maria aktiv Ja zur Geburt des Heilands sagt und die Verheißung nicht einfach nur hinnimmt in ihrer Einleitung zu Dies. (Hg.), maria liest – das heilige fest der geburt, S 18f.: »Häufig musste Maria die determinierte, willenlose und passive Frau repräsentieren. Der passiven und determinierten Frau aber entspricht ein armseliger Gott ... Theologen, die Maria als passiv betrachten, machen nicht nur sie und mit ihr die Frauen, sie machen gerade auch Gott klein.«

5 Janet Morley, Preisen will ich Gott, meine Geliebte. Psalmen und Gebete, S. 34

6 Gamze Alpay schrieb mir: »... so eine Geburt ist ein echtes Wunder für die Beteiligten, das zusammen mit der Freude über das (meist gesunde) Kind eine geballte positive Kraft hervorbringt. Dass es dafür kein Willkommensfest für das Kind und keine ›Du-hast-es-geschafft‹-Zeremonie für die Mutter gibt – kein schlichtes Freudenfest – ist unverständlich. Vor allem wenn man bedenkt, dass sich Tausende versammeln, um z. B. Schiffseinweihungen zu feiern ...«

7 Die katholische Liturgiewissenschaftlerin Teresa Berger versteht die Zeit der Schwangerschaft als Katechumenat, als Vorbereitung des Kindes auf die Taufe. Sie schlägt vor, die Ungeborenen in ein »Buch des Lebens« mit einer liturgischen Handlung einzutragen. Siehe Evangelische Frauenarbeit in Württemberg, Ins Leben eintauchen! Feministisch-theologische Beiträge zur Taufe, S. 76

Anhang

1 Carola Moosbach, Lobet die Eine. Schweige- und Schreigebete, S. 34

2 Christa Peikert-Flaspöhler, Schenke Neubeginn, S. 45

3 Carola Moosbach, Lobet die Eine. Schweige- und Schreigebete, S. 43

4 Aus: Hildegard von Bingen, Wisse die Wege. Scivias Schau I, 4

5 Bild von Katja Luckszat, Annika Kazich, Eva Leuthold, Nicole Eißler, Anja Patzwahl, Schülerinnen der Staatlichen Hebammenschule der Universtitätsfrauenklinik, Tübingen. Aus: Hebammenforum 12/2004, S. 907f

6 Kirsten Grønlien Zetterqvist, Att vara kroppssubjekt, S. 102-105; Übersetzung: Katharina Heinrich

7 O.R., in: Dresdener Zeitung »Union« vom 29.9.1946, gefunden in: www.muehlheim.de/projekt-auschwitz

8 Verfasst wurde dieses Schreiben vom Oberkirchenrat, einer Behörde (1. Abtheilung) der Regierung des Großherzogtums Mecklenburg-Schwerin. Am 5.12.1855 veröffentlichte Großherzog Friedrich Franz eine Kurzfassung als Publicandum im Regierungsblatt Nr. 44, Jahrgang 1855, Nr. 31.

Literaturverzeichnis

Historische Texte:

Circular-Verordnungen des Oberkirchenrathes an die mecklenburgisch-schweriner Landesgeistlichen aus der Zeit 1849-1894, hrg. von E. Milhies, OKR Generalia 997: Der geistliche Beruf der Hebammen

Unterricht vor die Heb-Ammen/oder Bade-Mütter In der Stadt Braunschweig/ sampt deren Eyde. Gedruckt durch Christoph=Friederich Zilligern Anno 1686

Bugenhagen, Johannes: Von den ungeborenen Kindern und von den Kindern, die wir nicht taufen können und wollten doch gern nach Christus' Befehl, und sonst von der Taufe etc., 1552

Handreichung, wie eine christliche Hebamme ihres Dienstes warten soll, Schweinitz 1892

Heydemann, Ferdinand: Die christliche Hebamme oder kurze Anweisung, wie eine Hebamme ihr Werk im Namen des Herrn zu treiben hat, Berlin 1858

Johan von Hoorn: Die zwo Um ihrer Gottesfurcht und Treue willen von Gott wohl belohnte Wehe-Mütter, Siphra und Pua, Stockholm und Leipzig 1726

Von der Goltz, Eduard Freiherr: Handreichung, wie eine christliche Hebamme ihres Dienstes warten soll, Potsdam 1905

Ders.: Der Dienst der Frau in der christlichen Kirche: geschichtlicher Überblick mit einer Sammlung von Urkunden, Potsdam 1905

Poche, Dieter: Die Entwicklung des Hebammenwesens in einem ständisch-feudalen Agrarstaat, dargestellt am Beispiel des ehemaligen Großherzogtums Mecklenburg-Schwerin (1815-918), Dissertation 1952; Landesarchiv

Richter, Dr. C.: Das Hebammenwesen im Großherzogtum Mecklenburg-Schwerin, Boizenburg & Hagenow 1847

Rößlin, Eucharius: Der Swangern frawen und hebammen Rossgarten, Faksimile der Ausgabe Straßburg 1513 mit Begleittext von Gustav Klein, München 1910

Schoppius, Andreas: Gründe und Vrsachen, warumb die Nothtauffe, so verstendige vnd Gott=fürchtige Weiber/den sehr schwachen Kindlein/nach Christi Einsetzung reichen/nicht zu straffen noch zu verwerffen/christlicher wolmeinung zusammengetragen/etc., Magdeburg 1597

Schrempf, Christoph: Eine Nottaufe. Kirchliche Aktenstücke nebst einem Beibericht, Stuttgart 1894

Thomas von Aquin: Summa Theologica, hrg. vom Katholischen Akademikerverband, 29. Band: »Die Sakramente. Taufe und Firmung«, Salzburg-Leipzig 1935

Unterricht Vor die Heb=Ammen/oder Bade=Mütter In der Stadt Braunschweig/Sampt deren Eyde, Gedruckt durch Christoph = Friedrich Zilligern / Anno 1686

Voelter, Christoph: Neueroeffnete Hebammen-Schul / Oder Nutzliche Unterweisung Christlicher Hebammen und Wehmuettern ..., Stuttgart 1722; Mikrokopie UBBi 88/24114, Sign. 49 ZN801.2 Med.

Walter, Otto: Das Hebammenwesen im Grossherzogtum Mecklenburg-Schwerin, seine Geschichte und sein gegenwärtiger Stand; nebst kurzen Vorschlägen zu einer Reform desselben, Güstrow 1883

Weydensee: Von dem Stand der Kindlein so ohne die Taufe verscheiden etc., 1524

Gebetsbücher und Kirchenliedsammlungen für Schwangere, Gebärende und Wöchnerinnen:

Andächtiger Seelen geistliches Brand- und Gantz-Opfer/ Das ist vollständiges Gesangbuch/ In Acht unterschiedlichen Theilen/ [...]. Aus vielen Gesang-Büchern und anderen Autoren mit guter Unterscheidung und Sorgfalt zusammen getragen/ durch eine große Menge nie gedruckter Lieder vermehret: insgesamt fleißig übersehen/ und was ausser dem ersten Theil/ die neuen Lieder betrifft/ mannigfältig verbessert/ und nun an der Zahl nahe 5000. Mit Approbation der hochlöbl. Theol. Facult. Und einer Vorrede M. Johann Günthers/ Diaconi zu St. Nicolai allhier. Zu Gottes Ehren und des Nächsten Erbauung herausgegeben. Leipzig / Gedruckt und zu finden bey Andres Zeidlern/ Anno 1697

Guenther, Johann (Hg.): Andaechtiger Seelen geistliches Brand- und Gantz-Opfer, das ist Vollstaendiges Gesangbuch, In Acht unterschiedlichen Theilen ... Aus vielen Gesangbuechern und andern Autoren ... zusammengetragen, durch eine grosse Menge nie gedruckter Lieder vermehret ... / 6: Creutz-, Trost-, Lob- und Danck-Lieder, Leipzig: Zeidler, 1697

Gunther, Thomas: ein Trostbüchlein für die Schwangeren und Geberenden Weiber / wie sich dies fuer / inn / vnd nach der Geburt / mit Betten / Dancken / vnd anderm / Christlich verhalten sollen. Dergleichen zuuor in Truck nit auszgangen ..., Frankfurt am Main 1566

Körber, Otho: Tröstlicher Bericht / wie sich die schwangere Weiber / vor vnd in der Kindsgeburth troesten / vnd sich sampt dem Kindlein dem lieben Gott / durch Christum befehlen sollen, Leipzig 1580

Luther, Martin: Ein Trost den Weibern, welchen es ungerade gegangen ist mit Kindergebären, 1542, in: Weimarer Gesamtausgabe (WA), Bd. 53, S. 205, Z. 4f

Stark, Johann Friedrich, Taegliches Hand-Buch In guten und boesen Tagen, ... deme noch beygefuegt, ein taegliches Gebetbuechlein fuer Schwangere, Gebaehrende, und fuer Unfruchtbare; als der 5te und 6te Theil dieses Handbuchs, ... Stuttgart o. J.

Stölzlin, Bonifazius: Geistlicher Adler-Stein: Das ist / christlicher Unterricht / Trost / vnd Andaechtige / Geistreiche / vnd Schrifftmaessige Gebett / fuer Schwangere vnd gebaehrende Frawen / vor / in / vnd nach der Geburt / so wol auch anderer Christen fuer sie / auff alle Faell gerichtet. Deszgleichen auch fuer Christliche Eltern / wann jhnen jhre liebe Kinder kranck werden vnd sterben; Zusamengetragen vnd verfertigt / Durch M. Bonifacium Stoeltzlin / Ulm. Evangelischen Pfarrern zu steinheim, o.O. 1652; Stadtbibliothek Ulm 65229

Agende für evangelisch-lutherische Kirchen und Gemeinden, Bd. III: Die Amtshandlungen, Teil 1: Die Taufe, hg. von der Kirchenleitung der Vereinigten Evangelisch-Lutherischen Kirche Deutschlands, neu bearbeitete Ausgabe, Hannover 1988

Lexika:

Evangelischer Erwachsenenkatechismus: glauben – erkennen – leben, im Auftrag der Vereinigten Evangelisch-Lutherischen Kirche Deutschlands, VELKD, hg. von Manfred Kießling u. a., Gütersloh 6/2000

Religion in Geschichte und Gegenwart (RGG), Tübingen 4/2000

Theologische Realenzyklopädie (TRE) Berlin, New York 1993 ff.

Handwörterbuch des deutschen Aberglaubens, hg. von Hanns Bächtold-Stäubli unter Mitwirkung von Eduard Hoffmann-Krayer, Berlin, New York 1987

Historisches Wörterbuch der Philosophie, hg. von Joachim Ritter, Darmstadt 1974

Lexikon der Ägyptologie, begründet von Wolfgang Helck und Eberhard Otto, hg. von Wolfgang Helck und Wolfhart Westendorf, Wiesbaden 1977

Lexikon der Bioethik, hg. von Wilhelm Korff, Lutwin Beck und Paul Mikat, 3 Bde, Gütersloh 1988

Lexikon für Theologie und Kirche (LThK), hg. von Josef Höfer und Karl Rahner, Freiburg i. Br. 1962

Reallexikon der germanischen Altertumskunde von Johannes Hoops, hg. von Heinrich Beck, Berlin, New York 2/1999

Walker, Barbara G.: Das geheime Wissen der Frauen, Frankfurt a. M. 1993

Wörterbuch der Feministischen Theologie, hg. von Elisabeth Gössmann,

Helga Kuhlmann u. a., 2. vollständig überarbeitete und grundlegend erweiterte Auflage, Gütersloh 2002

Zeitschriften:

Concilium, Internationale Zeitschrift für Theologie, Mainz
Die Hebamme, Fortbildungszeitschrift für Hebammen, Stuttgart
Deutsche Hebammenzeitschrift, Fachmagazin für Hebammen, Hannover
Fama, Feministisch-theologische Zeitschrift, Basel
Hebammenforum, Magazin des Bundes Deutscher Hebammen e. V., Bonn
Junge Kirche, Zeitschrift europäischer Christinnen und Christen, Hamburg
Österreichische Hebammenzeitung, Österreichisches Hebammengremium, Wien
Publik Forum, Zeitung kritischer Christen, Oberursel
Schlangenbrut, Streitschrift für feministisch und religiös interessierte Frauen, Münster
Schweizer Hebamme, Suisse Sage-femme, svizzera Levatrice, svizra Spendrera, Schweizerischer Hebammenverband, Bern
Wege zum Menschen, Zeitschrift für Seelsorge und Beratung, heilendes und soziales Handeln, Göttingen

Monografien:

Althaus, Paul: Forschungen zur evangelischen Gebetsliteratur, Gütersloh 1927
Ammicht-Quinn, Regina: Körper-Religion-Sexualität. Theologische Reflexionen zur Ethik der Geschlechter, Mainz 1999
Dies. u. Spendel, Stefanie (Hg.): Kraftfelder. Sakramente in der Lebenswirklichkeit von Frauen, Regensburg 1998
Dies.: Rituale und Körperlichkeit. Zur Frage der anthropologischen Grundlagen einer Sakramententheologie, in: Ammicht-Quinn, Regina, Spendel, Stefanie (Hg.): Kraftfelder. Sakramente in der Lebenswirklichkeit von Frauen, Regensburg 1998, S. 34-49
Arendt, Hannah: Vita activa oder Vom tätigen Leben. München, Zürich 11/1999; ungekürzte TB-Ausgabe
Dies.: Vom Leben des Geistes. Das Denken. Das Wollen, München 1998; ungekürzte TB-Ausgabe
Azoulay, Isabelle: Geburtshilfe und Selbstbestimmung, in: Beate A. Schücking (Hg.): Selbstbestimmung der Frau in Gynäkologie und Geburtshilfe, Göttingen 2003, S. 37-45
Baumann-Lerch, Eva: »Jede Geburt ist ein sakrales Ereignis«. Interview mit der Hebamme Gisèle Steffen, in: Publik Forum, Nr. 15, 2001, S. 54-56

Berger, Peter L.: Auf den Spuren der Engel. Die moderne Gesellschaft und die Wiederentdeckung der Transzendenz, Frankfurt am Main 1981

Ders.: Erlösendes Lachen. Das Komische in der menschlichen Erfahrung, Berlin 1998

Berger, Teresa: Sei gesegnet, meine Schwester. Frauen feiern Liturgie, Würzburg 1999

Begrich, Joachim: Das priesterliche Heilsorakel, in: Ders.: Gesammelte Studien zum Alten Testament, München 1964, S. 217-231

Bieberstein, Sabine: Eine Schatztruhe voller Erfahrungen. Auf der Suche nach der Kraft der Auferstehung in den Lebenserinnerungen von Marga Bührig, Elisabeth Moltmann-Wendel und Dorothee Sölle, in: Sutter Rehmann, Luzia, Bierberstein, Sabine, Metternich, Ulrike (Hg.): Sich dem Leben in die Arme werfen. Auferstehungserfahrungen, Gütersloh 2002

Bloemeke, Viresha J.: »Es war eine schwere Geburt« Wie traumatische Erfahrungen verarbeitet werden können, München 2003

Böhme, Gernot: Wissenschaftliches und lebensweltliches Wissen am Beispiel der Verwissenschaftlichung der Geburtshilfe, in: Ders.: Alternativen der Wissenschaft. Frankfurt am Main 2/1993, S. 27-53

Ders. u.a (Hg.): Phänomenologie der Natur – ein Projekt, Frankfurt am Main 1997

Bömke, Gustav: Das badische Hebammenwesen, Wiesenburg 1936

Bohlen, Jean Shinoda: Mother Wisdom, Mother Earth, Mother God. On the Divine Feminine, in: Hancock, E. Lee (Ed.): The Book of Women's Sermons. Hearing God in Each Other's Voices, New York 1999, S. 61-66

Bovenschen, Silvia: Die imaginierte Weiblichkeit: Exemplarische Untersuchungen zu kulturgeschichtlichen und literarischen Präsentationsformen des Weiblichen, Frankfurt am Main 1997

Brockhusen, Gerda von: Art. Stille/Schweigen, in: Dinzelbacher, Peter (Hrg): Wörterbuch der Mystik, Stuttgart 1989, S. 476f

Brunkhorst, Hauke: Hannah Arendt, München 1999

Brunner-Traut, Emma: Art. Hebamme, in: Lexikon der Ägyptologie, S. 1074

Dies.: Die Alten Ägypter. Verborgenes Leben unter Pharaonen, Stuttgart, Berlin, Köln, Mainz 4/1987

Bund Deutscher Hebammen e.V.: X. Hebammenkongress. Programm, Karlsruhe 2004

Buse, Gunhild, »... als hätte ich ein Schatzkästlein verloren.« Hysterektomie aus der Perspektive einer feministisch-theologischen Medizinethik, Münster 2003

Dies.: »... nicht mehr ganz Frau«? Seelische Probleme nach einer Gebärmutterentfernung, in: Wege zum Menschen, 57. Jg., Heft 2, 2005, S. 145-156

Bynum, Caroline Walker: Fragmentierung und Erlösung. Geschlecht und Körper im Glauben des Mittelalters, Frankfurt am Main 1996

Caillois, Roger: Der Mensch und das Heilige. Durch drei Anhänge über den Sexus, das Spiel und den Krieg in ihren Beziehungen zum Heiligen erweiterte Ausgabe. Mit einem Nachwort von Peter Geble, aus dem Französischen übersetzt von Brigitte Weidmann, München, Wien 1988

Caputo-Kunz, Patrizia: Hirzels Hebammenlehrbuch von 1784 als Zeitdokument, Dissertation Zürich 1990

Chung, Hyun Kyung: Schamanin im Bauch – Christin im Kopf. Frauen Asiens im Aufbruch, Stuttgart 1992

Colpe, Carsten: Über das Heilige. Versuch, seiner Verkennung kritisch vorzubeugen, Frankfurt am Main 1990

Csikszentmihalyi, Mihaly: Das Flow-Erlebnis, Stuttgart 5/1993

David-Floyd, Robbie E.: Birth as an American Rite of Passage, Berkeley 1992

Dies., Davis, Elizabeth: »Intuition as Authoritative Knowledge in Midwifery and Home Birth«, in: Dies.: Childbirth and Authoritative Knowledge: Cross-Cultural Perspectives, Berkeley 1997

Denzler, Angelika: Das staatliche Ausbildungsprogramm für traditionelle Hebammen in Ecuador: Ziele, Realität, Gefahren, in: Schievenhövel, Wulf, Sich, Dorothea u. Gottschalk-Batschkus, Christine E. (Hg.): Gebären – Ethnomedizinische Perspektiven und neue Wege, Berlin, 3/1995, S. 353-360

Die Schrift, verdeutscht von Martin Buber gemeinsam mit Franz Rosenzweig: Die Schriftwerke, Bd. 4, Heidelberg 6/1986

Die Edda: Götterdichtung, Spruchweisheit und Heldengesänge, übersetzt und herausgegeben von Felix Genzmer, München 4/1997

Dierichs, Angelika: Von der Götter Geburt und der Frauen Niederkunft. Kulturgeschichte der antiken Welt, XII, Mainz 2002

Dieterich, Albrecht: Mutter Erde. Ein Versuch über Volksreligion, Leipzig-Berlin 3/1925

Dinzelbacher, Peter (Hrg.): Wörterbuch der Mystik, Stuttgart 1989, S. 476f

Duden, Barbara: Die Ungeborenen. Vom Untergang der Geburt im späten 20. Jahrhundert, in: Schlumbohm, Jürgen u. a.: Rituale der Geburt. Eine Kulturgeschichte, München 1998

Dies., Schlumbohm, Jürgen u. Veit, Patrice (Hg.): Geschichte des Ungeborenen. Zur Erfahrungs- und Wissenschaftsgeschichte der Schwangerschaft, 17.-20. Jahrhundert. Göttingen 2002

Dies.: »Aber die Frauen wünschen es ...!« – Zur Zerstörung des Wünschens und zu den Paradoxien der »Selbstbestimmung« in Neuen Zeiten. Vortrag auf dem X. Hebammenkongress 2004, Bund Deutscher Hebammen, Karlsruhe

Eliade, Mircea: Die Religionen und das Heilige, Salzburg 1954

Enning, Cornelia: Heilmittel aus Plazenta, BoD 2003

Ensel, Angelica: Hebammen im Konfliktfeld der Pränatalen Diagnostik. Zwischen Abgrenzung und Mitleiden, Hebammengemeinschaftshilfe e.V. Schriftenreihe 10, Karlsruhe 2002

Dies.: Nach seinem Bilde. Schönheitschirurgie und Schöpfungsphantasien in der westlichen Medizin, Bern 1996

Enzner-Probst, Brigitte: »Im Vorhof der Heiden« oder »Guter Hoffnung«? Die liturgisch-seelsorgerliche Begleitung von Schwangeren als Auftrag der Kirche? Unveröffentlichtes Manuskript. (In englischer Übersetzung erschienen: Waiting for Delivery. Counseling Pregnant Women as an Issue for the Church, in: International Journal of Practical Theology 1,vol 8, 2005, S. 185-201)

Esterbauer, Reinhold: Anspruch und Entscheidung. Zu einer Phänomenologie der Erfahrung des Heiligen, Stuttgart 2002

Evangelische Frauenarbeit in Deutschland (EFD) und Fachstelle für Frauenarbeit der Evang.-Luth. Kirche in Bayern im FrauenWerk Stein e.V. (Hg.innen): Von der Würde und der Verantwortung von Frauen. Arbeitshilfe zur Gen- und Reproduktionstechnik, Mitteilungen der EFD, Sonder-Nr. September 2002

Evangelische Frauenarbeit in Württemberg: Ins Leben eintauchen! Feministisch-theologische Beiträge zur Taufe, edition akademie 8, Bad Boll 2004

Firer Hinze, Christine: Identität in der feministisch-theologischen Diskussion, in: Concilium, 36. Jg., Heft 2, April 2000, S. 231-238

Fischer, Irmtraud: Gottesstreiterinnen. Biblische Erzählungen über die Anfänge Israels, Stuttgart, Berlin, Köln 2/2000

Flick, Uwe: Qualitative Methoden. Theorie, Methoden, Anwendung in Psychologie und Sozialwissenschaften. Reinbek 5/1995

Ders.: von Kradorff, Ernst u. Steinke, Ines: Was ist qualitative Forschung. Einleitung und Überblick, in: Flick, Uwe: Qualitative Methoden. Theorie, Methoden, Anwendung in Psychologie und Sozialwissenschaften. Reinbek 5/1995, S. 13-29

Ders.: Konstruktivismus, in: Flick, Uwe: Qualitative Methoden. Theorie, Methoden, Anwendung in Psychologie und Sozialwissenschaften. Reinbek 5/1995, S. 150-164

Flügge, Sibylla: Hebammen und heilkundige Frauen. Recht und Rechtswirklichkeit im 15. und 16. Jahrhundert. Frankfurt am Main, Basel 1998

Foucault, Michel: Die Geburt der Klinik. Eine Archäologie des ärztlichen Blicks, aus dem Franz. von Walter Seitter, Frankfurt am Main 5/1999

Franke, Edith, Matthiae, Gisela u. Sommer, Regina (Hg.): Frauen Leben Religion. Ein Handbuch empirischer Forschungsmethoden, Stuttgart, Berlin, Köln 2002

FrauenKirchenKalender 1992-2005, hg. von Brigitte Enzner-Probst, Gertraud Ladner, Hanna Strack, Pinnow/Schwerin (ab 2006 München)

Friedl, Paul: Haus- und Sympathiemittel. Vom Überlugen, Ansprechen, Gesundbeten und Anwünschen, Frankfurt am Main 1978
Frymer-Kensky, Tikva: Motherprayer. The Pregnant Woman's Spiritual Companion, New York 1995
Fuchs, Ernst: Hermeneutik, Bad Cannstatt 2/1958
Fthenakis, Wassilios E. u. Textor, Martin R.: Mutterschaft, Vaterschaft, Weinheim, Basel 2002
Ders.: Mehr als Geld? Zur (Neu-)Konzeptualisierung väterlichen Engagements, in: Fthenakis, Wassilios E. u. Textor, Martin R.: Mutterschaft, Vaterschaft, Weinheim, Basel 2002, S. 90-119
Gantke, Wolfgang: Der umstrittene Begriff des Heiligen. Eine problemorientierte religionswissenschaftliche Untersuchung, Marburg 1998
Gaskin, Ina May: Spiritual Midwifery, Summertown 4/2002
Gasser, Christine: Die Tatsache des Geborenseins und dessen symbolische Ordnung. Feministische Theorien im Anschluss an Hannah Arendts Konzept der Natalität, Diplomarbeit an der Katholisch-theologischen Fakultät der Leopold-Franzens-Universität Innsbruck 2005
Gause, Ute: Katharina von Bora, die Lutherin – als Ehefrau und Mutter und in den sozialen und religiösen Kontexten der Zeit, in: Mönchshure und Morgenstern: »Katharina von Bora, die Lutherin« – im Urteil der Zeit als Nonne, eine Frau von Adel, als Ehefrau und Mutter, eine Wirtschafterin und Saumärkterin, als Witwe, hg. vom Evangelischen Predigerseminar, Wittenberg 1999, S. 75-95
Geertz, Clifford: Kulturbegriff und Menschenbild, in: Habermas, Rebekka, Minkmar, Niels u. a. (Hg.): Das Schwein des Häuptlings. Beiträge zur Historischen Anthropologie, Berlin 1982
Ders.: Dichte Beschreibung. Beiträge zum Verstehen kultureller Phänomene, Frankfurt am Main 7/2001
Gehrke da Silva, Angela: Als Hebamme in Brasilien. Das abenteuerliche Leben einer mutigen Frau, Stuttgart 2/2005
Gélis, Jacques: Die Geburt. Volksglaube, Rituale und Praktiken von 1500-1900, München 1989
Ders.: Lebenszeichen – Todeszeichen: Wundertaufe totgeborener Kinder im Deutschland der Aufklärung, in: Schlumbohm, Jürgen u. a.: Rituale der Geburt, München 1998, S. 269-288
Gennep, Arnold von: Übergangsriten, Frankfurt 1999
Gebara, Ivone: Der Körper – neuer Ausgangspunkt für die Theologie, in: Fama, Heft 4, 1997, S. 14f
Gil, Thomas: Die hermeneutische Anthropologie Charles Taylors, in: Concilium, 36. Jg., Heft 2, April 2000 , S. 170-178
Marija Gimbutas: Die Sprache der Göttin, Frankfurt am Main 1995
Girrbach, Elisabeth: Geburtshilfe als Beruf und Berufung: Quiché-Hebammen in Guatemala, in: Schiefenhövel, Wulf u. a.: Gebären – Ethnomedizinische Perspektiven und neue Wege, Berlin 3/1995, S. 175-186

Gleixner, Ulrike: Todesangst und Gottergebenheit: Die Spiritualisierung von Schwangerschaft und Geburt im lutherischen Pietismus, in: Duden, Barbara u. a.: Geschichte des Ungeborenen. Zur Erfahrungs- und Wissenschaftsgeschichte der Schwangerschaft, 17.-20. Jahrhundert, Göttingen 2002

Gnielka, Martin: Beifahrer. Männer bei der Geburt. Filmbegleitbuch und Tourenplaner für Gruppen, Köln o.J. (Hg. von der Bundeszentrale für gesundheitliche Aufklärung)

Gössmann, Elisabeth (Hg.): Das wohlgelahrte Frauenzimmer, in: Dies. (Hg.): Archiv für philosophie- und theologie-geschichtliche Frauenforschung, Bd. 1 München 1984

Dies.: Eva – Gottes Meisterwerk, in Dies. (Hg.): Archiv für philosophie- und theologie-geschichtliche Frauenforschung, Bd. 2, München 1985

Dies.: Hildegard von Bingen. Versuche einer Annäherung, in: Dies. (Hg.): Archiv für philosophie- und theologiegeschichtliche Frauenforschung, Sonderband, München 1995

Dies.: Mulier Papa. Der Skandal eines weiblichen Papstes. Zur Rezeptionsgeschichte der Gestalt der Päpstin Johanna, in: Dies. (Hg.): Archiv für philosophie- und theologie-geschichtliche Frauenforschung, Bd. 5, München 1994

Dies.: Art. Gottebenbildlichkeit. Geschichte und Gegengeschichte, in: Wörterbuch der Feministischen Theologie, S. 262-263

Grabrucker, Marianne: Vom Abenteuer der Geburt. Die letzten Landhebammen erzählen. Frankfurt am Main 1991

Gray, Elizabeth Dodson: Sacred Dimensions of Women's Experience, Massachusetts 1988

Grohmann, Marianne: »Seid fruchtbar und mehret euch!« (Genesis 1,28). Biblische Prägungen im Umgang mit Un- / Fruchtbarkeit, in: Dorffner, G. u. Horn, S. (Hg.): Aller Anfang. Geburt – Birth – Naissance (Wiener Gespräche zur Sozialgeschichte der Medizin 5), Wien 2004, S. 161-172

Grønlien Zetterqvist, Kirsten: Att vara kroppssubjekt. Ett fenomenologiskt bidrag till feministisk teori och religionsfilosofi, Stockholm 2002

Grözinger, Albrecht: Das Heilige in der Erlebnisgesellschaft. Eine protestantische Deutung, Wechsel-Wirkungen, Heft 18, Waltrop 1996

Groß, Mechthild: Gebären als Prozess: Empirische Befunde für eine wissenschaftliche Neuorientierung, Bern, Göttingen, Toronto, Seattle 2001

Gross, Rita M.: Art.: BIRTH, in: The Encyclopedia of Religion, New York 1987, S. 227-231

Gruber, Franziska: Schwangerschaft, Geburt und Wochenbett als Passageritus anhand von Bräuchen aus Süddeutschland und dem deutschsprachigen Alpenraum, unveröffentlichtes Manuskript 1998

Gubalke, Wolfgang: Die Hebamme im Wandel der Zeiten, 2. Aufl. überarb. von Ruth Kölle, Hannover 1985

Guenther, Margaret: Holy Listening. The Art of Spiritual Direction, Cambrige, Massachusetts 1992
Günter, Andrea (Hg.): Maria liest – Das heilige Fest der Geburt, Rüsselsheim 2004
Dies.: Die weibliche Hoffnung der Welt, Gütersloh 2000
Dies.: Art. affidamento, in: Wörterbuch der Feministischen Theologie, S. 8f
Haberling, Else-Luise: Der Hebammenstand in Deutschland von seinen Anfängen bis zum Dreißigjährigen Krieg, Berlin 1940
Habermas, Rebekka, Minkmar, Niels u. a. (Hg.): Das Schwein des Häuptlings. Beiträge zur Historischen Anthropologie, Berlin 1982
Häusl, Maria: Bilder der Not. Weiblichkeits- und Geschlechtermetaphorik im Buch Jeremia, Freiburg, Basel, Wien, Barcelona, Rom, New York 2003
Hall, Jenny u. Taylor, Meg: Birth and spirituality, in: Downe, Soo (Ed.): Normal Childbirth, evidence and debate, Edinburgh 2004, S. 41ff
Hammer, Margaret L.: Giving Birth. Reclaiming biblical Metaphor for Pastoral Practice, Louisville, Kentucky 1994
Hampe, Henrike: Zwischen Tradition und Instruktion. Hebammen im 18. und 19. Jahrhundert in der Universitätsstadt Göttingen, Schriftenreihe der Volkskundlichen Kommission für Niedersachsen e.V., Bd. 14, Göttingen 1998
Hampe, Ruth: Frau und Geburt im Kulturvergleich; eine kunst- und kulturanalytische Studie, Frankfurt am Main, Berlin, Bern, New York, Paris, Wien 1995
Hedwig-Jahnow-Forschungsprojekt (Hg.): Körperkonzepte im Ersten Testamet. Aspekte einer Feministischen Anthropologie, Stuttgart 2003
Heidegger, Martin: Sein und Zeit, Tübingen 1957
Heinrich, Maria: Sechsunddreißig Jahre »Storchentante«, in: Der Kreis. Ein Blatt für die evangelische Frau, hg. vom Frauenwerk der Ev. Landeskirche in Baden, Mai 1952, S. 7
Hermanns, Harry: Interviewen als Tätigkeit, in: Flick, Uwe: Qualitative Methoden. Theorie, Methoden, Anwendung in Psychologie und Sozialwissenschaften, Reinbeck 5/1995, S. 360-368
Hildegard von Bingen: Welt und Mensch. Das Buch »De operatione Dei«, aus dem Genter Kodex übersetzt und erläutert von Heinrich Schipperges, Salzburg 1965
Dies.: Heilkunde. Das Buch von dem Grund und Wesen und der Heilung der Krankheiten, nach den Quellen übersetzt und erläutert von Heinrich Schipperges, Salzburg 4/1957
Dies.: Wisse die Wege. Scivias, nach dem Originaltext des illuminierten Rupertsberger Kodex der Wiesbadener Landesbibliothek ins Deutsche übertragen und bearbeitet von Maura Böckeler, Salzburg 8/1987
Honigmann, Barbara: Roman von einem Kinde. Sechs Erzählungen, München 2001

Hopf, Christel: Qualitative Interviews – ein Überblick, in: Flick, Uwe: Qualitative Methoden. Theorie, Methoden, Anwendung in Psychologie und Sozialwissenschaften, Reinbeck 5/1995, S. 349-360

Hossfeld, Frank-Lothar u. Zenger, Erich: Die Psalmen, Psalm 51-100, in: Neue Echter Bibel, Echter, Bd. 23,1, 1993, S. 144-151

Irigaray, Luce (Hg.): Der Atem von Frauen, Rüsselsheim 1997

Ingen, Ferdinand van u. Niekus Moore, Cornelia (Hg.): Gebetsliteratur der Frühen Neuzeit als Hausfrömmigkeit, Funktion und Formen in Deutschland und in den Niederlanden (Wolfenbütteler Studien 92), Wiesbaden 2001

Janssen, Claudia: Elisabet und Hanna – zwei widerständige alte Frauen in neutestamentlicher Zeit, Mainz 1998

Jantzen, Grace M.: Becoming divine. Towards a fiminist philosophy of religion, Manchester 1998

Janus, Ludwig: Entwicklungen zu einer Kultur im Umgang mit Schwangerschaft und Geburt, in: Schievenhöfel, Wulf u. a.: Gebären – Ethnomedizinische Perspektiven und neue Wege, Berlin 1995, S. 391-399

Ders.: Wie die Seele entsteht. Unser psychisches Leben vor und nach der Geburt, Heidelberg 1997

Jenni, Ernst u. Westermann, Claus: Theologisches Handwörterbuch zum AT, Gütersloh 1975

Jensen, Anne: Gottes selbstbewußte Töchter: Frauenemanzipation im frühen Christentum? Freiburg i. Br. 1992

Kahl, Brigitte: »Und sie rief seinen Namen: Seth« (Gen 4,25). Die Geburt der kritischen Erkenntnis und das ungelesene Ende der Eva-Geschichte, in: Texte&Kontexte, Nr. 100, 26. Jg., Heft 4, 2003, S. 23-34

Kaschnitz, Marie Luise: Gesammelte Werke, Bd. 5, Frankfurt am Main 1985

Keel, Othmar, Die Welt der altorientalischen Bildsymbolik und das Alte Testament. Am Beispiel der Psalmen, Neukirchen 1972, S. 181

Ders. u. Schroer, Silvia: Eva – Mutter alles Lebendigen. Frauen- und Göttinnenidole aus dem Alten Orient, Fribourg 2004

Keller, Catherine: Die Frau in der Wüste: ein feministisch-theologischer Midrasch zu Offb 12, in: Evangelische Theologie, 50, 1990, S. 414-432

Keul, Hildegund: Menschwerden durch Berührung. Bettina Brentano-Arnim als Wegbereiterin für eine Feministische Theologie, Würzburger Studien zur Fundamentaltheologie 16, Frankfurt am Main 1993

Kiener, Ellen: 1. Sonntag im Advent, in: Ahrens, Sabine u. a. (Hg.): Und schuf sie als Mann und Frau. Eine Perikopenreihe zu den Lebenswirklichkeiten von Frauen und Männern für die Sonn- und Feiertage des Kirchenjahres, Gütersloh 1995

Kirkham, Mavis (Ed.): The Midwife-Mother Relationship, New York 2000

Kirsten, Elke: Heilige Lebendigkeit. Zur Bedeutung des Heiligen bei Bernhard Welte, (Europäische Hochschulschriften 23, 624), Frankfurt am Main 1998

Kitzinger, Sheila: Frauen als Mütter. Mutterschaft in verschiedenen Kulturen, München 3/1986
Klaschik, Eberhard: Art. Schmerz/Schmerztherapie, in: Lexikon der Bioethik, Bd. 3, S. 239-241
Klassen, Pamela E.: Blessed Events. Religion and Home Birth in America, Princeton 2001
Klein, Stephanie: Von den Erfahrungen von Frauen zu feministischer Theologie. Hören und Erzählen als Ermächtigung zu neuem Sein von Frauen und zu einer neuen Rede von Gott, in: Meyer-Wilmes, Hedwig, Troch, Lieve u. Bons-Storm, Riet (Hg.): Feministische Perspektiven in Pastoraltheologie, Jahrbuch der europäischen Gesellschaft für theologische Forschung von Frauen 6/98, Leuven, Mainz 1998, S. 47-71
Kleinschmit, Gesine: Zimmersuche. Weibliche Selbsthermeneutik und die theologische Rede von der Sünde, in: Becker, Sybille u. a.: Das Geschlecht der Zukunft. Frauenemanzipation und Geschlechtervielfalt, Stuttgart, Berlin, Köln 2000, S. 67-80
Dies.: Auf der Suche nach einem eigenen religiösen Ausdruck. Feministisch-theologische Akzente des Selbst, in: Lernort Gemeinde. Zeitschrift für theologische Praxis, Heft 3/2001, S. 44-46
Köster-Schlutz, Maria Luise: Schwangerschaft und weibliche Identität. Individuelle und institutionelle Konflikte als Ausdruck kultureller Pathologie. Eine empirisch-hermeneutische Studie, Frankfurt am Main, Bern, New York, Paris 1991
Kohler-Spiegel, Helga: Art. Erfahrung, in: Wörterbuch der Feministischen Theologie, S. 102-106
Kohler-Weiß, Christiane: Schutz der Menschwerdung. Schwangerschaft und Schwangerschaftskonflikt als Themen evangelischer Ethik, Gütersloh 2003
Kotzwinkle, William: Schwimmer im dunklen Strom. Novelle, München 1982
Krauss, Hans-Joachim: Psalmen, 1. Teilbd., in: Noth, Martin (Hg.): Biblischer Kommentar AT, Neukirchen 1960
Kruse, Ingeborg: Unter dem Schleier ein Lachen, Stuttgart 7/1990
Labouvie, Eva: Beistand in Kindsnöten: Hebammen und weibliche Kultur auf dem Land (1550 – 1910), Frankfurt am Main u. a. 1999
Dies.: Geburt und Tod in der Frühen Neuzeit. Letzter Dienst und der Umgang mit besonderen Verstorbenen, in: Schlumbohm, Jürgen u. a.: Rituale der Geburt, München 1998
Dies.: Andere Umstände. Eine Kulturgeschichte der Geburt, Köln 2/2000
Ladner, Gertraud: FrauenKörper in Theologie und Philosophie. Feministisch-Theologische Zugänge, Münster, Hamburg, London 2003
Langer, Susanne K.: Philosophie auf neuem Wege. Das Symbol im Denken, im Ritus und in der Kunst, Mittenwald 2/1997
Leeuw, Gerardus van der: Phänomenologie der Religion, Tübingen 2/1956

Linner, Rosalie: Tagebuch einer Landhebamme 1943-1980, Rosenheim 1999

Lippens, Frauke: Das Kind aus eigener Kraft auf die Welt bringen, in: Junge Kirche, 62. Jg., 6/2001, S. 24-30

List, Elisabeth: Grenzen der Verfügbarkeit. Die Technik, das Subjekt und das Lebendige, Wien 2001

Loux, Françoise: Frauen, Männer und Tod in den Ritualen um die Geburt, in: Schlumbohm, Jürgen u. a.: Rituale der Geburt, München 1998, S. 50-65

Maaz, Hans-Joachim: Der Lilith-Komplex. Die dunklen Seiten der Mütterlichkeit, München 2003

Martin, Joan M.: Die SklavInnenerzählungen und Womanistische Ethik, in: Die heiligen Schriften der Frauen, Concilium, Juni 1998, S. 296-304

Maslow, Abraham H.: Religions, Values, and Peak-Experiences, Ohio 1970 (zitiert nach: Schnell, Tatjana: Wege zum Sinn. Sinnfindung mit und ohne Religion – Empirische Psychologie der Impliziten Religiosität, in: Wege zum Menschen, 56. Jg., 2004, S. 3-20)

Mauger, Benig: Reclaiming the Spirituality of Birth. Healing for Mothers and Babies, Rochester 2000

McFague, Sally: Models of God. Theology for an Ecological, Nuclear Age, Philadelphia 1987

Dies.: Mutterschaft in religiöser Sprache und Symbolik, Concilium, 25. Jg., Dez. 1989, Heft 6, S. 545-549

Mensching, Gustav: Das Heilige im Leben, Tübingen 1925

Ders.: Das heilige Schweigen: Eine religionsgeschichtliche Untersuchung, Gießen 1926

Ders.: Das Heilige Wort. Eine religionsphänomenologische Untersuchung, Bonn 1937

Mergeay, Colette: Schöpfungs-Geschichte – Zur Entwicklung des gesellschaftlichen Umganges mit Gebären und Geboren werden, in: »Unter anderen Umständen« – Mutterwerden in dieser Gesellschaft, Dokumentation der Fachtagung in Bremen, 13.-15. Sept. 1996, hg. von der Bremischen Zentralstelle für die Verwirklichung der Gleichberechtigung der Frau

Merkel, Helmut: Neues Testament Deutsch 9/1: Pastoralbriefe, Göttingen 1991

Merkx, Marianna: Ein alltägliches Geheimnis. Die Sakramentalität des Daseins, in: Angelika Berlis u. Kalsky, Manuela (Hg.): Alltägliche Transzendenz. Postmoderne Ansichten zu Gott, Forum Religionsphilosophie, Bd. 2, Münster, Hamburg, London 2003, S. 59-79

Meyer-Wilmes, Hedwig: EVA: Eine Collage aus Männerphantasien und Frauenträumen, in: Walter, Karin (Hg.): Zwischen Ohnmacht und Befreiung. Biblische Frauengestalten, Freiburg, Basel, Wien 1988, S. 12-22

Mollenkott, Virginia R.: Gott eine Frau? Vergessene Gottesbilder in der

Bibel. Mit einem Nachwort von Elisabeth Moltmann-Wendel, aus dem Engl. übertragen von Christa-Maria Knirck, München 3/1990
Moltmann-Wendel, Elisabeth: Mein Körper bin Ich. Neue Wege zur Leiblichkeit, Gütersloh 1994
Dies.: Natalität und die Liebe zur Welt. Hannah Arendts Beitrag zu einer immanenten Transzendenz, in: Zeitschrift für Ev. Theologie, 4, 1998, S. 283-295
Dies.: Frauenkörper als Ort des Heils, in: Fama, Heft 4, 1997, S. 3-5
Dies. u. Ammicht-Quinn, Regina: Körper der Frau/Leiblichkeit. In der Geschichte des Christentums, in: Elisabeth Gössmann u. a.(Hg.): Wörterbuch der feministischen Theologie Gütersloh 2/2002, S. 336-339
Dies.: Am Anfang steht der große Segen. Warum die Lehre von der Erbsünde ein großer Fehler war, in: Publik Forum, Nr. 2, 2003, S. 59f
Dies.: »Anfang und Ende aller Werke Gottes«. Gedanken zu einer Theologie der Leiblichkeit, in: Schlangenbrut, Heft 45, 1994, S. 28-29
Moosbach, Carola: Lobet die Eine, Schweige- und Schreigebete, Mainz 2000
Morley, Janet: Preisen will ich Gott, meine Geliebte. Psalmen und Gebete, Freiburg i. Br., Basel, Wien 1989
Morris, Sydney Amara: Homebirth: The Sacred Act of Creation, in: Gray, Elizabeth Dodson: Sacred Dimensions of Women's Experience, Massachusetts 1988
Morton, Nelle: Auf dem Weg zu einer ganzheitlichen Theologie, in: Moltmann-Wendel, Elisabeth (Hg.): Frau und Religion, Gotteserfahrungen im Patriarchat, Frankfurt 1983, S. 183-219
Dies.: The Journey is Home, Boston, Massachusetts 1985
Mowinckel, Sigmund: Religion und Kultus, aus dem Norweg. übersetzt von Albrecht Schauer, Göttingen 1953
Ders.: Psalmstudien V, Kristina 1923
Mühlenbeck, Sabine: Die Tagebücher der Hebamme Martha Reichner. Untersuchungen zum Hebammenwesen in Preußen im 19. und 20. Jahrhundert, o.O. 1979
Müller, Hans-Peter: Art: *qds* heilig, in: Jenni/Westermann: Theologisches Handwörterbuch zum Alten Testament, Gütersloh 4/1993, Bd. II, Sp. 590-609
Müller, Theophil: Konfirmation-Hochzeit-Taufe-Bestattung. Sinn und Aufgabe der Kasualgottesdienste, Stuttgart, Berlin, Köln, Mainz 1988
Müller, Wunibald: Sich vom Heiligen berühren lassen, Mainz 2002
Neumann, Erich: Die große Mutter. Eine Phänomenologie der weiblichen Gestaltung des Unbewußten, Olten, Freiburg i. Br. 9/1989
Noller, Annette: Die Geburt eines Kindes – ein Wunder voller Geheimnisse, in: Junge Kirche, 62. Jg., 6/2001, S. 2-6
Odent, Michel: Die zwei Sprachen der Frauen, Interview in: Schweizer Hebamme zum Thema »Väter – Le rôle des pères«, 11/2004, S. 9

Ders.: Im Einklang mit der Natur. Neue Ansätze der sanften Geburt, Düsseldorf, Zürich 2004

Oduyoye, Mercy Amba: Armut und Mutterschaft, in: Concilium, 25 Jg., 1989, Heft 6, S. 470-475

Ohler, Annemarie: Mutterschaft in der Bibel, Würzburg 1992

Ostner, Ilona: Wissenschaft für Frauen – Wissenschaft im Interesse von Frauen, in: Böhme, Gernot: Wissenschaftliches und lebensweltliches Wissen am Beispiel der Verwissenschaftlichung der Geburtshilfe, Frankfurt am Main 2/1993, S. 215-244

Otto, Rudolf: Das Heilige. Über das irrationale in der Idee des Göttlichen und sein Verhältnis zum Rationalen, 36. Aufl., München o. J.

Paden, William E.: Art. Heilig und profan, Religionswissenschaftlich, in: RGG IV, Bd. 3, Sp. 1528-1530

Pahnke, Donate: Die Spur der Weisen Frauen, in: Janetzky, Birgit u. a. (Hg.): Aufbruch der Frauen, Münster 1989, S. 137-149

Parratt Saroj N. A.: Frauen als Quellen einer »mündlichen heiligen Schrift«. Das Beispiel einer asiatischen Gesellschaft, in: Concilium, 34. Jg., 1998, Heft 3, S. 305-311

Peikert-Flaspöhler, Christa: Schenke Neubeginn. Segensworte, Limburg 1996

Pelkner, Eva: Gott, Gene, Gebärmütter. Anthropologie und Frauenbild in der evangelischen Ethik zur Fortpflanzungsmedizin, Gütersloh 2001

Pereira, Nancy Cardoso: Exodus: Geographie und Bevölkerung, in: Dutz, Freddy, Fünfsinn, Bärbel u. Plonz, Sabine (Hg.): Wir tragen die Farbe der Erde. Neue theologische Beiträge aus Lateinamerika, Hamburg 2004, S. 37-51

Plath, Sylvia, Drei Frauen. Ein Gedicht für drei Stimmen, Frankfurt am Main 1991

Pohier, Jacques: Interview mit Françoise Dolto: Der Machteinfluss des Segens auf die psychische Identität, Concilium, 21. Jg, Heft 2, April 1985, S. 130-139

Power, David: Die Segnung von Gegenständen, in: Concilium, 21. Jg., Heft 2, April 1985, S. 96-106

Praetorius, Ina: Das Ungedachte: Zwei in Einer. Ein Essay zur Theologie der Schwangerschaft, in: Dies.: Zum Ende des Patriarchats. Theologisch-politische Texte im Übergang, Mainz 2000, S. 29-34

Dies.: Unterwegs mit einem Weltneuling, in: Schlangenbrut, Nr. 68, Jg. 2000, S. 16-17

Pulz, Waltraud: »Nicht alles nach der Gelahrten Sinn geschrieben« – Das Hebammenanleitungsbuch von Justina Siegemund. Zur Rekonstruktion geburtshilflichen Überlieferungswissens frühneuzeitlicher Hebammen und seiner Bedeutung bei der Herausbildung der modernen Geburtshilfe, Münchener Universitätsschriften, Münchener Beiträge zur Volkskunde, Institut für deutsche und vergleichende Volkskunde der Universität München, Bd. 15, München 1994

Radford Ruether, Rosemary: Unsere Wunden heilen / Unsere Befreiung feiern. Rituale in der Frauenkirche, Stuttgart 1985
Dies.: Womenguides. Reading's Toward Feminist Theology, Boston 1985
Dies.: Nachdenken über Schöpfung und Zerstörung. Zur Neubewertung des Leibes im Ökofeminismus, in: Concilium, 38. Jg., April 2002, S. 144-153
Raming, Ida: Der Ausschluss der Frau vom priesterlichen Amt – Gottgewollte Tradition oder Diskriminierung? Eine rechtshistorisch-dogmatische Untersuchung der Grundlagen des Kanon 968 § 1 des Codex Juris Canonici, Köln, Wien 1973
Raueisen, Stefan: Schweigemuster. Über die Rede vom Heiligen Schweigen, Frankfurt am Main 1996
Reed, Richard K.: Birthing fathers : the transformation of men in American rites of birth, Piscataway, New York 2005
Rich, Adrienne: Of woman born : motherhood as experience and institution, New York 1976
Dies.: Von Frauen geboren. Mutterschaft als Erfahrung und Institution, München 1979
Ringler, Marianne: Psychologie der Geburt im Krankenhaus. Individuelle, kulturelle und soziale Aspekte der Geburtshilfe, Weinheim 1985
Dies. (Hg.): Frauen »Krankheiten«. Psychosomatische Gynäkologie und Geburtshilfe in Österreich 1982-1992, Wien 1992
Rockenschaub, Alfred: Gebären ohne Aberglaube. Fibel und Plädoyer für die Hebammenarbeit, Wien 2/2001
Roecken, Sully u. Brauckmann, Carolina: Margaretha Jedefrau, Freiburg i. Br. 1989
Sachs, Nelly: Gedichte, Frankfurt am Main 1977
Saner, Hans: Geburt und Phantasie: von der natürlichen Dissidenz des Kindes, Basel 1995
Scheffczyk, Leo: Art. Limbus, in: Lexikon für Theologie und Kirche, hg. von Josef Höfer und Karl Rahner, Bd. 6, Freiburg 1997, S. 936f
Schiefenhövel, Wulf, Sich, Dorothea u. Gottschalk-Batschkus, Christine E. (Hg.): Gebären – Ethnomedizinische Perspektiven und neue Wege, Berlin 3/1995
Schindele, Eva: Schwangerschaft zwischen guter Hoffnung und medizinischem Risiko, mit einem Beitrag von Anne Waldschmidt, Hamburg 1995
Schipperges, Heinrich: Die Kranken im Mittelalter, München 1990
Schlangenbrut, Themenheft: »Geburt«, 24. Jg., Februar 2006
Schlarb, Cormelia: Die (un)gebändigte Witwe. Exegetische Überlegungen zur Entwicklung eines Frauenamtes in der Syrischen Didaskalia, in: Tamcke, Martin u. a. (Hg.): Syrisches Christentum weltweit. Studien zur syrischen Kirchengeschichte, Festschrift für Prof. Hage, Hamburg, Münster 1995, S. 36-75

Schlatter, Adolf: Erläuterungen zum Neuen Testament, 3. Bd., Stuttgart 1923
Schlientz, Gisela: Bevormundet, enteignet, verfälscht, vernichtet. Selbstzeugnisse württembergischer Pietistinnen, in: Holdenried, Michaela (Hg.): Geschriebenes Leben. Autobiographik von Frauen, Berlin 1995, S. 61-79
Schlumbohm, Jürgen, Duden, Barbara, Gélis, Jacques u. Veit, Patricie (Hg.): Rituale der Geburt, München 1998
Schmid, Verena: Der Geburtsschmerz. Bedeutung und natürliche Methoden der Schmerzlinderung, Stuttgart 2005
Schmitz, Hermann: Der unerschöpfliche Gegenstand. Grundzüge der Philosophie, Bonn 1990
Ders.: Der Gefühlsraum, (Reihe: System der Philosophie, 3/2), Bonn 2/1981
Schniering, Susanne: Ich trage dich in meinem Herzen. Der Gedenkplatz für nicht beerdigte Kinder in Ohlsdorf, Pinnow 2001
Schottroff, Luise: Lydias ungeduldige Schwestern. Feministische Sozialgeschichte des frühen Christentums, Gütersloh 1994
Schroer, Silvia u. Staubli, Thomas: Die Körpersymbolik der Bibel, Darmstadt 1988
Schücking, Beate: Frauen in Europa – unterschiedliche und ähnliche Erfahrungen während der ersten Schwangerschaft und Geburt, in: Wulf Schiefenhövel u. a. (Hg.): Gebären – Ethnomedizinische Perspektiven und neue Wege, Berlin 3/1995, S. 381-399
Dies. (Hg.): Selbstbestimmung der Frau in Gynäkologie und Geburtshilfe, Göttingen 2003
Schüngel-Straumann, Helen: Die Frau am Anfang. Eva und die Folgen, Münster 1997
Dies.: Schifra und Pua. Frauenlist als Gottesfurcht, in: Pissarek-Hudelist, Herlinde u. Schottroff, Luise (Hg.), Mit allen Sinnen glauben. Feministische Theologie unterwegs, Festschrift für Elisabeth Moltmann-Wendel, Gütersloh 1991, S. 45-50
Schütz, Alfred u. Luckmann, Thomas: Strukturen der Lebenswelt, Frankfurt am Main 1984
Schulz, Ilse: Schwestern, Beginen, Meisterinnen. Hygieias christliche Töchter im Gesundheitswesen einer Stadt; ein Beitrag zur Geschichte der Pflege und Heilkunde, Ulm 1992
Schwarze, Gisela: Kinder, die nicht zählten. Ostarbeiterinnen und ihre Kinder im Zweiten Weltkrieg, Essen 1997
Sehling, Emil (Hg.): Die evangelischen Kirchenordnungen des XVI. Jahrhunderts, Leipzig 1902-1913
Seybold, Klaus: Die Psalmen, in: Köckert, Matthias u. Smend, Rudolf (Hg.): Handbuch zum Alten Testament, (Reihe 1; 15), Tübingen 1996
Sich, Dorothea: Mutterschaft und Geburt im Kulturwandel. Ein Beitrag zur transkulturellen Gesundheitsforschung aus Korea, Schriftenreihe »Medizin in Entwicklungsländern«, Bd. 13, Frankfurt am Main, Bern 1982

Sloterdijk, Peter: Zur Welt kommen – Zur Sprache kommen. Frankfurter Vorlesungen, Frankfurt am Main 1988

Ders.: Sphären I. Blasen, Frankfurt am Main 1998

Sölle, Dorothee: Gegenwind. Erinnerungen, Hamburg 2/1995

Sommer, Regina: Lebensgeschichte und gelebte Religion von Frauen. Eine qualitativ-empirische Studie über den Zusammenhang von biografischer Struktur und religiöser Orientierung, Stuttgart 1998

Spurgeon, Ann: »The Parable of the Naked Lady«, in: Radford Ruether, Rosemary: Womenguides. Reading's Toward a Feminist Theology, Boston 1985, S. 248-251

Sprenger, Jakob u. Institoris, Heinrich (Hg.) Der Hexenhammer. Malleus maleficarum, fotomechanischer Nachdruck der ersten deutschen Übersetzung von J. W. R. Schmidt von 1906, München 6/1987

Stadelmann, Ingeborg: Die Hebammensprechstunde: einfühlsame und naturkundliche Begleitung zu Schwangerschaft, Geburt, Wochenbett und Stillzeit mit Heilkräutern, homöopathischen Arzneien und ätherischen Ölen, Eigenverlag, Ermengerst 10, 8/1998

Stähli, Hans-Peter: Art »'ir fürchten« in: Jenni, Ernst: Theol. Handwörterbuch zum AT, München 1984, Bd. 1, Sp. 765-778

Starhawk: Wilde Kräfte. Sex und Magie für eine erfüllte Welt, Freiburg i. Br. 1987

Steck, Wolfgang: Praktische Theologie. Horizonte der Religion – Konturen des neuzeitlichen Christentums – Strukturen der religiösen Lebenswelt, Stuttgart, Berlin, Köln 2000

Stolz, Fritz: Art. »Geburt«, in: Religion in Geschichte und Gegenwart (RGG), Tübingen 4/2000, Bd. 3, Sp. 518f

Stopczyk, Annegret: Sophias Leib – Entfesselung der Weisheit. Ein philosophischer Aufbruch, Heidelberg 1998

Dies.: Nein danke, ich denke selber. Philosophieren aus weiblicher Sicht, Berlin 2000

Strack, Hanna: »Fürchte dich nicht!« Hebammen und die Theologie der Geburt, in: Günter, Andrea (Hg.): Maria liest – Das heilige Fest der Geburt, Rüsselsheim 2004, S. 149-160

Dies.: »Die Frau ist Mitschöpferin durch die Kraft und die Gelassenheit und den Mut.« Ansatz zu einer Theologie der Geburt, in: Wege zum Menschen, 57. Jg., Heft 4, Juli/August 2005

Dies.: Frauen in den Visionen Hildegards von Bingen. Meditationen von Hanna Strack mit einer Einleitung von Elisabeth Gössmann, Pinnow/Schwerin 1998

Strerath-Bolz, U.: Art. Geburt und Geburtshilfe, in: Reallexikon der germanischen Altertumskunde, Bd. 10, S. 514-529

Struckmeier, Eckhard: »Vom Glauben der Kinder im Mutter-Leibe«. Eine historisch-anthropologische Untersuchung frühzeitlicher lutherischer Seelsorge und Frömmigkeit im Zusammenhang mit der Geburt. Kon-

texte, Neue Beiträge zur Historischen und Systematischen Theologie, Bd. 31, Frankfurt am Main 2000
Sutter Rehmann, Luzia: Geh, frage die Gebärerin. Feministisch-befreiungstheologische Untersuchungen des Gebärmotivs in der Apokalyptik, Gütersloh 1995
Dies.: Vom Mut, genau hinzusehen. Feministisch-befreiungstheologische Interpretationen zur Apokalyptik, Luzern 1998
Dies.: Gebären als Arbeit gegen den Tod, in: Junge Kirche, 62. Jg., 6/2001, S. 18-23
Tamez, Elsa: Das Leben der Frauen als heiliger Text, in: Concilium, 34. Jg., Juni 1998, Thema: Die heiligen Schriften der Frauen, S. 288-296
Taylor, Charles: Quellen des Selbst. Die Entstehung der neuzeitlichen Identität. Frankfurt am Main 3/1996
Textor, Martin R.: Mutterwerdung – Mutterschaft, in: Fthenakis, Wassilios E. u. Textor, Martin R.: Mutterschaft, Vaterschaft, Weinheim, Basel 2002, S. 32-54
Tillich, Paul: Systematische Theologie I, Berlin, New York 1957
Tomassone, Letizia: Autorité féminine et le conflit avec Dieu, in: Günter, Andrea u. Wagener, Ulrike (Hg.): Was bedeutet es heute, feministische Theologin zu sein? Jahrbuch der europäischen Gesellschaft für theologische Forschung von Frauen, Bd. 4, Kampen, Mainz 1996, S. 42-47
Ulrich-Eschemann, Karin: Vom Geborenwerden des Menschen: Theologische und philosophische Erkundungen, Münster 2000
Dies.: Vom Geborenwerden des Menschen. Vortrag vor »Ärzte-für-das-Leben«, Münster 2000
Veit, Patrice: Die Hausandacht im deutschen Luthertum: Anweisungen und Praktiken, in: Ingen, Ferdinand van u. Niekus Moore, Cornelia (Hg.): Gebetsliteratur der Frühen Neuzeit als Hausfrömmigkeit, Funktion und Formen in Deutschland und in den Niederlanden, (Wolfenbütteler Studien 92), Wiesbaden 2001, S. 193-206
Ders.: »Ich bin sehr schwach, doch du drückst nach ...«: Evangelisches Kirchenlied und seelsorgerliche Begleitung von Schwangeren im 17. und 18. Jahrhundert, in: Duden, Barbara u. a. (Hg.): Geschichte des Ungeborenen. Zur Erfahrungs- und Wissenschaftsgeschichte der Schwangerschaft, 17.-20. Jahrhundert. Göttingen 2002
Virkkunen, Mirja: Die Bezeichnungen für Hebamme in deutscher Wortgeographie nach Benennungsmotiven untersucht, (Beiträge zur deutschen Philosophie, hg. von L. E. Schmitt, Bd. 12), Gießen 1957
Waal, Esther de (Hg.): The Celtic Vision. Prayers, Belssings, Songs and Invocations from the Gaelic Tradition, Missouri 2/2001
Wagner, Marsden: Fische können das Wasser nicht sehen – Die Notwendigkeit einer Humanisierung der Geburt, in: Schücking, Beate A. (Hg.): Selbstbestimmung der Frau in Gynäkologie und Geburtshilfe, Göttingen 2003, S. 47-68

Wallmann, Johannes: Zwischen Herzensgebet und Gebetbuch. Zur protestantischen deutschen Gebetsliteratur im 17. Jahrhundert, in: Ingen, Ferdinand van u. Niekus Moore, Cornelia (Hg.): Gebetsliteratur der Frühen Neuzeit als Hausfrömmigkeit, Funktion und Formen in Deutschland und in den Niederlanden (Wolfenbütteler Studien 92), Wiesbaden 2001

Ward, Hannah, Wild, Jennifer, Morleiy, Janet (Ed.): Celebrating Women. New Edition, London 1995

Weber-Seiboth, Beate, Hummler, Irmgard: Die Lücke bleibt. Chancen in der Trauerbegleitung von Frauen und Eltern beim frühen Tod eines Kindes, Abschlussarbeit am Institut IFAH Weiterbildung 2002, Internationale Gruppe, weber.entlebuch@bluewin.ch

Weiler, Gerda: Das Matriarchat im Alten Israel, Stuttgart, Berlin, Köln 1989

Weiss, Bernhard: kritisch exegetischer Kommentar über das NT, Die Pastoralbriefe, Göttingen 5/1902

Weiß, Magdalene: Hebammen zwischen Lust und Frust, Editorial, in: Hebammen Forum, August 2001, S. 543

Welte, Bernhard: Auf der Spur des Ewigen. Philosophische Abhandlungen über verschiedene Gegenstände der Religion und der Theologie, Freiburg, Basel, Wien 1965

Ders.: Heilsverständnis. Philosophische Untersuchung einiger Voraussetzungen zum Verständnis des Christentums, Freiburg, Basel, Wien 1966

Westermann, Claus: Genesis, in: Hermann, S. u. Wolff, H. W. (Hg.): Biblischer Kommentar AT, Bd. I/2, Neukirchen 1981

Ders.: Das Loben Gottes in den Psalmen, Göttingen 1954

Windsor-Oettel, Veronika: Angst und Selbstwert von Frauen vor und nach der Entbindung in Abhängigkeit von der Entbindungsform. Eine vergleichende Untersuchung Den Haag – Hamburg unter Einbeziehung gesellschaftlicher Rahmenbedingungen, Frankfurt am Main 1992

Winter, Urs: Frau und Göttin, Fribourg, Göttingen 1983

Wirsching, Johannes: »Pforte des Himmels«. Über Wesen und Ziele der christlichen Taufe, in: Kerygma und Dogma, Zeitschrift für theologische Forschung und kirchliche Lehre, hg. von Gerhard Gloege u. a., Göttingen 1981, S. 269-285

Witzel, Andreas: Das problemzentrierte Interview, in: Jüttemann, Gerd (Hg.): Qualitative Forschung in der Psychologie. Grundfragen, Verfahrensweisen, Anwendungsfelder, Weinheim 1982, S. 227-255

Wodtke-Werner, Verena: Geh hin, frag die Schwangere. Schwangerschaft, Geburt und Stillen im religiösen Brauchtum und in der Theologie, in: Ammicht-Quinn, Regina u. Spendel, Stefanie (Hg.): Kraftfelder, Sakramente in der Lebenswirklichkeit von Frauen, Regensburg 1998, S. 155-178

Wokart, N: Art. »Heilig, Heiligkeit«, in: Historisches Wörterbuch der Philosophie, Bd. 3, S. 1034-1037

Worschech, Reinhard: Frauenfeste und Frauenbräuche in vergleichender Betrachtung mit besonderer Berücksichtigung Frankens, Dissertation Würzburg 1971

Wunder, Heide: Konfession und Frauenfrömmigkeit im 16. und 17. Jahrhundert, in: Schneider, Theodor u. Schüngel-Straumann, Helen (Hg): Theologie zwischen Zeiten und Kontinenten, Festschrift für Elisabeth Gössmann, Freiburg i. Br. 1993, S. 185-197

Zglinicki, Friedrich von.: Geburt. Eine Kulturgeschichte in Bildern, Braunschweig 1983

Ders.: Geburt und Kindbett im Spiegel der Kunst und Geschichte, Aachen 1990

Anhang I

Liturgien

Bausteine zu einer Segensfeier für eine Hebamme

In der Raummitte liegt ein Tuch, darauf steht eine Lebenskerze.
Zum Einzug spielt Tango-Musik: »El Dia quem e Quieras« (C. Gardel) oder andere Musik.
Alle ziehen ein, gehen um die Mitte und legen je einen mitgebrachten Handstein (kleiner Halbedelstein) zu einer Spirale auf das Tuch.

Die Liturgin begrüßt alle und sagt dann:
»Wir sind zusammengekommen, um diese Hebamme für ihr Amt zu segnen. Die Hebamme ist eine Frau des Vertrauens, sie ist Anwältin für das Leben und sie hat Anteil am Schöpfungshandeln Gottes. Wir wollen nachdenken über die besondere Aufgabe und Rolle, die eine Hebamme inne hat, und dies mit Texten aus der Bibel neu verwurzeln.

So feiern wir diese Segensliturgie:
im Namen Gottes – Gott ist die Schöpfungskraft,
im Namen Jesu Christi – er ist unser Verbündeter,
im Namen der heiligen Weisheit – sie ist die Lebenskraft.

Lied:
Lobet die Eine, die mich stärkt und tröstet,
die nach mir ruft und treu sich an mich bindet.
Lasst uns mit Freuden ihren Namen singen.
Gott sei gepriesen.

Lobet die Eine, die auch uns entzündet,
leuchtende Weisheit sprühe Deine Funken,
in neuem Licht soll uns Dein Name glänzen.
Gott sei gepriesen.

Lobet die Quelle, die auch in uns sprudelt,
Wasser des Lebens lass die Erde grünen,
heilendes Strömen, Brunnen aller Liebe.
Gott sei gepriesen.

(Von Carola Moosbach zur Melodie von »Lobet den Herren«, EKG 447)[1]

Liturgin:
»Die Hebamme ist eine Frau des Vertrauens. Sie ist der Mutter sehr nahe, sie genießt ihr Vertrauen. Die Hebamme begleitet die Familie in ihre neue Identität und ihren neuen Lebensabschnitt. Die Hebamme gibt mehr Halt als Schulmedizin und Diagnostik es können. Die Hebamme begleitet die Mutter durch die Schwangerschaftsmonate, Geburt und Stillzeit. Sie gibt ihr Mut und lässt sie in ihre Kraft kommen.

Wir hören jetzt aus Lukas 1 einen Text, den nur eine Hebamme geschrieben haben kann, denn sie begleitet Maria und Elisabeth und erzählt von deren Schwangerschaftsmonaten und Kindsbewegungen.«

Eine Frau liest:
Nach diesen Tagen wurde Elisabeth schwanger; und sie verbarg sich fünf Monate und sagte: »So hat mir Gott getan in den Tagen, in denen er darauf geachtet hat, meine Schmach unter den Menschen hinwegzunehmen.« Im sechsten Monat aber wurde der Engel Gabriel von Gott in eine Stadt Galiläas namens Nazareth gesandt zu einer Jungfrau, die verlobt war mit einem Mann namens Joseph aus dem Hause David; und der Name der Jungfrau war Maria ... Der Engel Gabriel sprach zu Maria: ... und siehe, du wirst schwanger werden und einen Sohn gebären ... Und siehe, Elisabet, deine Verwandte, auch sie erwartet einen Sohn in ihrem Alter; und dies ist der sechste Monat für sie, die unfruchtbar hieß. Denn kein Wort, das von Gott kommt, wird kraftlos sein ... Maria brach in diesen Tagen auf und wanderte durch das Bergland in Eile in eine Stadt Judas. Und sie kam in das Haus des Zacharias und begrüßte Elisabet. Und es geschah, als Elisabet den Gruß Marias hörte, hüpfte das Kind in ihrem Leibe, und Elisabet, vom Heiligen Geist erfüllt, rief laut und sprach: »Gesegnet bist du unter den Frauen, und gesegnet ist die Frucht deines Leibes!

... Denn siehe, als ich die Stimme deines Grußes hörte, hüpfte das Kind vor Freude in meinem Leibe. Und selig ist die, die geglaubt hat, dass sich erfülle, was Gott ihr zugesagt hat.«

Und Maria und Elisabet sangen: »Meine Seele erhebet den Herrn und mein Geist freut sich Gottes, meines Heilandes.«

Und Maria blieb bei ihr etwa drei Monate; danach kehrte sie in ihr Haus zurück.

Lied:
Maria durch ein Dornwald ging,
Kyrie eleison.
Maria durch ein Dornwald ging,
der hat in sieben Jahrn kein Laub getragen.
Jesus und Maria.
Was trug Maria unter ihrem Herzen?
Ein kleines Kindlein ohne Schmerzen,

das trug Maria unter ihrem Herzen.
Jesus und Maria.
Da haben die Dornen Rosen getragen,
Kyrie eleison.
Als das Kindlein durch den Wald getragen,
da haben die Dornen Rosen getragen.
Jesus und Maria.

Liturgin:
»Die Hebamme ist eine Beschützerin des Lebens. Ihre Aufgabe ist es, das Kind bei seiner Ankunft auf dieser Erde zu geleiten und das neue Leben zu bewahren. Wir hören, was Hebammen von ihrem Gewissen sagen, von ihrem heilenden Wissen und Handeln.«

Eine Hebamme oder eine andere Frau spricht:
»Mein Gewissen orientiert sich an dem guten, heilen, harmonischen Leben der Frau in ihrer Abhängigkeit. Wichtig ist mir, dass das Kind und die Frau gesund bleiben, heil sind oder werden. Das Wohl aller Beteiligten ist im Vordergrund. Ja, mein Gewissen hat ein Ziel: dass es Mutter und Kind gut geht.«

Liturgin:
»Nicht immer hatten Hebammen diese Grundhaltung. So ist es unter dem Druck einer Diktatur auch dazu gekommen, dass Hebammen – wie im Dritten Reich – im Interesse einer Ideologie Handlangerinnen der Lebensvernichtung wurden. Auch heute besteht wieder die Gefahr, dass Technik und Medizinbetrieb die Eltern unbewusst dazu zwingen, ein nicht ganz gesundes Kind abzutreiben.

Aber die früheste Hebammen-Erzählung in der Bibel berichtet uns von dem Engagement zweier Hebammen für das Leben und von ihrer List, mit der sie dem Diktator den Gehorsam verweigerten.«

Eine Frau liest:
Die Geschichte von den Hebammen Schifra und Pua aus 2. Mose 1, 15-21:

Und der König von Ägypten sprach zu den hebräischen Hebammen, von denen die eine Schifra hieß und die andere Pua: Wenn ihr den hebräischen Frauen helft und bei der Geburt seht, dass es ein Sohn ist, so tötet ihn; ist's aber eine Tochter, so lasst sie leben. Aber die Hebammen fürchteten Gott und taten nicht, wie der König von Ägypten ihnen gesagt hatte, sondern ließen die Kinder leben. Da rief der König von Ägypten die Hebammen und sprach zu ihnen: Warum tut ihr das, dass ihr die Kinder leben lasst? Die Hebammen antworteten dem Pharao: Die hebräischen Frauen sind nicht wie die ägyptischen, denn sie sind kräftige Frauen. Ehe die Hebamme zu ihnen kommt, haben sie geboren. Darum tat Gott den Hebammen Gutes. Und das Volk mehrte sich und wurde sehr stark. Und weil die Hebammen Gott fürchteten, baute er ihnen Häuser. Das meint: Sie wurden Stamm-Mütter von großen Familien.

Liturgin:
»Hebammen erleben auch immer wieder, dass eine Geburt nicht glücklich verläuft, dass ein Kind nicht gesund ist, dass es nicht lebensfähig ist oder auch tot zur Welt kommt. Hebammen verstehen Mutter und Vater in ihrem Schmerz, sie sind ihnen ganz nahe und trösten sie. Dafür müssen sie selbst auch immer wieder zur Quelle der Kraft hinabsteigen.«

Wir beten mit dem 23. Psalm:
Der Herr ist mein Hirte, mir wird nichts mangeln.
Er weidet mich auf einer grünen Aue
und führet mich zum frischen Wasser.
Er erquicket meine Seele.
Er führet mich auf rechter Straße
um seines Namens willen.
Und ob ich schon wanderte im finstern Tal,
fürchte ich kein Unglück;
denn du bist bei mir,
dein Stecken und Stab trösten mich.
Du bereitest vor mir einen Tisch
im Angesicht meiner Feinde.
Du salbest mein Haupt mit Öl
und schenkest mir voll ein.
Gutes und Barmherzigkeit
werden mir folgen mein Leben lang,
und ich werde bleiben im Hause des Herrn immerdar.

Segenshandlung

Liturgin:
»Uns ist ein kurzer Text erhalten geblieben, der die besondere Aufgabe von Hebammen zum Ausdruck bringt.«

Eine Frau liest:
Ich lese aus der Kirchenordnung des Herzogtums Preußen von 1568:
»Die Hebammen sollen achtsam ihres Amtes walten, denn sie bieten dabei ihrem lieben Gott die Hände, durch die er die Frucht, die er geschaffen hat, vom Mutterleib in dieses beschwerliche Leben führt. Deshalb ist diese Arbeit wahrhaftig ein heiliges, göttliches Werk, das zur Schöpfung unseres Gottes gehört, wie es im ersten Artikel unseres Glaubensbekenntnisses heißt.«

Liturgin:
»Für dieses heilige Amt wollen wir dich, Hebamme ..., nun segnen und dir damit die Kraft der göttlichen Weisheit zusprechen. Gott selbst wurde in alter Zeit mitunter als Hebamme gesehen.«

Eine Frau spricht:
Ich lese aus Psalm 22 die Verse 10 und 11:

Du hast mich aus meiner Mutter Leibe gezogen; du ließest mich geborgen sein an der Brust meiner Mutter. Von Geburt an bin ich geworfen auf dich, vom Mutterleib an bist du mein Gott!

Alle bilden einen Kreis, in dessen Mitte die Hebamme steht. Sie halten die Hände in einer Segensgeste auf Schulterhöhe, die Handflächen zur Kreismitte gerichtet.

Liturgin:
»Hebamme ...,
Gottes Segen durchströme dich!
Mit deinen Händen fühlst du
den Leib der Schwangeren
und spürst das Kind.
Mit deinen Händen
empfängst du als erste
das Neugeborene.
Gott segne deine Hände.
Sie sind ein Werkzeug der Schöpfung.

Gottes Segen stärke dich!
In deinem Herzen
bewahrst du die Sorgen und Ängste
der Mutter und nimmst sie ernst.
In deinem Herzen
trägst du Trauer und Zweifel
der Eltern und hilfst sie heilen.
Gottes Segen erfülle dein Herz.
Es ist voll vertrauen.

Gottes Segen richte dich auf!
Auf festen Füßen stehst du,
wenn du die Gebärende
in ihrer Kraft führst
und sie anspornst,
das neue Leben auszustoßen.
Auf festen Füßen stehst du,

wenn du Mutter und Kind
in Schutz nimmst
vor häuslicher und anderer Gewalt.
Gottes Segen fahre in deine Füße.
Sie verbinden dich mit deinen Wurzeln.
Amen«

Kolleginnen, andere Frauen und Männer sprechen Segensworte und hängen der Hebamme bunte Tücher um. Kinder bringen Blumen.

Zum Segenstanz könnte z. B. gesungen werden: »Jeder Teil dieser Erde, sei meinem Volk heilig«, »Bewahre uns Gott, behüte uns Gott« oder: »Schalom chaverim ...«

Liturgin:
»Wir haben aus der Kirchenordnung Preußens gehört, dass die Hebamme Gott die Hände reicht. Sie ist ganz nahe am Wunder der Schöpfung.
Wir hören, wie Hebammen das Besondere der Geburt beschreiben.«

Eine Frau liest:
Dass da etwas Fertiges, ohne Naht, ganz und gar vollkommen geboren ist. Es verändert das Leben von Mutter und Vater. Viele sind erstaunt über das, was plötzlich da ist. Die Atmosphäre ist ganz anders, aber auch schnell wieder weg. Es ist ein Gefühl, ja, etwas Gefühlsmäßiges, eine sehr dichte Atmosphäre, Leid und Freude.

Dieses Atemlose, dieses Neugeborensein, da ist Gottes Schöpfung so etwas von sichtbar. Da ist der Bereich, der genau den Beruf der Hebamme ausmacht, wir dürfen an diesem Schöpfungsgedanken teilhaben. Die Frau ist Mitschöpferin durch die Kraft und Gelassenheit und den Mut. Durch die Frau entsteht das Leben schlechthin. Die Intensität der Paare zueinander ist in diesem Augenblick wie ein Glücksmoment, dieses unverfälschte Glück. Nach der Anspannung kommt die Gelöstheit, die Seligkeit im wahrsten Sinne des Wortes. Ohne Schrei kein Leben, das ist die Geburtserfahrung.

Lied:
Lobe die Weisheit, die göttliche Kraft ohne Ende,
lobe sie Menschheit, erhebe zu ihr deine Hände,
folg ihrem Wort, sie schenkt euch Rat immerfort,
öffnet euch ganz ihrer Spende.

Lobe die Weisheit, die alles so liebevoll leitet,
die unsre Herzen in Hoffnung und Zutrauen weitet,
die uns befreit, die in Verfolgung und Leid
über uns Flügel ausbreitet.

Lobe die Weisheit, von Anbeginn Quelle und Segen,
du bist aus ihr, und in dir ist sie freundlich zugegen,
Raum, Meer und Land trägt sie, wie dich, in der Hand,
will uns zum Lieben bewegen.

Singe der Weisheit, ja sing ihren Namen und tanze,
sie bindet Leben und Sterben zum heiligen Kranze;
sie ist das Licht, das unsre Ängste durchbricht,
weckt uns ins göttliche Ganze.

(Christa Peikert-Flaspöhler, zu singen nach der Melodie von »Lobe den Herren«, EKG 317)[2]

Liturgin:
»Wir wollen mit einem Gebet schließen. Dabei legen wir Gott alle Kinder und alle Familien, die die Segenskraft ganz besonders brauchen, ans Herz:

Gott –
wie eine Hebamme
hast du uns ans Licht geholt,
wie eine Hebamme
hast du uns an die Mutterbrust gelegt,
wie eine Hebamme
hast du uns ins Leben begleitet.

So leite uns in unsere Zukunft,
hol uns immer wieder ans Licht,
lass uns immer wieder trinken
von deiner Nahrung zum Leben!

Gott –
bleibe du uns allen eine fürsorgende
Hebamme
bei Tag und bei Nacht.
Amen«

Der Auszug erfolgt mit der Musik: »Che Bandoneon / Naranjo en Flor« oder mit anderer Musik.

Bausteine zu einer Segensfeier für Schwangere

Musik – Gong

Begrüßung durch die Liturgin:
»Liebe werdende Mütter, liebe Familien und Freunde, Hebammen und alle, die helfend zur Seite stehen!
Wir begrüßen Sie hier ganz herzlich in dieser Runde, in der wir um den Segen Gottes für das Kind, für die Mutter und für die Geburt bitten wollen.
Wir haben diese Feier gemeinsam vorbereitet. Mein Name ist ... (Vorstellung der anderen)
Wir freuen uns mit Ihnen, dass wir dieses heilende Geschehen miteinander erleben können.
Lassen Sie sich von uns geleiten durch diese Stunde!
Dazu haben Sie ein Blatt mit Bildern und Liedern bekommen.

Wir beginnen unsere Feierstunde:
Im Namen Gottes – das ist die tragende Kraft des Lebens
Im Namen Jesu Christi, der die Kinder gesegnet hat
Im Namen der heiligen Geistkraft, die uns Mut zum Leben schenkt!«

Lied:
»Geh aus mein Herz«, EG 503 oder: »O dass ich tausend Zungen hätte«, EG 330

Liturgin:
»Liebe Familien,
in Ihrer Mitte wächst eine neue Schöpfung Gottes heran, inmitten des Mutterleibs. Die Eltern haben es lustvoll gezeugt, nun geschieht das Wunderbare: Es wächst vom kleinsten Millimeter zu einem lebensfähigen Kind, Gehirn und Herz sind schon im Kleinsten aktiv, es hört schon bald die Musik.

Für viele ist heute das Ultraschallbild die erste Begegnung. Doch davor erleben Sie, liebe werdende Mütter, wie sich Ihr Körper verändert, und nicht gekannte Gefühle machen Sie aufmerksam darauf.

Früher waren es die ersten Kindsbewegungen, die der Mutter sagten, dass da das Kind in ihr liegt!

Maria, die Mutter Jesu, hörte vom Engel die frohe Nachricht: Einen Sohn wirst du gebären, das Heilige wächst in dir! Sie wollte nicht allein sein und ging zu ihrer Kusine Elisabeth, die war mit Johannes dem Täufer schwanger. Und dann heißt es im Lukasevangelium:

Maria aber machte sich auf in diesen Tagen und ging eilends in das Gebirge zu einer Stadt in Juda und kam in das Haus des Zacharias und begrüßte Elisabet. Und es begab sich, als Elisabet den Gruß Marias hörte, hüpfte das

Kind in ihrem Leibe. Und Elisabeth wurde vom Heiligen Geist erfüllt und rief laut und sprach: Gepriesen bist du unter den Frauen, und gepriesen ist die Frucht deines Leibes! Und wie geschieht mir das, dass die Mutter meines Herrn zu mir kommt? Denn siehe, als ich die Stimme deines Grußes hörte, hüpfte das Kind vor Freude in meinem Leibe. Und selig bist du, die du geglaubt hast! Denn es wird vollendet werden, was dir gesagt ist von dem Herrn ... Und Maria blieb bei ihr etwa drei Monate; danach kehrte sie wieder heim.

Und wir kennen alle die Weihnachtsgeschichte, die sich dann ereignet hat im Stall zu Bethlehem!
Heutzutage entdecken wir wieder neu, wie das Kind alles miterlebt – auch diese Feierstunde, die Musik, die Atmosphäre.
Im Mittelalter ist ein Bild gemalt worden – eine Vision der Hildegard von Bingen –, das Sie auf Ihrem Blatt haben. Wir sehen da ein Kind kurz vor der Geburt im Mutterleib. Die Mutter hält segnend ihre Hände über es. Die Menschen rechts und links tragen in den Schüsseln die Erbanlagen des Kindes. Von oben kommt ein Strahl zum Kind. Es ist der Heilige Geist, der aus der Gottheit – hier wie ein Viereck mit Augen gemalt – zu dem Kind fließt. Ja, das Kind im Mutterleib ist schon Gottes Kind und ist schon von Glauben erfüllt.

Ich lade jetzt ein, dass diejenigen, die rechts und links von der werdenden Mutter sitzen, ihr die Hand auf den Bauch legen, während ich Worte des Segens für das Kind spreche und es im purpurnen Licht der Gebärmutter lauscht:

Kind, sei gesegnet in deinen Füßen, die dich tragen in allem, was du tust!
Kind, sei gesegnet in deinem Herzen, dass du gütig und lebendig sein kannst!
Kind, sei gesegnet in deinen Schultern, Armen und Händen, dass du das Gute tun kannst!
Kind, sei gesegnet in deinem Kopf, dass gute Gedanken aus dir entspringen!
Kind, sei gesegnet, in deinen Sinnen, dass du der Erde und allem, was lebt, mit Achtsamkeit begegnen und es schützen kannst!«
Amen

Lied:
»Gott gab uns Atem«, EG 432

Liturgin:
»Liebe Mütter,
dies ist eine besondere Zeit! Die Zeit der guten Hoffnung, die Zeit, wo Sie ein Kind unter ihrem Herzen tragen!
Sie erleben viele Veränderungen: Ihr Körper ist jetzt ein Zwei-in-Eins-Körper. Manchen fällt es nicht leicht, dies anzunehmen.

Andere fühlen sich doppelt wertvoll.
Und wieder andere fühlen sich sehr einsam, weil sie die einzigen sind, die dies erleben.
Es kann sein, dass Sie am Arbeitsplatz nicht auf ungeteilte Freude stoßen, ja auch in der Familie kann es zunächst Vorbehalte geben.
Nun sind Sie mit dem Mutterpass ausgerüstet, der Ihnen Sicherheit verspricht.
Sie spüren aber selbst, dass Sie diese neun Monate mit der Hoffnung leben, guter Hoffnung sind – so sagte man ja – Hoffnung auf die eigene Gesundheit, auf ein gesundes Kind, Hoffnung auf eine glückliche Geburt, ja, einfach ein Gefühl der Vorfreude und Hoffnung auf dieses neue Menschenkind. Und im Volksmund heißt es auch: Sie ist gesegneten Leibes!

Hebammenschülerinnen haben ein Bild gemalt von ihrem Beruf, das wir uns anschauen. Sie haben darin all dies hineingemalt: das große Wunder im Bauch der Mutter, die Hoffnung mit der Farbe Grün und das Licht der Sonne, aber auch die Erfahrung von Trauer.
Der Baum ist ein Bild für die Kraft, die die Mütter und die Hebammen einsetzen bei der Geburt. Die Äste wachsen nach oben, mit den Wurzeln bleiben sie verbunden mit der Erde.
Wie die Jahreszeiten wechseln, so gibt es gute und schlechte Tage und Nächte.
Eine Frau schrieb mir:
Ich bitte Sie, den Frauen Mut zu machen, ihrer inneren Stimme zu folgen, auf ihren Körper und auf göttliche Führung vertrauend eine Geburt zu wagen, die eben kein angstvoll erwarteter, erschreckender Moment sein muss, sondern ein bewusst erlebtes, feierliches Ereignis, das zur großen Kraftquelle auch für spätere Zeiten werden kann. Frauen können sehr viel über sich und ihre innewohnende Stärke erfahren.

Deshalb lade ich alle werdenden Mütter nun ein, zu mir zu kommen, und spontan die anderen bitte ich, einen Kreis um die Frauen zu bilden!«

Segenshandlung:

Jeder Schwangeren wird Öl auf die Stirn gestrichen und dazu die Hand auf den Bauch gelegt. Die Liturgin spricht: »Gott segne Dich!« Sie kann spontan ein persönliches Wort dazufügen.
Dann sagt sie zu allen:

»Liebe schwangere Frauen,
ich segne euren Geist,
ich segne euer Herz,
ich segne euren Leib,
ich segne das Kind in euch!
Der Engel Gottes möge euch
begleiten!

Licht möge euch umhüllen!
Seid kraftvoll und mutig!
Habt großes Vertrauen!

Gott ist mit dir und dem Kind,
Fürchte dich nicht!
Du kannst guter Hoffnung sein!
Amen«

Einen Moment lang schweigend wiegen.

Musik – Stille – Gong

Lied:
»Vertraut den neuen Wegen«, EG 395

Liturgin:
»Liebe Hebammen und alle, die die Schwangeren begleiten,
die werdenden Mütter und auch Väter vertrauen sich Ihnen an. So haben Sie einen besonders hohen Stellenwert in unserer Gesellschaft.
Ich lese besonders für Sie eine Erzählung aus der Bibel, die Ihren verantwortungsvollen Beruf eindrücklich zeigt, weil hier zwei Hebammen sich dem Tötungsbefehl verweigern und sich für das Leben einsetzen.

Und der König von Ägypten sprach zu den hebräischen Hebammen, von denen die eine Schifra hieß und die andere Pua: Wenn ihr den hebräischen Frauen helft und bei der Geburt seht, dass es ein Sohn ist, so tötet ihn; ist's aber eine Tochter, so lasst sie leben. Aber die Hebammen fürchteten Gott und taten nicht, wie der König von Ägypten ihnen gesagt hatte, sondern ließen die Kinder leben. Da rief der König von Ägypten die Hebammen und sprach zu ihnen: Warum tut ihr das, dass ihr die Kinder leben lasst? Die Hebammen antworteten dem Pharao: Die hebräischen Frauen sind nicht wie die ägyptischen, denn sie sind kräftige Frauen. Ehe die Hebamme zu ihnen kommt, haben sie geboren. Darum tat Gott den Hebammen Gutes. Und das Volk mehrte sich und wurde sehr stark. Und weil die Hebammen Gott fürchteten, baute er ihnen Häuser. (2. Mose 1,15-21)«

Lied:
Segne uns, du Licht des Lebens
Sternenglanz der Dunkelheit,
web uns ein in deine Träume,
hüll uns in dein Hoffnungskleid.
Gottes Duft verströme dich,
deine Spuren stärken mich.

Segne uns du Macht des Lebens,
stärker als der Tod bist du,
lass uns deine Nähe spüren,
dein »Trotz-allem« sprich uns zu!
Gotteslicht verteile dich,
deine Spuren leiten mich.

(von Carola Moosbach, zu Melodie EG 401 »Liebe, die du mich zum Bilde«)[3]

Liturgin:
»Liebe Familien,
die Väter erleben jetzt, wie sie gefühlsmäßig eingebunden sind in dieses Geschehen, wie ihnen eine neue Bedeutung zuwächst! Sie leben in gespannter Erwartung auf die Geburt. Nicht in jedem Fall ist es gut, wenn sie bei der Geburt dabei sind, auch wenn es heute so üblich ist. Ein Vater, der nicht bei der Geburt dabei ist, ist auch ein guter Vater!
Die älteren Kinder freuen sich über die große Bereicherung, ein kleines Geschwisterchen zu bekommen! Ihr werdet überrascht sein, wie klein und doch wie lebendig das Baby ist.

Gott ist die tragende Kraft des Lebens -
Mit dem Segen haben wir uns neu mit dieser Kraft verbunden!
Und so wie der Mutterkuchen, die Plazenta, der Begleiter und Ernährer des Kindes ist, so möge der Engel Gottes euer Begleiter und Beschützer sein!
Der Engel der Liebe und Güte
Der Engel der Zuversicht und des Vertrauens
Der Engel der Kraft und des Behütetseins!«
Amen

Dann verschenkt die Liturgin kleine Engel.

Musik – Gong

Zum Schluss erfolgt eine Einladung zu Saft und Gebäck.

Abb. 8:
Hildegard von Bingen: Die Seele und ihr Zelt, Visionen 12. Jh.[4]

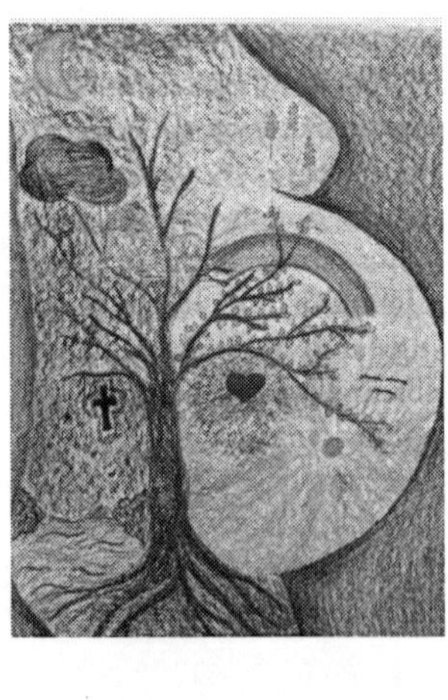

Abb. 9:
Bild des Hebammenberufes[5]

Meditative Texte

Für die Hebamme

Segen für eine Hebamme

Gottes Segen durchpulse dein Tun:
Du schaffst Vertrauen zwischen dir und der Familie.
Mit Wärme und mit Kraft
betreust du die Gebärende,
du Türhüterin zum Leben.

Gottes Segen wachse in deiner Erfahrung:
Du kennst die Wunden häuslicher Gewalt.
Mit Stärke und Entschiedenheit
begleitest du die Mutter im Wochenbett,
du Anwältin des Lebens.

Gottes Segen stärke dein Urteil:
Du spürst Hoffnung und Angst der Mutter.
Mit Liebe und Verstehen
unterstützt du auch eine sorgenvolle Schwangere,
du Wächterin des Lebens.

Gottes Segen wirke in dir
und erfülle die Jahre deines Lebens!
Amen

Fantasiereise für eine Hebamme

Ich schließe die Augen.
Ich stelle mir ein sehr großes Gewebe vor.
Die Ränder sind so weit entfernt,
dass meine Augen sie nicht sehen können.
Das Gewebe hat schöne Muster, ist voller Farben,
gewoben aus Menschen und Tieren, Pflanzen und Steinen,
aus Luft, Wasser, Erde und Feuer.
Auch dunkle und brüchige Stellen sehe ich.

Jetzt sehe ich die Hand einer unsichtbaren Weberin.

Sie beginnt, einen neuen, leuchtenden Faden
in das Gewebe einzuziehen.
Jetzt berührt der neue Faden die anderen Fäden.
Jetzt verändert der neue Faden das alte Muster.
Jetzt beginnt eine neue Lebensgeschichte.

Ich beobachte noch eine Weile die Große Weberin.
Dann öffne ich meine Augen.
Ich bin mir bewusst, dass ich als Hebamme
der Großen Weberin beim Einziehen der Fäden
hilfreich zur Seite stehe.

Gott im Bild der Hebamme

Gott –
wie eine Hebamme
hast du uns ans Licht geholt,
wie eine Hebamme
hast du uns an die
Mutterbrust gelegt,
wie eine Hebamme
hast du uns ins Leben begleitet.

So leite uns in unserem Leben,
hol uns immer wieder ans Licht,
lass uns immer wieder trinken
von der Nahrung fürs Leben!
Gott –
bleibe du unsere fürsorgende
Hebamme
bei Tag und bei Nacht.
(zu Ps 22,10)

Für die Geburt

Segensfeier für das Geburtszimmer

Wenn die Geburt beginnt, können die Schwangere und ihre Hebamme, der Vater, die Kinder, die Großeltern, Freundinnen sich nacheinander den vier Himmelsrichtungen zuwenden. Sie nehmen eine Kerze mit und/oder bestreichen die Türpfosten und Fensterrahmen mit einem Duftöl. Danach stellen sie die Kerze an den Platz, den sie während der Geburt innehaben soll.

Die Hebamme spricht:
»Im *Norden* ist Klarheit und Entscheidung,
ist Nüchternheit, auch Radikalität.
Hier ist die Quelle für den Sinn für die Realitäten.
Wir rufen dich, göttliche Weisheit,
dass du der Gebärenden Kraft spendest.

Im *Süden* ist Wärme und Nahrung,
ist Erholung und neue Kraft.
Hier ist die Quelle für die Hingabe.
Wir rufen dich, göttliche Weisheit,
dass du der Gebärenden Gelassenheit schenkst.

Im *Westen* ist Risikobereitschaft
und Grenzerfahrung,
sind Licht und Dunkelheit.
Hier ist die Quelle für den Mut zur Veränderung.
Wir rufen dich, göttliche Weisheit,
dass du die Gebärende von Angst befreist.

Im *Osten* ist Aufbruch und Heiterkeit,
ist Neugierde und Begeisterung.
Hier ist die Quelle, wo neues Leben beginnt.
Wir rufen dich, göttliche Weisheit,
dass du der Gebärenden alle Sinne öffnest.«

Getragen von den göttlichen Kräften aus den vier Himmelsrichtungen kann die Geburt beginnen.

Für die Gebärende

Wenn dein Kind dich morgen fragt:
»Mama, wie war es, als ich geboren wurde?«,
dann antwortest du:

Es war ein heiliger Augenblick,
als du und ich zusammen
mit großer Kraft und starken Schmerzen
dich ans Licht brachten.

Es war ein heiliges Tun,
als die Hebamme
dich über ihre Händen gleiten ließ
und an meine Brust legte.

Es war eine heilige Stille im Raum,
als ich ermattet und selig
dich ansah und staunte
über dies Wunder der Schöpfung: Du.

Zu den Schmerzen

Nein, sie sind auf gar keinen Fall eine Strafe!
Nein, sie dienen nicht der Prüfung –
wie es Kirchenmänner predigten.

Die Wehenschmerzen, meist stärker als erwartet,
dienen dem Leben.

So wie das Wasser bei der Taufe
den Menschen in Gottes Liebe aufnimmt,

so wie Brot und Wein im Abendmahl
die Gemeinschaft mit Christus herbeiführen,

so sprechen die Schmerzen
von der Hingabe der Frau für das Leben,
von ihrer großen Kraft,
aus der neues Leben entspringt.

Segen aus dem Mutterschoß

Gebärmutter –
die männlich-angstvollen Blicke auf dich
haben dich gezeichnet:
– Plato sieht in dir ein wildes Tier,
Krankheiten schaffend,
– Hysterie nennt es Freud,
die Krankheit Frau
ohne körperlichen Befund,
– die Unersättliche,
so urteilt vernichtend
der Hexenhammer.

Gebärmutter –
du aber bist der heilige Ort,
Blut sammelt sich zum Leben,
fließt aus und erneuert sich.
Gottes neue Schöpfung gewinnt in dir Gestalt
und der Mutterkuchen ernährt das Kind.
Gebärmutter –
du bist der Erlebnisraum des Kindes,
bevor es in unsere Welt eintritt.

Der Segen des Mutterschoßes
schenkte uns das Leben,
er hat uns ins Leben entlassen.
Wir ehren ihn und danken!

Gebet in der Geburt

Gott, du bist bei mir
wie meine Hebamme.
Du stärkst mich
in meiner Wehenarbeit,
dass ich kraftvoll bin.

Gott, du bist bei mir
wie meine Freundin.
Du sprichst mir Mut zu,
dass ich durchhalte.

Gott, du bist bei mir
wie der Vater meines Kindes.
Du kämpfst mit mir,
dass das neue Leben erscheint.
Halte mich fest, Gott,
ich schreie!
Amen

Heilige Ergriffenheit

Das Kind ist geboren,
der Raum von Freude erfüllt,
die Zeit steht still,
vom Kind her leuchtet ein Licht.

Das Kind ruht
auf der Brust der Mutter,
der Vater ist erlöst
aus der Todesangst.

Eine heilige Drei-Einigkeit
knüpft miteinander Liebesbande.
Die Hebamme hütet
den heiligen Augenblick.

Für den Vater bei der Geburt des ersten Kindes

Noch nie habe ich sie
so schreien gehört.
so furchtbar hart arbeiten gesehen,
so außer sich.

Noch nie habe ich mich
so voll Todesangst gespürt,
so hilflos,
so hoffnungslos.

Noch nie waren wir
so selig und ergriffen,
so in der Liebe,
so versunken in Raum und Zeit –

wie damals,
als wir durch unser erstes Kind
Mutter und Vater wurden.

Segen für die Geburtsarbeit

Ich segne euch, ihr Gebärenden!
Ihr seid in eurer Kraft,
ihr seid in Gottes Kraft –
Gott und ihr,
zusammen schafft ihr
neues Leben.

Gesegnet sei eure Geburtsarbeit,
gesegnet sei euer Vertrauen
in Gott, in euch selbst und in die Hebamme,
die euch begleitet.

Gesegnet sei eure Hingabe,
eure Gelassenheit und euer Mut!

Möge den Kindern, die ihr ins Leben bringt,
das Leben gelingen!

Wassergeburt

Die Mutter atmet
die Anstrengung
in sich hinein,
ruhig im Wasser liegend.
Atem: Heilige Geistkraft!

Ruhig und voll Würde
gleitet der kleine Kopf
sicher ins Wasser.
Der Neuankömmling spricht:
Hier bin ich!

Gottes Schöpfung
in einem einzigen Augenblick!

Beim Betrachten des Mutterkuchens

Welch ein kostbares Organ
ist doch der Mutterkuchen!
Hier sind alle Nahrungsmittel,
hier sind alle Spurenelemente
und alle Hormone,
die das Kind zum Leben braucht.

Du Zwilling, der du das Kind ernährst.
Du Arznei, die Mutter und Kind heilt!

Wohin bringt man dich?
Wie halten wir dich in Ehren?

Wir pflanzen dich unter den Baum,
wir bewahren dich als Arznei
für das Kind,
für die Mutter,
gegen Depression im Wochenbett.

Welch ein kostbares Organ!

Segen für das Fruchtwasser

Kind, deine erste Heimat ist das Wasser.
Es berührt zärtlich deine Haut,
es schützt dich vor Stößen,
es schmeckt dir und nährt dich.

Kind, dein Fruchtwasser ist dein Lebenswasser.
Es möge frei bleiben von Gift,
es möge Schrecken,
Krankheit und Tod abwehren.

Kind, dein Leib und deine Seele
mögen sich frei entfalten
in den Wellen von Wärme und Geborgenheit.

Der Segen des göttlichen Urquells
ergieße sich in deinen Lebensbrunnen,
umspüle dich, stärke dich
und bewahre dich
auf deinem Weg in diese Welt!
Amen

Für das Kind

Zur Begrüßung des Kindes

Der Raum ist erfüllt
vom Dasein des Kindes.

Die Zeit steht still
vor dem Wunder des Lebens.

»Da bist du ja, mein Kind!«,
begrüßt es die Hebamme.

»Mein liebes Kind,
sei willkommen!«,
begrüßt es die Mutter.

Staunend schauen sie alle zu
beim ersten Bad des Kindes.

Alle feiern
beim gemeinsamen Essen und Trinken
das neue Leben.

Anhang I

Die Hebamme segnet das Neugeborene

Die Hebamme benetzt die Stirn des Kindes mit einem Tropfen Wasser und spricht:
»Sei gesegnet
mit der Kraft des Windes,
mit der Wärme der Sonne,
mit der Ruhe der Nacht!
Amen.«

Das erste Wort

Wie war es damals,
als ich geboren wurde?

Wer sprach das erste Wort?
War es ein Segen?
– ein kräftiges Kind
– ein waches Bürschchen
– ein munteres Mädchen
War es ein Fluch?
– ein Kind zuviel ist es
– ein schwächliches Kerlchen
– ein Mädchen – nur!

Das erste Wort aber spricht die reine Liebe:
Du bist unsere Freude!
Das erste Wort spricht der Schöpfer:
Ich habe dich gewollt!

Segen über dem Neugeborenen

Gott segne dich, mein Kind:
Möge das Wasser, das du trinkst,
frei sein von Gift;
möge die Straße, die du gehst,
frei sein von Rasern;
möge die Schule, die du besuchst,
offen sein für deine Träume;
möge die Familie, die du gründest,
stark sein gegen Überforderung;
möge der Tod, den du stirbst,
frei sein von Gewalt;
mögest du nie tiefer fallen
als in Gottes Hand.
Gott segne dich, mein Kind!

Gesegnet seid ihr, Mutter und Kind!

Gesegnet bist du, Schwangere!
Dein Kind ist Leben, das leben will.
Du wirst es schützen.

Gesegnet bist du, kleines Kind!
Du bist Leben, das leben will.
Du wirst dich in der Welt zurechtfinden.

Gesegnet seid ihr beide, Mutter und Kind:
eure Vertrautheit der frühen Jahre,
eure Loslösung voneinander im Laufe des Lebens.

Gesegnet eure Einheit!
Gesegnet eure Wege in die Welt!

Über das Licht

Die Mutter spricht:
Schon während ich guter Hoffnung war,
hat mich das Licht begleitet
und mir Vertrauen geschenkt.

Als die Schmerzen mich überwältigten,
hat mich das Licht umfangen.

Als das Kind geboren war,
war der ganze Raum von Licht erfüllt.

Auch der Vater schaute das Licht.

Du Licht aus der göttlichen Welt
hast dem Augenblick der Schöpfung
die Würde verliehen.

Über den Lebensstrom

Ein Lebensstrom verbindet uns alle.
Im Verborgenen fließt er
hin zu unserer Kraft.
Der Lebensstrom schafft Leben
und holt es wieder zurück.

Bei Geburt und Tod,
in erschütternden
und in seligen Augenblicken
tritt der Lebensstrom hervor
und wir spüren ihn.

Für Eltern in Sorge und Trauer

Nach der Entscheidung für das Kind

Im Ultraschallbild
sahen es unsere Augen,
vom Ergebnis
der Fruchtwasseruntersuchung
hörten es unsere Ohren:
Unser Kind ist krank,
»Downsyndrom« heißt das.

Gott, o Allmächtiger!
So haben wir uns das nicht vorgestellt!
So bedrohlich kommt
unsere Zukunft uns entgegen!

Um so mehr wird aber deine Kraft,
deine reine Liebe
uns stärken,
dass wir das Kind
annehmen können.

Wir hoffen
auf dich,
auf verstehende Mitmenschen,
auf das soziale Netz,
auf unsere Familie!
Amen

Bitte an ein krankes Kind im Mutterschoß

Unser Kind –
wir haben deine Gestalt gesehen
im Ultraschallbild.
Wir haben dein Strampeln gefühlt und ertastet
im Bauch.
Wir haben dich erwartet
in unserer Welt.

Kind im Mutterschoß –
nun sehen wir es,
nun ist die Angst da:

Du bist krank.
Du würdest nur mühsam leben.
Du würdest unsere Kraft überfordern,
die deiner Eltern, und deiner Geschwister.

Kind unserer Sorge –
wir können es nicht schaffen,
wir geben dich zurück dorthin,
von wo du kamst.

Krankes Kind im Mutterschoß –
verzeih uns!
Eine barmherzige Gottheit
nehme dich in ihren mütterlichen Schoß!

Gebet einer Mutter in tiefer Trauer

Gott,
ich bin gelähmt vor Trauer
um mein Kind!
Gott,
ich verstehe dich nicht,
ich bin enttäuscht von dir,
denn ich weiß nicht, was du von mir willst!
Hier liege ich in unendlichem Schmerz.
Wo ist mein Kind?
Ist seine Seele glücklich wie einst,
als es lächelte, wenn ich es hinterm Ohr kitzelte?
Gott,
ich habe erkannt, dass alles Illusion ist,
nur eines ist wirklich: mein abgrundtiefer Schmerz.
Alle Hoffnung, alle Zukunft, ja meine Lebendigkeit
ging mit meinem Kind in den Tod.
Gott,
ich bleibe einfach still
und warte auf ein Zeichen deiner Liebe.
Ich kann nicht glauben, dass du strafst,
ich kann nicht glauben, dass ich schuld bin,
ich kann nicht mehr beten.
So hoffe ich, dass mein Kind im Licht wohnt.
Und wenn ich am Himmel den Abendstern sehe,
dann spreche ich und lächle ihm zu:
Ja, liebes Kind, wir bleiben einander verbunden.
Du bist mein heller Stern!

Gott,
ich bleibe einfach still
und warte auf ein Zeichen deiner Güte.
Ich habe viel Zeit.
Amen

Segen über einer Fehlgeburt

Du warst ein Kind der Hoffnung,
unsere Liebe umhüllte dich,
unsere Fantasie schmückte dein Leben aus.

Du warst ein Kind der Freude.
Wie eine Blüte ging unser Herz auf,
denn wir erwarteten dich voll Sehnsucht.

Du warst ein Kind des Lebens.
Wir wollten Leben weitergeben
und uns selbst beschenken lassen.

Du bleibst unser Kind.
Doch du bist ein Kind der Sehnsucht,
das zu einem Kind der Trauer wurde.

Du hast sie nicht gesehen,
den Sonnenglanz und die Mondsichel.
Du hast nicht in unsere leuchtenden Augen geschaut.

Nun aber siehst du das Licht,
das strahlende, wärmende Licht
der Liebe Gottes.
Auch du wohnst im Hause Gottes,
wo viele Wohnungen sind.

Du bist gesegnet,
du Kind der Hoffnung, der Freude
und des Lebens.
Und mit dir ist gesegnet
unsere Trauer um dich,
du Kind bei Gott.
Amen

Segen für Trauernde

Gott, die Große Weberin,
webt in den Teppich des Lebens
neue Lebensfäden
und beendet sie auch.
Deshalb bitten wir um ihren Segen!

Gott, die Große Weberin, segne euch alle!
Der Segen durchströme euch,
wie euer blutendes und pochendes Herz
euch lebendig erhält!

Gott, die Große Weberin, segne euch alle!
Der Segen schenke euch einen Gruß
vom kleinen Faden eures Kindes
bis in das Heute und Hier!

Gott, die Große Weberin, segne euch alle!
Der Segen wärme euch,
die ihr stellvertretend weiterlebt,
und lasse durch euer Gedenken
die Wunden heilen!

Gesegnet ist eure Trauer!
Gesegnet sind eure Narben!
Gesegnet ist die Wärme eures Herzens!
Amen

Für Frauen ohne Kinder

An die Mutter, die nicht gebären kann

Du fragst: Bin ich eine Frau?
Du fragst: Wie kann ich leben ohne Kind?

Wenn du dir selbst eine Mutter geworden bist,
wenn du deinen Körper und deine Seele mütterlich nährst,
dann kann die tiefe Verletzung heilen,
dann kann deine Kraft Gestalt gewinnen
und du kannst werden:
Mutter eines Gartens,
Mutter eines Buches,

Mutter eines Vereins,
Mutter alles dessen, wofür du schöpferisch lebest.
Dein Haus wird voll Leben sein.

Zu den Fragen einer Frau

Aus dem Bauch, sagen sie,
sollen Entscheidungen kommen.
Aus dem Bauch und dem Herzen
sollen die Intuitionen kommen.
Und alles Kreative
soll aus dem Bauch kommen,
sagen sie.

Denn alles Neue kommt aus dem Bauch.

Welches ist das Schöpferische,
das ich hervorbringen werde
aus meinem Bauch,
wenn ich kein Kind gebären kann?

Selig ist die Kinderlose

Du Kinderlose hast diese Zusage
des Propheten:

»Rühme, du Unfruchtbare,
die du nicht geboren hast!
Freue dich mit Rühmen und jauchze,
die du nicht schwanger warst!
Denn die Einsame hat mehr Kinder,
als die den Mann hat!«

»So mache den Raum deines Zeltes weit
und breite aus die Decken deiner Wohnung;
spare nicht!
Spann deine Seile lang
und stecke deine Pflöcke fest!«
»Du Kinderlose bist wie eine Stadt,
deren Mauern auf Edelsteinen ruhen
und deren Grund auf Saphiren ruht
und deren Zinnen wie Kristalle leuchten,

ihre Tore sind von Rubinen
und von erlesenen Steinen alle Stadtmauern.«

In einer Zeit der Erschütterungen preist Jesus selig:
»Selig ist der Mutterleib, der nicht geboren hat,
und deine Brüste, die nicht genährt haben.«
»Denn wer an mich glaubt, aus dessen Leib werden
Ströme lebendigen Wassers fließen.«

(Jes 54,1,11,12; Luk 23,29; Joh 7,38. Für Mutterleib und Leib steht im griechischen Urtext das gleiche Wort.)

Segen für dich, die du keine Großmutter sein wirst

Der Schmerz war plötzlich in dir,
als du erfahren hast:
»Ich werde nie Großmutter.
Mein Sohn wird nie Vater werden,
meine Tochter wird nie Mutter werden!«
Plötzlich hast du das Bild vor Augen:
du – mit einem Enkelkind auf dem Schoß,
du – von einem Enkelkind herzlich umarmt.

Nun nimmst du Abschied
von einer Hoffnung –
kaum wahrgenommen
und schon begraben.

Gesegnet bist du in deiner Traurigkeit!
Gesegnet und erfüllt von einer göttlichen Kraft.
Sie öffnet dir die Augen
für neue, noch ungeahnte Beziehungen.

Gesegnet deine offene Zukunft!
Gesegnet die Würde deines Sohnes!
Gesegnet die Würde deiner Tochter!
Amen

Über vorgeburtliche Erfahrungen

Fantasiereise zurück in den Mutterschoß

Ich wandere in Gedanken zurück
bis in den Schoß meiner Mutter
zurück auf dem Weg,
durch den ich mich damals
mit großer Kraft
ins Welt-Licht drehte.

Mein Zuhause,
meine Heimat
im Fruchtwasser.

Ich spüre es:
Die Kraft und Nahrung
aus dem Mutterkuchen
fließen in mich
aus meinem Lebensbaum.

Ich spüre es:
Die die Nabelschnur,
mein Lebensfaden,
verbindet mich
mit dieser Kraftquelle.

Mutter,
ich lebe in dir.
Ich höre,
ich schmecke,
ich taste.

Ich zittere, wenn du erschrickst,
ich lächle, wenn du mich
durch die Bauchdecke
streichelst.
Ich lausche, wenn du singst.

Dann, wenn die Zeit da ist:
Alles um mich ist in Aufruhr,
es drückt und zieht sich zusammen,
es arbeitet,
es wird mir angst und eng,
mit einem Schubs bin ich
in einer fremden Welt.

Die Hände der Hebamme,
das Lächeln meines Vaters,
die Hautwärme und die Brust
meiner Mutter empfangen mich.

Für Gottesdienste

Glaubensbekenntnis

Ich glaube an Gott, die Schöpferin,
die mich zusammen mit meinen Eltern geschaffen hat.

Ich glaube an Gott, die Erhalterin,
die mich durch meine Mutter gebären ließ
und mich durch meine Hebamme abnabeln
und an die Brust meiner Mutter legen ließ.

Ich glaube an Gott, die Erlöserin,
die mich zusammen mit meiner Hebamme
aus der Todesangst des Geburtskanals
vom Mutterkuchen zur Muttermilch
geleitet hat.

Ich glaube an Gott, die Begleiterin,
die mich im Fruchtwasser im Mutterleib geborgen
und zum Taufwasser des Sakramentes geführt hat
und die mich in Liebe geborgen hält.

Ich glaube an Jesus Christus, der wie ich
ein Geborener ist.
Als Verbündeter begleitet er mich
durch mein Leben.

Jesu Geburtswehen am Kreuz

Die Schmerzen, die du, Jesus,
am Kreuz erlitten hast,
sind Wehenschmerzen,
sind Wehen
für das Leben.

Mit deinem Schrei »Mein Gott, mein Gott,
warum hast du mich verlassen?«
hast du einen Psalm gebetet,
hast du deine Zuversicht gesetzt auf Gott,
der dir im Bild einer Hebamme erschien:
»Du hast mich aus meiner Mutter Leib gezogen,
mich gelegt an meiner Mutter Brust!«

Durch deinen Tod gebierst du
im Beisein der göttlichen Hebamme
die neue Zeit.

(Zu Apg 2,24; Ps 22,2 und 10)

Weihnacht

Maria hatte Ruhe,
im Stall gab es keine Hektik,
sie war allein,
Engel sangen.

Josef war draußen,
um ein Hebamme
zu suchen.

Als sie kam,
war das Kind geboren,
lag in der Krippe,
ein Licht ging
von ihm aus.

(Eine Legende aus dem Jakobusevangeliums, das zwar nicht mehr in das Neue Testament mit aufgenommen wurde, uns aber erhalten geblieben ist und zu den so genannten Apokryphen, d. h. verborgenen Schriften, gehört, berichtet, dass Josef zwei Hebammen suchte.)

I. Gebet zur Taufe eines Kindes

Wie die Mutter das Kind gebar,
wie das Kind aus dem Fruchtwasser
hinausdrängte,
so schenkst du, Gott, uns neues Leben
durch das Taufwasser.

Wie die Mutter das Kind nährt,
so schenkst du uns deine Kraft zu leben.

Wie der Vater das Kind auf- und annimmt,
so begleitest du uns durch unser Leben.

Wie die Eltern das Kind zur Freiheit erziehen,
so lässt du uns, Gott, in Freiheit leben.

Einzigartig ist dieses Kind,
ein Wunder, wie es lebendig ist,
für das wir dankbar sind.

So taufen wir es in die Macht der Liebe hinein,
dass die finsteren Mächte nicht siegen,
dass es Lust am Leben hat.

II. Gebet zur Taufe eines Kindes

Gott, du Mutter und Vater aller Menschenkinder,
wir wollen dieses Kind, das den Namen ... erhalten hat,
jetzt taufen.
Wir wollen es in die Kraft deiner Liebe eintauchen.
Hineingeboren in eine Welt der Freiheit,
die auch eine Welt der Ellbogen und der Einsamkeit ist.
Möge es durch den Mantel deiner Liebe
gewärmt und geschützt werden!

Christus, du Bruder aller Menschen,
du hast deinen Segen auf die Kinder strömen lassen
gegen allen Widerstand derer,
die an die Macht der Ordnung glaubten.
Möge dieses Kind deinen Segen
wie einen warmen Regen empfangen
und ihn wie aus einer erfrischende Quelle trinken!
Heilige Weisheit, die du die Welt gestaltest,
begleite die Eltern durch ihr Leben,
dass sie mit Einsicht und Klugheit erziehen.
So können Eltern und das Kind
zugleich leidenschaftlich und gütig miteinander leben.
Dafür sind wir dankbar.
Amen

Anhang I

Segen der Großmutter

Eine Großmutter spricht:

Wachse im warmen Schoß deiner Mutter.
Stähle deine Glieder im Fruchtwasser
und nähre dich vom Mutter-Kuchen.
Spanne alle Sinne in der Geborgenheit
und Stille.

Und wenn deine Mutter dich dann gebiert:
Tu den ersten Schrei
und schreie immer weiter
gegen Ungerechtigkeit
und Unterdrückung.

Und wenn du an der Hand deines Vaters
dich aufrichtest,
dann steh immer wieder auf
gegen die Zerstörung deiner Lebenswelt.

Deine Eltern werden dir den Rücken stärken.

Sei gesegnet, mein Enkelkind!

Anhang II

Texte der Interviews

Interview mit Regine Lagies

Ribnitz-Damgarten

1. Welches Bild von Ihrem Beruf hatten Sie, als Sie die Ausbildung begannen?
Ich war mit Anfang zwanzig zu jung, um mir ein Bild zu machen. Ich hatte damals nur den Anspruch, Frauen begleiten zu wollen, in ihrer schönen, besonderen oder schwierigen Situation zu begleiten in einer schönen, warmen Atmosphäre. Die Kliniksituation war zu starr, zu kühl. Mein persönlicher Anspruch war das persönliche Begleiten, die anderen Kolleginnen wollten ihren Job ausfüllen, in dem sie Anerkennung spürten. Und da war die Medizin auch gerade richtig.

2. An welche Momente der Veränderung dieses Bildes erinnern Sie sich?
Die Veränderung fand insofern statt, als wir viele Frauen gleichzeitig begleiten mussten. Das heißt, die persönliche Begleitung fand vorübergehend nicht statt. Du musstest in einem Dienst von acht Stunden fünf Frauen gleichzeitig betreuen. Da fiel dann die Individualität weg, das bedeutete, du funktioniertest nur noch. Man konnte weder die Frau noch das geborene Kind so begleiten, wie man sich das vorgestellt hatte. Das war für mich eine schmerzliche Erfahrung, dass die persönliche Situation für jede Frau und die Hebamme schwierig war. Der Arzt hat ja den Anspruch, medizinisch gerecht sein zu müssen, und die Hebamme wollte individuell, menschlich betreuen. Wir als Klinikhebammen waren dem Arzt untergeordnet.

3. Welches Bild von Ihrem Beruf haben Sie heute?
Das ist schön! Heute habe ich endlich das Gefühl, in einer selbstbestimmten Tätigkeit als Hebamme arbeiten zu dürfen, dass ich selbstbestimmt mit den Frauen persönlich umgehen kann. Ich als freiberufliche Hebamme bin dem Arzt nur noch bedingt untergeordnet. Die Klinikhebammen müssen den Weisungen des Arztes Folge leisten. Wir freien Hebammen brauchen es bei Hausgeburten gar nicht, und wenn wir im Belegsystem arbeiten, müssen wir uns in einer pathologischen Situation unterordnen, das heißt, der Arzt gibt dann vor, wenn es dem Kind oder der Mutter nicht gut geht. Ansonsten haben wir bei normaler Geburt freie Verfügbarkeit, d. h. die Individualität findet wieder das Recht.

In der Freiberuflichkeit kann man als Hebamme arbeiten, indem man sich schon in der Schwangerschaft mit der Frau trifft und sie begleitet, d. h. also, sich ihren Befindlichkeiten, Störungen oder der psychischen Situation der Frau nähern kann, und damit sind wir auch ganz dicht am Leben dran. Schon der Werdeprozess wird von uns begleitet. Wenn die Frau sich gut fühlt, hat sie unsere Stärkung, und wenn sie sich nicht so gut fühlt, öffnet sie sich uns gegenüber. Das heißt wir haben schon einen leichten Einfluss auf das werdende Leben. Wir können die Frau so motivieren, dass sie wieder zu ihren Wurzeln zurückkommt, d. h. in ihrer Fröhlichkeit oder in der Traurigkeit, denn es gibt ja auch traurige Verläufe. Deshalb finde ich es ganz besonders schön, dass wir in diesem Vorfeld der Geburt schon begleitend tätig sein können.

Wir begleiten die Frauen so intensiv, dass sie die vorangegangenen Fehlgeburten oder Totgeburten einfach durch uns besser verkraften können. Kommen wir nicht weiter, ist immer die psychologische Beratung tätig, aber solange wir es für die Frau gut leisten, kann die Trauerbegleitung auch gut bei uns stattfinden. Das ist auch ein neues Arbeitsfeld.

4. Welche Kompetenzen haben Sie auf den verschiedenen Arbeitsfeldern?
Die haben sich wunderbar erweitert in letzter Zeit. Wir hatten vorher nur die Kompetenz der Geburtsbegleitung. Jetzt dürfen wir in der Schwangerschaft begleitend und beratend tätig sein und im Wochenbett haben wir auch die gleiche Kompetenz wie in der Geburtsbegleitung, körperlich und psychisch. Wir können die Trauerarbeit in der Schwangerschaft bei vorangegangener Tot- oder Fehlgeburten leisten.

Und im Wochenbett haben wir die Kompetenz, begleitend an den Ämtern tätig zu sein, d. h. die Frau in die Rechtlichkeit zu begleiten. Wenn die Frau geboren hat, muss sie ja gewisse rechtliche Schritte unternehmen, z. B. die Fördersituation. Damit sie das in Anspruch nehmen kann, werden wir sie auch beraten und begleiten.

Dann gibt es natürlich Schnitte, wo der Jurist oder andere Beratung zum Zuge kommt. Jetzt habe ich das Wochenbett vorweggenommen. Wir dürfen alleine die Frauen begleiten und gebären lassen, während der Arzt – neuerdings – immer eine Hebamme dazu holen muss. Das hat sich geändert. Eine psychologische, sozialarbeiterische, seelsorgerliche Kompetenz im Trauern und auch in der Partnerschaftsproblematik. Wir sind ehe- und sozialberatend tätig. Wir können die Familien als Ganzes sehen und nicht nur die Frau losgelöst in ihrer Schwangerschaft oder Geburtssituation, z. B. die Schwiegermutter und die Großfamilie. Wir haben die Aufgabe, die Schwangere und die Gebärende zu schützen.

Manche Kolleginnen gleiten in New Age ab, d. h. dass sie die Frauen bewusst oder unbewusst manipulieren, diffuse Dinge in die falsche Richtung zu bringen. Das ist gut gedacht, aber oft für die Frau nicht förderlich, weil sie das abhängig macht von der Hebamme und von solchen Kräften, die sie heraufbeschwört.

Homöopathie, Bachblütentherapie oder Akupunktur, Shi-Hatsu, das ist alles begleitend in unseren Möglichkeiten, aber man sollte immer die Frau und das Kind im Auge behalten.

5. Was ist Ihnen über Vorbilder aus der Vergangenheit bekannt?
Tradition – schön zu wissen, dass man den ältesten Beruf überhaupt ausüben darf, dass die Begleitung durch die Frau für die Frau schon sehr lange praktiziert wird. Gelehrt wurde uns nicht, dass Hebammen auch widerständig waren. Es wurde alles nur klinisch beleuchtet. Die ganze Vergangenheit wurde uns vorenthalten.

6. Von wem ist Ihr Selbstverständnis als Hebamme abhängig?
Ich bin seit dreißig Jahren Hebamme und davon zwanzig Jahre klinisch gebunden, ich war einfach eine funktionierende Krankenhaushebamme. Ich habe aber die Frau ganz persönlich begleitet, weil es mir Freude gemacht hat. Ich hätte es aber auch stereotyp machen können, nur die Arbeit. Da war eine Diskrepanz zu der gesellschaftlichen Vorstellung. Weil ich Pfarrfrau war, war es mein persönlicher Anspruch, die Frau nicht nach »08/15« zu begleiten.

Das ist auch eine Form von Widerständigkeit gegen die Vorstellung der Klinik. Ich habe mich persönlich engagiert für die Frau und für das werdende Leben.

7. Woher speist sich heute Ihr Selbstverständnis?
Der Frau entsprechend sie gut zu begleiten im Einvernehmen mit den heutigen Möglichkeiten. Frau und Kind begleiten, ich habe aber auch eine Verantwortung für Staat, Kirche und werdende Familie. Das ist meine Verantwortlichkeit und darin bewege ich mich, das sind auch immer Grenzerfahrungen.

Im Grunde bin ich ja psychologisch tätig, ohne Psychologin zu sein. Ich bin beratend tätig, ohne benannte Beraterin zu sein. Eine Hebamme macht Grenzerfahrungen im familientherapeutischen und im geburtshilflichen Bereich. Dabei haben wir die Großfamilie als Rückhalt oder als Widerstand. Da müssen wir einiges wieder aufbrechen für die Frau und das neugeborene Kind.

Ich treffe mich mit Kolleginnen, um mich zu besprechen.

8. Wen akzeptieren Sie als Autorität?
Es gibt für mich die Verantwortlichkeit für Gott und für das Leben, gegenüber Gott.

Mein Gewissen setzt mir Grenzen und mein Gewissen erlaubt mir vieles in diesem Grenzbereich. Mein Gewissen orientiert sich an dem guten, heilen, harmonischen – stimmt nicht immer – Leben der Frau in ihrer Abhängigkeit. Im Grunde möchte ich die Frau begleiten, dass sie nicht nur von Kind und Mann abhängig ist. Das ist mein Ziel, dass die Frau selbständig ist, wenn auch im Augenblick gebunden. Ich will die Frau in ihre Selbständigkeit, in ihre Möglichkeiten entlassen. Sie soll ihr Kind gebären und auch in Ruhe begleiten können, aber sie soll nicht nur gebunden bleiben. Ich möchte, dass sie eine Möglichkeit sieht, dass sie frei ist von ihrer Abhängigkeit, in Liebe und Selbstbestimmtheit lebt, das ist mein großes Ziel.

9. Was denken Sie über die Bedeutung des Gebärens in der existentiellen Erfahrung der Frau?
Auf jeden Fall ist das Gebären eine Grenzsituation und in jedem Fall immer eine Bereicherung. Die Frau geht durch Höhen und Tiefen, denn die Geburt ist immer Glücksmoment und auch die tiefste Erniedrigung, die die Frau sich vorstellen kann, weil sie sich in die Schmerzen hineinbegeben muss in den meisten Fällen, ganz wenige Frauen haben eine leichte Geburt. Durch diese Grenzerfahrung werden die Frauen aus meiner Sicht sehr, sehr stark und sie kommen gestärkt heraus und es passiert ganz viel – sie sind sehr ergriffen.

Nach der Schmerzerfahrung kommt mit einem Mal dieses Tief-atmen-Aha-Moment der Seligkeit, Heiligkeit, also in der Geburt passiert so ein seliger Moment der heilen Welt, der Unberührtheit. Das passiert nur bei der Geburt und auch im Grenzbereich des Sterbens. Sie muss loslassen, aber auch sehr aktiv sein, damit das Kind geboren werden kann.

Ich spreche auch gerne von der Geburtsarbeit, ob sie schön oder hart oder weniger schön ist, sei dahin gestellt, aber es ist eine Geburtsarbeit.

Dieses Atemlose, dieses Neugeborensein, da ist Gottes Schöpfung so etwas von sichtbar. Da ist der Bereich, der genau den Beruf der Hebamme ausmacht, wir dürfen an diesem Schöpfungsgedanken teilhaben. Die Frau ist Mitschöpferin durch die Kraft und Gelassenheit und den Mut. Durch die Frau entsteht das Leben schlechthin. Die Intensität der Paare zueinander ist in diesem Augenblick wie ein Glücksmoment, dieses unverfälschte Glück. Nach der Anspannung kommt die Gelöstheit, die Seligkeit im wahrsten Sinne des Wortes. Ohne Schrei kein Leben, das ist die Geburtserfahrung. Das ist mein Grundbild: Anwältin für die Frau zu sein.

Frau zu sein bedeutet mehr, nicht nur biologische Frau, sondern auch geistige und geistliche Frau. Das ist mein Ziel, dass die Frauen dazu erstarken oder wir sie stark machen in der heutigen Zeit. Da haben die Hebammen die größte Nähe zur Frau. Wir erleben die Großmütter mit der Fröhlichkeit der jungen Großmutter, aber auch mit der Traurigkeit, dass ihnen damals ein wichtiges Erlebnis abhanden gekommen ist, denn eigentlich wurden sie durch die klinische Geburt benachteiligt.

10. Für die Väter und für die anderen Familienmitglieder – ist es auch für die eine existentielle Erfahrung?
Die Männer sind so berührt, sie wissen, es ist noch mehr als das Materielle, was sie umgibt, sie sind ergriffen von der Geburtserfahrung, sie sind emotional so weit, dass sie ihren Ursprung erkennen. Bei der Geburt ist die eigene Ursprünglichkeit so präsent wie nirgends anders.

11. Lassen Sie es die Mutter und gegebenenfalls die Familie wissen, was Sie beeindruckt? Gibt es eine Geste, ein Wort?
Das ist schwierig zu beantworten. Ich verharre erst mal ganz kurz andächtig, sehr ruhig. Ich überlasse es den Eltern. Später gratuliere ich. Ich reiche das Kind der Mutter, dann mein Glückwunsch, weil ich Ehrfurcht vor dem Leben habe, will ich den Eltern die Ehre geben.

Wenn die Nabelschnur durchgetrennt ist, lege ich das Kind auf den Bauch der Mutter. Wenn der Vater durchtrennt, ist damit die Beziehung ganz präsent. Die Nachgeburt wird geboren und gemeinsam angeschaut. Ich bespreche es vorher, ob die Eltern die Nachgeburt mitnehmen möchte: Was wollt ihr damit machen, in den Garten vergraben oder verwerfen? Dieses Anhängsel vom Leben spendenden Teil für das Kind!

Wenn es keine medizinische Versorgung geben muss, dann folgt jetzt diese Geburtsruhe, eine heilige Ruhe, die lange anhält. Sie haben jetzt ein bis zwei Stunden für sich.

Interview mit Kerstin Sattler

Güstrow, Hebammenpraxis

1. Als Sie Ihre Ausbildung zur Hebamme begannen, hatten Sie da eine vage oder auch eine feste Vorstellung, ein Bild, von diesem Ihrem Beruf?
Ich hatte keine Vorstellung, eher ein naives Bild. Das typische Klinik-Hebammen-Bild war nicht unbedingt mein Vorbild. Ich wollte Frauen bei der Geburt begleiten, aber sie auch vor und nach der Geburt betreuen.

2. Hat es im Laufe der beruflichen Erfahrung Veränderungen dieses Bildes gegeben? Erinnern Sie sich an Anlass und an die Richtung der Veränderung?
Es gab öfters Wandlungen. Ich erlebte, wie ich es nicht machen will: eine einseitige Betreuung in der Klinik. Ich war in der Ausbildung in einer großen Klinik, wir haben die Frauen während der Entbindung begleitet und sie gerieten schnell in Vergessenheit.

Wie ich es mir vorstelle? Minimalaufwand an Technik! Wir sind immer auf die Welt gekommen, die Natur hat es so eingerichtet. Das geht auch heute bei normalen, gesunden Frauen.

Heute haben wir einen höheren Standard an Sicherheit – die Geburt ist total überwacht. Aber mein Idealbild von der ganzheitlichen Betreuung der Frauen lässt sich nur schwer realisieren. Die »Rund-um-die-Uhr«-Bereitschaft für die Geburt habe ich wegen der enormen Belastung wieder aufgegeben.

Auch jetzt kann ich nicht immer so arbeiten, wie ich möchte, weil Frauen bestimmte Wünsche haben. Sie verstehen unsere Arbeit als Dienstleistung.

3. Sie haben auf Grund Ihrer Erfahrungen und auf Grund Ihrer bewussten Einstellung heute ein bestimmtes Berufsbild. Bitte umschreiben Sie es.
Was ich will: möglichst ganzheitliche Betreuung der Schwangeren, Gebärenden und Wöchnerin. Wir lernen die Frauen früh kennen und betreuen sie bis zum Ende der Stillzeit.

Die Hebamme ist für viele Frauen eine Bezugs- und Vertrauensperson für diese besondere Zeit.

4. Sind Ihnen Vorbilder aus der Geschichte der Hebammen bekannt? Haben Sie ein Vorbild aus der Gegenwart?
Ich kenne kein konkretes Vorbild. Justina Siegmund hatten wir in der Ausbildung, ihren »doppelten Handgriff« bei Steißlage mit Schlinge usw. Das macht man heute nicht mehr. Es sind zu viele Risiken dabei.

Ich habe das Buch von Ottilie Grubermann gelesen: 200 Praxisfälle. Das hat mich beeindruckt, es ist aus der Zeit der Hausgeburten und dann der Übergang in die Klinik.

5. Als freiberufliche Hebamme haben Sie Kompetenzen auf verschiedenen Arbeitsfeldern. Welche Rolle und welchen Stellenwert müssten Ihrer Meinung nach dementsprechend Hebammen in unserer Gesellschaft haben?
Unsere Kompetenzen sind: Die normale Geburt und die Betreuung im Wochenbett – das sind der Hebamme vorbehaltene Tätigkeiten. Die Betreuung der Schwangeren wird größtenteils durch die Arztpraxen und die Arzthelferinnen durchgeführt. Häufig werden wir von den Ärzten als Konkurrenten betrachtet statt als sich ergänzende Berufsgruppen. Durch die »Technisierung« der Schwangerschaft und der Geburt geraten die eigentlichen Aufgaben der Hebamme (Überwachung der normal verlaufenden Schwangerschaft, Geburt und Betreuung des normal verlaufenden Wochenbettes) in Vergessenheit. Dadurch verändert sich das Berufsbild der Hebamme.

6. Sie sind eine Vertrauensperson für die Frauen und Familien. Sie müssen auch schnelle Entscheidungen treffen. Hat Ihr Gewissen eine Autorität oder eine Zielrichtung?
Ja, mein Gewissen hat ein Ziel: dass es Mutter und Kind gut geht.

Ein Beispiel ist die pränatale Diagnostik. Wir erklären, was sich dahinter verbirgt, damit es die Frauen verstehen. Zum Beispiel haben Spätgebärende ein höheres Risiko. Hier beginnt eine Maschinerie: Trippeltest, Fruchtwasseruntersuchung, und das kann zum Entscheidungskonflikt führen. Welche Konsequenzen haben die Ereignisse eines Testes für die Schwangere, bzw. für das betreffende Paar?

Ich bin dabei nur beratend tätig, weil ich die Entscheidung nicht fälle, auch niemandem die Entscheidung abnehmen kann. Natürlich habe ich auch Grenzen, die mir mein Gewissen vorgibt. Mein Ziel ist dabei immer das Wohl der Mutter und des Kindes.

7. Auch bei vielen Geburten, die Sie leiten, ist die Geburt für jede Mutter etwas Besonderes und ich vermute, auch für Sie selbst. Wie können Sie dieses Besondere beschreiben?

Erstmal ist es für mich etwas Besonderes, aber es tut mir fast schon weh, dass sich da Routine eingeschlichen hat. Bei den ersten Geburten hatte ich eine Gänsehaut, Tränen vor Freude, wenn ich Mutter, Vater und Kind beieinander sah. Heute spüre ich die Verantwortung und bei mancher Geburt stehe ich unter Zeitdruck und hierbei fällt es mir schwer, mir dieses »einmalige Erlebnis dieser besonderen Situation« zu bewahren.

Hier ist etwas Fertiges, ohne Naht, ganz und gar vollkommen geboren worden!

Ich mache wenig bei der Geburt, ich führe sie – ja, aber nicht ich bin kreativ. Auch verläuft die Geburt nicht immer wie im Idealfall. Eigentlich gibt es keinen Idealfall, jede Geburt verläuft anders. Auch die Frauen empfinden die Geburt sehr unterschiedlich. Die Atmosphäre ist ganz anders, aber auch schnell wieder weg, eine sehr dichte Atmosphäre. Ist die Geburt gut verlaufen, das Kind ist da und gesund, sind die Eltern glücklich, dann bedeutet das auch für mich Glück und Zufriedenheit.

8. Für die Väter und für die anderen Familienmitglieder – ist es für die auch eine existentielle Erfahrung?

Es gibt eine Veränderung beim Vater beim ersten Kind, eine andere Beziehung zur Frau. Die meisten Männer bereuen es nicht, bei der Geburt dabei gewesen zu sein. Sie haben eine andere Achtung und danken der Frau für das, was sie geleistet hat unter der Geburt.

Es kann auch Eifersucht entstehen, auch bei älteren Kindern, das wird durch das Neue in der Familie ausgelöst.

Großmütter staunen, erleben das, was sie beobachten, viel bewusster als ihre eignen Geburten, weil sie ja unbelastet sind.

9. Lassen Sie es die Mutter und gegebenenfalls die Familie wissen, was Sie beeindruckt? Gibt es eine Geste, ein Wort?

Ja, das mache ich spontan: Ich sage zur Frau, wenn sie etwas Besonders gut gemacht hat aus meiner Sicht: »Das machst Du gut!« Nach der Geburt lege ich das Kind der Mutter auf den Bauch, dann nabeln wir es gemeinsam ab. Das Durchschneiden der Nabelschnur ist ein Ritual, was die Väter gerne übernehmen. Ich biete ihnen dann an, die Plazenta mitzunehmen und erzähle ihnen, dass das etwas ist, das zu ihnen gehört, was ganz normal ist, ein Organ.

Manchmal zeige ich das Kind noch mal nackt, wir sprechen darüber, wenn etwas Besonderes da ist, wie z. B. rote Haare. Dann biete ich ihnen an, ob sie erst kuscheln wollen oder das Kind gleich an die Brust legen. Dann versuche ich mich zurückzunehmen, mache die Tür einen Spalt weit offen, ich muss es ja überwachen, und lass die Eltern allein mit dem Kind.

Ja, ich bin Mitglied einer sehr sensiblen Situation, neulich habe ich eine Frau beim dritten Kind bei der Geburt begleitet, da fühlte ich mich richtig dazugehörig.

Interview mit Dagmar Saeckel

Friedrichshof, Geburtshaus

1. Als Sie Ihre Ausbildung zur Hebamme begannen, hatten Sie da eine vage oder auch eine feste Vorstellung, ein Bild, von diesem Ihrem Beruf?
Ich war die Jüngste von vier Kindern. Weil meine älteren Schwestern gerade ihre Kinder kriegten und von den Geburten erzählten, z. B. dass die Hebammen nicht immer da waren, deshalb wollte ich Hebamme werden. Ich wollte die Frauen betreuen, den Rücken massieren, ihre Hand halten, das wollte ich machen, auch mit Kindern wollte ich umgehen, pflegen und helfen. Und ich merkte, dass ich nicht nur mit Kindern im Kindergarten arbeiten wollte.

Die Ausbildung war dann ganz schön hart. Alle 14 Tage dachte ich, ich höre wieder auf! Ich war ja 16 Jahre alte, als ich anfing mit der Ausbildung. Mir machte die Hierarchie zu schaffen. »Wir machen erst etwas aus dir ...!« Alle 14 Tage hat es gekracht. Es war die pure Schulmedizin. Andeutungsweise gab es mal Rücken massieren und wir Schülerinnen mussten am Bett der Frau bleiben. Aber es war keine wirkliche Hilfe für die Frau, es ging nur darum, ob das CTG richtig läuft, Temperatur, Blutdruck usw., nur aus medizinischer Sicht. Auf die Bedürfnisse der Frau wurde nicht eingegangen.

2. Hat es im Laufe der beruflichen Erfahrung Veränderungen dieses Bildes gegeben? Erinnern Sie sich an Anlass und an die Richtung der Veränderung?
Das, was ich machen wollte, mache ich jetzt, und zwar nach der Ausbildung. Ich wollte nie wieder in eine Klinik, das fand ich ganz schlimm, aber meine Freundinnen rieten mir, noch Erfahrungen zu sammeln in einer Klinik. Ich hatte in der Ausbildung nur 60 Geburten. Deshalb bin ich nach Herdecke, ein anthroposophisches Haus.

In Herdecke hat es mir dann nicht gefallen, dass ich die Frauen nur an der Tür zum Kreißsaal empfangen und abholen konnte. Ich habe dort schon angefangen, Kurse zu geben, z. B. in Rückbildung. Im Kreißsaal hat es mir schon gefallen, weil die Frauen in ihren Bedürfnissen frei gelassen wurden. Badewannen gibt es dort heute schon, aber damals, 1993, war dies Anlass zu Differenzen. Aus der Sicht der Anthroposophie muss die Frau auf der Erde gebären, sie muss geerdet werden. Aber ich habe nichts über die Frauen gewusst, sie kamen ja erst, wenn die Wehen anfingen, dann konnte ich keine intimen Fragen mehr stellen, wir konnten nichts mehr aufarbeiten, was für die Geburt wichtig gewesen wäre.

Damals habe ich mich geöffnet für Neues, z. B. für Homöopathie. Ich habe mein Bild von Hebamme nicht grundsätzlich geändert, sondern weiterentwickelt.

Wegen der Krisen in Herdecke, die ich hatte, ging ich auf die Gyn-Station, wo 84 Prozent Frauen mit Krebserkrankungen lagen. Da ist die Entscheidung zur Freiberuflichkeit gefallen, aber ich wollte noch ins Ausland. Ich ging in die Schweiz nach Arlesheim/Basel in das anthroposophische Therapeutikum. Das heißt, es gab eine geburtshilfliche Abteilung (kein OP) mit drei Hebammen, das war in Richtung Geburtshaus, eben kein Kaiserschnitt, aber eine gute Zusammenarbeit mit den Ärzten. Die Hebammen wurden gleich von Gynäkologen dazugeholt, alle 14 Tage abwechselnd während der Schwangerschaft zum Gynäkologen und zur Hebamme. Es gab auch die Betreuung im Wochenbett für die Hebamme.

Da wurde mir dann die Anthroposophie zu eng. Deshalb ging ich hierher, ich komme ja aus Bad Doberan. Wir konnten das Gutshaus günstig bekommen.

3. Sie haben auf Grund Ihrer Erfahrungen und auf Grund Ihrer bewussten Einstellung heute ein bestimmtes Berufsbild. Bitte umschreiben Sie es.

Mir geht es darum, die Frauen kennen zu lernen, um Aufarbeitung, Problemlösung. Mir geht es darum, den natürlichen Ablauf der Geburt zu ermöglichen, die die Beziehung zum Kind unterstützt und nicht dazwischensteht. Ich meine die Arbeit an der Beziehung zwischen Frau und Mann. Die Männer verstehen sich oft selbst nicht mehr, besonders beim ersten Kind. Da kann ich beraten und begleiten. Die Geburt ist ein sehr ergreifendes Ereignis, aber das ist mir nicht mehr so wichtig in der Arbeit, sondern das Vorher und Nachher.

4. Sind Ihnen Vorbilder aus der Geschichte der Hebammen bekannt? Haben Sie ein Vorbild aus der Gegenwart?

Nein, wir waren nicht geschichtlich orientiert in der Ausbildung. Ja, ich musste mich selbst definieren, weil kein Bild aus der Geschichte da ist. Es wäre in der Ausbildung schon möglich gewesen. Heute ein Vorbild? Nein, ich habe aber Freundinnen, die habe ich sehr gern, aber sie sind nicht Vorbild für mich.

5. Als freiberufliche Hebamme haben Sie Kompetenzen auf verschiedenen Arbeitsfeldern. Welche Rolle und welchen Stellenwert müssten Ihrer Meinung nach dementsprechend Hebammen in unserer Gesellschaft haben?
Eine Hebamme kann Geburtshilfe leisten ohne Arzt, umgekehrt nicht. Ich bin auch Stillberaterin, Wochenbettbetreuerin, ich mache Schwangerenvorsorge, Eintragung in den Mutterpass.

Ja, auch Lebensberatung, Trauerbegleitung (trauen sich nicht viele Hebammen zu).

Ich bin nicht eine, die von außen dazu kommt, sondern selbst eine Betroffene. Beratung bei Ultraschall und Fruchtwasseranalyse, die wir aber nicht selbst machen. In Holland, Skandinavien ist das anders. Dort geht die Schwangere zuerst zur Hebamme und nur, wenn etwas nicht stimmt, zum Gynäkologen. Hier ist es anders, es geht um Machbarkeit im Krankenhaus, ob Hebamme und Arzt gut zusammenarbeiten, ein Recht gibt es nicht.

Bei pränataler Diagnostik bin ich beratend, ich kläre mit der Frau, was sie will. Viele Frauen sind so verfangen. Sie werden nicht aufgeklärt, welche Konsequenzen das hat, z. B. auch die Feindiagnostik im Ultraschall, da geht es z. B. bei Klumpfuß um den Rat, ob Abtreibung. Das wird nicht vorher besprochen beim Gynäkologen. Die Frage, behalten wir das Kind, wenn es nicht gesund ist?

Es wäre schon gut, wenn Hebammen mehr gesellschaftlich vertreten wären, wenn sie nicht nur vor sich herpuzzeln würden. Sie sehen ja bestimmte Sachen noch mal von einer anderen Seite.

6. Sie sind eine Vertrauensperson für die Frauen und Familien. Sie müssen auch schnelle Entscheidungen treffen. Hat Ihr Gewissen eine Autorität oder eine Zielrichtung?
Wichtig ist mir, dass das Kind und die Frau gesund bleiben, gesund sind oder werden. Das Wohl aller Beteiligten ist im Vordergrund. Aber die Frauen müssen auch an sich arbeiten, auch psychische Gesundheit ist wichtig. Ich unterstütze es nicht, wenn die Frau alle Schuld auf andere, auf den Mann, schiebt.

7. Auch bei vielen Geburten, die Sie leiten, ist die Geburt für jede Mutter etwas Besonderes und ich vermute, auch für Sie selbst. Wie können Sie dieses Besondere beschreiben?
Das kann ich schwer in Worte fassen.

Es gibt verschiedene Grenzen im Leben, die man zu überschreiten hat. Man kann sich dabei um vieles drücken, aber nicht um die Geburt. Es kommt schon vor, dass die Frau bei den Wehen sagt, ich packe alles und gehe wieder nach Hause. Aber man muss durch, es wirft alles um an Leidensvorstellungen, an Schmerzgrenzen. Das Denken ums eigene Leben und um das Leben der anderen wird neu geprägt.

Ja, ich halte das Kind als erstes in der Hand. Bei jeder Geburt ist das ergreifend, aber ich habe dazu keine Worte. Mit den Jahren habe ich dazu ein differenzierteres Gefühl, z. B.: In welche Familie wird das Kind hinein geboren? Wie wird es dem Kind gehen in der Geschichte der Eltern? Es ist doch emotional mehr oder weniger gebunden.

Auch bei den Eltern ist das ganz unterschiedlich. Manchen fällt das Kind sozusagen in den Schoß, andere müssen darum kämpfen, es anzunehmen. Sie müssen daran arbeiten. Sie erleben Beschwerden, mit denen sie nicht gerechnet haben, z. B. die Übelkeit, die kann so schlimm sein, dass eine Frau sich fragt: »Warum wollte ich jemals schwanger werden?«

Auch hinterher müssen sie ständig lernen, sich selbst kennen lernen.

Die Geburt wühlt alles auf, das alles wird im Wochenbett langsam zurechtgerückt, dass sich die Dinge einspielen.

Die Frage »Ist auch alles dran?« spielt bei Frauen, die Ultraschall machen ließen, nicht mehr die Rolle. Sie kennen das Kind schon, sie wissen schon alles, es ist zu selbstverständlich. Ohne Ultraschall ist es ein größeres Glück. Ich selbst habe meine drei Kinder ohne Ultraschall gekriegt.

8. Für die Väter und für die anderen Familienmitglieder – ist es auch für die eine existentielle Erfahrung?

Es gibt viele Umstellungen, Eltern bleibt man ja ein Leben lang.

Für die Väter ist es auch ergreifend, sie müssen eine geliebte Person leiden sehen, sie stecken nicht drin, sie haben Todesängste besonders beim ersten Kind, sie wissen nicht, wie es ausgeht, bei weiteren Kindern wissen sie dann schon, dass es gut ausgeht.

9. Lassen Sie es die Mutter und gegebenenfalls die Familie wissen, was Sie beeindruckt? Gibt es eine Geste, ein Wort?

Ich seh mich da nicht als so wichtig. Ich gehöre nicht zur Familie. Ich bin dazu da, dass es allen gut geht. Ich biete dem Mann an, die Nabelschnur durchzuschneiden, aber nicht alle wollen es. Ich sage es ihnen vorher: Überlegt euch, was ihr gerne habt, eine Kerze, Blumen, sie sollen sich vorher Gedanken darüber machen.

Die Nachgeburt, da gibt es ein Ritual, aber nicht für alle: Ich gebe sie nachher mit, sie wird getrocknet, dann nimmt die Mutter sie ein als Pulver wie ein Medikament. Es hilft zur Rückbildung, Milchproduktion, auch die Wochenbettdepression fällt weg.

Das erste Wort der Hebamme? Ich sage nichts, damit legt man doch einiges mit in die Wiege, aber ich will kein prägendes Wort, positiv oder negativ, sagen.

Bei der Geburt rede ich nicht viel, ich mache nicht viel. Ich bin Beobachterin und sorge dafür, dass die Geburt für beide, für Mutter und Kind, gut geht. Ich bin sozusagen eine neutrale Mutter. Sie sollen erleben, wie sie es möchten. Dass es eine gute Erfahrung bleibt.

Interview mit Annerose Friedrich

Wittenförden, in ihrer Praxis

1. Als Sie Ihre Ausbildung zur Hebamme begannen, hatten Sie da eine vage oder auch eine feste Vorstellung, ein Bild, von diesem Ihrem Beruf?
Ja, zu DDR-Zeiten konnte man erst mit 18 Jahren und nach einer Ausbildung in einem Beruf im Gesundheitswesen – ich hatte in Bitterfeld ein Jahr allgemein und ein Jahr Gyn- und Geburtsabteilung – eine einjährige Hebammenausbildung machen. Ich wollte selbständig arbeiten, zwar eingebunden im Klinikalltag mit Schichtdienst und Sonn- und Feiertagen. Und die Familie muss da auch mitziehen. In Merseburg hatte ich gleich Sitzwache und Spritzengeben. Dabei habe ich den ersten Todesfall im Kreißsaal miterlebt. Die alten Kolleginnen sagten: »Wenn du Hebamme werden willst, musst du damit umgehen können.« Das war ein Aha-Erlebnis, wie eng nämlich Leben und Tod beieinander sind und im Leben dazu gehören. Das muss man akzeptieren. Ich habe einen Todesfall im Kreißsaal nur noch einmal miterlebt, in Schwerin.

Dann war meine Mutter Rentnerin und musste mitgetragen werden, finanziell, und ich habe selbst ein Kind gekriegt. Im Gegensatz zur Krankenschwester ist es ein eigenverantwortliches und selbständiges Arbeiten. Ich trage die Verantwortung selbst, in der Klinik heißt es gleich: »Herr Doktor«, da ist Gewaltenteilung, aber strafrechtlich trage ich die Verantwortung. Schnell eckt man beim Arzt an, heute mehr denn je.

2. Hat es im Laufe der beruflichen Erfahrung Veränderungen dieses Bildes gegeben? Erinnern Sie sich an Anlass und an die Richtung der Veränderung?
Nach der Wende war die Aufgabenstellung neu. Zu DDR-Zeiten gab es Mütter- und Schwangerenberatung – von einer Hebamme und einem Arzt betreut und bei Auffälligkeit sofort in die Klinik – und Klinikalltag. Diese Schwangerenberatung ging mit der Wende den Bach hinunter. Jeder Gynäkologe, der seit tausend Jahren keine Schwangere angefasst hatte, kriegte dafür ein Jahr lang Geld! Die Qualität war nicht toll.

Mit 50 Jahren hab ich mir dann überlegt, ob ich zehn Jahre die Schnauze halten soll oder »Geburtshilfe« machen. »Geburtsmedizin« gehört dazu. Weil Frauen Kinder selbst bekommen, brauchen wir mehr Hilfe als Medizin! Je weniger man interveniert, desto besser geht es.

Heute bin ich freiberufliche Hebamme mit Hausgeburten. Ich sehe das so: Wenn die Frau es möchte und alles stimmt, dann ist die Hausgeburt richtig. Wir haben ein gut ausgebautes Rettungssystem und ein dichtes Kliniknetz. Die Kliniken sehen uns allerdings als Spinner.

Jetzt wird in der Klinik bei jeder Geburt ein Arzt zugezogen, es sei denn, die Frau lehnt es ausdrücklich ab. Mutterberatung war nach der Wende nicht mehr, stattdessen musste die Mutter täglich zur Nabelpflege zum Kinderdoktor rennen.

Ich habe in Schwerin mit der Nachsorge angefangen. Es wurde immer mehr, Ärzte brauchten für Risikoschwangere eine Hebamme, so kam ich rein. Und Weiterbildungen. In kleinen Gruppen habe ich zu Hause Geburtsvorbereitung angefangen.

Ein Schlüsselerlebnis war eine nicht ganz schöne Geburt mit einem geschädigten Kind. Es wurde mit der Zange geholt, der Schädel war beschädigt, also es hing mit der Geburtsmedizin zusammen. Ich fragte mich: Willst du das noch mitmachen? Damals gingen auch die Geburtszahlen runter. Was willst'e? Hier rumsitzen oder Geburtshilfe? Zunächst machte ich in einem Raum bei einer Ärztin Vorbereitung und Nachsorge.

Ja, Familienhebamme nenne ich mich, weil ich natürliche Geburten leite. Ich behandle zusätzlich mit Wasser-Shihatsu.

3. Sie haben auf Grund Ihrer Erfahrungen und auf Grund Ihrer bewussten Einstellung heute ein bestimmtes Berufsbild. Bitte umschreiben Sie es.
Eine exotische Hausgeburtshilfe. Es gibt wenig Hebammen, die das machen. Ich warte, bis das Kind kommen will.

Die Frauen haben mich die Hausgeburt gelehrt mit ihrem Vertrauen, dass wir zusammen können, und mit ihren negativen Erfahrungen mit der Klinikentbindung.

Dass Kinder in eine Familie hineingeboren werden können ohne Trennung, da gibt es keine Eifersüchteleien der älteren Geschwister. Das Baby hat die Mama nicht weggenommen und sie war nicht nur bei einem kurzen Besuch in der Klinik zu sehen.

4. Sind Ihnen Vorbilder aus der Geschichte der Hebammen bekannt? Haben Sie ein Vorbild aus der Gegenwart?
Ja, Justina Siegemund. Ich habe ihr Buch im Faksimile-Druck, Staude-Verlag, daraus nehme ich einige diagnostische Sachen. Aber es gibt keine 100-prozentige Sicherheit! Intuition und Wissen aus Lernen und Erfahrung! Wir haben nicht mehr das umfassende Wissen, sind als Schulmediziner ausgebildet. Das alte Wissen müssen wir wieder entdecken.

Sehr dankbar bin ich Inge Stadelmann. »Hebammensprechstunde« heißt ihr Buch. Der Schulmedizin gegenüber stehen Homöopathie, Aromatherapie und die eigene Erfahrung als Hebamme und Mutter. Nach dem Motto: »Es geht auch ohne!«

Als Hebamme halte ich viele Dinge zurück, es geht nicht um das Machbare, sondern darum, geschehen zu lassen. Mal gab es bei Prüfungsfragen die Frage: Was ist das wichtigste Instrument? Antwort: Warten und dann im richtigen Moment aufspringen! Wichtig ist, sich selbst zurückzunehmen!

Bei Hausgeburten – und deshalb werden sie kritisch angesehen – gibt man der Frau die Möglichkeit, sich der Öffentlichkeit zu entziehen. Das wird abgelehnt. Der Arzt, der nur Gast ist bei der Geburt, kann es nicht beurteilen. Mit Kinderärzten arbeite ich wunderbar zusammen. Sie kommen gerne in die Familien, weil die Atmosphäre von Heilsein und Glocken-Geborgenheit so toll ist.

5. Als freiberufliche Hebamme haben Sie Kompetenzen auf verschiedenen Arbeitsfeldern. Welche Rolle und welchen Stellenwert müssten Ihrer Meinung nach dementsprechend Hebammen in unserer Gesellschaft haben?
Laut Gesetz: Vorsorge, Risikoschwangerschaftsberatung, Hilfe bei Wehen und Beschwerden, Geburtsbegleitung, Wochenbett, Rückbildung, Stillen.

Eigentlich müssten wir mehr Beachtung finden. Wir arbeiten am Nabel der Welt, sind aber nicht der Nabel der Welt.

Wo wir vor 400 Jahren standen, müssen wir wieder anfangen, unsere Stellung zu erarbeiten, um Akzeptanz zu bekommen. Die Ärztekammer tut uns ab als Hilfspersonal. Hier im Osten verdienen wir 90 Prozent, aber die Geburt geschieht 100 Prozent.

Ich arbeite sehr eng mit der Caritas zusammen. An Asylbewerberinnen und Behinderten gehen die Leistungen vorbei. Es ist zu wenig. Ich spreche da Englisch, es sind Frauen aus der jüdischen Gemeinde, Palästinenserinnen.

Gewalt in der Familie kriege ich schnell mit durch die Wasserarbeit. Es wird sichtbar. Wenn ich behutsam bin, öffnen sie sich und eine Therapie ist möglich.

Es ist der Vorteil meines Alters, dass ich mit den Vätern reden kann, z. B. bei Gewalt.

Auch Väter haben Probleme, weil sie dabei sein sollen. Im Fernsehen wird die intime Sache an die Öffentlichkeit gezerrt. Wir müssen wesentlich sensibler damit umgehen.

Gute Geburtsleitung kann psychische Probleme, z. B. Missbrauch, erkennen. Bei gutem Miteinander zwischen Klinik und draußen, da kann man helfen, dass z. B. kein Mann im Kreißsaal ist.

Mutter und Familien werden oft allein gelassen nach der Geburt. Die Wiedereingliederung in die Berufe wird den Müttern schwer gemacht. Die Frauen haben zu DDR-Zeiten in der Landwirtschaft körperlich hart gearbeitet. Meine Tochter hat Schäfer gelernt. Das ging alles in der Wende den Bach runter.

Dazu noch: Hilfe beim Ausfüllen von Formularen, wenn Abschiebung droht oder Haushaltshilfe beantragt wird. Zusammenarbeit mit dem Pflegedienst, dass die Frau die Leistung bekommt, die ihr zusteht, ohne Abzocken.

Auch z. B. der Trippeltest, der nicht sicher ist, aber Geld bringt.

Je früher die Frauen zur Hebamme kommen, desto besser. Wir arbeiten nicht mit der Angst der Frau, damit dann eine Risikoschwangerschaft draus wird und mehr Geld bringt!

6. Sie sind eine Vertrauensperson für die Frauen und Familien. Sie müssen auch schnelle Entscheidungen treffen. Hat Ihr Gewissen eine Autorität oder eine Zielrichtung?

Sachkompetenz zum Wohl von Mutter und Kind. Da gibt es keine Diskussion. Klare Grenzen, die kleiner sind als die Toleranz. Ich bin Mitglied im Geburtshaus »Lebenslicht«, da haben wir eine Art Hebammenrundspruch, Erfahrungsaustausch, sonst würde man sagen »Supervision«.

Rechtlich gibt es viele Grauzonen. Deshalb ist auch da Weiterbildung nötig. Wenn man einen Gutachter braucht, sollte man einen nehmen, der außerklinische Erfahrung hat!

7. Auch bei vielen Geburten, die Sie leiten, ist die Geburt für jede Mutter etwas Besonderes und ich vermute, auch für Sie selbst. Wie können Sie dieses Besondere beschreiben?

Für die Frau ist es die Geburt. Ich darf dabei Gast sein. Das Wunder der Geburt, es erleben zu dürfen und zu begleiten, das ist das Besondere. Meine Hände sind die ersten Hände, die das Kind berühren, sanft und gewaltlos und so wird der Mensch auch gewaltlos und wird sich der Gewalt entgegenstellen. Es ist ein »gewaltiges Ereignis«, ein elementares Erleben, wo Frauen über ihre Grenzen hinausgehen, um dem Kind das Leben zu geben.

Ich muss mich zurückziehen und 200-prozentig da sein im gleichen Moment.

8. Für die Väter und für die anderen Familienmitglieder – ist es auch für die eine existentielle Erfahrung?

Für die Väter ist es die Erfahrung einer elementaren Gewalt, wie aus einem bisschen Nichts ein Mensch wird. Und wie viel Arbeit es kostet, um es auf die Welt zu bringen.

Bei den Großeltern kommen oft die alten Geschichten hoch von ihren Geburten.

Der Vater soll nicht ausgeschlossen werden, sondern akzeptiert, auch seine Emotionen sind wichtig, wenn er an die Grenze kommt, das muss man akzeptieren. Er hat ja die Frau noch nicht so erlebt, zärtlich, Hilfe suchend, wütend, vor Schmerzen schreiend, den Mann beschimpfend, anschnauzend. Es ist ein Wechselbad der Gefühle, aber auch keine Sicherheit, dass die Partnerschaft hält.

Es ist dieser Moment: »wow!«, die Ehrfurcht, akzeptiert, geschafft, jetzt kann der Dampf raus, ausspannen und loslassen!

In der Bibel steht ja auch, dass die Hebammen ein aufmüpfiges Völkchen sind! Schifra und Pua in 2. Mose 1!

Ja, dass es über uns was gibt, was uns leitet, dass ein Kribbeln im Bauch ist, auf das wir hören müssen. Intuition mit Mutter und Kind: Die Kinder geben uns das Signal: »Hilf mir!« oder »Lass mich in Ruhe!«

9. Lassen Sie es die Mutter und gegebenenfalls die Familie wissen, was Sie beeindruckt? Gibt es eine Geste, ein Wort?
Wir sprechen vorher ab, wer die Nabelschnur durchschneidet. In dem Moment, wo ich die Schere übergebe, gebe ich das Kind ab.

Wenn die Geburt losgeht, zünden wir das Lebenslicht an. Die Familie entscheidet über den Duft. Dann ist das Kind zugedeckt und bleibt bei der Mutter, wir haben jetzt alle Zeit der Welt.

Hier habe ich Fotos von einer Geburt in der Badewanne. Der elfjährige Bruder hat sie gemacht. Kinder erleben Geburten anders, nicht mit Emotionen, sondern als Tatsachen. Bei Bauchweh muss man auch spucken.

Dann kommt die verfluchte Feierei. Beim Sekt muss ich mich zurükkhalten wegen dem Auto. In Notzeiten wurden Hebammen mit dem Jeep, Hubschrauber oder Panzer gefahren. Auch Taufeinladungen kommen.

Der Frau vermitteln: Du kannst es! Darauf kommt es an. Egal, welche Religion eine hat, siehe »Nathan der Weise«. Wichtig ist, dass man es akzeptiert.

Es gibt da keine Zeit zum Beten. In Pastorenhaushalten gibt es oft keine Kerze, sie steht in der Kirche, aber die Hebamme hat alles dabei.

Die Nachgeburt zu entsorgen, da gibt es ein Gesetz: fünfzig Zentimeter tief, der Vater gräbt, die Mutter legt es, zuerst tiefgefroren, hinein, dann einen Baum pflanzen, nach dem keltischen Kalender.

(Nach Hinweis auf Richtlinien OKR 19. Jahrhundert): Ja, die Männer haben einen Gebärneid, sie müssen sagen, wo es langgeht – siehe Hexenverbrennung. Hebammen wussten viel über jede Familie, sie kannten die Kräuter. Viel Wissen ist flöten gegangen, einiges können wir wiederbekommen. In allen Naturvölkern gibt es dieselben Heilpflanzen, das hat sich die Anthroposophie zunutze gemacht. Aus der Nachgeburt wird auch ein Nosoden zur Behandlung von Mutter und Kind gemacht. Die Indianer legen ein Stück Nabelschnur in einen Beutel um den Hals. Das wird bei Verletzungen zur Heilung verwendet.

Wenn die Nachgeburt verbrannt wird, sind die Farben des Feuers wie ein genetischer Fingerabdruck.

Hebammen müssen mit den Händen denken: Fühlen, wo bin ich, was fühle ich, welche Konsequenzen ziehe ich, was ist die Reaktion darauf?

Wir haben ein Thema vergessen: Wenn das Kind die Miete kündigt. Auch bei Fehlgeburten bei der Frau zu sein, ist Aufgabe der Hebamme. Die Fehlgeburt gehört der Frau. Ich kämpfe darum, dass die Familie sie bekommt und beerdigt.

Wir können keine 100-prozentige Sicherheit erwarten. Es gibt Entscheidungen, die wir zu akzeptieren haben.

Interview mit Dorthe Koebcke-Friedrich

Schwerin, Hebammenladen

1. *Als Sie Ihre Ausbildung zur Hebamme begannen, hatten Sie da eine vage oder auch eine feste Vorstellung, ein Bild, von diesem Ihrem Beruf?*
Nein, ich wurde reingeschubst. Das Berufsbildungzentrum gab keine Informationen über das Berufsbild. Ich konnte damals direkt nach der Schule mit der Ausbildung beginnen, ich war 17 Jahre alt. Ich habe Bücher gelesen, auch wollte ich eigentlich Säuglingsschwester werden.

2. *Hat es im Laufe der beruflichen Erfahrung Veränderungen dieses Bildes gegeben? Erinnern Sie sich an Anlass und an die Richtung der Veränderung?*
Ja, ich hatte in Magdeburg meine Ausbildung, wurde zum Praktikum nach Stendhal delegiert. Das Bild von meinem Beruf war damals ganz anders. Wir waren nur im Kreißsaal und in der Wochenstation. Dann habe ich aus familiären Gründen ein Jahr Schwangerenberatung gemacht, wo ja sonst nur Fürsorgerinnen tätig waren, und lernte die andere Seite kennen. Zur Wende hin wurde das aufgelöst. Ich war damals an die Klinik in Crivitz »ausgeborgt«. Weil die Geburten so zurückgingen, wurde uns eine Abfindung angeboten, wenn wir in die Freiberuflichkeit gingen. Da ich das schon länger vorhatte, habe ich damit 1994 angefangen.

Hier hat man viel mehr Kontakt zu den Frauen, nicht nur unter den Schmerzen. Man lernt die Ängste und Sorgen kennen, hat Kontakt noch eineinhalb bis zwei Jahre nach der Geburt und auch beim zweiten Kind erfährt man, was z. B. aus der Beziehung geworden ist. Vielfach ist das Seelsorge.

Es ist ein einfacheres Arbeiten. Die Frauen sprechen mehr über ihre Probleme, über das soziale Umfeld. Es ist heute nicht mehr so selbstverständlich, dass die Frauen abgesichert sind.

Ich muss aber aufpassen, nicht gluckenhaft zu sein, dass ich die Frauen nicht in Abhängigkeit bringe. Ich bin 24 Stunden für sie da, die Frauen akzeptieren auch, wenn ich mal frei haben will, abgesehen von der Geburt natürlich.

3. *Sie haben auf Grund Ihrer Erfahrungen und auf Grund Ihrer bewussten Einstellung heute ein bestimmtes Berufsbild. Bitte umschreiben Sie es.*
Das Bild hat sich ganz gewandelt. Ich wollte aber die Erfahrungen vorher nicht missen. Die Tätigkeit jetzt ist wesentlich angenehmer. Ich tue, was ich machen will, ich bin mein eigener Herr. Ich kann mit den Frauen frei arbeiten. In der Klinik sind die Ärzte weisungsbefugt. Ich habe einen anderen Status als die angestellten Hebammen, ich habe einen Nutzungsvertrag, es ist ein Mischsystem.

Im Laufe der Zeit habe ich das Selbstbewusstsein, das richtige zu tun. Was ist eine Hebamme? Es ist bewundernswert, dass sich auch die Frauen auf mich als Begleitperson einstellen. Es ist ein Beistehen, das Gefühl geben, dass sie ihre Bedürfnisse verwirklichen können.

Das Medizinische muss schon stimmen. Die Geburt ist ja ein relativ kurzer Moment. Erfahrung und selbst geboren zu haben – ja, das verlangen manche Frauen, damit sie sich verstanden fühlen. Viele Frauen wollen aber auch berieselt werden, sie sagen: »Ich kann die Geburt eigentlich gar nicht.« Für sie ist es viel wert, dass sie sich mit den anderen Frauen im Kurs unterhalten können, dass es anderen auch so geht.

Ich bin Beschützerin der Frau z. B. vor den Ärzten. Da ist ein Quäntchen Misstrauen nötig. Eine Frau will ja nicht, dass eine männliche Person, ein Arzt, zu ihr sagt: »Jetzt legen Sie sich so und so ...« Ich bin da Schlichterin.

4. Sind Ihnen Vorbilder aus der Geschichte der Hebammen bekannt? Haben Sie ein Vorbild aus der Gegenwart?
In der Klinik, wo man sich einiges abguckt, da war eine Hebamme, sie ist relativ früh verstorben, sie war ganz ganz toll selbstbewusst. Sie hat vieles skeptisch gesehen, sie war im Ausland gewesen, in Libyen. Sie war für mich als Schülerin ein Vorbild. Ich habe auch in Berichten von Hebammen gelesen. Die kleinen Sachen vergessen wir oft und die Hebammen damals haben vieles selbst machen müssen.

5. Als freiberufliche Hebamme haben Sie Kompetenzen auf verschiedenen Arbeitsfeldern. Welche Rolle und welchen Stellenwert müssten Ihrer Meinung nach dementsprechend Hebammen in unserer Gesellschaft haben?
Kompetenzen auf allen Bereichen. Lebensberatung rund um die Geburt. Viele Frauen gehen bei Fragen auch zur Caritas oder Diakonie, Frauenärzte schicken sie dorthin. Wenn Schwierigkeiten kommen, werden die Frauen allein gelassen. Durch Mund-zu-Mund-Propaganda kommen sie zu mir. In unserer Gesellschaft werden die Frauen allein gelassen, z. B. an Wochenenden oder Feiertagen. Vor Ostern kam eine Frau, die Zwillinge erwartete und erfahren hatte, dass eines wahrscheinlich krank ist.

Rechtliche Kompetenz, das ist auf Mutterschutz aufmerksam machen, gegenüber dem Arbeitgeber.

In Holland haben die Hebammen einen ganz anderen Stellenwert. Da geht die Frau zuerst zur Hebamme. Unser Hebammenverband macht schon viel, aber sie sind ehrenamtlich tätig, ich bewundere sie da. Bei Klinikplanungen, Krippen, Bedarfsplanungen sollten wir mehr gehört werden. Es wird hochgehoben, dass es viele Geburten geben soll. Aber das Kindergeld sollte nicht von der Mutter beantragt werden müssen mit Angabe der Einnahmen des Mannes, sie sollte es gleich nach der Geburt bekommen.

6. Sie sind eine Vertrauensperson für die Frauen und Familien. Sie müssen auch schnelle Entscheidungen treffen. Hat Ihr Gewissen eine Autorität oder eine Zielrichtung?
Das wichtigste ist, dass Mutter und Kind gesund sind, die bestmögliche Betreuung, egal in welche Richtung das geht.

7. Auch bei vielen Geburten, die Sie leiten, ist die Geburt für jede Mutter etwas Besonderes und ich vermute, auch für Sie selbst. Wie können Sie dieses Besondere beschreiben?
Das Besondere ist für mich die Leistungsfähigkeit einer Frau, was sie alles übersteht, auch viele Gefahren. Zu sehen, wie stark die Frauen sind, sie zu loben. Und von den Frauen Resonanz zu bekommen, dass es gut war und ihnen eine schöne Erinnerung bleibt, das gerade nach schwierigen Geburten, dass die Frau alleine gebären kann, alleine entscheiden, wie und was sie tut. Frauen freuen sich über ihr Kind, sind zufrieden mit sich selber und mit allem.

8. Für die Väter und für die anderen Familienmitglieder – ist es auch für die eine existentielle Erfahrung?
Väter sind sehr gerne dabei. Auch wenn sie nicht im Kurs waren, sind sie nicht fehl am Platz. Es ist ja schwer für sie, wenn ihre Frau oder Freundin sich quält.

Dann sind sie stolz, kümmern sich sehr um Frau und Kind, ja gerade auch um die Frau. Besonders beim Kaiserschnitt kommt die Frau an erster Stelle.

9. Lassen Sie es die Mutter und gegebenenfalls die Familie wissen, was Sie beeindruckt? Gibt es eine Geste, ein Wort?
Dem Mann wird ihr Durchhalteopfer deutlich und er kann den seelischen Schmerz nachvollziehen, wenn er dann die Nabelschnur durchtrennt. Eine Weile lasse ich sie dann in Ruhe, wenn das Kind auf dem Bauch der Mutter liegt.

Eine Kerze – nein, das geht in der Klinik auf keinen Fall. Ruhe ist wichtig.

Das erste Wort über dem Kind kommt von den Paaren selbst. Ich mache es nicht generell. Einmal z. B., als der Kopf in der Scheide sichtbar war und schwarze Löckchen, habe ich das gesagt und die Mutter hat sich dann darüber gefreut.

Mal hat ein Mann mir bei einer Hausgeburt gesagt, als die Herztöne nicht in Ordnung waren und ich dann das Kind angepustet hatte, es habe jetzt eine besondere Bindung zu mir und beim nächsten Kind wolle er pusten ...

Manchmal sind ganze Familien bei der Geburt dabei. Wir haben es ja verlernt, in der Familie zu gebären, ja, auch einige Großeltern sind dabei.

Auf jeden Fall ist die Freude über das Neugeborene immer sehr groß, auch bei Familien, die schon mehrere Kinder haben.

Interview mit Siv Nylund

Kvevlax, Finnland (Übersetzung: Hans Heinrich)

Die Fragen sind wegen der Sprache vereinfacht.
Siv Nylund ist in der Krankenpflegestation als Gemeindeschwester tätig. In Finnland haben die Gemeindeschwestern eine Hebammenausbildung und machen die Vor- und Nachsorge.

1. Welches Bild vom Beruf der Hebamme hatten Sie bei Ihrer Ausbildung?
Von verschiedenen Seiten. Es ist sehr wichtig, das ganze Leben in Händen zu haben. Man kommt der Frau so nahe wie sonst nicht, auch nicht im Krankenhaus.

Der ganze Raum ist erfüllt, wenn der neue Mensch kommt. Die Hebamme hilft. Sie ist so nahe an den Sorgen und Freuden.

Eigentlich war ich nur in der Studienzeit im Krankenhaus in den 40er Jahren, nur dort gab es Geburten, bis in die 60er Jahre nur selten zu Hause.

2. Hat sich dieses Bild in der Praxis geändert?
Das hat sich so verändert, dass die Väter mehr dabei sind.

Die Hebamme in der Krankenpflegestation bereitet Schwangerschaft und Familie vor. Sie hat alles in der Hand, bis die Mutter in die Klinik kommt. Durch das Dabeisein der Väter sind die Frauen stärker geworden. Sie gibt das Kind dem Mann ab.

Bei genetischen Problemen wie Downsyndrom muss die Hebamme Informationen geben und die Mutter unterstützen.

3. Was ist für Ihr Gewissen das wichtigste, worauf Sie achten müssen?
Die Gesundheit der Mutter, ihre Integrität, die Schweigepflicht.

4. Was ist nach Ihrer Erfahrung das Besondere bei der Geburt?
Das neue Leben, das Teilendürfen mit den Eltern.

Eltern reagieren sehr verschieden. Das erste Mal wissen sie nicht, was passiert, einigen fällt es wahnsinnig schwer, anderen leicht. Sie sind erschöpft und können nicht fröhlich sein. Bei der zweiten Geburt sind sie intensiver dabei, sie freuen sich. Beim dritten Kind haben viele Frauen Angst, ob das gesund geboren wird.

5. Gibt es ein Wort oder eine Gebärde, mit der Sie dieses Besondere zum Ausdruck bringen?
Wir sind immer zwei Hebammen. Wenn das Kind da ist, wird es – noch

ungewaschen – der Mutter an die Brust gelegt, damit es saugen kann. Dann kann die Mutter duschen, essen. Dann können die Eltern allein sein.

Wenn ein Arzt dabei ist, kann er oft alles durcheinander bringen.

Es ist eine große Freude, die werdende Mutter vorbereiten zu können.

Interview von Kirsten Grønlien Zetterqvist mit Pirkko Farieta[5]

Was geschieht, wenn Geburt geschieht?

Hier folgen Auszüge aus einem Gespräch mit der Hebamme Pirkko Farieta.

Was geschieht, wenn Geburt geschieht? Was passiert, wenn eine Frau gebiert?
Die Frau geht in sich selbst hinein. Sie soll das, was um sie herum ist, vergessen, sich nur auf das Gebären selbst konzentrieren und das Gebären als eine mehrere Stunden lange, harte Arbeit verstehen. Wenn sie die Kraft dazu hat und sich geborgen fühlt, kümmert sie sich nicht darum, was um sie herum vorgeht. Irgendwie befindet sie sich in einem anderen Zustand.

Welche Art von Zustand?
Das Beste ist, wenn die Frau sich bei der Geburt völlig geborgen fühlt, so dass sie imstande ist, in sich hineinzugehen und sich völlig abzuschirmen. Sie wagt es, die Kontrolle loszulassen. Sie bewegt ihren Körper. Sie gibt Laute von sich. Sie ist beinahe in einer anderen Dimension eingeschlossen, und alle anderen sind da draußen. Sie hat keine Ahnung davon, wer in das Zimmer hereinkommt und wer das Zimmer verlässt. Nicht einmal den Herzschlag ihres Kindes nimmt sie bewusst wahr.

Handelt es sich darum, die Situation unter Kontrolle zu haben?
Nein, es ist keine Kontrolle. Es dreht sich eher darum, in einen Rhythmus zu kommen, sich in das Gebären hineinzuwagen, alle Wehen bis zum Äußersten durchzuhalten. Heutzutage stemmt die Frau sich oft dagegen, wenn die Wehen anfangen. Sie beginnt, sich anzuspannen, und glaubt, dass es dabei weniger wehtun wird. Aber ich glaube, die Frau muss es wagen, bis zum Äußersten die Wehen durchzuhalten. Das tut auf jeden Fall nicht noch mehr weh. Sie muss sich erlauben, mitgerissen zu werden, und sie muss das Zutrauen dazu haben, dass der Körper es schon schaffen wird. Bewusst kann sie diesen Prozess nicht bestimmen. Er ist etwas Rhythmisches.

Auf welche Weise ist die Frau aktiv?
Aktiv ist sie dadurch, dass sie sich bewegt. Es hilft ihr, in den Rhythmus zu kommen. Sie ist aktiv in dem Sinne, dass sie auf das, was sich gut anfühlt, aufmerksam ist. So lernt sie auch, in welcher Stellung sie am Ende gebären will.

Ist das Gebären ekstatisch?
Ausnahmsweise bestimmt hier der Körper und nicht der Kopf. Das Bewusstsein muss die Kontrolle ganz loslassen und sich vom Körper führen lassen. Trotzdem ist es eine Frage der Zusammenarbeit. Die Frau muss wissen, was sie da macht, nämlich dass sie gebiert. Das Ich muss wissen, was vor sich geht, aber nicht bestimmend, sondern nur akzeptierend, feststellend, dass dies jetzt geschieht. Das Ich ist mein innerstes Wesen. Natürlich soll ich dabei sein, wenn ich ein Leben zur Welt bringe. Aber das einzige, dessen ich mir in diesem Moment bewusst sein muss, ist, dass ich ein Kind gebäre. Alles andere kann ich loslassen. Ich bin mir völlig bewusst, dass ich in diesem Moment ein Kind gebäre.

Was für ein Verhältnis zum Kind hat die Frau in diesem Moment?
Ich denke, sie vergisst das Kind irgendwie. Viele haben davon berichtet, dass sie während der Geburt, als die Geburt am schwierigsten war, sich überhaupt nicht um das Kind gekümmert haben. Als das Kind dann endlich da war, haben sie eine sprudelnde Freude empfunden. Dann haben sie den Lohn ihrer großen Arbeit empfangen.

Womit bekommt die Frau Kontakt, wenn sie es wagt, sich bei der Geburt so hinzugeben?
Ja, es ist etwas Diffuses. Es ist eben jene Kraft. Sie gerät in einen anderen Zustand, wie auf einen anderen Planeten, in eine andere Wirklichkeit. Es ist schwer zu beschreiben.

Wie würden Sie den Schmerz bei der Geburt kennzeichnen?
Grundlegend ist, dass wir den Schmerz als positiven Schmerz betrachten können, da er am Ende Gewinn bringt. Nierensteinkolik kann gar nicht positiv sein. Während sie sich für die Geburt vorbereitet, muss die Frau lernen, warum sie Schmerzen haben wird. Wenn sie endlich gebiert, ist sie dafür nicht mehr empfänglich. Ich glaube, wir müssen den Schmerz bei der Geburt akzeptieren. Er bedeutet etwas, weil die Geburt ein Übergang ist. Die Frau wird nie in den Zustand zurückkehren, in dem sie vor der Geburt war. Soll man ihn wirklich unbeachtet vorübergehen lassen? Ich glaube der Schmerz weist über sich hinaus. Er bedeutet etwas für sich. Um das Geistige aufzufangen, muss mehr geschehen, als dass nur etwas mit dem Körper geschieht.

Welche Zusammenhänge gibt es Ihrer Meinung nach zwischen der geistigen Vorbereitung für die Geburt und der Fähigkeit, während der Geburt die Bewusstseinskontrolle loszulassen?
Das ist eine schwierige Frage. Ich erlebe es täglich, dass eine gebärende Frau der Ansicht ist, sie müsse keine Schmerzen haben, da es doch Schmerzlinderung gibt: »Warum soll ich Schmerzen haben? Die Geburt ist ja keine Leistung. Sie ist nicht etwa eine Tapferkeitsprobe.« Und trotzdem weiß ich, dass sie nur deshalb so denkt, weil niemand ihr von den anderen Dimensionen erzählt hat. Sie hat keine Zeit gehabt, um darüber nachzudenken. Dazu habe auch ich keine Zeit, wenn die Frau hereinkommt und ihre Wehen angefangen haben. Dann muss ich das tun, was sie für das Richtigste hält. Wenn die Frau doch schon vor der Entbindung in das Denken eingeführt werden könnte, welches Privileg es ist, ein Kind zu gebären, und welches Privileg es ist, die Kraft und Fähigkeit zu fühlen, die sie besitzt, um Leben zu schenken. Wenn die Frau dies einsehen würde, würde sie den Schmerz besser aushalten und sie würde sich für das »In-die-Geburt-Hineingehen« interessieren, es als eine neue Dimension auffassen, ein Reichtum den sie nicht verpassen möchte.

Bericht von einer Hausgeburt

An einem Samstag im Frühjahr 2004 rief mich die Hebamme an: Ein Paar sei damit einverstanden, dass ich bei der Hausgeburt ihres dritten Kindes dabei bin. Das Kind kann jederzeit kommen. Ich sprach am Telefon kurz mit der Mutter. Die Tage vergingen. Warten gehört zur Geburt.

Am Donnerstagmorgen um 5.45 Uhr riefen die Hebamme und kurz danach auch der Vater an. Ich fuhr in die Stadt, fand die Wohnung in einem einfachen Mietshaus und wurde vom Vater eingelassen in eine Atmosphäre der Stille, der Konzentration, der Ruhe. Ich sagte: »Ich heiße Hanna und danke, dass ich dabei sein darf.« Die Frau lag auf dem Sofa, ich setzte mich auf einen Sessel. Die Mutter der Frau war da, sie filmte immer mal ein wenig. Die Hebamme kniete am Sofa, half atmen, das CGT, das die Herztöne des Kindes aufzeigt, tuckerte. Wenn die Wehen kamen, zischte die Frau leise den Atem aus. Das Wohnzimmer war in orangenen Farben gehalten, von einem Bild schaute ein Engel herein. Das Spielzeug des 2-jährigen Sohnes lag auf der Seite. Gegen 7 Uhr wachte der 12-jährige Sohn auf und kam ins Wohnzimmer. Er hatte heute schulfrei. Die Hebamme gab der Frau aus ihrem Etui, in dem ich ca. dreihundert Gläschen sah, verschiedene Homöopathika während der Wehen. Zwischendurch schrieb sie ihr Tagebuch und gab die Anweisung, Kaffee zu kochen. Aber nicht zum Trinken für die Hebamme, sondern als Kreislaufmittel, das dem Wasser in der Wanne zugesetzt werden soll. Dann lief die Frau zusammen mit ihrem Mann in der Wohnung auf und ab, und als sie wieder auf dem Sofa lag, stützte er sie im Rücken. Wir sprachen kaum. Immer noch diese Stille und Konzentration. Kein Stöhnen der Frau. Einmal sagte sie zu mir gewandt: »Wenn keine Wehen sind, geht es gut, aber die Wehen nehmen mich ganz in Beschlag«, als wollte sie sich entschuldigen. Aber sie schrie nie. Ich vermutete, weil sie gut atmete.

Gegen 7.30 Uhr tastete die Hebamme wieder den Muttermund und sagte dann »Du kannst jetzt in die Badewanne, wenn du möchtest, denn das Köpfchen ist bereits im Beckenausgang zu tasten.« Erst blieb ich zurückhaltend im kleinen Flur stehen, dann lud mich die Hebamme ein, mich in dem engen Bad auf den Toilettendeckel zu setzen, zu Füßen der Frau. Ihr Mann legte kalte nasse Tücher auf ihre Stirne, die zukünftige Großmutter schüttete auf Geheiß der Hebamme den Kaffee in das Badewasser. Immer wieder ließ die Hebamme uns alle die Herztöne hören mit Hilfe eines Dopplergerätes zum Mithören, dem Aquatop. »Es tut allen gut, wenn sie hören, dass das Kind in Ordnung ist, sonst könnte ich auch das Hörrohr nehmen.« Jetzt merkte ich an einem leisen Stöhnen der Frau, dass die Presswehen kamen. Ich ließ den Sohn auf meinen Schoß sitzen, er fotografierte.

Da sah ich auch schon die Kopfhaut des Kindes im sich öffnenden Scheideneingang. Auf Anregung der Hebamme berührte der Sohn den Scheitel des Kindes und bemerkte: »Beim Bruder war der Kopf weicher.« Gleich danach sah ich den halben Kopf und beim nächsten leichten Stöhnen seiner Mutter glitt das Köpfchen mit dem Gesicht nach unten sicher und ruhig in das Badewasser. Und schon hob die Hebamme den Jungen hoch, ein erster zarter Schrei und der Junge lag an der Brust seiner Mutter, er schien zu lächeln. Das Kind war mit einzelnen Resten von Käseschmiere, der Schönheitscreme der Babys, überzogen, kein Blut. Dann durchschnitt der Vater die Nabelschnur, wie die Hebamme es ihm anwies. Ich sah jetzt auch die Plazenta an der Nabelschnur ins Wasser gleiten. Die Großmutter nahm das Kind im Badetuch mit in das Schlafzimmer, wo jetzt auch der kleine Sohn erwacht war und umherlief. Ich küsste die Mutter auf die Stirn, konnte kaum »Ich gratuliere« stammeln. Die Hebamme ließ das Badewasser ab. Dann sah ich vom Flur aus, wie sie die Mutter abduschte und wie dann gleich die ganze Familie im Schlafzimmer auf den Elternbetten beieinander lag.

Jetzt schaute ich der Hebamme zu, die neben der leeren Wanne kniete, in der die Plazenta lag. Ein paar Blutflecken waren zu sehen. Sie ließ nun aus der Nabelschnur drei Blutproben in Fläschchen fließen, trocknete die Plazenta, entnahm aus ihr eine Gewebeprobe für ein bereitstehendes Glas. »Daraus wird ein Medikament für das Kind gemacht«, erklärte sie mir. Dann nahm der Vater die Plazenta in eine Tüte und die Hebamme sagte: »Du weißt ja, unter welchen Baum du es vergraben willst.« Zwischendurch rief sie zur Mutter ins Schlafzimmer hinüber, sie solle ihre Beine über Kreuz legen wegen der Blutung. Später akupunktierte sie die Mutter, um eine Blutung zu vermeiden. Aber da war ich schon weg.

Ich stand im Flur und hatte nur noch den Wunsch, allein zu sein. So verabschiedete ich mich mit großem Dank. Die Hebamme riet noch: »Aufpassen beim Autofahren!« Sie hatte Recht. An Autofahren war nicht zu denken.

Ich lief durch die Straßen, frühstückte in einem Café, konnte kaum die Augen öffnen, um der Bedienung zu sagen, was ich wollte. Ich lief weiter ums Schloss herum, meine Zähne klapperten, mein Kopf war benommen. Ich kaufte einen großen Blumenstrauß mit Kamille und Ringelblumen und übergab ihn dem Vater an der Wohnungstür, konnte gerade noch nach dem Namen des Kindes fragen. Langsam fuhr ich nach Hause. Dort, gegen 11 Uhr, legte ich mich für mehrere Stunden ins Bett. Ich war so benommen, ein Rauschgefühl im Kopf.

Ich dachte immer nur: Wie einfach, wie einfach, wie natürlich, wie elementar, alles so selbstverständlich! Welch Schönheit sah ich, welch Würde, wie das Kind so sicher und bestimmt in die Familie und ins Leben glitt! Kein Arzt, eine erfahrene Hebamme, ein großes Vertrauen zwischen allen. Dass es so etwas gibt!

Kann ich die starke Reaktion meines Körpers verstehen als ein Ergriffensein vom Heiligen?

Schwerin, März 2004

Bericht von einer Geburt im KZ Birkenau[6]

Wir schreiben das Jahr 1942. Birkenau, das Konzentrationslager, wo Schmutz, Ungeziefer und Seuchen einander die Waage halten. Dunkel und voll Schlamm sind die Pferdebaracken, in denen wir wohnen und leben. Leben? Es ist Nacht. Wer um diese Zeit durch das Lager geht, hört das verzweifelte Weinen und Stöhnen der Frauen, die zu zehnt und zwölft in den Kojen aufgestapelt sind; aufgestapelt im wahrsten Sinne des Wortes, denn zum Nebeneinanderliegen reicht nicht der Platz aus. Gib Acht, wenn du gehst, wohin du deinen Fuß setzt, damit du nicht über die Leichen fällst, die rings um die Blocks in Massen auf der Erde liegen. Störe sie nicht, lass sie schlafen – ihr Kampf ist zu Ende. Komm mit mir in den Krankenbau, ich werde dir ein Bild zeigen, das du nie vergessen wirst. Halte die Tür fest, damit der Wind sie dir nicht aus der Hand reißt. Und wundere dich nicht. Du darfst dich hier über nichts wundern.

Da liegt eine Frau auf der Erde. Sie hat ihre Zähne fest aufeinander gebissen. Ihre Hände suchen Halt im Schlamm, den man hier Fußboden nennt. Dicht daneben siehst du eine Pflegerin, die Zeitungspapier in der Hand hält und Stück für Stück anzündet. Warum tut sie das, will sie die Baracke in Brand setzen? Nein, sie leuchtet nur. Denn hier wird ein Kind geboren, und mehr Licht haben wir nicht.

Du musst dir alles genau anschauen, und du wirst sehen, dass die Frau ohne Decke und ohne Laken im Schmutz der Erde liegt, sehen, dass kein Becken mit Wasser daneben steht, denn Wasser haben wir nur, wenn es regnet.

Du darfst nicht vergessen, die junge Ärztin anzuschauen, die neben der Frau kniet und ihr hilft. Hast du schon einmal soviel Verzweiflung in einem jungen Gesicht gesehen? Sie trägt keinen weißen Kittel, ihre Hände stecken nicht in sterilen Gummihandschuhen, aber dafür hat sie den Kopf kahl geschoren, und ihr Gesicht ist nicht nur in dieser Nacht so bleich und verzweifelt. – »Ich kann keine kleinen Kinder mehr sehen«, hat sie mir gestern gesagt. Verstehst du nun, warum? Und nun gib Acht, das Kindchen will gleich da sein.

Und die Frau auf der Erde gräbt ihre Hände noch tiefer in den Schmutz, und schreit – schreit. Die Ärztin kniet vor ihr, arbeitet schnell und geschickt mit ihren jungen mageren Händen. Noch ein letzter Schrei, ein letztes Aufbäumen und das Kindchen ist da. Erschöpft sinkt die Mutter zurück und schließt die Augen ... und weint. Schau dich um und vergiss es nicht.

Sie weinen alle, alle die herumstehen. Kleines, süßes Kind, du kommst nun nicht in eine Wanne mit warmem Wasser. Du wirst nicht in zarte, weiße Windeln gelegt. Du weißt doch nicht, dass wir hier kein Wasser haben und dass wir uns beeilen müssen, denn unser Papier, das uns leuchtet, ist zu Ende. Und du weißt noch nicht, dass morgen in dein zartes weißes Ärmchen spitze Nadeln hineingedrückt werden und eine Nummer zurückbleiben wird, und du dann Häftling Nummer soundsoviel bist.

Wir lieben dich, kleines Wesen. Du wanderst von Arm zu Arm, und wir küssen deine kleinen Füßchen, die eben aus warmer Hülle in Not und Elend gesprungen sind, und das, was du auf deinem Gesicht fühlst, ist nicht die Sonne. Es sind Tränen, heiße, bittere Tränen, die wir weinen um dich und vor Zorn über eine Menschheit, die solches geschehen lässt.

Circularschreiben des Schweriner Oberkirchenrates von 1855[7]

45. Circular-Verordnung vom 21. Juni 1855, betr. den geistlichen Nebenberuf der Hebammen.

Es bedarf keiner Ausführung, wie es im häuslichen Leben der Christen wenige Momente giebt, in denen dem Hause Gottes Wort und Gebet weniger fehlen sollten, als demjenigen, wo dasselbe durch die Geburt eines Kindes erweitert wird: Ein Kind christlicher Eltern sollte nicht ohne Gebet, Bitte und Danksagung empfangen werden; die Stunde der Gefahr erfordert unter allen Umständen Tröstung aus Gottes Wort; der Dank um den fröhlichen Ausgang will seine Richtung gewiesen haben, seinen Ausdruck finden.

Gleichwohl sind viele, ja die meisten Väter außer Stande, in dieser Beziehung ihrem hauspriesterlichen Amte selbst genugsam gerecht zu werden; und andererseits liegt es in der Natur der Sache, daß gerade hier der Pastor persönlich und direct nicht aushelfen kann.

Aus diesen Ursachen hat von Alters her die Kirche, und haben auch die Kirchenordnungen unserer Kirche den Hebammen neben den Functionen ihrer Kunst einen geistlichen Nebenberuf zugewiesen und demzufolge verlangt, daß dieselben gottesfürchtige, christliche Personen, im Worte Gottes und namentlich in denjenigen Christenlehren, welche die mit ihrem Berufe zusammenhängenden Dinge (als Geburt, Geburtsschmerzen, Kindersegen, Taufe) angehen, wohl unterrichtet, und so im Stande sein sollten, da, wo sie ihre Kunst ausüben, nicht allein Anweisung zur Nothtaufe eintretenden Falles zu geben, sondern auch Vorbeterinnen zu sein, und in aller Einfachheit aus Gottes Wort Rath und Trost mitzutheilen.

Es ist eine Thatsache, deren Veranlassungen hinreichend sind, daß diese geistliche Nebenseite des Hebammenberufs in Vergessenheit gerathen ist, daß man bei der Auswahl der Personen für diese Kunst auf die Seite ihres Berufes keine Rücksicht genommen hat, und daß so in weiterer Folge von den Stätten der Geburt das Lautwerden des Wortes Gottes, das Gebet vielfach entschwunden ist.

Um diesem Schaden, dessen Größe nicht gering anzuschlagen ist, nach Möglichkeit abzuhelfen, hat der Oberkirchenrath sich an das Ministerium für Medicinal-Angelegenheiten mit der Bitte gewendet, Vorkehr dahin zu treffen, daß bei der Auswahl der Personen für die Hebammenkunst mehr als bisher auf die gottesfürchtige, christliche Personen gesehen werde, und daß namentlich auch die Localbehörden, ehe sie eine Person zur Ausübung des Hebammenberufs concessionieren, das Erachten des Ortspredigers über dieselbe hinsichtlich ihres sittlich-religiösen Charakters hören.

Aber auch hinsichtlich der bereits in Function stehenden Hebammen scheint doch nicht jeder Versuch, eine Einleitung zum Besseren anzubahnen, von vornherein als fruchtlos aufgegeben werden zu dürfen: Allerdings wird ein Theil der jetzigen Hebammen so beschaffen sein, daß sie für eine geistliche Einwirkung auf die Umgebungen, in welche sie bei Ausübung ihrer Kunst treten, innerlich völlig ungeeignet sind, und daß, wenn man ihnen dergleichen zumuthete, nur Profanationen des Heiligen und mindestens schädliche Mißgriffe aller Art die Folge sein würden.

Diejenigen Hebammen daher, von welchen nach dem Urtheil der Pastoren das Gesagte gelten möchte, müssen und sollen die Pastoren ihren Weg gehen lassen, damit nicht größeres Uebel entstehe.

Hinsichtlich derjenigen Hebammen aber, welche von diesem gegenwärtigen Zeitpunkte ab in Function treten werden, sowie hinsichtlich derjenigen jetzt schon in Function stehenden Hebammen, welchen die Pastoren das nöthige Maß gottesfürchtiger und christlicher Gesinnung zutrauen, werden die Pastoren hierdurch angewiesen:

1. Dieselben in denjenigen Christenlehren, welche die beim Hebammenberuf in Betracht kommenden Objecte angehen, sorglich zu unterweisen.

2. Denselben eine klare Anschauung von der christlichen Seite ihres Berufes vermitteln, und ihnen Anleitung zu geben, wie sie denselben in geistlicher Weise zu Frommen und Trost der Leute auszuüben haben.

Die ad 1 geforderte Unterrichtung wird von den Schriftstellen 1. Mose 1, 27.28; 3, 16; Joh 16, 21; 1. Tim 2,15 auszugehen und namentlich die Capita: wie und warum Gott Schmerzen auf jede Gebärerin gelegt habe? wie aber dennoch Kindersegen ein wahrhaftiger Gottessegen sei, da Gott in diesem Wege nicht allein die Menschheit erhalten, sondern auch Sich eine ewige Kirche sammeln wolle? warum es nicht genug sei, daß das Kind geboren, sondern weiter erforderlich, daß es durch die Taufe wiedergeboren werde? was von in der Geburt ohne Taufe sterbenden Kinder zu halten sei: daß ihretwegen im Hinblick auf 1. Tim 2,4 der Gnade Gottes voll zu vertrauen sei, ob auch wir die Wege der Gnade nicht wissen, – zu umfassen haben.

Die ad 2 geforderte practische Anweisung wird sich zwar, was die Vermahnung und Tröstung der Eltern betrifft, im Allgemeinen halten müssen, da hierbei so sehr Viel auf die im einzelnen Falle gegebenen Verhältnisse ankommt. Auch steht anzunehmen, daß eine Hebamme, wenn sie nur nach Maßgabe des ad 1 Geforderten wohl unterrichtet ist, und dabei selbst den Sinn der Gottesfurcht und des Gebetes hat, von selbst das richtige Wort im gegebenen Falle finden wird.

Wohl aber läßt sich hinsichtlich des Empfangs des geborenen Kindleins mit Gebet eine bestimmtere Vorschrift geben, und sei in dieser Beziehung einer Sitte erwähnt, die sich noch in mehreren Gegenden unseres Vaterlandes erhalten hat: daß nämlich die Hebamme, wenn sie an dem Kinde die ersten nothwendigen Ausrichtungen ihrer Kunst gethan hat, ehe sie es ankleidet, dasselbe auf den Schooß nimmt, und über denselben laut, so daß alle Anwesenden mit beten können, das Vater unser und den Segen spricht, – eine Form, die alles Nöthige und kein Zuviel zu enthalten scheint. Doch soll derselben nicht in dem Sinne, sie obligatorisch zu machen, erwähnt, vielmehr auch für anderes Raum gelassen sein.

Nur die Warnung dürfte nicht unnöthig sein, daß man den Hebammen keine Formen vorschreiben darf, welche ihre bezügliche Thätigkeit als eine pastorale oder gar sacramentale erscheinen ließen.

Weitere Titel aus dem Christel Göttert Verlag

maria liest – das heilige fest der geburt, hg. von Andrea Günter
ISBN 3-922499-70-8

FrauenvorBilder – FrauenVorbilder. *Die weibliche Suche nach Orientierung* von Andrea Günter, ISBN 3-922499-65-1

Die symbolische Ordnung der Mutter von Luisa Muraro, Neuauflage mit aktuellem Vor- und Nachwort der Autorin, aus dem Italienischen von Gesa Schröder, ISBN 3-922499-79-1

Die Menge im Herzen von Luisa Muraro, aus dem Italienischen von Traudel Sattler und Angelika Dickmann, ISBN 3-922499-53-8

Weibliche Spiritualität und politische Praxis. *Vorträge von Luisa Muraro, María-Milagros Rivera Garretas, Gisela Jürgens und Chiara Zamboni,* hg. von I. Nordmann, A. Schrupp und M. M. Jansen, ISBN 3-922499-67-8

Unverbrauchte Worte. *Frauen und Männer in der Sprache* von Chiara Zamboni, aus dem Italienischen von Dorothee Markert, ISBN 3-922499-73-2

Wachsen am MEHR anderer Frauen. *Vorträge über Begehren, Dankbarkeit und Politik* von Dorothee Markert, ISBN 3-922499-59-7

Fülle und Freiheit in der »Welt der Gabe« von Dorothee Markert
ISBN 3-922499-86-4

Das Patriarchat ist zu Ende. *Es ist passiert – nicht aus Zufall,* Libreria delle donne di Milano, aus dem Italienischen von Traudel Sattler, ISBN 3-922499-28-7

frauen-lehren von Gisela Jürgens und Angelika Dickmann
ISBN 3-922499-25-2

Der Atem von Frauen. *Luce Irigaray präsentiert weibliche Credos,* aus dem Französischen von Angelika Dickmann, ISBN 3-922499-30-9

Die Zeit des Atems von Luce Irigaray (Vortrag in vier Sprachen) ISBN 3-922499-40-6

Sophias Weisheiten, hg. von Marit Rullmann, ISBN 3-922499-74-0

Käthe, meine Mutter von Marianne Krüll, TB-Ausgabe, ISBN 3-922499-78-3

Klara Hitler – *Muttersein im Patriarchat* von Christa Mulack, ISBN 3-922499-80-5

Der weibliche Faden – *Geschichte weitergereicht* von Brigitta M. Schulte, ISBN 3-922499-23-6

Als alle Menschen Schwestern waren von Irene Fleiss, Bd. 1: *Leben in matriarchalen Gesellschaften,* ISBN 3-922499-84-8, Bd. 2: *Weiblichkeit in matriarchalen Gesellschaften – gestern und heute,* ISBN 3-922499-88-0 (Herbst 2006)

Wenn Sie mehr über unser Verlagsprogramm und die Autorinnen erfahren möchten, besuchen Sie uns im Internet. Wir senden Ihnen aber auch gern unseren Gesamtkatalog zu. Für Lesungen/Veranstaltungen vermitteln wir auf Nachfrage die Kontakte zu den Autorinnen.

Verlagsadresse: Virchowstraße 21, D-65428 Rüsselsheim,
Tel. / Fax: 0 61 42 / 5 98 44
E-Mail: info@christel-goettert-verlag.de
Internet: www.christel-goettert-verlag.de